# 量刑决策中的事实评价研究

陈航 著

商务印书馆
The Commercial Press

图书在版编目（CIP）数据

量刑决策中的事实评价研究 / 陈航著 . -- 北京：商务印书馆，2024. --ISBN 978-7-100-24789-4

I . D924.134

中国国家版本馆CIP数据核字第20244KW595号

**权利保留，侵权必究。**

**教育部人文社科规划基金一般项目（17YJA820001）**
**兰州大学人文社会科学类高水平著作出版经费资助**

### 量刑决策中的事实评价研究
陈　航　著

商　务　印　书　馆　出　版
（北京王府井大街36号　邮政编码100710）
商　务　印　书　馆　发　行
北京启航东方印刷有限公司印刷
ISBN 978 - 7 - 100 - 24789 - 4

2024年12月第1版　　开本 880×1230　1/32
2024年12月北京第1次印刷　印张 14¾

定价：98.00元

# 目 录

前言 ········································································· 1
　一、应当开展量刑情节构成原理研究 ································· 1
　二、量刑情节的赋值机理是量刑决策中的"硬"问题 ········ 4
　三、量刑决策中事实评价研究的基本目标与思路 ············· 5
第一章　量刑决策思维重述 ······················································ 9
　第一节　量刑的决策属性 ···················································· 9
　　一、量刑是一种决策活动 ················································ 9
　　二、量刑的决策学审视 ·················································· 11
　　三、若干误区的澄清 ····················································· 16
　第二节　决策思维及其基本模式 ········································ 19
　　一、决策思维的界定 ····················································· 19
　　二、决策思维的发展演变 ·············································· 21
　　三、决策思维的基本模式 ·············································· 24
　第三节　量刑评价方法论之重塑 ········································ 31
　　一、将量刑评价置于量刑决策的语境之下 ···················· 31
　　二、从"实然"分析转向"应然"研究 ······················· 33
　　三、从"最佳"方案的探寻转向"满意"方案的生成 ········ 36
　　四、从"一劳永逸式"解决到渐进式逼近 ···················· 39

## 第二章 量刑决策目标的确立 ················································ 42
### 第一节 基础理论层面的误区 ·············································· 42
一、"量刑目的"问题的盲点与困局 ································· 42
二、用"量刑目的"替代"量刑决策目标" ························ 46
三、司法考核指标无涉量刑决策目标 ································ 48
### 第二节 量刑决策中面临的问题 ············································ 51
一、如何确保宣告刑的适当与精准 ··································· 51
二、规范量刑的实质 ····················································· 53
三、自由裁量权监督问题的关键 ······································ 55
四、自由裁量权监督的难点所在 ······································ 57
五、尤为棘手的定量评价问题 ········································· 59
六、犯罪的特殊预防目的达成与否何以检测 ······················ 60
### 第三节 司法公正与量刑决策目标 ········································· 63
一、量刑决策目标必须以司法公正为引领 ························· 63
二、量刑公正的具体目标是实现个案中的罪责刑相适应 ······ 64
三、公正量刑是过程"公开"与结果适当的统一体 ············ 66
四、量刑决策目标的具体验证及其发展趋向 ······················ 67

## 第三章 量刑决策中的事实类型 ············································· 72
### 第一节 分步式量刑与量刑事实的再分类 ································ 72
一、"估堆式量刑"模式下的量刑事实 ······························ 72
二、分步式量刑模式下量刑事实的再分类 ························· 74
### 第二节 起刑点事实 ··························································· 76
一、德国量刑论中的"切入点"理论及其带来的启示 ········· 76
二、起刑点与起刑点事实 ··············································· 77
三、起刑点事实的法律属性 ············································ 79

　　　　四、起刑点事实的确定 ································· 80
第三节　基准刑事实 ········································ 82
　　　　一、从"量刑基准"到"基准刑" ······················ 82
　　　　二、基准刑及基准刑事实 ··························· 83
　　　　三、与起刑点事实及狭义量刑情节的关系 ············· 86
第四节　量刑情节的功能与分类重述 ························ 88
　　　　一、量刑情节及其功能重述 ························· 88
　　　　二、"过剩的构成要件事实"：从回归到转型 ··········· 92
　　　　三、优先调节型量刑情节与后续调节型量刑情节分类
　　　　　　问题述评 ····································· 94
　　　　四、对"责任刑情节与预防刑情节"分类的质疑 ········ 96
　　　　五、倡导"依附型量刑情节与共享型量刑情节"之划分 ··· 104

第四章　量刑决策中的事实评价原则 ························· 106
第一节　量刑中的禁止重复评价原则 ························ 106
　　　　一、量刑阶段禁止重复评价原则的特性 ··············· 107
　　　　二、"对同一事实重复评价"的具体界定 ··············· 108
　　　　三、量刑阶段的"隐性评价"问题 ····················· 115
　　　　四、数罪并罚中的"重复评价问题"辨析 ··············· 118
第二节　全面评价原则 ····································· 122
　　　　一、全面评价原则与禁止重复评价原则的关系 ········· 122
　　　　二、全面评价原则的基本要求 ······················· 124
　　　　三、若干争议问题的具体展开 ······················· 132
第三节　个别化评价原则 ··································· 158
　　　　一、"刑罚个别化"之争引发的思考 ··················· 158
　　　　二、量刑评价"个别化"的意义 ······················· 161

iii

　　　　　三、个别化评价原则的适用问题评析 …………………… 163
　第四节　第二级量刑中的事实评价原则 ……………………… 175
　　　　　一、数罪并罚及其"第二级量刑"辨析 …………………… 176
　　　　　二、"第二级量刑"中的事实评价方法检视 ……………… 178
　　　　　三、"限制性并科法"之提倡 ……………………………… 187
　　　　　四、"限制性并科"再释疑 ………………………………… 192

第五章　量刑情节构成论 ………………………………………… 201
　第一节　量刑情节的积极构成要件 …………………………… 202
　　　　　一、犯罪构成要件论引发的思考 ………………………… 202
　　　　　二、从严量刑情节的积极构成要件 ……………………… 206
　　　　　三、从宽量刑情节的积极构成要件 ……………………… 216
　第二节　量刑情节的消极构成要件 …………………………… 220
　　　　　一、通用的消极构成要件：不属于犯罪构成要件事实 …… 221
　　　　　二、特定情节的消极构成要件 …………………………… 223
　第三节　量刑情节的功能与量刑情节的构成要件 …………… 231
　　　　　一、"功能"问题界说 ……………………………………… 231
　　　　　二、量刑情节功能观述评 ………………………………… 239
　　　　　三、量刑情节功能的再界定 ……………………………… 241
　　　　　四、量刑情节功能与量刑情节构成要件的制约关系 …… 243

第六章　量刑事实的定性评价 …………………………………… 252
　第一节　量刑情节的定性问题之辨 …………………………… 252
　　　　　一、"获得被害人谅解"是否属于量刑情节 ……………… 252
　　　　　二、"被告人亲属支持司法机关工作"是否属于
　　　　　　　量刑情节 ………………………………………………… 257
　　　　　三、"毒品未流入社会"是否属于量刑情节 ……………… 261

四、"性贿赂"是否应当成为酌定从重量刑情节 …… 265
五、对"民愤能否作为量刑依据"的再反思 …… 269
第二节 阶层论视野下量刑事实的再审视 …… 276
一、质疑防卫过当"故意论" …… 277
二、防卫过当的主体要件及量刑情节属性之辨 …… 282
三、应当重视对量刑情节阶层性构造的探究 …… 289
第三节 量刑情节的单复数界定 …… 291
一、界定量刑情节单复数的意义及方法论 …… 291
二、量刑情节的相互关系及其单复数问题 …… 293
三、罪之个数与量刑情节的单复数问题 …… 299

# 第七章 量刑事实定量评价的赋值机理 …… 303
第一节 软度量的基础理论问题 …… 303
一、软度量及其意义 …… 304
二、软度量的若干原理 …… 306
三、对"精准"量刑的启示 …… 308
第二节 量刑情节的赋值模式 …… 316
一、应当提倡"基准刑配比赋值法" …… 316
二、量刑情节赋值问题的探索实践评析 …… 318
三、量刑情节的具体赋值 …… 321
四、量刑情节的赋值与刑罚的"去量纲化" …… 326
第三节 调节比例的确定方略 …… 329
一、宽严相济政策与调节比例的确定 …… 329
二、"可以型"量刑情节与调节比例的确定 …… 332
三、多功能情节与调节比例的确定 …… 335
四、"一般人"视角下的"调节比例"及其限制 …… 339

第四节　逆向调节比例的处置问题 ⋯⋯⋯⋯⋯⋯⋯⋯⋯⋯⋯⋯ 343
　　一、逆向调节比例的传统解决思路 ⋯⋯⋯⋯⋯⋯⋯⋯⋯⋯ 344
　　二、传统解决思路之争"烽烟"再起与立场重申 ⋯⋯⋯⋯⋯ 350

# 第八章　准量刑决策及其认罪认罚从宽评价 ⋯⋯⋯⋯⋯⋯⋯⋯ 355
第一节　从量刑建议到准量刑决策 ⋯⋯⋯⋯⋯⋯⋯⋯⋯⋯⋯⋯ 356
　　一、量刑建议制度的发展演变 ⋯⋯⋯⋯⋯⋯⋯⋯⋯⋯⋯⋯ 356
　　二、量刑建议呈现多元属性 ⋯⋯⋯⋯⋯⋯⋯⋯⋯⋯⋯⋯⋯ 370
第二节　准量刑决策的特点 ⋯⋯⋯⋯⋯⋯⋯⋯⋯⋯⋯⋯⋯⋯⋯ 378
　　一、不可混同于准司法或"中国版的检察官司法" ⋯⋯⋯⋯ 378
　　二、准量刑决策并非简单等同于认罪认罚从宽 ⋯⋯⋯⋯⋯ 380
　　三、准量刑决策的目标 ⋯⋯⋯⋯⋯⋯⋯⋯⋯⋯⋯⋯⋯⋯⋯ 382
　　四、准量刑决策的形成机制 ⋯⋯⋯⋯⋯⋯⋯⋯⋯⋯⋯⋯⋯ 390
第三节　准量刑决策事实的定性评价 ⋯⋯⋯⋯⋯⋯⋯⋯⋯⋯⋯ 395
　　一、"认罪"事实的界定 ⋯⋯⋯⋯⋯⋯⋯⋯⋯⋯⋯⋯⋯⋯⋯ 396
　　二、"认罚"事实的判断 ⋯⋯⋯⋯⋯⋯⋯⋯⋯⋯⋯⋯⋯⋯⋯ 400
　　三、"从宽"事实 ⋯⋯⋯⋯⋯⋯⋯⋯⋯⋯⋯⋯⋯⋯⋯⋯⋯⋯ 406
　　四、认罪认罚从宽情节的整体把握 ⋯⋯⋯⋯⋯⋯⋯⋯⋯⋯ 414
第四节　准量刑决策事实的定量分析 ⋯⋯⋯⋯⋯⋯⋯⋯⋯⋯⋯ 424
　　一、影响定量评价的因素 ⋯⋯⋯⋯⋯⋯⋯⋯⋯⋯⋯⋯⋯⋯ 425
　　二、影响定量评价因素的位阶关系及排列组合 ⋯⋯⋯⋯⋯ 428
　　三、定量评价"明显不当"的判断问题 ⋯⋯⋯⋯⋯⋯⋯⋯⋯ 443
　　四、定量评价的具体判断 ⋯⋯⋯⋯⋯⋯⋯⋯⋯⋯⋯⋯⋯⋯ 446

**主要参考文献** ⋯⋯⋯⋯⋯⋯⋯⋯⋯⋯⋯⋯⋯⋯⋯⋯⋯⋯⋯⋯⋯ 453
**后记** ⋯⋯⋯⋯⋯⋯⋯⋯⋯⋯⋯⋯⋯⋯⋯⋯⋯⋯⋯⋯⋯⋯⋯⋯⋯ 460

# 前　　言

量刑活动是关乎个人身家性命、社会和谐稳定乃至国家长治久安的重大决断。遵循决策学"步步逼近最优解"的铁则，有必要对量刑决策进行持续性反思，不断逼近最优答案。

## 一、应当开展量刑情节构成原理研究

量刑决策中直面的问题似乎日复一日：在诸多的涉案事实中，究竟哪些才是值得进行宽严评价的量刑情节？对某一事实，究竟是作从宽评价还是从严评价？如果从宽，从宽几何？若是严处，严到何处？尽管对量刑情节的研究成果已可谓汗牛充栋、堆积如山，但司法实践中的难题却不断翻新，让人困扰重重、颇感伤神。

且不说在酌定量刑情节（如"民愤"问题、被告人亲属的态度、犯罪人怀孕或有幼年子女、犯罪人的一贯表现、毒品是否流入社会、行为人的学生身份、行为人与被害人的特定关系等）的认定上分歧严重，即便在研究相对深入的法定量刑情节（如自首、立功、累犯、防卫过当、犯罪中止和未遂等）上依然争议不断。不仅在诸多从宽量刑事实的认定上意见不一，在不少从严量刑事实上更是疑虑重重。比如，A在抢夺B的财物时，导致B身体遭受轻微伤。B的轻微伤究竟能否成为对A从重量刑的根据？又如，甲过失导致乙重伤，乙被送往医院治疗，共花费50多万元医疗费。乙损失50多万元的结果究竟能否作为对甲的从重量刑情节？如果从重量刑，是否就违背了所谓"间接处罚禁止"的原则？等等。

应当说，量刑决策中的事实评价，实质是量刑情节构成要件与特定涉案事实的符合性认定。因此，对上述问题的根本性分歧，也许深深潜藏于人们对量刑情节构成原理的自觉体认或潜意识状态之中。

在我国刑法学界，一言及"构成要件"，人们立马联想到的大概是犯罪的构成要件。至于量刑情节的构成要件，则鲜有人论及。其原因是：一则，长期以来，量刑情节仅仅被定义为各种影响量刑的"主客观事实"。既然仅仅是一种"事实"，人们关注的重心当然是"存在与否"或者"情况究竟怎样"的问题，对"事实"本身还遑论什么"构成要件"？似乎多此一举。二则，不论理论界还是实务部门，人们重法定量刑情节而轻酌定量刑情节的倾向由来已久。就不少重要且复杂的法定量刑情节来说，要么已在犯罪总论中有了详尽论述，要么在刑罚总论中已有了充分研究，尚未作专论的似乎仅限于内容过于简单、不值得深入探讨的部分。至于酌定量刑情节，究竟包括哪些，立法既然没有言及，那么讨论起来就显得缺乏依据，而且探讨该问题的意义到底有多大，人们觉得大可存疑，不讨论也罢。[①]三则，量刑情节各不相同，构成要件也明显有异。如果要探讨其构成要件的话，似乎也应当是针对具体的量刑情节类型分别进行，没

---

① 近些年来，学界对酌定量刑情节的研究力度不断加大，但比起法定量刑情节来，无论广度还是深度，显然还有不小差距。

有必要抽象出"量刑情节的构成要件"加以研究。

正因为此,目前学界对量刑情节构成要件的研究,基本上是针对一些法律明文规定且相对复杂的量刑情节展开的。比如,像预备犯、未遂犯、中止犯、防卫过当、避险过当、累犯、自首及立功等诸多情节,学界对之展开的讨论可谓不厌其详,发表的论文或公开出版的著作堪称连篇累牍。至于其他量刑情节,尤其就大量的酌定量刑情节而论,其构成要件究竟是怎样的,该如何界定,则显得门庭冷落、论者寥寥,更不要说从宏观层面对各种量刑情节共通的构成要件专门进行探讨了。而且,即便是对法定量刑情节构成要件的研究,也远未达到就各要件共通的、基础性的理论进行通盘深入思考的程度。

其实,但凡量刑情节——不论是从宽情节还是从严情节,都是共性与个性的统一,正如同任何犯罪构成都是共性与个性的统一一样。如果说对分则中个罪的构成要件之研究并不能取代对各个犯罪共通的构成要件之研究的话,那么,同样有理由认为,尽管人们已对有关的法定情节之构成要件进行了富有价值的研讨,但确有必要从宏观上对各种量刑情节共通的构成要件予以足够重视。只有这样,才有望从总体上对各种量刑情节的构成要件形成起码共识,不至于各自为政、相互冲突。

在定罪领域,不论是人们十分熟知的犯罪构成四大要件理论,还是影响日益深远的三阶层构造,都为个罪中犯罪构成要件的判定打下了坚实的认识论基础。可以说,没有坚实的犯罪构成理论作支撑,定罪论的大厦就会变得风雨飘摇。同理,如果没有对量刑情节构成原理的大力发掘,欲使量刑论这棵参天大树变得枝繁叶茂,大概也会沦为空谈。因此,加大量刑情节构成原理方面的研究,既是急切回应量刑实践呼声的需要，也是量刑理论自身得以发展壮大的必然。这对于夯实基础，从根源上化解分歧、统一认识，从而深度解决司法实践中量刑情节的识别与判定难题，进一步完善量刑情节立法，具有重大的实务价值。同时，也具有填补学术空白、拓展研究空间的理论意义。

## 二、量刑情节的赋值机理是量刑决策中的"硬"问题

只有将量刑情节对刑量具有的宽严影响力体现为一定的数值，其才有可能通过这一转换真正发挥作用。否则，究竟从宽多少、从严几何，就是一笔无人能说清楚的糊涂账。只可惜长期以来，每当需要用某一从宽或从严量刑的数值来说明案件事实对刑罚的影响力时，对这一既令人怦然心动又望而却步的难题，人们却一而再、再而三地以"假设"之方法予以退避。于是，这个至为关键的数值究竟是如何得到的，并未被追问，而是被年复一年地轻轻绕过去了。在量刑规范化的实践中，尽管最高人民法院及各地高级人民法院系统都对量刑要素进行了不同程度的赋值，但截至目前，鲜有人从社会度量学原理层面，就量刑情节赋值及其数值化表达的基本属性、形成机理等进行研究。即便有初步探讨，也远未上升到应有的理论高度。因此，对量刑情节的赋值问题，缺乏应有的理论指导，随意性过强、弹性幅度过大、量化程度欠佳。尤其是因其说理程度低，可比性、试错性阙如，有沦为数值游戏的危险。

毋庸置疑，对量刑要素的赋值属于"软"度量范畴，具有理论性更强、操作性更差的天然属性。基于这一现实原因，学界呼吁定量赋值者"众"，真正身体力行、提出建设性操作方案者"寡"，因而

迫切要求加以认真探索。可以说,研究量刑情节的赋值机理及数值化表达,是刑法学这一"最精确的法学"迈向更高阶段的必然要求。如果说量刑理论是刑法理论"缩图"的话,那么,对量刑事实的赋值问题,则是衡量、检验刑法学各种理论"可精确化潜质"的一块试金石。这不仅是刑法学与社会度量学对接交融的有益尝试,更是推进当代中国量刑实践更加公正合理所面临的重大现实问题。

## 三、量刑决策中事实评价研究的基本目标与思路

### (一)基本目标

通过深入研究量刑情节的基本原理,并借助社会度量学的基本理论,对量刑决策中存在的有关案件事实的定性评价(是否属于影响量刑的情节及其宽严导向)和定量赋值问题(影响力大小及其数值化表达)探索可行的解决方案,从而推动量刑规范化实践的不断进步,并为我国量刑情节立法的进一步完善打下坚实的理论基础。

### (二)研究思路

首先是量刑决策思维重述。尽管量刑是一种事关个人、社会、国家的重大决策活动,但由于认识上的种种误区,人们要么试图把决策学中的数学模型、算法公式等简单套用到量刑问题中,要么在屡次尝试失败后,干脆置决策科学的一般研究成果于不顾,而非自觉地把决策思维融入量刑问题的考量当中。因此,对量刑决策思维予以重述,进而深化量刑决策思维及其方法论意义,是开门见山予以论述的首要问题。

其次是量刑决策目标的确立。既然决策思维的第一步是梳理

存在的问题并确立决策目标,那么,量刑决策肯定也不应例外。只不过,学界长期以来并未将量刑决策目标纳入研究视野,即便是量刑目的这一问题也鲜有专门讨论。似乎对刑罚目的问题的研究就足以涵盖一切、包打天下。但是,刑罚目的肯定不能代替量刑目的,量刑目的更不是量刑决策目标的代名词。量刑决策中的事实评价与赋值机理属于量刑决策问题,而量刑决策目标对量刑中的事实评价(无论定性还是定量)发挥着导向性或引领性作用。鉴于对这一问题的实质性研究尚十分薄弱,继量刑思维重述之后,将展开对量刑决策目标的探讨。

第三是量刑决策中的事实类型论。随着分步式量刑决策的开展,传统的量刑事实分类过于粗放的弊端正日渐暴露,已到了严重脱离量刑规范化实际的地步,故有必要对相关量刑事实重新梳理分类。当然,对有些在学界似乎风行一时的量刑事实(情节)分类(如责任刑情节与预防刑情节的划分),倒是值得保持必要的警惕,有必要深入反思。

第四是量刑事实的评价原则论。量刑决策中的事实评价必须遵循一定原则,这是衡量特定案件事实是否应当被赋予影响量刑宽严的功能并进而评价为量刑情节的法理根据所在。因此,其后将结合相关争议问题,分别就全面评价原则、禁止重复评价原则、个别化评价原则及第二级量刑中的事实评价等逐一展开研究。

第五是量刑情节构成原理论。量刑中的事实评价,本质上是量刑情节构成要件与相关事实的同一性认定,但从基本原理方面看,量刑情节的构成论研究一直处在被搁置的状态,故有必要从量刑情节的构成要件与犯罪成立要件相比较的视角,揭示量刑情节构成要件的独特性。尤其是分别从量刑情节的积极构成要件和消极构成要件，以及量刑情节的功能与量刑情节的构成要件的制约关系等方面展开研究。这是定性评价的前置性问题。

第六是量刑事实的定性评价。对量刑事实的定性评价，重点是围绕理论及实务中的争议，结合量刑情节构成论及评价原则，对几个争议较大的量刑情节定性问题进行评析，如"获得被害人谅解"是否属于量刑情节，新时代如何与时俱进地对"民愤能否作为量刑的依据"进行反思，等等。并对犯罪中个别量刑情节（如防卫过当）的事实构造从阶层论角度进行重新审视，同时，就量刑情节的单复数界定进行分析。

第七是量刑事实定量评价中的赋值机理问题。量刑中不仅要对一定的事实准确定性，而且要"精准"定量。定量评价的核心是确定量刑情节对刑罚量的宽严影响程度及其可能的数字化转换，也就是赋值问题。作为"软度量"的一种类型，对量刑情节的赋值必须结合社会度量学原理予以审视。不得不说，这是量刑领域一块尚待开垦的处女地。因此，本章分别就软度量理论的基础问题、量刑事实的赋值模式、调节比例的确定方略，以及逆向调节比例的处置问题逐一进行研究。

第八是准量刑决策及其认罪认罚从宽评价问题。如果说前述关于量刑决策中的事实评价是立足于传统量刑观进行的分析，那么，随着我国认罪认罚从宽制度的全面实施，一种新型的、以检察机关为主导的"准量刑"活动正在搅动量刑领域的"一池春水"。与传统的对抗型司法下的法官量刑决策不同，这是一种以合作型司法为背景的"准"量刑决策活动，其核心是如何就认罪认罚事实进行妥当的从宽评价，从而实现既定的价值目标。基于此，特辟专章对之进行探讨。

总之，本书的大致研究路径可简化为：方法论（量刑评价的决策思维论）——目标论（量刑决策目标研究）——类型论（分步式量刑决策引起的量刑事实新分类）——原则论（事实评价三原则）——定性评价论（构成要件及符合性判断的原理及具体实践）——定量评价论（赋值机理及其运用）——准量刑决策及其事实评价论（认罪认罚从宽评价论）。

# 第一章　量刑决策思维重述

## 第一节　量刑的决策属性

### 一、量刑是一种决策活动

在我们的日常生活中,"决策"一词虽说耳熟能详,但究竟什么是决策,却是见仁见智、争论不休。从哲学层面讲,一切为选择最优方案所进行的活动都是决策;在管理学上,管理与决策则是同义词:管理就是决策,决策就是管理。顾名思义,"决策"就是"决定对策"的简称。[①] 严格说来,所谓决策,是指人们为实现既定目标,针对面临的问题所进行的行为设计和抉择过程。因此,决策活动必然包括四大方面,即:一定的目标,欲付诸实施,追求优化,进行选择。如果没有目标,就谈不上决策;若不打算实施,决策会成为多余;要是不追求优化,决策便失去意义;若不进行选择,优化就不可能进行。

---

① 参见魏萍:《社会决策中信息表征的理论与实验》,兰州大学出版社2014年版,第2页。

有学者早就指出："量刑是一种决策活动",① 具体而言,指司法人员依据犯罪事实和法律规定,对具体案件进行分析、判断、综合,并最终以定量形式决定其刑罚的思维活动。但由于种种原因,对量刑问题的把握,真正自觉地以决策理论为指导,并将决策思维融贯其中的考量并不多见。在国外,也不乏论者认为,尽管大量的学术研究和改革一直在致力于解决量刑决策中存在的问题,但"量刑决策本身仍然是一团谜"。② 时下,翻阅国内有关文献可见,以"决策"之名对量刑问题进行的研究,主要是在心理学领域。③

应当强调指出,从人类认识的形式来划分,决策可以被分为直觉决策、经验决策和科学决策三大类别。其共同点都是"决定对策"式的活动,都是对优化方案的抉择。量刑作为重要的刑事司法活动,无疑是一种决策。它面临着各种困扰,有着既定的目标,在各种可能的方案中必须进行取舍,不断追求卓越。它意味着责任千钧的权衡,也意味着左右为难的决断。由于传统意义上的量刑决策主要是一种直觉型、经验型决策,而长期以来通行无阻的"估堆式"量刑恰与这种决策模式相匹配,故有的研究者套用卡多佐法官的名言,大书特书"量刑的生命在于经验",④ 不能不说,其认识还停留在经

---

① 参见郑昌济、郑楚光:"刑罚量化的决策分析",载《中南政法学院学报》1989年第1期。

② 参见〔英〕赛勒斯·塔塔:《量刑:一个社会性过程》,赵增田、颜乔浠译,上海大学出版社2023年版,第1页。

③ 参见李婕、马皑、罗大华:"案件无关情绪和案件相关情绪对法官量刑决策影响的实验研究",载《心理科学》2015年第1期。李维维、杨群、张庆林、曾建敏:"法律基本原则与普通公民的量刑决策",载《杭州师范大学学报(自然科学版)》2014年第3期。

④ 参见冯晓聪:《量刑的生命在于经验》,西南政法大学博士学位论文(2017年),"内容摘要"。

验型决策思维的阶段。随着人们对规范化、精准化量刑的要求越来越高,传统的"估堆式"量刑已经遭到否定,与之相匹配的经验型、直觉型量刑决策模式已经受到严峻挑战。在此背景下,当然要对传统的量刑观改弦更张,要更加强调量刑决策的科学性。

## 二、量刑的决策学审视

言及决策的科学性,就不能不把目光转向决策学。决策学是产生于二十世纪二三十年代以后的新兴学科。它的创始人赫伯特·西蒙(Herbert Simon)是美国著名的管理学家,也是著名的计算机科学和心理学教授。他创立了管理决策理论学派,主张管理的本质就是决策,把决策作为管理的中心进行研究,强调决策贯穿于管理的全过程。但是一则,他把决策仅仅局限于经济管理领域,而把政治军事文化等范畴排除在外;二则,他把管理过程中的任何活动都包括在决策范围内。这遭到后来研究者的强烈质疑。西蒙之后,随着科技的迅猛发展,伴随控制论、信息论、系统论等一批新兴学科的出现,尤其是电子计算机技术的飞速发展,决策学的研究队伍不断壮大,其中尤为突出的是英国的约翰·阿代尔(John Adair)。他在研究领导学时,把领导与决策、领导学与决策学紧密联系起来,提出"决策就是领导为实现群体组织的一定目标而作出的政策性决定"。由此,他把西蒙"管理就是决策"的理论拓展到"领导的首要职能是决策",继而出现了"决策学就是领导的科学"一说。如果说,西蒙的观点更看重决策的"过程"属性的话,无疑,阿代尔的决策理论强调的是"终局决定性"。

现在看来,决策活动是过程与决定的统一,是决策工作和决策行动的组合体。所谓"决策工作",包括提出问题、确定目标、拟定各种可行的备选方案等全部内容,是由领导者和其他参与者共同完成的。所谓"决策行动",实质就是选择实施方案并最后作出决断,由领导者一锤定音。如果没有决策过程做铺垫,作为承载"决定"的决策行为就有可能变成"拍脑袋"式的擅断。同理,如果仅有决策过程而无终局决定,整个过程就失去了应有价值,一切都将付诸东流。

决策科学方法的发展,大致经历了三个阶段,即,决策的规范化及程序化阶段,决策的数学化和计算机化阶段,决策的软技术化或者"创新工程"阶段。

第一阶段的任务是,对一些常规性的待处理问题,根据经验提出一个最优处理方案,并将之上升为详尽规范,人们依规而行即可,不必事无巨细地请示领导,并由领导亲自拍板定案。另一方面,如果有人不依照规范而行,那就是失职,就要被追究责任。当然,为了保证这一决策方案的与时俱进,这类规范每到一定时间都要被审订一次。第二阶段,为了实现决策的精准化,把高等数学和工程数学、计算机技术等引入决策中,使得决策能够数量化,从而使海量的、烦琐的计算工作通过电子计算机轻而易举地完成。如果说第一阶段的决策注重的是定性决策的话,第二阶段则使决策方法拓展到定量决策阶段;如果说以前的决策方案主要是根据经验,是一种"决策艺术"的话,第二阶段才使得决策问题实现了从艺术向技术科学的大发展。第三阶段始于20世纪70年代中期以后。当时,人们开始注意到,在实践中有许多重大决策,自以为完全是通过电子计算机精确计算出来并优选后的最佳方案,但结果却以失败而告终。于是,决策领域从迷信数学逐渐走向怀疑数学;甚至认为,如果把决策科学陷入烦琐的数学模型,就会使这一科学走向死亡。在此背景下,提出了决策的软技术化或者创新工程。人们开始认为,决策的活力和灵魂在于创新,而创新本身也是需要人们去研究、去创造的工程。尤其是社会、经济方面的诸多因素,人们对之根本无法简单地数量化,必须进行创造性地研究与开发,于是决策科学又进入一个新阶段。在这一阶段,认为决策科学化包括两个方面:一方面是决策的硬技术,即运筹学;另一方面是决策的软技术,即创造工程。这两方面如同鸟之双翼,缺一不可。

无疑,量刑决策面对的是常规性的待处理问题,其决策方法还处在第一阶段。其核心问题是,怎样通过对已有经验的总结和概括,形成类型化的量刑指导规则及其实施细则,并用以指导实践。在此阶段,尚难以通过高等数学、工程数学等建构数学模型。当然,在当代中国,对于量刑过程中能否借助计算机技术及人工智能辅助系统,早已有研究者进行过不懈探索并依然处在探索阶段。另外,人们已经认识到,量刑决策涉足的是法学这一社会科学领域,对其中的很多因素,的确不能严格地像管理科学、工程科学那样去量化。拿量刑决策中的度量来说,这里的"度量"只能是社会度量或"软"度量。这一领域的研究成果还相当匮乏,需要借助创造工程这一决策科学发展的最新思想来引领,并大力进行探索,而不是故步自封或简单否定。

在决策学中,决策被分成诸多类型,这有助于理解不同决策的属性。若把量刑决策置于这些类型中予以审视,可获得如下启示:

首先,量刑决策属于常规性决策。它面对的是司法实践中反复出现、经常面临的一些问题。尤其是常见多发性刑事案件,其中的大多数本来就属于常规案件,完全有可能,而且也很有必要对量刑经验进行总结,并将成熟的决策步骤及决策方式予以成文化、规范化,而不应放任自流,使之一直处在碎片化、各自为政的状态。更不应当将这些经验"藏之名山",成为运用之妙、存乎一心的"艺术"。其实,即便是一些颇具争议的疑难案件,只要通过充分论证,在形成共识后,也应当以"指导案例"的方式类型化,使之成为类似案件量刑的决策依据。这与非常规性的"一事一议"型决策明显不同。从发展前景上看,常规决策迫切要求把不确定型的决策问题向确定型决策转化,因此,迫切需要对其理论与方法、手段等开展研究。

其次,量刑决策是一种团体决策。近现代刑事司法是民主制度的产物。在我国法院内部,审判庭的形式有独任制与合议庭之别,但是,即便是独任制法官的量刑决断,从终极结果上看,也是以法院的名义宣告的。至于形成过程,更是受制于法院内部职能部门的强有力监督。如果从规范性、程序化决策的角度讲,量刑决策规则、程序的制定,其背后更是离不开强大的量刑理论研究与实务团队的支撑,必然是经过反复商讨、多方论证后达成的,是集体智慧的结晶。量刑决策的这一品质,与决策学的未来方向暗合。因为在现代社会,随着物质生产的快速发展与精神生活的极大丰富,社会的平均智能水平得到极大提高,仅仅依靠个人的超群艺术进行决策的时代已成为历史。随之而来的是,由个人的手工作坊方式向集团性的自动化方式发展。这意味着,量刑决策研究不再可能是侠客猛士的单打独斗,而是集团式的大兵团作战。①

再次,量刑决策是一种定量决策。若与定罪问题的决策进行比较,量刑决策当然是定量决策。最狭义的量刑过程其实就是把

---

① 调查表明,法官在量刑决策时表现出一致性,此即"集体量刑倾向"。该倾向既可能来源于法官集体基于刑罚目的和司法环境作出的共同认知,也可能来源于法官集体基于社会学习的从众模仿。参见吴雨豪:"论集体量刑倾向对自由裁量权的塑造",载《法制与社会发展》2024年第1期。这一现象反映的是隐性层面的量刑团体决策属性,与显性的团体决策互为表里,机理相通。

法定刑转化为宣告刑的过程。近现代的法定刑是相对确定的法定刑，存在着可供选择的刑种或幅度。就适用面最广也最为常见的刑罚——自由刑——的裁量而言，宣告刑必然是"点"状的，最终要确定到一个非常具体的数字上，否则就没有完成任务，更难以实现目标。即便是对难以再分割的无期徒刑或死刑的裁量，由于存在着"无期徒刑或者死刑"，以及"十年以上有期徒刑、无期徒刑或者死刑"的选择，必然也要确定到一个"点"上，故其实质也属于定量决策。应当说，从定性决策向定量决策发展，本来就是决策科学的发展方向之一，而定量决策显得更为复杂。尤其是刑罚裁量方面的定量决策，面临着前所未有的难题，需要进行艰难探索、试错、再探索，不可能一蹴而就。因此，对这一领域的各种尝试性研究，应当允许试错而不是简单否定。正如同"曹冲称象"的故事所示，在没有发明大载量的称重工具之前，人们的确无法度量大象究竟有多重。但不能据此武断得出结论说，大象是不可能被度量的。该故事恰恰表明，即便在古代，也可以通过"转换"原理——通过船的"吃水线"这一连接点，把大象的体重转换成可分割的石块、水、木头等物体的重量来加以度量。

复次，量刑决策属于多目标决策。决策目标与决策者的利益相关联，是随着决策者认识的发展而不断发展变化的。在人类早期决策实践中，由决策的个体性及其认识的局限性所致，决策主要是单目标决策。随着团体决策日渐成为主导型决策模式及认识水平的不断提高，多目标决策开始成为一种发展趋向。在我国，尽管司法公正是最基本的目标，但同时，要真正做到"案结事了"，就必须坚持量刑活动的政治效果、法律效果和社会效果的统一，不可偏废。因此，量刑决策在本质上具有多目标性。在量刑决策中欲做到情理法兼顾，就必须立足中国实际,放眼世界发展潮流,与时俱进地审慎抉择。

最后,量刑决策是一种"满意"决策而非"最佳"决策。量刑结果事关犯罪人、被害人及各自亲友的切身利益和重大关切,更关涉社会公众透过刑事案件这一窗口对法治公平正义等核心诉求的获得感。但是,由刑罚裁量的"软度量"特征所决定,也许没有最佳决策,只有满意决策。就决策科学的发展来看,从最佳决策转向满意决策,更是其必由之路。因为,人们的认识是不断发展的,决策科学方法的进步永无止境。从长远角度看,决策将不断被优化,但永远不可能达到最优。这意味着,特定时期的量刑决策,只要符合国情民意,就达到了预期目标。尤其是考虑到量刑活动的"软度量"属性,更不应当以"硬度量"标准提出不合理要求。

## 三、若干误区的澄清

### (一)量刑决策与公众的量刑偏好

有论者认为,量刑决策是在案件审理过程中,审判人员根据认定的案件事实和证据,并结合相关法律条文,对案件当事人的行为作出的定量刑罚裁决。同时又指出,普通公民往往也会参与到司法决策过程中,并基于他们的自然正义观对量刑问题进行判断,进而屡屡出现舆论影响司法审判的现象。其所进行的问卷调研表明了两方面问题,一是对嫌疑人进行量刑裁决时,证据强度越是增大,量刑也越是加重;虽有较强证据但难以确证时,人们主张对嫌疑人从轻量刑。二是对犯罪人的量刑,无论受害者是科学家还是普通工人,都不影响量刑裁决结果,但在证据确凿且犯罪人为"官二代"时,量刑结果则会更严重。换言之,犯罪人的家庭背景往往会影响量刑裁决结果。据此,该论者提出并讨论了"普通公民的量刑决策"问题。①

应当说,研究当代中国普通公众的量刑偏好或量刑评价倾向,无疑具有重要意义。因为,既然社会公众对刑事司法具有监督批评权、知情权和言论自由权,而量刑决策也必须坚持法律效果和社会效果的统一,那么,当代中国公众的量刑偏好就可能影响司法者的量刑决策。而公众的这种量刑倾向,与法律的基本原则是否相一致、是否符合公平正义观念,都需要理性对待。但是,量刑决策是特定的职业群体的专门活动,毕竟与公众的量刑评价倾向不同,不可简单等同或者混淆。

### (二)量刑决策与刑事案件审理

量刑决策与其他决策的重大区别之一,在于量刑决策的权威性和决策后果的严厉性。之所以权威,在于它是专门司法机关代表国家作出的。而量刑决策本质上是一种团体决策而非个人的专断。虽说在实务中,刑事案件总是由特定的司法官承办的,量刑决策似乎是"案件由谁办理"就由谁作出,加之,司法机关内部的"错案追究制""终身追责制"及司法绩效考核,都涉及每个司法人员的结案数量,随着"谁办理谁负责"制度的全面推进,有论者提出了刑罚裁量中的集体经验与个体决策问题。但是,审理并不等于决策,审理后个体法官或合议庭作出的决断最多是一种"预"决断,是为审判机关以自己的名义对外宣布提供的"素材"或"质料"而已。因为,且不说重大疑难复杂的案件要经过审判委员会集体讨论决定,即便一般案件不需要经过审判委员会专门讨论,也必须履行有关程序后以人民法院的名义作出,以院长和庭长为主体的法院领导班子以连

---

① 参见李维维、杨群、张庆林、曾建敏:"法律基本原则与普通公民的量刑决策",载《杭州师范大学学报(自然科学版)》2014年第3期。

带责任的方式承担着所辖法院所有案件审判可能的最终风险。[①] 更何况，审判独立并非承办案件的法官独立，而是审判机关依法独立办案。对外而言，如果公诉机关或被告人不服，抗诉或起诉的对象是"某某人民法院"的裁判，而非"某某法官"的裁判。[②] 如所周知，司法腐败一旦在某地发生，损害的不仅仅是作为审理者的法官的声誉，更为严重的是败坏了人民法院的良好声誉，败坏了地方党委和政府在人民群众中的形象，个中缘由即在于此。

### （三）量刑决策与数学模型的运用

可以说，只要翻开决策学书籍，映入眼帘的往往是各种数学模型、计量公式。如果说研究者不懂这些模型公式，则难以想象。基于此，国内首倡"量刑是一种决策活动"的学者，其核心观点就是：应当运用数学模型，将复杂的问题抽象概括，并采用层次分析方法化解量刑中的定量化要求与决定量刑诸因素的非定量之间的尖锐矛盾。为此，该论者引入了判断矩阵、比例标度、加权综合计算公式等一系列令大多法律学人望而生畏的量化方式。[③] 此观点似乎意味着，若难以熟练掌握这些原理及计量方式，就不可能进行科学意义上的量刑决策。问题是，对这种"阳春白雪"般的倡议，由于法学界及法律实务部门的大多研究者难以跟进，故只能对量刑决策问题望而兴叹、日渐敬而远之了。可以说，刑法学界近三十多年来之所以

---

[①] 参见艾佳慧："中国法院绩效考评制度研究"，载《法制与社会发展》2008年第5期。

[②] 当然，我们会注意到，在裁判文书中，不仅盖有法院的印章，而且也有审判人员的署名。只不过，这个署名主要为内部监督（绩效考核、错案追究）打下基础，是为了强化司法责任制采取的措施。

[③] 参见郑昌济、郑楚光："刑罚量化的决策分析"，载《中南政法学院学报》1989年第1期。

对科学量刑决策的研究近乎"无人问津",与这种认识不无关系。

但如前所述,数学化、计算机化只是决策科学的发展阶段之一,在决策科学发展的第一阶段,其主要任务是规范化、程序化问题。而且,尽管在经济管理科学中,决策活动总是和成本、收益、边际效应等需要量化的因素联系起来,免不了与各种数学模型、算法工具紧密相连,但是,决策科学不应当成为管理学或者领导艺术的代名词。决策领域涵盖的范围极广,除管理科学外,还包括政治、军事、文化等多个方面,法律问题当然是其中十分重要的一个分支。就法律实践中的量刑决策而言,最起码在现阶段,尚达不到直接运用判断矩阵、比例标度、加权综合计算公式的程度。因为长期以来,量刑活动作为法官行使自由裁量权的重要领域,大多数依靠的是经验;量刑决策也主要是一种经验决策、直感思维。现在,随着此类决策引发的问题日渐凸显,客观上要求量刑活动必须向科学决策转变。而科学决策的第一阶段既然是决策的规范化、程序化,那么现在的问题,主要就是自觉运用决策思维研究量刑,把科学决策的原理和量刑研究紧密结合起来,尽可能做到量刑决策的规范化和程序化。

因此,对量刑问题的决策学审视,自然要落脚在决策思维问题上,核心问题是为重塑量刑评价方法论提供必要的理论支撑。

## 第二节 决策思维及其基本模式

### 一、决策思维的界定

所谓"决策思维",既指决策过程中进行的思维活动,也指一种思维类型。之所以存在前一种理解,是因为决策本身是一种理性认识活动,决策过程实际上也就是决策思维过程。不过,一般还是把决策思维作为一种独特的思维类型加以把握。

作为一种独特的思维类型,决策思维有其质的规定性。首先,与上升性思维和求解性思维相比,其思维目的不同。上升性思维旨在把思维成果从个别性提高到普遍性,求解性思维则致力于找到问题的具体答案,而决策性思维的目的是确定可以付诸实践的方案。其次,与认知思维和控制思维相比,其思维的功能有异。认知思维的功能是,通过获得对象信息,客观把握对象。在这里,并不会牵扯主体需要和主观意愿等问题,只是客观地予以判断。控制思维的功能是通过控制和调节人的活动,把各种决策由意识和观念转化为现实。决策思维的功能则是,通过认知思维,明确主体的需要和动机,形成具体的主观意向,并根据现实条件,制定能够付诸实践的决策。最后,决策思维具有优化性和预见性。决策活动意味着选择,这是一个不断优化的过程。在这个意义上讲,所谓决策,就意味着要在特定条件下选择优化结果。同时,决策是面向未来的,不可避免地要权衡未来可能发生的状况。这意味着,决策必然伴随着预测活动。因此,决策思维也是一种预见性思维。

决策是主体思维的结果。主体进行思维活动时,总是运用一定的思维方法,预先铺设思路,控制思维进程,提高思维效率。构成主体思维能力的因素有很多,思维方法是基本因素之一。尽管特定主体的决策活动离不开决策方法,但决策方法的发展演变有自身规律,是由特定的社会历史条件决定的。自20世纪60年代以来,以数字化、模型化、计算机化为特征的决策方法实现了决策的定量化、精确化和时效化,似乎风光无限。但这些方法不是万能的,不可能包打天下。不同的决策类型、不同的决策阶段、不同的决策系统都有不同的决策方法。决策方法有正误优劣之分。对决策方法的评价,应从效果和效率两个维度进行。前者是指,该决策方法能否真正解决决策问题,达成决策目标;后者是指,究竟需要多长时间才能实现目标。选择决策方法要坚持效果优先并兼顾效率的原则。

决策的科学化由决策体制、程序、方法等的科学化所决定。其中,科学的决策方法是关键。决策方法由决策思维方法和决策实践方法所组成,是由若干个相互联系、相互作用的子方法作为要素构成、具有特定功能的复合方法系统。这是因为,现代社会的决策活动纷繁复杂,隐身于其中的诸多问题、目标和因素不可能靠单一方法来完成。进入新时代以后,从宏观上讲,坚持战略思维、创新思维、辩证思维、法治思维和底线思维,已经成为我国科学决策的总体性思维。从微观上讲,虽说在决策思维方法中,各种子方法的功能不尽相同,但交错互鉴、互补互用。

## 二、决策思维的发展演变

### (一)从感性思维到理性思维

决策科学是 20 世纪才形成的,但人类的决策活动自古以来就存在。不过,传统社会的决策属于经验决策。其特点是,凭借决策者个人的阅历、知识和智慧进行,决策的成功与否,主要决定于决策者的阅历是否丰富、知识是否渊博及智慧胆略是否过人。这是一种个人独断性的决策,缺乏既定的决策程序或规则,由个人拍板决定。其思维方式是一种感性思维、直觉思维,既难以检验更难以追踪或纠错。这种决策是与传统社会的发展状况相适应的。传统社会发展缓慢,大多数活动是重复性的,相似度高,容易总结出固定且有效的经验,人们的决策依靠直觉或经验即可。

随着现代社会的发展,决策面临的问题日益复杂多样,决策任务日趋艰难,经验决策已不能适应现实状况。这意味着,由经验决策向科学决策阶段的转变将成为必然。而科学技术的不断发展又为科学决策方法的产生与应用提供了技术保障。科学决策意味着,首先要按照决策的科学程序进行,即遵循着"发现问题——确定目标——拟定方案——选择方案——实施计划"的路径依次展开。其次,必须有一套科学的决策技术,如环境分析、可行性分析、智囊咨询、决策试验等技术。最后,要对不同类型的决策有不同的思考原则。

可见,决策思维是由感性思维向理性思维发展的;决策活动必须不断总结经验并将之上升到理性认识的高度,使之程序化、规范化。当然,程序化、步骤化仅仅是决策科学化的"外观",决策科学化的实质是对决策对象的规律性把握,这是一个不断试错、提高的过程。

**(二)从绝对理性决策论到有限理性决策论**

理性决策思维形成于 20 世纪初。受"经济人"假设的影响,初期的理性决策属于"绝对理性决策论"。这一模式具有五大特征,即澄清价值、方法-目的分析、选择可供达到预期目的的方法、综合分析、理论分析。欲作出一个理性决策,决策者必须判明:所有的社会价值取向及其比重,所有可能的方案,每一方案所能产出的后果,能估计每一方案所能得到和失去的社会价值比例,并进而选择最为经济有效的决策方案。[①]

---

① 参见竺乾威:"从理性到有限理性",载《决策探索》1994 年第 6 期。

这是一种以追求"最佳"为其基本特色的静态分析思维。它不仅假定决策者是无所不能的"理性人",而且假定,决策者在决策时,有关条件一成不变,也无其他新的信息源产生。这与当时崇尚研究"应当是什么"的风潮相一致。但在20世纪40年代末,这种思维遭到了以赫伯特·西蒙为代表的学者们的反对。因为,这一模式所要求的那种理性人在现实生活中并不存在。相反,现实中人的决策往往受到外部因素(如时间、信息、技术等)、信息收集者及问题解决者的限制。

于是,决策思维开始转向"有限理性决策论",即实际决策只可以向绝对理性方向提高,但不可能达到绝对理性,故主张用"满意"来代替"最佳"。这一决策模式建立在"行政人"学说之上。这一学说把人看成是生物的、感情的、行为的、社会的综合体,其只具有有限的认识能力和按照自己的利益采取行动并解决问题的能力。这是以实证分析为基础形成的结论。无疑,这是决策思维迭代演进中的重大一步。

### (三)从目标取向式到手段取向式思维模式

在理性的思维模式中,无论是追求"最佳"目标的理性主义思维,还是追求"满意"目标的相对理性主义思维,都是以目标为导向的思维模式。与之不同的是,渐进主义思维模式是一种以手段为导向的思维。

渐进主义决策理论的创始人林德布洛姆(Lindblom)认为,人们在进行决策时,大可不必像理性决策模式主张的那样,去调查和评估所有可能的方案,实际上只需考虑几个有限的方案就可以了。即便对这几个有限方案,也只需评价几个可能产生的重要结果足矣,不必面面俱到。因为,决策者不可能远离现状,他只是寻求距现行政策边际不远的新的政策而已。在"对现状不满因而不能加以维持"之前,现状总是"令人满意"的。必须意识到,问题的变化需要时间,在问题的解决过程中可能引起新的问题。于是,决策具有了系列性,成为一种永不结束的行动。而且,决策的完成需要时间和空间。在这种时空关系中,会有不同的人、机构或事项来干扰它。加之决策所面临的问题一直需要被重新界定,作为补救性的修正,决策者应当着眼于减轻或消除当前问题带来的影响,而不必注意满足未来的目标。总之,在其看来,决策只不过是对以往政策的小幅度修正而已。

这种以手段为导向的决策思维模式,在认识论上将事物的运动看作是一个前后衔接的不间断过程;在方法上注重事物变化的量的累积,强调在进行变革的同时保持社会和组织的稳定。这些都值得肯定。但它的运用是有条件的,即现行政策在整体上是比较好的,所面临的问题具有高度持续性。显然,在社会条件和环境发生巨大变革之际,这种思维本身所固有的保守性就会显示出来。①

### 三、决策思维的基本模式

#### (一)以发现并准确辨识问题为前提

决策思维是发现问题、提出问题、分析问题和解决问题的动态思维。发现问题并准确辨识问题,是其逻辑前提。

所谓"问题",是指现存状况与人们的要求之间存在差距,因而需要加以解决的事项。由于决策面对的"问题"往往很多,且纷繁

---

① 参见竺乾威:"渐进决策理论及其运用",载《决策探索》1995年第11期。

复杂、牵一发而动全身,不可能事无巨细地同时段一揽子解决。故并非所有的问题都要决策,而是要透过现象,对该领域中最为关键的实质性问题作出决策。因此,必须对各种问题进行归纳、提炼和筛选,找准"真"问题,即辨识问题。具体来说,首先应当针对不同的问题,就其性质、特点和范围进行深入分析。其次,用"找差距"的形式表达问题的症结。恰如诊断疾病——医生如何判断病人的病情及严重程度呢?当然是用健康人作比较,找出其与健康人的差距。差距的大小,是决定应否采取措施缩小或消灭差距的根据。这有助于对问题进行定量分析,进而把问题描述得更准确。最后,找出的"差距"也许只是问题的表象,还应当揭示并探究该差距形成的实质原因及症结所在。只有这样,才能对症下药,提出可行的决策目标。

应当强调指出,"问题"是一个独特的系统,具有层级性和动态性,且在时空及其他因素的制约下,每时每刻都发生着变化。欲辨识问题的症结所在,必须借助收敛思维,像剥竹笋一样,朝着问题的核心部分逼近。通过不断抛弃那些非本质的繁杂的特征,深刻揭示隐藏在事物表象后面的深层本质。这一方法被人们形象地称为"剥竹笋法"。

比如,某地一座著名的大厦因年久失修墙面露出裂痕。有关方面召集专家研讨修复方案。起初以为致建筑物墙面损害的"元凶"是不断侵蚀的酸雨,但进一步研究发现,对墙体侵蚀最直接的原因是每天冲洗墙壁用的清洁剂。而之所以每天要冲洗墙壁,是因为墙壁上每天都有大量的鸟粪。问题是,这大量的鸟粪是从何而来的呢?原来是大厦周围飞舞着很多燕子,是燕子们排下的粪便。而这么多燕子之所以绕着大厦飞舞个不停,是因为大厦墙面上有许多蜘蛛，它们是燕子最喜爱的食物。那么，大厦墙面为何会有如此多的蜘蛛呢？原来，大厦周围聚集着大量飞虫，它们又是蜘蛛的最爱。而此地的飞虫之所以如此多，是因为这里特别适宜飞虫的繁殖。为什么这里特别适宜此类飞虫繁殖？因为整幢大厦的窗帘四季开启，没有遮挡，因而阳光充足，温度绝佳……

原来如此！谜底揭晓后，解决的办法变得十分简单：适时拉下大厦的窗帘即可。

### （二）以决策目标的确立为逻辑起点

决策的起点始于"确定决策目标"。所谓确定决策目标，就是要确定某种决策意欲获得的结果。这是任何一项决策必须始终关注的根本任务之所系。因为，目标一旦确定，就会产生现实的导向作用，就能对各种可能的备选方案进行过滤，并根据这些方案实施后可能带来的结果进行利弊评估，避免各种决策错误。但理论研究易犯的错误恰恰是：一个理论的发展到其最后，反而可能忘记了它本来的任务，此即所谓决策目标的"漂移"。[①] 发生这种漂移的原因是多方面的。客观原因在于，一个决策问题往往含有多重目标，有可能发生顾此失彼的情况；主观原因在于认知方面出现错误，如主次不分、轻重倒置、不能进行恰当取舍等。量刑决策需要兼顾多方面的目标。

一个易犯的错误是，将决策目标混同于决策行动的目的与任务。目的与目标是不同的。前者比较抽象，是某种活动的普遍性、统一性、终极性的宗旨或方针；后者则比较具体，是某种活动特定的、个别化的、阶段性的追求。某一活动目的的最终实现有赖于隶

---

① 即决策目标出现偏差，主要目标丢失、被取代的现象。

属它的诸多具体行动目标的实现,目的则贯穿于各个具体目标之中。目标是在特定时间内所追求的最终成果,目的则是一以贯之的追求与期望。目标要围绕目的来进行。目的往往具有一定的模糊性、抽象性,难以检测和具体评估。因此,为检验任务的执行和完成情况,必须有一个明确标准,此即所谓目标。当然,目标一旦确定,就要付诸执行,为此需要把目标进一步分解。分解后的目标,就是任务。其特点是,大任务可以分解为小任务,并一直分解到最小任务。而所谓计划,其实就是对任务的分解和排序。

例如,某家长决定好好读书。为什么读书?为了自我成长,以便让自己能和孩子共同进步,在陪伴孩子的同时能够给予孩子必要的引导。那么,怎么才算"好好读书"呢?目标是半年内读21本书。具体讲,计划每周读1本书。如果每本书平均按照300页计算,每一天至少要读40页。因此,制定了每天完成40页的阅读任务。这里,"自我成长、与孩子共同进步"是其读书的目的;读21本书是半年的读书目标;每天阅读40页书则是读书的任务。再如,某人过于肥胖,为了强身健体,打算进行锻炼,确定的目标是半年内体重减轻10斤。为此决定每天坚持做俯卧撑30个,仰卧起坐20个。这里,强身健体就是锻炼的目的;半年内体重减轻10斤就是锻炼的目标;每天30个俯卧撑、20个仰卧起坐则是任务。显然,仅有目的而无目标,或者仅有目标而无任务,都不可能促进目的的实现。在目的和任务之间,目标发挥着承上启下的重要作用。因此,无论什么决策,目标一定要有,并且越具体越好。否则就难以衡量,更难以保障最终目的的实现。

确定决策目标的要求是:第一,概念清晰,目标具体单一。第二,实现目标的期限应当明确。第三,所确定的决策目标应该是附条件的。换句话说,即便达到了规定的指标,只要尚未满足该约束条件,就不能算达成决策目标。第四,为了便于检查、衡量决策目标是否达到,决策目标应当具有可视化、可检测的特点。第五,决策目标应当是一个体系,且有层次性。即,分成总目标、子目标、二级子目标等,从而使各个目标相互衔接,协调配合。

### (三)以充分驾驭信息和利用信息为保障

科学决策思维作为对客观事物的充分认识和把握,建立在熟知决策对象的基础之上。而认识事物的过程,实质就是获得事物的信息并对之进行加工的过程。信息是决策的原材料。信息越多、越准确,决策思维的深度和广度就越能得到推进和拓展。[①]故决策必须以多角度、多类型、多层次的信息为保障。这些信息可分为环境信息、事物本身的内部信息、关联事物的外部信息及反馈信息等。其中,有些信息属于关键信息,对决策的成败起着决定性作用。为此,必须尽可能地拓宽信息的获取渠道,并对搜集到的信息分析整理,适当加工。否则,各种信息就如同一堆乱麻,尽管堆积如山,但剪不断、理还乱,在决策中不能发挥应有作用。而分析整理信息,一是根据决策需要进行系统分类,使之更具有逻辑性和针对性;二是为了避免造成决策者思路的混乱,对直接运用于决策的资料信息应给予量的适度限制;三是对信息进行质的提炼,剔除假资料和信度低的信息,筛选出与决策任务相关的有效信息。因为,并非一切信息来源都绝对可靠;即便可靠,也不见得都有用。

总之,要确保这些信息能够回答决策面临的问题:是什么,为什么,何时何地何性质,以及发展趋势如何,这才能切实满足决策需要。

---

① 参见高一朗:"论信息与决策",载《厦门科技》2010年第3期。

### (四)以多种思维方法的分阶段综合运用为要旨

科学决策活动是特定程序与特定思维方法的高度统一。这反映了思维活动与决策活动在进程上的一致性。科学决策活动的程序被分为四大阶段,即发现问题、确定目标、拟定方案和选择方案。不同阶段具有不同任务,故需要采取不同的方法。

在发现问题这个阶段,如何及时主动地透过纷繁表象,发现潜藏在背后的问题并揭示其产生的原因,是这一阶段的核心任务。与之相适应的是,应当采用系统联系思维方法、比较分析思维方法和回溯性思维方法。其中,系统联系思维方法旨在通过分析系统各要素、各层次及系统与环境之间的普遍联系,全方位地揭示事物发展中的问题及彼此间的因果联系,从而找出问题的症结所在。比较分析思维方法旨在对相近事物进行横向比较,对事物发展的不同阶段进行纵向比较,从而发现差异,总结经验教训。回溯性思维方法则是通过对事物发展的顺序进行倒推,循着产生问题的环节,回溯问题的成因。

在确定决策目标阶段,通常采用预见性思维方法和整体性思维方法。预见性思维方法旨在对未来的实践图景预先构思并予以展现,从而把未来的结果凝聚成观念模型,使之成为引导当前实践的奋斗目标。决策目标具有层次性,必须合理安排主要目标与次要目标、全局利益与局部利益、成本与收益的关系。为保证实现最大整体效益,则需要运用整体性思维方法。

在决策备选方案拟定阶段,常用方法是求异性思维方法、发散性思维方法、逆向性思维方法和过程性思维方法。求异性思维旨在寻找和发现事物差异性;发散性思维则由目标点出发,通过发散思维,寻求多方面的实现途径;逆向思维是打破思维定势,反向地提出问题、思考问题并解决问题。这三种思维方法本质上都属于创造性思维方法。[①] 应当说,备选方案的拟定是决策活动中最富创造性的环节,是创造性思维能够淋漓尽致发挥的用武之地。

在决策方案的选择阶段,采用的是决断性思维方法。决策的实质是选择与取舍。决断性思维方法旨在通过分析利弊、比较优劣进行综合决断。利弊优劣的分析离不开特定的价值取向。这种价值取向因其固有的多元性和动态性,使决策主体深陷成本与效益、宏观效益与微观效益、直接效益与间接效益、眼前效益与长远效益的矛盾纠结中。因此,必须统观全局,权衡利弊,综合评估,形成最终决断。

**(五)以"删繁就简"为取舍准则**

科学决策是与决策成本结伴而行的。所谓决策成本,就是为完成决策活动所耗费的人财物力等资源,以及其他可用货币度量的价值的牺牲之总和。具体包括信息成本、方案成本、培训成本、规范成本、认同成本和控制成本等。决策活动的组织管理系统越是精致复杂,其产生的成本就越大。为了降低成本,提高效率,就必须倡导"删繁就简"思维。而"奥卡姆剃刀原理"正是对这一思维的形象表达。

威廉·奥卡姆(William Ockham)是14世纪英国哲学家,他对当时哲学界关于共相、本质之类的无休无止的争吵感到十分厌倦,主张只承认确实存在的东西,至于那些空洞无物的普遍性要素都应当被当作累赘而无情地剔除。此即"如无必要,勿增实体"。在

---

[①] 参见赵银月:"科学决策中的思维方法",载《云南行政学院学报》2004年第3期。

当时,这一显得振聋发聩、斩钉截铁的论断无异于一把锋利的"剃刀"。此即"奥卡姆剃刀原理"之由来。

这一原理意味着,决策时要把握事物的本质,要着力解决最根本的问题。但是,正如简单与复杂定律所揭示的那样:把事情变复杂很简单,把事情变简单却很复杂。因为,简单处置的背后是对事物本质、规律的准确把握。而这不能一蹴而就,需要缴不少"学费"。比如,某大型企业为研发一款新型玻璃产品,尽管用高价购入了高品质原料,但研发出的产品还是很脆弱。症结在于,生产时原料中总是会混入空气,导致产品中形成气泡。后来,研发团队不断尝试替换材料、改进工艺等各种手段,但仍然不能有效解决这一问题。由于日本一家企业生产的相同产品却无此类问题,于是,该企业不得不花费重金引进日本的生产技术。但在获悉了日本的生产技术后才发现:该技术的精髓其实就是,通过搅拌使原料中的空气排出——如此而已。可见,"删繁就简"听起来很容易,但要真正落到实处,则必须不断探索、勇敢实践才行。

## 第三节　量刑评价方法论之重塑

### 一、将量刑评价置于量刑决策的语境之下

量刑中关涉的事实不是纯客观的"裸"的事实,而是经评价后被"过滤"的事实。如果其中一部分将会对量刑产生影响的话,那就意味着该事实已经"摇身一变",成为具有法律意义的"事

实"——法律事实。这里的评价,既包括判断该事实是否应当被视为量刑事实,也包括判断该事实是否应当被视为对行为人从严的事实或从宽的事实,以及从严或从宽多少、与其他量刑事实如何共处,等等。既然量刑活动是决策活动,也当然是"过程和决断"的统一。而量刑中的事实评价,无论是定性评价还是定量评价,作为量刑决策过程中的一环,必须把决策思维融入其中,或者说,必须在决策思维引导下进行评价。

在量刑决策语境下审视量刑评价,首先意味着量刑评价应当分步进行:量刑评价中究竟存在哪些问题,症结何在,目标是什么,如何达到这些目标,解决方案是否可行,等等。

但长期以来,这些问题并未逐一得到应有审视。比如,自量刑规范化推行以来,学术界盛行的一种强势批评是:量刑规范化指导意见置责任刑情节与预防刑情节的不同于不顾,只是简单地根据各种从严或从宽情节的赋值进行等量折抵,这违背了责任主义原理。[①]

在此,暂不对这一批评结论是否成立展开正面论述,只是想指出其方法论上的不足:未按照决策思维分步骤依次展开论证。

的确,量刑规范化的实践中并未区分预防刑情节和责任刑情节。但对这一重大问题的论证应当依次展开:这有问题吗?问题在哪里?这种区分的目标何在?能否实现?究竟怎样区分?区分以后会产生什么样的后果?该目标实现与否的问题如何检验?怎样利用反馈的信息进行决策的调试?所有这些问题都不得而知。

更重要的是,程序化、步骤化仅仅是决策科学化的"外观",决策科学化的实质在于对决策对象的规律性把握。而量刑决策与其

---

① 参见张明楷:《刑法学》(上),法律出版社2021年版,第745页。

他决策的根本性不同,在于对象有别,即是关于"量刑"问题的决策。对于"量刑",从现阶段的研究状况看,对其实质问题的揭示还相当有限。比如,量刑决策的终局产品是形成宣告刑(确定的刑种、刑度及执行方式),但确定这种宣告刑究竟意味着什么?应当以什么为目标判断该宣告刑的确定是否成功?这些尚未被充分研究,更不要说业已形成定论。因此,强调量刑评价方法论的重塑就显得十分迫切。

## 二、从"实然"分析转向"应然"研究

不可否认的是,学界业已实质性地开始了决策论视阈下的量刑问题研究。只不过,大多是以"司法决策"之名展开的。比如,"'舆情再审':司法决策的困境与出路"一文,其研究的实质问题就是量刑决策:李昌奎案是否应当适用死缓?当然也间接牵扯许霆案、邓玉娇案的量刑决策。该文分析道,随着"民意""人民满意""社会效果"等主流话语成为高频词汇,量刑决策更加倾向于作出贴合民意、从善如流的选择。亦有人发出感慨,以社会舆论为载体的"民意司法"时代似乎已经来临。在中国社会的转型期,死刑案件的量刑决策往往是舆情的高发地带,而司法机关对舆情风险的承受能力还有待提高,因此,该论者主张,强化司法与社会在诉讼过程中的沟通机制,以实现对已有司法权威的存量保护。[①]

在这里,就量刑决策中的评价来说,论者的重点似乎只在于实

---

① 参见徐阳:"'舆情再审':司法决策的困境与出路",载《中国法学》2012年第2期。

然性地揭示,实践中的死缓适用深受舆情影响,并未就该量刑决策"是否达到"决策目标以及"为什么"等进行论证。因为,该论者在进行了实然分析后,就直接将"受舆情影响"代入"民意司法",然后径直提出要保护司法权威,并建议强化司法与社会在诉讼过程中的沟通机制,比如,引入"法院之友"制度,强化判决说理与论证,以赢得当事人和社会公众理解,如此等等。问题是,就该量刑决策而言,是否达到了量刑目标才是关键所在。而要判断此问题,首先要明确量刑决策的目标是什么。如所周知,当代中国司法正在不懈追求着法律效果、政治效果和社会效果的"三个统一",既然司法改革的鲜明导向是"努力让人民群众在每一个司法案件中感受到公平正义",那么,就必须辨明,某一种"舆情"的出现意味着什么,并进而判断:顺应这种"舆情",究竟是陷入了"民意司法",还是在追求司法公正、做到"三个统一"?这与量刑决策目标的实现是什么关系?等等,这才是此类案件的量刑评价研究中必须大书特书的问题。

又如,在"司法决策如何进行后果考量"一文中,论者实际上也是以李昌奎案为重心,首先从实然角度指出,当前司法决策中颇有影响力的一种法律思维方式是后果主义考量思维方式:药家鑫交通肇事之后为逃避责任持刀将受害人刺死,虽然有自首情节但"难免一死"。李昌奎的犯罪情节比药家鑫更恶劣、后果也更严重,对其判处死刑立即执行才符合"罪责刑相适应"原则。既然药家鑫已经伏法,对李昌奎怎么可能仅判处死刑缓期执行呢?论者评述道,从法律效果与社会效果相统一的要求来看,这不失为一种正当的方法论思维。但同时又强调指出,"李昌奎案"表明,以权力独白的方式追求"后果主义",在缺乏"过程可信"的方法论支持下,难以赢得社会认同。①

应当说,论者有关"后果主义"这一量刑评价方式的研究,重心也停留在实然分析层面。尽管其认为,从法律效果与社会效果相统一的要求来看,这不失为一种正当的方法论思维,但对此并没有进一步展开。已如前述,量刑决策的目标是否达到,是衡量决策科学合理与否的标志,既然如此,类案比较及相互协调与量刑决策目标是什么关系,以及"法律效果与社会效果的统一"该当如何判断及其与量刑决策目标是什么关系等,应当得到充分论证。但对这类问题,在相关案件的量刑评价中却被一笔带过。这大概与长期以来我国的量刑评价与决策思维方式断裂,且忽视量刑决策目标的确立等难脱干系。

尽管有论者以"量刑决策的本质及真实面相"为论题对此进行了初步研究,②但也依旧醉心于用实证的方法揭示量刑决策中的"实然"状态,并以此为据对量刑规范化改革进行"全面评估",但却未将重心置于应当如何"改进"评价机制上。比如,论者虽然认为,量刑决策是规范判断和价值判断的统一,本质上是一种评价过程,其结果由评价主体和评价对象共同决定,但并没有把重心放在应当怎样评价上,而是反复强调"在实践中法官的量刑受到更多法外因素的影响",并滔滔不绝地分析其中的缘由:法官的量刑决策过程是经验直觉与理性分析共同作用的过程,往往由经验直觉先行,以之为基础的理性分析殿后;而直觉一旦参与量刑,就会自主迅速地将法官的既往经验一并摄入,为法外因素影响量刑敞开大门,现有的司法环境也难以过滤这些法外因素的介入;更何况特定司法环境下的

---

① 参见陈洪杰:"司法决策如何进行后果考量",载《财经法学》2021年第2期。
② 参见劳佳琦:"量刑的法外因素与量刑规范化改革",载《中国刑事法杂志》2022年第2期。

风险与压力也会转化成为影响法官量刑决策的法外因素。比如，量刑结果会不会引发舆情、会不会导致上访、会不会影响绩效等，肯定都是法官需要慎重考虑的问题。至于量刑指导意见究竟能否对这些影响法官决策的法外因素予以有效控制并消减，以及在多大程度上并如何控制等，论者似乎无意探究；对规范化的量刑决策与法外因素影响决策是否可能共存，以及在多大程度上共存等，也不予置评。

其实，在本书看来，"各种因素实际上都会影响法官的量刑决策"（甚至有"法官的一顿早餐决定了被告的量刑"之极端说辞），这是一个不言自明的共识，无须过多地通过所谓实证分析（如论者进行的"拟定案情＋问卷调查"式）来反复揭示。研究的重点应当是：如何更加科学合理地进行评价。比如，"三个统一"与量刑目标的确定是什么关系？如何在量刑决策中具体化？现行的考量指标怎样改进？等等。再者，既然承认，量刑事实对量刑的影响并不是通过自动转换为数值来实现的，而是必须经过评价主体的加工才能实现，这就意味着，要给评价者留下一定的自由裁量空间。而且，既然是"自由"裁量，那么该"自由裁量空间"的范围究竟应当如何限定，才是必须重点关注、不容回避的问题，而非仅醉心于描述该自由裁量受到了什么"法外因素"的影响。

## 三、从"最佳"方案的探寻转向"满意"方案的生成

随着决策学理论的发展，人们已经达成共识，决策活动不是以"最优"为目标，而只是力求达到"满意"而已。但在量刑评价中，由于长期受"最优"思维的影响，对一系列问题的评判显得十分"苛刻"。尤其是，对量刑决策的定量分析中"如何决策才会达到精准"

的问题,不少研究者仍习惯于用传统的"硬"度量标准看待量刑评价,致使量刑评价这一"软度量"分析举步维艰。

比如,自20世纪90年代以来,就有研究者对量刑情节的赋值问题进行过孜孜不倦的探讨,并尝试提出,对每一量刑情节进行"重要性程度等级评价",并按照"特别次要情节、次要情节、一般情节、重要情节及特别重要情节"这五个等级确定其所对应的积分,即0分、5分、10分、15分、20分。[①] 对此,不少研究者显得疑虑重重:"这些10分、20分等的积分的确定有什么客观依据和法律标准吗?……恐怕只能是一种主观的臆断吧?数值都是主观的,对这些数值的运算过程再客观、再精确又能有什么意义呢?难道能改变这些数值确定上的主观臆断性吗?……通过这种量刑方法计算出来的最终的刑罚的量在实质上也是一种主观臆断,只是这个主观臆断的刑罚的产生过程看似是精确的罢了。……与传统的估堆式的量刑方法并没有什么实质上的区别。"[②] 毋庸赘言,如果循此思路检视"两高"在《关于常见犯罪的量刑指导意见(试行)》中确定的有关量刑情节赋值的比例或数值,势必也会使人们产生类似质疑:"这里的5%、10%、15%、20%、30%、40%、50%等等比例的确定有什么客观依据和法律标准吗?……恐怕只能是一种主观的臆断吧?"

初看起来,这种质疑的确颇具"杀伤力"。但我们不妨换换角度先思考一个类似问题:是不是刑法中为各个具体犯罪规定的法刑(也是一些数字)都有客观依据?比如,抢劫罪基本罪的法定刑是

---

[①] 参见赵廷光:《量刑公正实证研究》,武汉大学出版社2005年版,第73—78页、第483—484页。

[②] 参见臧冬斌:《量刑的合理性与量刑方法的科学性》,中国人民公安大学出版社2008年版,第215页。

"3年以上10年以下有期徒刑,并处罚金",强奸罪基本罪的法定刑是"3年以上10年以下有期徒刑",过失致人死亡罪的基本罪法定刑是"3年以上7年以下有期徒刑"。但有多少人能说清楚,上述3年、7年及10年的"客观根据"是什么?它们究竟是如何形成的?尽管长期以来对这些数值同样难以说清道明,但我们似乎并未质疑其存在的相对合理性。这表明,在法规范领域,即便不能确切证明某些数值的客观根据,也并不意味着这些数值就必定难以被人们接受。应当说,学界中之所以常常有人反对在量刑中引入数量概念,就在于其认为不存在精确测量犯罪人行为社会危害性的技术和工具。但诚如论者所言,量刑中对情节进行数量表示,理应属于一个工程问题。[①] 而作为工程问题的测量,通常只需要将其精度控制在能满足实践需要的范围内即可。所以,对量刑情节的数量表示,只要其误差不让一般人产生非正义感即可。[②]

显然,关键的问题不在于这种评价是不是达到最为精准或可靠,而是必须转换评价方式:对于软度量问题,其作出的量度如何才能达到令人"满意"?

我国新时代的司法改革,致力于"让人民群众在每一个司法案件中感受到公平正义",换言之,就是要让人民群众有获得感——"满意",并没有把抽象的"最佳"作为既定目标。这是有深厚理论根基的,完全符合决策学的相对理性主义原理。只不过,究竟何谓"满意"、究竟如何衡量是否"满意",无疑与社会的发展变化相关

---

[①] 工程问题是个综合性概念。此处指一种旨在解决现实生活中的问题或满足人们特定需求的活动,即"解决问题的过程"。

[②] 参见黎其武、徐玮:"量刑情节适用的若干问题研究",载《中国刑事法杂志》2005年第3期。

联,必须与时俱进地予以把握,并非一个简单问题。而且,"满意"方案也是一个相对而言的概念:没有最满意,只有比较而言的"满意"。因此,即便某一决策方案还可以被找出不少缺陷,还不是最理想,但只要没有更好的方案能够将其取而代之,那么退而求其次,它就是当下的"满意"方案。

总之,在量刑决策的评价方法上,不能因为该方案还未达到"最优"就进行否定,就动辄批评。更何况"满意"程度的提高也是一个渐进式过程。

## 四、从"一劳永逸式"解决到渐进式逼近

作为一种规范性且程序化的决策,量刑决策总是与价值评判紧密相连。量刑规范化决策的探索,必然要根据当代中国的主流价值观,要植根于中国的优秀文化土壤,创造性地把社会度量学原理和量刑决策评价深度融合起来。这意味着,对量刑决策之"满意"方案的获得,不可能一蹴而就,只能是不断试错、不断改进的结果。但从目前学界颇有影响力的评判观点看,似乎是"眼里揉不得一点沙子"。

比如,有论者指出,量刑依据和标准千变万化,并随着司法实践中层出不穷的情状而变化,且在不同时期、不同地域,同样的量刑依据可能会对量刑产生不同的影响。在我国这样一个幅员辽阔、各地经济发展和治安状况不尽相同的国家,即便是相同的量刑情节,在不同地域、不同群体中所展现的社会危害性也会存在程度上的显著差距。此外,我国各地的风俗习惯和文化传统存在较大差异,由于发展不平衡,各地、各民族对同一行为的评价也不尽相同。显然,对于这些差异的研判,有赖于专门力量对量刑信息进行整理汇总和

实证分析。但在我国,中央层面尚未设置专职量刑规范化改革统领部门,各地的审判机关缺少专门研判本地量刑实践规律的量刑改革指导委员会、办公室或研究室。而缺少专职的量刑改革领导机构的统一筹措,势必会影响各级法院的量刑实证调研。[①]

亦有论者指出,量刑规则体系的建构要充分尊重法官的主观能动性,不能单方面排除法官自由裁量权的价值和功能,以免出现规则体系僵化及刑罚个别化在量刑环节的式微。但在我国,目前的量刑规范化之理论基础、规范文本及具体操作,不能不说均建立在反经验立场上,这在一定程度上导致了对法官个体量刑经验发挥的不合理压制。尤其是,量刑规范化所倡导的用数值加减获得结果的裁量方式,是对法官理性经验分析及其评价的排斥,其中的数据样本充足与否、基准刑量的设定是否科学可靠,都还有待进一步检验。事实上,量刑规范所设计的"三步骤"量刑方法,在酌定情节的提取和量刑情节作用力的判断上,均存在置法官广泛运用自由裁量权所累积的宝贵的判罚经验于不顾的弊端。此外,明确列举常见犯罪所有可能涉及的酌定量刑情节,并限定各个情节对基准刑的影响幅度,未免体现了规范制定者过于主观化理想化的立场。以至于有法官将量刑规范化错误地解读成对"合适"计算公式的探寻过程:即使是通过权力寻租得到的量刑结果,也要寻找一个"各步骤的数字计算都在规定范围内的公式",以证明量刑结果的"合法性"。[②] 特

---

[①] 参见崔仕绣:《我国量刑规范化改革研究:障碍及其克服》,中南财经政法大学博士学位论文(2020年),第88页。

[②] 参见冯晓聪:《量刑的生命在于经验》,西南政法大学博士学位论文(2017年),第54页。周力娜:"透视量刑规范化过程中的微观成像——反思形式主义遮掩下的改革进路",载《法律适用》2013年第2期。

别值得关注的是,尽管量刑规范化指导意见对常见罪名的量刑起点作出了相应规定,但对刑罚量增值的详细、具体描述却尚付阙如,导致某些犯罪的基准刑难以确定,也未解决量刑实践中对两项重要量刑原则——责任主义和禁止双重评价——的忽视问题。①

可以说,在数十年来的量刑规范化改革中,学界的主导性力量主要是致力于"批判",就结合中国现阶段国情,从正面提出建设性推进意见的成果并不多见。换言之,站在"一劳永逸式解决问题"的制高点批评否定的声音比比皆是,但务实地、渐进性地从决策论视角提出改进方案的研究却十分罕见。②

我们不禁要问,如果没有更加可行的替代方案,能不能把现有的"不完美"方案一废了之?果真如此,那岂不是又回到了完全"估堆"量刑的时代?这大概不是批评者所愿意看到的结局。

---

① 参见熊秋红:"中国量刑改革:理论、规范与经验",载《法学家》2011年第5期。

② 通过学术批判推动制度建设及社会进步,当然是学界的重要使命。但严格说来,对这种"学术批判"也值得进行反思,即:从方法论上讲,"一劳永逸式"的解决问题是否可行?渐进主义的方式是否真的就那么不值一驳?

# 第二章 量刑决策目标的确立

决策学研究表明,决策目标的确立对决策的科学性至关重要,是进行决策时必须面对的问题。鉴于量刑决策目标的上位概念是量刑目的及刑罚目的,但在相关问题上,尚存在着不少误区,亟待廓清。

## 第一节 基础理论层面的误区

### 一、"量刑目的"问题的盲点与困局

长期以来,"量刑目的"问题是被遮蔽于刑罚目的论之下隐而不显的,学界鲜有人进行专题研究。人们想当然地认为,只要从总体上把握了刑罚的目的,量刑目的问题就迎刃而解了。可是,从来没有抽象的刑罚的目的。刑罚的目的,要么是制定刑罚的目的,要么是裁量刑罚的目的,要么则是执行刑罚的目的。这三个问题,因所处的阶段不同,面临的对象迥异,需要完成的任务有别,各自肯定不尽相同。

打个比方。这就类似于研制药物、诊断病情开方抓药及服药治病一样,尽管总目的一致——都是为了治病救人,但药物研制阶段的

目的只能是保质保量地把药物研制出来,病能否治好并非这一阶段能解决的问题,因而也就不能成为其目的。而诊断病情开方抓药,这是看病开方抓药阶段的任务,它的目的是因人而异地对症下药,至于能否药到病除,也不是这一阶段能决定的,因而也不能将其确定为目的。到了用药阶段,目标很直接——就是要治好病。病完全好了,目的就达到了,即便药还未服用完,也不用再服用。反之,即便药已经服完,但若病情未见好转,就得继续用药或者重新开方换用其他药物。

显然,不能笼而统之地用一个"治病救人"之目的代替各阶段的具体目的。如果治病救人的目的未能达到,未必是研制的药物有问题,未必是该阶段的目的未达到,也未必是诊断得不准或所开处方有误。因为,只要任何一个环节出问题(如患者不按时按量遵医嘱服用药),就可能导致前功尽弃。如果都用一个统一的、泛泛的目的作评价标准,就不能确实验证各个环节的"决策"之对错。

以此为例旨在强调,就刑罚的目的论而言,刑事活动阶段论或者分配说是一种与量刑决策思维最为匹配的学说。在这一学说中,司法阶段的"刑罚目的"论,其实就是"量刑目的"的代名词。

刑事活动阶段论或分配说认为,报应、特殊预防论和一般预防论共同构成刑罚的目的,只不过,三者因立法、司法和执行阶段的不同而不尽相同。具体而言,在法定刑的制定阶段,刑罚的目的是一般预防;在司法阶段,目的是报应并兼顾特殊预防;在执行阶段,应着重于特殊预防。显然,司法阶段的刑罚目的也就是量刑的目的。问题是,对司法阶段的"报应并兼顾特殊预防"究竟如何理解,一直没有得到充分说明。

近些年来,有一种方案日渐盛行起来,即:按照(消极)责任主义原则的精神,根据实现报应目的的需要对犯罪人确定适用刑罚的最高限,然后,根据对犯罪人特殊预防的需要在最高限之下确定刑罚(刑种及具体程度)。但在本书看来,这种观点不能令人信服。

第一,从这一学说的产生地即德国的刑法立法来看,这种由"责任刑"决定最高限(体现报应目的),在最高限下根据特殊预防的需要确定具体刑种及其程度(体现特殊预防目的)的所谓"兼顾"方法,与立法规定相悖。因为,根据德国刑法有关量刑原则的规定,量刑应当"以责任为基础(或根据)"。而无论"基础"还是"根据",都不可能被理解成"最高限"。这就如同地基和天花板,前者是基础,后者是最高限,无论如何,不可能把"地基"说成是房子的"天花板"。

第二,从实务的角度看,如果说以责任刑或根据报应的需要、目的确定刑罚的最高限比较容易操作的话,按照特殊预防的需要——人身危险性大小——具体确定实际判处的刑种及刑度,则很难把握。危险性是一种可能性,由于判断"危险大小"本身往往并非轻而易举,所以就有"危险概念是一个危险的概念"之说。而且,由于在对轻罪判处缓刑时,也必须得出"没有再犯罪的危险"之结论,此时,刑罚的量和刑罚的执行方式都可能因同一事实(人身危险性小)而得出,这是否有违禁止重复评价原则,值得打个大大的问号。①

---

① 当然,人们也可以认为,此时不存在重复评价的问题,因为,具体判多少刑,这是实体刑罚的裁量问题;而是否适用缓刑,这是执行方式的选择问题,本质上属于行刑的范畴。但是,既然一般认为,缓刑决定是法院在宣告刑罚的同时就要作出的,是在量刑阶段完成的,可以说是广义的"宣告"刑的一个组成部分,因此和刑罚宣告后才开始的刑罚执行活动(减刑、假释等)不一致。而且,缓刑是"暂不执行"而非执行刑罚,所依据的事实也不相同。比如,量刑阶段的立功和刑罚执行阶段用来衡量是否减刑、假释的立功不一样。前者是在判决宣告前的事实,后者是在刑罚执行过程中的事实,不可混淆。故一般把决定缓刑的事实理解为量刑阶段的事实而非刑罚执行阶段出现的事实。既然如此,同一事实既对量刑阶段的宣告刑大小产生影响又对该宣告刑是否暂缓执行产生影响,岂不是重复评价?

第三,如果说责任刑只起到划定最高限的作用,而在最高限下真正起决定性作用的是特殊预防目的实现的需要,那么,即便两个行为人所犯之罪的责任刑有较大差别(如,一个最高限为9年,一个最高限为5年),但如果特殊预防的需要都较小(假定为3年),就应当被判处同样的刑罚——3年有期徒刑。因为一则,都没有超过最高限(9年和5年);二则,都是根据行为人的特殊预防需要确定刑罚量。这显然与"罪责刑相适应"这一刑法基本原则相悖。如所周知,按照"罪责刑相适应"原则,罪决定责,责决定刑,刑事责任越大,所应承受的刑罚制裁就应当越重,而不是说,责任刑仅仅是起到一个"天花板"的限高作用。

第四,倡导"区分责任刑和预防刑论"的学者,之所以提出上述主张,与其对责任主义的理解密不可分。在其看来,既然量刑活动是责任主义原则的具体化和实现,就应当坚持责任主义原则。而责任主义原则,经历了从积极责任主义到消极责任主义的演变。按照通行的(消极)责任主义原则,既不是说有责任就要承担刑事制裁后果,也不是说有多大责任就承担多大的刑事制裁。否则,就会导致有罪必罚,滑向报应主义。相反,责任主义只是意味着,没有责任就没有惩罚;刑罚处罚不能超过责任的最高限。这是所谓"责任刑只决定刑罚最高限"原理的由来。

本书认为,这一理由值得质疑。固然,有罪未必受到惩罚,有罪必罚与刑事犯罪及司法实践的现实不尽相符,但是,不能由此得出结论说,坚持责任主义就意味着坚持消极责任主义。因为,犯罪行为既然是一种应当受到刑罚处罚的行为,那么一般来说,有罪就应当受到惩罚,而且有多大罪就承担多大的刑事责任,这是不言自明的公理。坚持罪责刑相适应原则就是为了捍卫这一公理。不过,在犯罪之后、执行刑罚之前，行为人已经死亡或者失去受刑能力的，或者虽然构成犯罪，但根据刑法的规定，应当免于刑罚处罚的，则另当别论。因为，承担刑事责任必须具有受刑能力，必须依法承担。既然行为人失去了相应的受刑能力，或者其刑事责任被依法免除，当然就不应当承担，这毋庸多言。

其实，责任主义原则本来就是在罪刑法定的语境下倡导责任主义的，就是"依法承担"刑事责任的原则。所以，不必杞人忧天地担忧或解读为：按照责任主义原则，即便是行为人死亡或者失去受刑能力，或者存在依法应当免除处罚的情形，也要追究刑事责任。何况，在当代世界，由于刑事诉讼中缺席审判制度的实行，即便犯罪人死亡也将在特定情形下承担一定的刑事责任（如没收财产、追缴犯罪所得等），这已经成为现实。也就是说，从某种程度上讲，"有罪必罚"的观念是在强化而非削弱。

另外，从刑法教义学的立场看，刑法的基本原则是其最为核心的"刑法教义"。教义学的基本常识是：刑法教义学知识是有国界的，即，必须结合各个国家的刑法立法及权威解释进行界定。唯其如此，才称得上是"教义""信条"或"教条"。而我国的罪责刑相适应原则清楚明白地表明：要坚持罪责刑相适应，量刑要以行为人的"责任"为根据或基础。前文已述，德日等诸多国家有关量刑基本原则的法定表达亦是如此。而无论表述为"基础"还是"根据"，都只能被解读成主导性因素，而不应被解读成"天花板"或最高限，这与罪、责、刑的相适应是一脉相承、协调统一的。

## 二、用"量刑目的"替代"量刑决策目标"

更为突出的另一个问题是，尽管近年来，"量刑决策"一词开始被学界所提及,但"量刑决策的目标"这一问题还是鲜有人研究。似乎解决了"量刑的目的"问题,"量刑决策的目标"就不言而喻了。在无形中,用"量刑的目的"替代了"量刑决策的目标",这是不当的。

无疑,量刑阶段处在承上启下的"中间"地带:上承刑罚的制定,下启刑罚的执行。刑罚的制定阶段,针对的是一般人,主要是潜在的犯罪人,是类型化的人。既不可能针对已然的犯罪进行报应,也不可能针对特定的犯罪人进行特殊预防,其目的只能是一般预防。在这个阶段,立法者只能根据犯罪类型配置具有一定幅度、可供司法机关根据具体案情进行个别化考量并选择适用的法定刑。量刑阶段则不同,司法者面对的是业已构成犯罪的特定的人,其首要任务是根据罪责刑相适应原则落实立法者制定的刑罚,将"条状"的法定刑转变成"点状"的宣告刑,以罚当其罪。所以,法的确证或者报应,必然是量刑阶段所欲实现的目的所在。正因为此,在日本学者福田平等人看来,量刑阶段的刑罚目的就是实现法的确认;按照意大利学者帕多瓦尼的观点,量刑阶段的刑罚目的是报应和特殊预防。

再者,既然刑罚的执行旨在改造犯罪或彻底阻断犯罪对社会的威胁,以实现特殊预防,那么,量刑阶段就必须为执行阶段特殊预防犯罪的需要铺路搭桥,兼顾特殊预防的目的。但"兼顾"一词意味着,特殊预防的需要不应当喧宾夺主,摇身一变成为决定量刑结局的决定性因素。相反,必须以报应为最主要的目的,让责任的大小在决定量刑结局的诸多因素中占据主导性地位。实质就是,在根据责任大小确定了刑罚量后,再根据预防的需要对这一刑罚量进行适当的上浮或下移,[①] 更为确切地讲,主要是用以决定刑罚执行方式的选择(如是否适用缓刑)。

但是,这一"量刑的目的"并不能直接作为"量刑决策的目标"对待。如前所述,决策目标必须具体明确,具有可行性、可检验性,而目的则是相对抽象的、笼而统之的范畴,难检验,缺乏应有的明确性。就如同锻炼身体是以"健身"为目的一样,健身这一目的很难具体衡量与检验,但如果把健身目的具体化为:"瘦身"——半年内减轻体重10斤,那就足以作为一个决定体育锻炼活动的"目标";进而再分解为任务——比如,每天跑步2千米,俯卧撑15个,仰卧起坐20个,等等。于是,在半年内就可以对"决策目标"是否实现进行检验,并进而验证该目标的制定是否合理,是否需要修正,以及任务的分解是否科学可行,等等。

显然,仅仅设定为"报应"的目的及特殊预防的目的,对其是否实现,是量刑决策中难以检验也无法具体化的问题。这意味着,必须另辟他途。

## 三、司法考核指标无涉量刑决策目标

在论及量刑决策目标时,必然会涉及对实践中司法考核指标如何评价的问题。换言之,量刑决策目标固然应当是个可以考核、检

---

[①] 对"危险性"是否存在及其大小的判断,面向的是"未来",较之对业已形成的"责任"事由的判断复杂得多,往往需要慎之又慎,需要一定的时间进行检验(故缓刑、假释等必须判断"危险"的决断,都有一个试错期间——考验期,即便判断失误,也能够纠错),而宣告刑大小的决断,并不存在考验期,故必须将这种可能的失误控制在最低限,减小"危险性大小"对宣告刑的影响权重。

## 第二章 量刑决策目标的确立

验的指标,问题是,它和通行的司法考核指标有无关系? 究竟是什么关系?

在学术界,对多年来不断改进的司法考核指标是毁誉参半的。拿法官考核制度来说,这是旨在通过一套客观化的指标来衡量法官工作努力程度以及工作能力的管理制度。早在 2005 年 10 月,最高人民法院在其第二个五年改革纲要中就明确提出,要"建立科学、统一的审判质量与效率评估体系……根据法官职业特点和不同审判业务岗位的具体要求,科学设计考评项目,完善考评方法,统一法官绩效考评的标准和程序,并对法官考评结果进行合理利用"。最高人民法院于 2008 年发布了《关于开展案件质量评估工作的指导意见(试行)》。该意见将案件质量分为审判公正、审判效率和审判效果三个方面,提出了 33 个指标并赋予其不同权重。在最高人民法院于 2011 年发布的《关于加强人民法院审判管理工作的若干意见》中,又将"审判质效考评"作为审判管理的基本形式,并通过《关于开展案件质量评估工作的指导意见》,在原有基础上对指标体系进行了调整完善。这标志着法官绩效考核制度进入相对成熟的阶段。但对这一制度,有研究者提出了批评:该制度背后的"规训逻辑"体现的是一种行政管理思维,尽管制度的设计者希望绩效考核制度能够发挥提升法官权威,提高审判质量,进而实现司法公正的功能,但在实际的制度运行中,这种"显功能"在客观上可能难以实现。相反,另一种负面的"潜功能"却有可能产生。这对法官的实质理性构成了严重伤害,与司法规律形成尖锐冲突。因为,当法官们为了完成结案率,或降低上诉率、发改率等各种指标时,不可能只服从法律和良心,反而有可能迁就某些力量和因素。比如,为了降低发改率,不得不学会并善于和二审法院的法官沟通;为了减少上诉率,不得不在当事人之间没完没了地进行调解;为了赢得院内的舆论支持,甚至可能要迁就院内同事们的某些违规要求;因迫于社会舆论的压力,则可能要顺应舆论方向违心作出裁判。故进而认为,所有这些表明该制度是一种不成功的实践。[①]

有鉴于此,2016 年 7 月,中共中央办公厅、国务院办公厅发布的《保护司法人员依法履行法定职责规定》明确提出,"对法官的考核不得超出其法定职责与职业伦理",要防止法官既被案件"牵着走",又被考核"压着走"。不过,细察近年来考核实践中的内容和绩效设定,足以觉察到绩效考核已超出法官的法定职责与职业伦理,在为了更加真实地反映法官的工作量而不断增设指标且变得日趋复杂化的同时,绩效设定也呈持续上升趋势,达到甚至超出现实中法官所能承受的绩效极值。[②]

但有论者指出,尽管刑事司法绩效考核所遭遇的矛盾是不争的事实,该制度似乎走入了死胡同,然而,绩效考核确实是当今司法机关中不可或缺的管理手段。绩效考核制度从来都不能单独完成其作用,如果不能与法官的人才选拔、培训、薪酬和职业保障制度等重要的人力资源管理机制紧密联系起来,绩效考核只能成为无源之水、无本之木。[③]

不难看出,截至目前,对司法机关绩效考核制度的研究,并没有直接与司法决策机理研究挂钩。从决策思维的角度看问题,必须

---

[①] 参见李拥军、傅爱竹:"'规训'的司法与'被缚'的法官——对法官绩效考核制度困境与误区的深层解读",载《法律科学》2014 年第 6 期。

[②] 参见阴建峰、袁方:"司法改革背景下法官绩效考核制度的回溯、困局与路径抉择",载《河南社会科学》2021 年第 3 期。

[③] 参见包献荣:"刑事司法绩效考核的困境与出路",载《社会科学家》2015 年第 4 期。

强调渐进性。

换言之,决策目标的确立不可能置司法实践的现实状况于不顾,比如,与之配套的人才选拔、培训、薪酬和职业保障制度等。但是,这些措施或制度建设也不可能一夜之间完善起来。这就注定了我们所采用的绩效考核指标或设定的决策目标,必然是"不完美"的。但司法决策活动在任何时候都是一项常规工作,不可能等到其他的一切配套措施都建立起来并完美无缺后再来制定绩效考核指标。因此,对司法决策目标的确立必须秉持这种"渐进主义"观念。固然,量刑决策是司法决策的一种,但从司法考核绩效指标中还难以直观窥视量刑决策的目标。如何将量刑决策目标与刑事审判工作的绩效考核指标进行关联的考量,有待深入研究。可以肯定的是,只有对量刑决策中真正面临的问题系统梳理后,才可能尝试确定预期达成的可行目标。

## 第二节 量刑决策中面临的问题

**一、如何确保宣告刑的适当与精准**

量刑是指根据量刑事实对犯罪人选择适用刑种并决定其刑度的活动。从外观上看,量刑决策的最基本目标当然是"对犯罪人选择适用刑种并决定其刑度",这是不言自明的。问题是,自古至今,只要是刑罚裁量,除免于刑罚处罚的外,都会有一个宣告刑——特定的刑种及刑度。可见,"生成一个宣告刑"本身并不是什么问题。

真正的难题在于:这一刑种及刑度是否适当?如何判断?应当说,在绝对法定刑盛行的时代,这也不是什么问题。彼时,一旦认定构成某种犯罪,与之相应的刑种及刑度就随之产生,无须进行是否适当的判断。例如,在我国古代最有代表性的刑法"唐律"中,此类明文规定比比皆是:诸伪写官文书印者流二千里,余印徒一年;诸于官府廨院及仓库内失火者徒二年,在宫内加二等;诸盗经断后仍更行盗,前后三犯徒者,流二千里;三犯流者,绞;等等。不过,随着相对确定的法定刑时代的到来,由于法官对量刑具有了相当的自由裁量权,才产生了量刑是否合理的判断问题,也才生发出了量刑决策的科学性问题。其要害在于:如何确保该"宣告刑"所确定的刑种及其刑度达到适当与精准。

需要补充说明的是,在国外一些法官看来,刑种与刑度的选择,完全是法官的自由裁量权问题,无所谓是否"适当与精准"的判断。比如,中国的一位法官访问洛杉矶高等法院时,曾问该院大法官皮特·米洛维奇:法官判错了案怎么办?大法官回答:法官是不会办错案的,终极裁判权决定了法官永远正确。大法官又解释道:有些事的对与错、黑与白不是能分得很清楚的,其中有很宽的中间地带,最后由法官说了算。[①] 隐含其中的逻辑是,就大法官终极裁判权的行使角度而言,既然一言九鼎,那在程序意义上就是"正确"的,而且,法律的适用总是和解释连在一起,如何解释法律是一个相当复杂的问题,难以简单地论其对错。

该法官的这一表述似乎旨在强调,法官作为法治国的"国王",

---

① 参见钱应学:"洛杉矶高等法院访问记",载《人民法院报》2005年1月28日。

地位至高无上,其量刑无所谓适当或精准与否。但在本书看来,这可能会对人们形成误导。

首先,法治国家的法官不止一位,而且也并非都是高等法院的法官。最起码,就初级法院的法官而言,其所判案件就可能被上诉审法院所改判,量刑畸重畸轻就构成改判原因之一。质言之,法官的量刑可能不适当。其次,即便是高等法院的法官,如果有证据证明法官受贿伪证、贪赃枉法的,也可能被弹劾,其枉法裁判的案件也应当被纠正,而不是说大法官根本不可能判错案。最后,长期以来,无论是大陆法还是英美法系的法官,在审判中都有重定罪轻量刑的倾向,而其所谓量刑,或根据经验估堆计量,或被所谓运用之妙存乎一心的"法感"所支配。正由于量刑几乎成为外人毋庸置喙的"私人领地",结果导致了对规范量刑的长期忽视,使量刑偏差或不平衡成为一个世界性难题。但现阶段,人们日渐达成共识:量刑权既是一项重大权力,也是一把"双刃剑",用之不当,则国家和个人两受其害。故世界各国开始不同程度地关注量刑,量刑规范化成为一个亟待深耕的课题。

## 二、规范量刑的实质

量刑权是一种司法权,司法权是一种判断权。由于"判断"本身作为一种事实认知和价值评价活动,必然包含裁判者的主观性,故欲使司法权正常行使,必须给予裁判者一定的意志自由。从这个意义上讲,离开了"自由裁判"就没有量刑。因此,司法权在运作过程中往往表现出鲜明的自主性和民主性。自主性意味着,对于认知性的司法活动,在保证程序合法的同时,不容许任何力量"在是非真假上用命令插手干预";在程序之内,法官必须凭借常理和良心自由裁量。民主性意味着,司法绝不是独断专行,裁判往往是通过合议方式作出的;裁判者之间,裁判者与两造之间,必须进行更多的沟通、交涉和对话。言及这一独特的判断,人们总是会引用霍姆斯法官的名言:"法律的生命不在于逻辑,而在于经验。"的确,对于法官的工作来说,非常重要的能力,就在于能够通过实践中逐渐培养起来的实质理性,为裁判行为作价值上的取舍与判断,为裁判结论进行符合逻辑的说理和论证。这是通过长期的学习、训练、试错及经验总结,在理论与实践、知识与经验的不断往复中潜移默化形成的。它更多的是一种经验性存在,是一种司法行动中的"自觉",是一种如拉伦茨所言的"法感"。

但是,司法权是一项重大权力。任何有权力的人如果失去有效制约,其权力可能被滥用,这也是一条万古不易的经验,是为古今中外的政治实践所证明的社会法则。而刑罚,作为和平年代最大的"暴力",在适用中尤其要防止被滥用。所以,对自由裁量权的有效监督也是毋庸置疑的。困难之处在于,如何保持两者的恰当"平衡"。比如,在量刑规范化实践中,在批评者看来,不少简单粗暴的规定或举措就是变相地剥夺了法官的"自由裁量权"。这触及一个必须研究的问题:究竟怎样在自由裁量权与监督自由裁量权之间保持平衡。应当说,这与不同国家、不同的法治发展阶段及其所暴露出来的主要问题相关联。在单一制国家,刑事立法权高度集中,为了保持量刑的协调统一,应当更加强调对自由裁量权的监督;在人口众多、各地经济社会发展不平衡的国度,为保证司法的公正合理,也应当更加强调对自由裁量权的监督;当一个国家尚处于大力推进法治社会、法治国家建设的发展阶段时,由于法官的培养及选拔任用制度尚处在完善之中,法官素质尚参差不齐,尤其要强调对法官自由裁量权的监督。

从我国的国情和所处的法治历史发展阶段来看,与不少法治发达国家显然不同。就法官自由裁量权的行使与对自由裁量权的监督而言,在我国,由于长期以来量刑论研究的薄弱,量刑活动主要靠经验操作估堆进行,法官素质尚参差不齐,加之司法腐败还时有发生,对自由裁量权的监督问题应当被视为矛盾的主要方面,问题的关键,就在于如何进行有效监督。

## 三、自由裁量权监督问题的关键

量刑决策的实质是对案件事实的评价,而对自由裁量权的监督,关键是看其能否做到同(类)案同判。

对"同案同判"问题,一直存在的质疑是:世界上没有两片完全相同的树叶,司法实践中也不可能存在完全相同的案件,既然如此,何谈同案同判?其实,这是对同案同判的误解。所谓"同案同判",是指对类似案件作类似判决。换言之,"同"指的是"同类"而非"完全相同"。对"类似案件"的判断,应从如下方面把握,即案件事实相类似,案件的法律关系相类似,案件的争议点相类似,案件所争议的法律问题相类似。两起案件是否属于"同类案件",既需要从案件性质上作定性分析,也需要从案件情节上定量把握;应立足于案件事实与具体法律条文的联系,以案件事实的法律特性为线索,确定两个案件的事实在整体上是否涉及相同的法律问题,判明其是否属于同样法律性质的案件。所谓"同案同判",就是与已判决的案件主要事实所涉及的法律关系相比较:具有类似性的案件,给予类似的肯定或否定评价,并作出类似判决。唯有如此,才符合社会公众对司法公正的期待,才有利于司法统一,同时也有利于公正、高效地处理案件,维护司法权威。因为,"相同事例相同对待"是公正的起码要求,除非有充分的理由表明"尽管相同但不宜同样对待"。

在我国,随着指导案例制度的不断推行,为"同案同判"创造了有利条件。我国的指导案例制度有别于西方国家的判例制度,它不是法官造法,而是在判决已经发生法律效力之后,按照一定的标准,筛选其中具有代表性的典型案例进行编辑,然后由最高司法机关赋予其"应当参照"的法律效果。这里的"应当参照",其实就是"必须参照"。它意味着,当法官在审理类似案件而未参照指导性案例时,必须有足以令人信服的理由。若既不参照指导性案例又不能充分说明理由,导致该裁判与指导性案例大相径庭的,就可能是一个不公正的判决,当事人有权利提出上诉、申诉。[①]

我国的基本国情是地域广袤、人口众多、区域发展不平衡,而且尚处于快速转型时期。一方面,各种案件呈现多发势态;另一方面,各地各级法院在法律适用中遇到的新问题千差万别,同时又有大量的类似案件需要做到"同案同判"。基于此,对"指导案例"的筛选:其一,要求案例来源具有广泛代表性;其二,指导案例必须有数量上的保证;其三,必须保证案件质量。指导案例的形成被细化为推荐、遴选、审查和报批、讨论决定等几个环节,但不受生效裁判审级的限制。这最大限度地保证了案例来源的多样性和大量性;同

---

[①] 参见朱顺:"案例指导制度的中国特色问题",载《安徽师范大学学报(人文社会科学版)》2015年第6期。

时,通过各级人民法院审判委员会讨论决定,逐级层报并由最高人民法院案例指导工作办公室统一行使遴选权,也最大限度地保证了指导案例的质量。

### 四、自由裁量权监督的难点所在

作为量刑的直接产物,"宣告刑"所含刑种及刑度的选择是以"量刑事实"为根据的,既然如此,要进一步追问的是:哪些事实足以作为"量刑事实",或者说,哪些事实应当对量刑产生影响?其难点在于,怎样才能把量刑事实与定罪事实、行刑事实区分开来?一个事实,如果它已经发挥了定罪的功能,就不应当再在量刑中被重复评价。同样的,如果一个事实,已经在定罪或量刑中发挥了作用,也就不应当在行刑阶段被重复评价。显然,这又牵扯另一个问题:定罪、量刑及行刑究竟意味着什么?有何异同?

比如,在我国刑法中,轻微伤不能构成故意伤害罪,轻伤不能构成过失致人重伤罪。有论者曾据此认为,轻微伤不是刑法所欲禁止的行为,进而还得出结论,认为在量刑时,不能把行为人造成的轻微伤作为其量刑事实对待,否则就是"间接处罚"。[①] 对此需要讨论的是:如果说犯罪的成立要件事实(如重伤)是刑法所欲阻止的事实,故而设立了相应犯罪(如故意伤害罪、过失致人重伤罪等),那么能不能说:但凡不能独立作为犯罪成立要件事实的行为(如轻微伤)就不是刑法所欲禁止的行为?并据此认为也不能在量刑时对犯

---

① 参见张明楷:"结果与量刑——结果责任、双重评价、间接处罚之禁止",载《清华大学学报(哲学社会科学版)》2004年第6期。

罪人进行不利评价？量刑中的从严评价和刑法之禁止究竟是什么关系？如所周知，恶劣的犯罪动机不是犯罪的成立要件，但恶劣的犯罪动机却是公认的从重量刑情节。这究竟揭示了什么？显然，对定罪与量刑（乃至行刑）之间的深层关系，有必要深化认识。

又如，"未成年人再犯罪"这一事实能否被评价为从重量刑情节？学界主流观点持否定态度。理由是：累犯比一般再犯严重，未成年人即便所犯的前后罪均为应判有期徒刑以上的故意犯罪，且前后罪的间隔期为5年以内，也不能被认定为累犯从重处罚。如果因为比累犯这种情形还要轻缓的"再犯"而考虑从重，就有违刑法保护未成年人的立法精神。[①]但是，根据"两高"发布的《关于常见犯罪的量刑指导意见（试行）》（以下简称《量刑指导意见》），对于未成年犯罪，应当考虑未成年人是否初犯、偶犯等情况予以从宽处理。而"初犯"显然是和"再犯"相对的概念。不是初犯，当然就是"再犯"。这意味着，虽然《量刑指导意见》把未成年人犯罪的"前科"排除在"增加刑罚量"的事实之外，而且"再犯"与"前科"也不能简单等同，但"未成年人再犯罪"这一事实，必然在实践中会对未成年人的量刑产生不利影响（起码，再犯事实意味着不能对之按"初犯"从宽），只是尚未被视为一个独立的量刑情节事实罢了。[②]

无疑，不断深化对量刑问题的认识，是实现对自由裁量权监督的深层难点所在。

---

① 参见王思维："论未成年人不应构成毒品再犯"，载《青少年犯罪问题》2017年第4期。

② 而且，如后文所言，量刑评价应当遵循全面充分评价原则，按此原则，对未成年人的再犯事实是否应当适当从重，还有待于进一步研究。

## 五、尤为棘手的定量评价问题

如所周知,即便确定了量刑事实,还涉及进一步赋值的问题。以量刑情节为例。量刑情节,要么是从严量刑情节,要么是从宽量刑情节。在确定了量刑的从宽或从严属性后,接踵而至的问题是:究竟从宽多少、从严几何?这只能通过一定的"赋值"来完成。这种"赋值"属于"软度量"的范畴,既没有过硬的度量工具,也没有清晰可辨的刻度指标,因此,不论给予什么样的"赋值",都极易受到人们的攻讦发难。可是,反诘发难者也同样拿不出令人心悦诚服的赋值方案。这就使量刑决策陷入两难:一方面,必须对量刑事实予以赋值;另一方面,对该赋值又很难论证说理。

尤其要强调的是,尽管从定性上看,一些量刑情节性质有别,对定性问题的决策也未必一目了然,但即便定性决策可以经受住追问,如果在赋值上失去合理性,也会使定性决策方面的努力化为泡影。比如,未遂犯与预备犯是两个不同的从宽情节,但都有一个"可以从宽"的量刑评价功能。如果就同一案件事实来说,无论评价为预备犯还是未遂犯,从宽影响力的"赋值"评价最终并没有显示出区别,那就与定性决策背道而驰。再如,累犯与再犯都是"从重"量刑情节。尽管累犯的构成门槛比再犯要高得多,理应更加"从重",但离开了具体的"赋值",就无法体现出来,就有可能使这种定性方面的区别被虚置化。另外,在从宽量刑情节中,既有法定量刑情节,也有酌定量刑情节。对法定的从宽量刑情节,其从宽幅度往往会因从轻、减轻及免除处罚功能的不同配置而不同,而酌定的从宽量刑情节没有这种区分。那么,如何从"赋值"层面体现这种不同,也是值得关注的问题。

要言之,定量评价之所以困难,主要在于,对量刑决策所涉及要素的度量是一种"软度量",没有现成的规矩和标准可以遵循,必须创造性地渐进式探索和推进。不管提出什么样的度量方法,都极易受到质疑和诘难,但真正要拿出能够取而代之的更可行的方法,其实又非常困难。如前所述,首要的问题是解决方法论上或认识论上的问题,即,量刑决策不是追求最好方案,也不是寄希望于毕其功于一役般地解决问题,而是追求渐进式的、在特定时空下的满意方案而已。

## 六、犯罪的特殊预防目的达成与否何以检测

长期以来,犯罪预防被视为刑罚的目的。就量刑阶段而言,尽管不强调对犯罪的一般预防,只把特殊预防当作天经地义的目的,但近些年来,学界开始对此提出有力质疑。

其背景是,自20世纪80年代以来,在犯罪预防理论研究及预防实践中,一种更为慎重的、力图比较清晰地限定预防内容范围的预防观念正日益受到重视。这是一种狭义的犯罪预防概念,即,犯罪预防是指国家、地方组织及社会团体,通过消除或限制致罪因素及其对孕育着利于犯罪机会的物质及社会环境的恰当管理,为达到更好地控制犯罪而采用的一种手段。此概念反映出了几大变化:一是预防的内容不再包括犯罪发生后对犯罪人再犯的预防措施;二是开辟了传统的社会预防与刑罚预防之外的第三条预防途径——犯罪的情境预防;三是把地方组织和社会团体也作为犯罪预防的主体。应当说,这种观念更符合犯罪预防的本意。因为,犯罪是一种社会现象,诱发犯罪的最主要因素肯定是先于犯罪发生而存在的各种社会因素(如诱

发犯罪的根源、犯罪赖以产生的条件及促使犯罪产生的机会），因此，预防犯罪应当是针对这些既存的社会因素或社会机会而采取措施或行动，绝非主要依赖于刑罚的事后制裁。因此，从世界范围看，弱化事后制裁手段预防功能的这一狭义犯罪预防观念正日益成为刑事政策决策的基础。这意味着，就预防目的的实现路径而言，应致力于并强化情境预防。情境预防的着力点是对可控的微观环境进行恰当管理或整顿，尽量减少或消除那些利于诱发犯罪动机和实施犯罪的一些现实机会或具体条件。情境预防的实施以社会力量的理性参与为前提，其实施过程将成为社会力量与国家（政府）力量有机整合的过程，[①] 显然，这绝非刑罚裁量所能承受之重。

的确，刑罚裁量时也注重对犯罪人身危险性的考察，但就刑罚裁量本身来说，未必能产生特殊预防的现实效果。刑罚裁量活动作为承上启下的一个过渡性环节，只能把预防犯罪的"接力棒"传到刑罚执行阶段。能否实现特殊预防的目的，主要取决于刑罚执行环节能否对犯罪人进行有针对性的教育改造。换言之，一个犯罪人是否不再犯罪，取决于很多因素，量刑公正与否只是其中的众多"变量"之一。既然其他因素是量刑决策所不可控制也难以被剥离的因素，就无法从特殊预防的目的是否达到来反向验证、检测量刑决策是否科学。因此，无论犯罪的特殊预防目的是否达到，都不应当成为量刑决策的关键所在。

不容置疑的是，无论德、日等国的刑事立法，还是我国的一些司法解释，都或多或少地对量刑决策提出了实现特殊预防的目的要求。

---

[①] 参见张远煌："犯罪预防观念之演进与当代犯罪预防政策之确立"，载《河南警察学院学报》2013年第1期。

比如《德意志联邦共和国刑法典》《法国刑法典》《意大利刑法典》都有关于量刑时应当根据"犯罪人人格"或"犯罪倾向"等判处刑罚的明文规定。日本《改正刑法草案》也规定："适用刑罚时,应当考虑犯罪人……在犯罪后的态度以及其他情节,并应当以有利于抑制犯罪和促进犯罪人的改善更生为目的。"在我国,《国家卫生健康委、最高人民法院、最高人民检察院、公安部关于做好新型冠状病毒肺炎疫情防控期间保障医务人员安全维护良好医疗秩序的通知》及《最高人民法院关于死刑缓期执行限制减刑案件审理程序若干问题的规定》等,均明确将犯罪人的"人身危险性"作为从严惩处或适用死刑的重要依据。无疑,这种将被告人的"人身危险性"作为影响其刑事责任的因素之一,显然隐含着"特殊预防是刑罚目的"的理论主张。

但是,有论者指出,"将特殊预防作为刑罚目的"是一个应该被驱逐的理论通识。[①] 因为,如果将特殊预防作为刑罚目的,对被告人量刑时就必须要判断其人身危险性。可是,现代科学还没有达到能够预测一个人将来是否会犯罪的水平,这种预测在不少案件中未必具有可行性。如此看来,基于特殊预防需要而对被告人加减预防刑的量刑,在一些案件中未必适当。如果按照区分责任刑与预防刑的主张,即责任刑只是决定应判刑的最高限,而至于究竟判多重的刑罚,取决于特殊预防的需要,那么,当认为被告人没有人身危险性或者人身危险性较小时,即使其实施的是严重犯罪,也可以对其不处罚或者从轻处罚,这无疑会严重背离罪责刑相适应的基本原则。

---

① 参见陆诗忠:"对我国刑罚目的的再追问",载《甘肃政法大学学报》2021年第4期。

## 第三节　司法公正与量刑决策目标

### 一、量刑决策目标必须以司法公正为引领

量刑是重要的司法活动,量刑决策目标必然要受制于司法决策的目标。那么,司法决策的目标是什么?可以肯定地说,那就是公正。从某种意义上讲,"公正"与"司法"为同义词。[①] 司法是因权利、义务、利益的分配而产生的一种制度性安排。既然如此,通过常设的纠纷解决机构来解决人类社会的利益冲突时,公正就必须是其应有的本质和价值追求。简言之,司法因公正而生,公正与司法为伴。公正是司法存立的正当性标准,这体现了司法应有的内在道德。否则,人们就没有理由让渡私力救济的权利而组建解决纠纷的机构,也不可能相信这一机构能更好地解决当事人之间所发生的纷争。正如论者所言:自法官从文明曙光中初次登场,与其不可分离的品质就是公正。作为争议中的独立第三方,他应当无涉争讼者的利益和情感,应当冷静、超然、客观地审查他们的争议;他应当是旁观者,在场者(更是在上者);他应当不受任何自私的个人利益的驱动,合法且和平地解决争议,他仅应当服务于最高的整体利益。[②]

既然"公正是司法的灵魂和生命",量刑决策就必须以此为目

---

[①]　在英语中,Justice 一词,既可译为"司法"也可译为"公正"。
[②]　参见〔意〕皮罗·克拉玛德雷:《程序与民主》,翟小波、刘刚译,高等教育出版社 2005 年版,第 15 页。

标。但长期以来,刑法学界在论及量刑的目的时,却从总体上偏离了司法的公正性这一根本目标:要么把"公正"与"报应"相勾连,担心如果强调量刑的目的是实现公正,可能会走上报复主义的老路;要么认为,刑罚是一种痛苦,报应只是刑罚的固有属性,不应当把这一属性和量刑的目的混为一谈;要么强调,量刑的目的应当兼顾报应与预防,而且,报应的目的只决定应判刑的最高限,实际裁量的刑罚要根据特殊预防的需要来确定。显然,据此进行量刑决断,量刑活动与公正目标的实现之间将丧失内在联系,从而在根本上偏离量刑活动的司法方向。因此,有必要予以正本清源:既然公正是司法的灵魂和生命,而量刑活动属于非常重要的司法活动,那么,量刑决策的目标当然非公正莫属。只不过,量刑活动与其他的司法活动又不相同,量刑决策的目标有自己的特定追求,不能简单地、泛泛地停留在抽象的"公正"层面,必须进一步具体界定。

## 二、量刑公正的具体目标是实现个案中的罪责刑相适应

刑法是罪刑关系法。所以,无论是刑法立法还是司法环节,所追求的"公正"必然体现在罪与刑关系的处理之中。在立法阶段,核心是通过科学地设置法定刑,体现罪刑相适应原则;在司法阶段,则通过量刑活动,在个案中实现重罪重罚、轻罪轻判,以便罪刑相称、罚当其罪。诚如论者所言,刑罚的公正有一般公正和个别公正之分。前者是指刑法规定所体现的公正,后者则是具体适用刑罚的公正。刑罚的个别公正非常重要。一是因为,由法律的概括性和抽象性所决定,刑罚的一般公正有天然的局限性,故必须强化个别公正;二是因为,刑罚的个别公正才是能够为人们确实感受到的公正。

如果只有法律上的公正而无具体的、可为人们所感受到的公正,就没什么公正可言。刑事审判中的量刑环节,就是将刑罚一般公正转化为个别公正的过程。①因此,刑罚裁量阶段贯彻罪刑相适应原则,对确保刑事司法公正具有特殊意义。

当然,需要强调指出的是,欲将一般公正转化为个别公正,必须关注我国刑法立法中法定刑的设定依据及减轻处罚情节的规定。我国法定刑配置的特点是:犯罪结果、犯罪数额往往成为配置法定刑的主要依据,因此,结果犯、数额犯、结果加重犯、数额加重犯等比比皆是。同时,为限制司法裁量权,立法者对"减轻处罚"作了严格限制:如果犯罪分子不具有法定的减轻处罚情节,只有经最高人民法院核准,才可以在法定刑以下判处刑罚。这意味着,即便情况很特殊,法院也无权对被告人进行酌定减轻处罚。像许霆案、刘大蔚网购气枪案及大学生掏鸟案等,一审判决量刑畸重,引发舆论高度关注,曾一度对司法公正造成不同程度的影响。加之有关数额巨大、数额特别巨大的司法解释在一定时期内被固化,难以区别对待,可能导致不少财产类、经济类犯罪案件,若不充分考虑案件的特殊情形,刑罚裁量就难以做到罪刑相适应。

就一般案件的刑罚裁量而言,要做到罪刑相适应,有类似指导性案例的,应参照该案例裁判;没有类似案例的,首先对该类案件的常规量刑结果要了然于胸,再结合该案的具体情形,以常规量刑结果为基准进行适当调整。这种常规量刑结果,既要考虑全国的平均水平,也要考虑当地的具体实际;既要横向比较,也要纵向考量。总

---

① 参见翟中东:《刑罚个别化研究》,中国人民公安大学出版社2001年版,第73—74页。

的说来，一般要按照"同案同判"的思路进行比对。当然，有特殊理由的可以例外，但必须充分说理。

## 三、公正量刑是过程"公开"与结果适当的统一体

公正量刑不仅意味着结局上的罪刑相适应，更要将量刑过程呈现在"阳光"下，应当让刑罚裁判的思考过程公开化，使之具有"可视性"。简言之，量刑公正是程序公正和结果公正的统一体。对刑罚裁量权的监督，不仅要从结果上进行纵向横向比较，实现"相似案件相同处理"，更应当防止刑罚裁量权行使过程中的暗箱操作。常言道，"阳光是最好的防腐剂"。对常见多发案件，应按照量刑规范化要求，具体展示整个量刑的步骤，使刑罚裁量结果可追溯、可还原、可检视、可验证。如果对该类案件尚无量刑指导意见的，也应当参照基本的量刑步骤，将宣告刑的生成过程展现出来。这起码包括如下内容：

第一，确定起刑点。这是量刑活动的第一步。对此应根据具体犯罪的基本构成要件事实加以确定。对数额型犯罪，取决于数额的大小；对非数额型犯罪，取决于行为对象、结果及犯罪方法等。比如，对于数额型的诈骗犯罪，就应以其所骗财物的数额确定起刑点。

第二，确定基准刑。这是量刑活动的第二步。要旨是，在量刑起点之上，根据过剩的构成要件事实对起刑点进行增量性调整。比如，徐某犯诈骗罪，骗取金额累计达到 30800 元。若根据当地的诈骗罪数额标准，"数额较大"为 5000 元，"数额巨大"为 40000 元，那么，此案只能按照诈骗罪的"数额较大"（5000 元）来确定量刑起点，过剩的部分（即：30800−5000=25800 元）则是在量刑起点之上

增加刑罚量的事实,用以确定基准刑。

第三,调节基准刑、形成宣告刑。这是量刑活动的最后一步,也是最为复杂的一步。首先,应当全面梳理并充分评价所有的非属于犯罪的量刑事实(即罪前、罪后的有关影响量刑的事实,如犯罪后的态度等)和犯罪构成要件事实之外的量刑事实(如有关犯罪主体、犯罪动机、犯罪形态等方面的事实特征)。其次,根据单个情节和多个情节的不同及一罪与数罪的不同,对量刑基准进行调整。最后,根据调解结果在法定刑幅度之下或之上的情况,并结合不同刑种,形成最后的宣告刑,并同时考虑是否适用缓刑。

## 四、量刑决策目标的具体验证及其发展趋向

决策目标必须具有可检测、可验证的属性。量刑活动虽说属于决策活动,但对量刑决策的目标是否达到及其原因是什么,究竟如何具体验证,因其特殊性和复杂性,从来都是一个令人欲说还休、不得不三缄其口的话题。

在法治实践中,与量刑决策目标的具体检验最具关联性的制度,就是司法业绩考核制度。在这一制度的发展过程中,已有不少改进举措,但还是难尽人意。毋庸置疑的是,这一制度对促进我国的司法公正、提高司法效率具有积极意义,值得不断探索,加以完善。就法院的司法业绩考核来说,尽管法官职业及其工作具有特殊性,但这种特殊性,尚不足以成为否定对法官业绩考核评价的充足理由。因为,即使是"入额"法官,其品行、业务素质距离人们心中理想法官的要求,未必不存在差距。加之职业保障机制、督促激励机制的缺失等,尚难以绝对保障案件质量和效率。再者,目前法院

面对"井喷"式增长的诉讼案件,由于数量多、难度大,若不强化包括绩效考核在内的一系列管理手段,法院将难以有效运转。

我国现行的法官业绩考评机制较为复杂,具体指标可分为三大部分:办案指标、参与法院管理指标、科研指标。与量刑决策目标具有实质关联的是第一部分——办案指标,主要涉及结案率、上诉率、申诉率、发回改判率、调解率、再审改判率等。其中的"结案率",主要是"工作量"的考核。调解率影响到案结事了的办案质量,但主要是民事诉讼案件问题,剩余的各指标,或多或少都可能涉及量刑。

应当强调指出,在刑事诉讼中,上诉率、申诉率、发回改判率、再审改判率等,大多是与定罪问题相关的,未必是单纯的量刑决策问题。当然,人们可以说,正确定罪是公正量刑的前提,但凡定罪有误的案件,量刑公正就失去了基础。不过,研究量刑决策的科学化问题,显然是以定罪的正确为预设前提的,故此类情况并非关注的重心所在。

毋庸讳言,在现行的司法绩效考核目标中,对有关量刑决策目标是否已经达到的评判,所占份额是相当有限的。在实践中,只有畸重畸轻的量刑问题才可能成为上诉、申诉、发回改判、再审改判的原因。一般情况下,因量刑评价中自由裁量权的伸缩余地较大,量刑的标准比定罪构成要件要复杂得多、难把握得多,所以,不会因并非明显的量刑"不适当"而提起上诉或申诉,更不可能导致发回重审或引起再审。而且,上诉和申诉本是当事人的诉权,用这些指标的高低来衡量法官的工作业绩也不具有妥当性。至于案件的发回重审或改判,原因也相当复杂。有的并不是因为下级法院法官判断有错,可能只是在二审中发现了新的事实和新证据而已。因此,这些量化考核指标未必能够测度法官审判工作的努力度和廉洁度。[①]

不过,如果担心这些量化指标可能会形成误导而对量刑决策目标不予检测的话,那就本末倒置了。因为,量刑决策活动必须确立目标,对该目标是否达成,必须进行验证。尽管这一验证方法执行起来困难重重,但不是完全没有可能。何况,按照决策思维的渐进理论,不可能奢望只有在一劳永逸地提供一个解决方案后,才对量刑决策目标进行验证,起码在方法论上,是应当允许试错和探索的。

本书认为,不妨尝试这样的思路:

首先,从方法论上应当兼顾一般与例外,确立推定与反证相结合的方式。比如,一个刑事案件因量刑问题被上诉、申诉,或发回改判、再审改判,除了因发现新的案件事实的以外,原则上可以推定,这一量刑决策的公正性值得怀疑。同理,如果一个刑事案件判处后,并未引起上诉、申诉、发回改判、再审改判等,一般可以推定,量刑决策是科学的。

其次,但这只是一般的"推定",对这类"推定"可以提出反驳。比如,并非因为量刑不当而引起上诉、申诉,而是案件当事人抱着"反正有诉权为何要放弃"的心态进行上诉、申诉的。如果上级法院维持了原判,该"量刑决策不公正"的推定则被推翻。同理,即便一个刑事案件在宣判后并未引起上诉、申诉,也未被发回改判或再审改判等,但如果有充分的理由认为,此案的量刑没有达到公正合理的要求,那也应当否定该"量刑决策具有公正性"的推定。比如,此案的量刑尽管没有达到公正性的要求,但因为上一级法院的审理

---

[①] 参见艾佳慧:"中国法院绩效考评制度研究",载《法制与社会发展》2008年第5期。

者的确是为了照顾下级法院法官的考核需要而没有发回改判或再审改判，或者经对被告人一方做工作，对方才放弃上诉、申诉的，等等。如果存在这些不正常操作，该推定就不能成立。

再次，如果所判案件与有关机关发布的指导性案例相类似，且系参照此类案例进行的量刑，原则上就具有相当高的可接受性。退一步讲，即便学术界对其所参照的指导性案例之量刑存在严重质疑，但只要该指导案例仍然有效，就不能对参照该案例进行的量刑予以指责。

最后，坚持法律效果与政治效果、社会效果的统一，是判断刑事案件的量刑是否公正的实质标准。就社会效果而言，如果对某一刑事案件的量刑结论，网上舆论存在较长时间的强烈质疑，一般应当推定，这一量刑决策的公正性存在问题。但是，如果有理由认定，网上舆论受到不正当的干扰，甚至有网络"水军"介入其中，就另当别论。之所以强调"较长时间"，是因为在自媒体时代，一个事件引爆网络后，可能在短时间内各种信息满天飞，普通网友很难作出判断，有些会被误导，人云亦云，甚至出现偏激言辞，故需要"让子弹飞一会儿"。随着权威通报的发布，详情大白于天下，人们对该问题的判断就会趋于理性。在这种情况下，如果网上舆论依旧长时间地对该案判决强烈质疑，就不能认为产生了较好社会效果。

总之，量刑决策目标的验证既不能仅凭某一情形就绝对地判断，也不能因为可能存在诸多复杂因素而回避对其进行有效的检测与识别。在量刑论上，应当借鉴犯罪构成之阶层论的思考方式，将"一般推定"与"阻却事由"结合起来加以判断。在定罪论上，符合构成要件的行为，如果不存在违法阻却事由和责任阻却事由，就成立犯罪。而阻却事由的判断，仅仅是在出现合理怀疑时，才进行特别的排他性判断。不能以作为违法性和有责性的类型化产物的构成要件也有可能存在阻却事由,就干脆否定其认识论意义。既然如此,那么量刑决策的目标之检验,既应当按照一般情形进行,也应当允许有例外。现阶段,从对司法业绩考核制度的反思性研究来看,大多数论者仅仅是因考核中可能存在的复杂问题而忧心忡忡。其实,关键问题是,如何将一般推断与例外性反驳紧密结合起来。只有这样,才能确实推进对量刑决策目标的检验。

# 第三章　量刑决策中的事实类型

量刑结果必须奠基于一定事实之上，而决定该量刑结果的事实即为量刑事实。只不过，由于刑法学是规范学，量刑事实在量刑论中未受到应有重视。本章旨在强调，既然量刑决策的实质就在于对量刑事实进行评价，那么，量刑决策思维和量刑事实的判断是不可分割的。而且，随着量刑模式的历史性转型，确有必要对量刑论中的量刑事实类型重新予以审视。

## 第一节　分步式量刑与量刑事实的再分类

### 一、"估堆式量刑"模式下的量刑事实

所谓"估堆式量刑"，又称为传统的经验量刑，指审判人员凭借自己对法律的理解及办案经验，通过对犯罪案件的综合考量估定宣告刑的方式。其操作流程是：首先，审理案件，查明案情；其次，在定罪基础之上，根据所定之罪对应的法定刑，参照以往的司法实践经验，大致估计应判刑罚；再次，梳理案件中存在的从重、从轻、减轻和免除处罚情节；最后，一次性、综合性地估量出犯罪人应当执行

的刑罚并加以宣告。或者,在定罪之后,依照所对应的法定刑幅度,根据案件的性质和情节,一次性地综合估量出犯罪人应当宣告的刑罚。显然,这是一种没有操作过程的、凭法官心证的量刑。由于说不清也道不明宣告刑的生成过程或形成方法,故在这种模式下,严格说来无所谓量刑过程或量刑方法。

在估堆式量刑中,没有必要对量刑活动细分步骤,最多就两个"阶段":第一阶段,根据所定之罪对应的法定刑,参照过去的司法实践经验,大致估计应判的刑罚;第二阶段,考虑案件中存在的从重、从轻、减轻和免除处罚情节,综合裁量并宣告犯罪人的所判刑罚。与此相适应,就将在定罪之后应当考虑的所有量刑事实都概括地称为"量刑情节"。于是,量刑情节成为量刑事实的同义词。[①]

其实,在此观念潜移默化的长期影响下,即便以"量刑规范化"为题的实务型指导性书籍,依然还在这般论述:所谓量刑事实,就是决定被告人刑事责任大小的事实,具体可分为对被告人从重处罚的事实和对被告人从宽处罚的事实两大类。[②] 除自首、立功等法定量刑情节外,案件的起因,被害人有无过错及其程度如何,是否对矛盾激化负有责任及责任大小,被告人的平时表现,有无悔罪态度,退赃、退赔情况如何,被害人或者其近亲属的谅解情况等,都属于与量刑有关的事实。量刑事实既可能是罪中的量刑事实(如在共同犯罪中的地位和作用、犯罪的动机、手段、造成的后果),也可能是罪前的量刑事实(如反映被告人人身危险性的"一贯表现良好""前

---

[①] 在此背景下,出现类似表述就不足为怪了:"刑法中的量刑情节即刑事证据法中的量刑事实,量刑情节和量刑事实是同一概念在刑法和刑事诉讼法中的不同表述。"参见裴振宇:"论量刑事实的证明",山东大学2010年硕士学位论文,第2页。

[②] 参见南英主编:《量刑规范化实务手册》,法律出版社2014年版,第307—308页。

科"），还可能存是罪后的量刑事实（如被告人的自首、立功、退赃退赔或者毁赃灭迹等）。

当然，也有论者认为，量刑情节并非等同于量刑事实。量刑事实既包括法定的、酌定的量刑情节，也包括一部分犯罪过程中的事实情况，即经过定罪过程精心筛选，除满足证明个罪的犯罪构成的事实以外的，能够表明犯罪的社会危害程度或者犯罪人的人身危险性的那些事实，仍然属于量刑事实。[1]但是，这些情形，其实就是学者们所强调的"定罪剩余的犯罪构成事实"，应当转化为量刑情节。[2]

可见，在估堆式量刑模式下，由于对量刑事实尚无进行分解和细化的必要，尤其，因对不同量刑阶段的量刑事实之功能缺乏进一步的揭示，故对量刑事实的认识比较笼统。

## 二、分步式量刑模式下量刑事实的再分类

有论者辩解说，估堆式量刑方法在很大程度上符合了量刑的逻辑思维规律，蕴含了量刑方法的逻辑机理。[3]可是，既然量刑活动直

---

[1] 参见张天虹："论量刑事实的归纳、评价与运用"，载《法治研究》2011年第5期。
[2] 参见赵廷光："论定罪剩余的犯罪构成事实转化为量刑情节"，载《湖北警官学院学报》2005年第1期。
[3] 理由是，此方法之"在法定刑范围内"并根据其他法律规定，实际上是形式逻辑对量刑基准的要求和表现；而"审理案件，掌握案情""参照司法实践经验""考虑各种法定的从重处罚、从轻、减轻和免除处罚的情节""考虑其他影响刑罚轻重的非法定情节""综合地"等实际上是辩证逻辑的要求和表现。这个量刑过程意味着，在量刑方法上，量刑结论的作出不仅要有法定刑、量刑情节、量刑制度等形式逻辑思维结构，而且还要辩证地综合犯罪的社会危害性和犯罪人的人身危险性以及刑法人道（如对怀孕的妇女不适用死刑）、人性关怀（如对未成年人的从宽）和人权保障（如刑期折抵）等具体情况具体对待。因此，传统经验量刑法兼有形式逻辑和辩证逻辑的思维机理，体现和符合了量刑的逻辑思维规律。参见石经海："量刑思维规律下的量刑方法构建"，载《法律科学》2010年第2期。

接决定着犯罪嫌疑人或被告人的生命、自由和财产等重大权益的限制或剥夺,其运行过程就应当严格可控、便于监督,而估堆式量刑却"眉毛胡子一把抓",完全靠法官的经验作业,其弊端早已显露无遗:

第一,量刑时不分定罪事实和量刑事实,将其一体评价,体现不出法官量刑思维的递进性。第二,量刑结果完全不具有可预期性。法官估堆式量刑依靠法官个人的法律修养和审判经验来估量,在不同法院、不同法官之间可能会出现同案不同判的现象;即便是同一位法官,在不同的时间也会出现同案不同判的情形。于是,犯罪嫌疑人的生命财产等权利将被置于这种结果不确定的裁判活动"威胁"之下。第三,采用估堆式量刑法,法官难以说清裁量结果的形成过程,一些当事人因不理解量刑结果如何得出而质疑量刑裁判的公正性,即便是上级人民法院和人民检察院,也难以对量刑裁决形成有效监督。

因此,这一量刑模式必然被分步式、规范化的量刑模式所取代。应当说,从2004年到2014年的10年间,在不断试错过程中艰难推进的量刑规范化改革,使我国的量刑模式实现了质的飞跃。这一改革不仅终结了估堆量刑模式的历史,而且开创了量刑模式的新时代。新型的量刑模式,一改之前估堆式量刑传统,将量刑决策活动区分为确定起刑点、确定基准刑、确定宣告刑等若干任务各不相同而又先后衔接的三个大的阶段。

若进一步细分,总体上可具体扩展为"五步法":第一步是确定相应的法定刑幅度;第二步是在量刑起点幅度内确定量刑起点;第三步是在量刑起点基础上确定基准刑;第四步是量刑情节调节基准刑得出拟宣告刑;第五步是根据拟宣告刑依法确定宣告刑。不过,有的案件中并没有其他影响犯罪构成的犯罪数额、犯罪次数、犯罪后果等犯罪事实，不需要在起刑点上增加刑罚量，因而量刑起点与基准刑可合二为一；有的案件，在确定基准刑以后，可能十分罕见地没有其他量刑情节对基准刑进行调节，就可依法将基准刑确定为宣告刑；有的案件，如果运用量刑情节调节基准刑后所形成的结果与被告人罪责不相适应的，还应当根据《量刑指导意见》的规定，通过充分行使综合裁量权，对该调节结果进行再调整，甚至提交审判委员会讨论并依法确定宣告刑。

应当说，这些量刑步骤都反映着量刑决策的思维和过程，其中的每一步都有特定根据和特定的方法。由于在不同量刑阶段发挥各自功能的量刑事实也不尽相同，故不可能再被概括成一个笼而统之的"量刑情节"。这意味着，必须对量刑事实进行再分类。

可见，对量刑事实的进一步细化或再分类，即细化为"起刑点事实、基准刑事实和量刑情节"，是量刑模式发生根本性变革的必然产物。

## 第二节 起刑点事实

### 一、德国量刑论中的"切入点"理论及其带来的启示

德国学者认为，量刑是对犯罪行为的法律后果的确定。刑罚裁量与法官的自由裁量权密不可分，但制裁的选择和量定应当是一个有法律约束力的决定。尽管立法者为各个犯罪的构成要件配置了刑罚幅度，并指明了最初有约束力的方向，但由于立法者试图将该刑罚规定

既适用于其中很严重的情形又适用于很轻微的情形,故法定刑幅度往往相当宽泛。如果说其中最严重的情形与最高法定刑相适应,最轻微的情形与最低法定刑相适应,那么,介于其间的大多数情形则只与幅度中的某一位置相适应。这意味着,必须要找到一个"切入点"。只有从这一切入点出发,才可能确定进一步的从宽或从严问题。因此,无论从实务上还是理论上,都不得放弃量刑切入点的考量。

问题是,究竟怎样确定这个"切入点",德国学者之间见解不一。有的认为应当将实现构成要件行为的"平均值",即"平均的严重程度"作为理想的切入点;有的则主张将经验的"平均情况"作为切入点。但由于这种"平均值"没有办法被可信地查明,只能被"假定",然后再根据"情节轻微、情节较轻、情节严重"等进行微调。当然,如果该情况属于犯罪学上的"一般情况",就不再视为从轻或从重情况对待。比如,武装抢劫的犯罪通常会对被害人造成惊吓,对此无须特别考虑。

尽管德国联邦法院拒绝了这一"切入点"的构想,[①]但这一思考方式值得我们借鉴。因为,这是量刑过程的第一步,是从宽泛的法定刑过渡到宣告刑不可或缺的一个环节。应当说,我国量刑规范化实践中的"起刑点"问题与此一脉相承。

## 二、起刑点与起刑点事实

所谓起刑点,就是具体犯罪的量刑起点。这是量刑过程中最基

---

① 其理由是:如果对切入点的正确与否进行审核,将使得上诉法院不堪重负。参见〔德〕汉斯·海因里希·耶赛克、托马斯·魏根特:《德国刑法教科书(总论)》,徐久生译,中国法制出版社2001年版,第1039—1040页、第1044—1045页。

础的一步，也是确定基准刑的前提和基础。

起刑点的基本特征是：第一，它针对的是具体犯罪。这有别于根据抽象个罪之基本犯罪构成所确定的量刑幅度，是根据具体犯罪的犯罪构成事实在相应的量刑起点幅度内确定的。第二，它是按照完全刑事责任能力人在既遂状态下所应判处的刑罚而确定的。也就是说，对不具有完全刑事责任能力的主体，以及未遂、从犯等修正犯罪构成事实，确定起刑点时暂不予以考虑。第三，它是一个刑罚点而非幅度。一个具体犯罪只有一个量刑起点。由于具体犯罪的构成要件事实是确定的，因而这个量刑起点也是确定的。第四，起刑点未必与法定最低刑相同。起刑点是根据基本犯罪构成事实，在其所对应的法定刑幅度内确定的。起刑点是针对具体犯罪而言的，由于具体犯罪的社会危害性不尽相同，量刑时，根据具体犯罪的犯罪构成事实，有可能是法定最低刑，有可能不是法定最低刑。例如，同样是持刀致人重伤，捅刺胸部等要害部位致人重伤的，与捅刺大小腿致人重伤的相比，社会危害性就有所不同，确定各自的起刑点时理当区别对待。

作为起刑点确立根据的犯罪构成事实就是起刑点事实。所谓犯罪构成事实，是与抽象的犯罪构成相对而言的，是指具体犯罪的犯罪构成事实。这里的"犯罪构成"，是与分则条文中各种法定刑相对应的犯罪构成，不仅包括基本罪，也包括重罪、更重罪的犯罪构成。换言之，不同阶梯的法定刑总是与不同的犯罪构成相对应的。比如，《刑法》第234条第1款规定："故意伤害他人身体的，处三年以下有期徒刑、拘役或者管制。"同条第2款规定："犯前款罪，致人重伤的，处三年以上十年以下有期徒刑；致人死亡或者以特别残忍手段致人重伤造成严重残疾的，处十年以上有期徒刑、无期徒刑或者死刑。本法另有规定的,依照规定。"既然故意伤害罪只有致人轻伤及其以上才能入罪,那么,"故意伤害致一人轻伤"就是第一个法定刑幅度的犯罪构成要件,"故意伤害致一人重伤"就是第二个法定刑幅度的犯罪构成要件,而"以特别残忍手段故意伤害致一人重伤并造成六级严重残疾"则是第三个法定刑幅度的犯罪构成要件。

### 三、起刑点事实的法律属性

起刑点事实作为犯罪构成要件事实,属于定罪事实。可能的疑问是,定罪事实又被作为量刑事实之一的起刑点的事实,是否有违禁止重复评价原则?

本书的回答是否定的。因为,量刑过程中的禁止重复评价原则,核心是不能让某一事实在增加或减轻刑罚量时重复起作用。而此处的起刑点事实,所起作用只是将抽象的、宽泛的法定刑幅度变成一个具体的刑罚起点。既没有对法定刑增加,也未对之减少,所以,不能因为该事实作为定罪事实,已经起到了确定法定刑幅度的作用,再根据该事实将法定刑从宽泛的幅度确定到一个点上,就认为是重复评价。[1]

那么,一个事实能否一身二任,既充当定罪的事实也充当量刑事实? 本书的回答是肯定的。

诚如论者所言,在纷繁复杂的刑事个案中,并不能把定罪事实和量刑事实绝对地分得一清二白。[2] 比如,面对正在进行的不法侵

---

[1] 禁止重复评价问题,本书将在第四章第一节专门论述,在此不赘。
[2] 参见顾永忠:"试论量刑与量刑程序涉及的关系",载《人民检察》2009年第15期。

害,防卫人在制止不法侵害的过程中致不法侵害者死亡的,如果认定为构成犯罪,那是因防卫行为明显超过必要限度造成了不应有的重大损害,而防卫过当事实,必然同时是从宽量刑的事实。这种情况下,行为人因防卫过当而构成犯罪(罪名可能是过失致人死亡等),也因防卫过当在量刑时要予以从宽。在此,虽说对定罪时的"防卫过当"这一事实已进行了评价,但在量刑时也必然要进行评价。不过,在定罪时,"防卫过当"是作为构成犯罪(如过失致人死亡罪)的"原因"来把握的,本身并不是过失致人死亡罪的构成要件事实(虽然同为防卫过当,涉及的犯罪构成要件事实可能并不相同),而在量刑时则是要按照从宽量刑的事实来对待的。

可见,量刑事实其实应当被分为纯粹的量刑事实与不纯粹的量刑事实。前者指只与案件中的量刑有关而与其定罪无关的事实,如自首、立功、如实供述、当庭自愿认罪、退赃退赔、积极赔偿被害人经济损失、取得被害人谅解、累犯、前科劣迹等;后者指那些与定罪事实相互混合的量刑情节,它们既是定罪事实又是量刑事实,对定罪量刑都会产生影响。这类事实,定罪时不能不考虑,量刑时更不可忽视。因为这类事实在功能上"一身二任",不可能因定罪与量刑的不同而截然分割。其类型与犯罪行为密不可分,主要包括犯罪预备、犯罪未遂、犯罪中止、防卫过当、避险过当等。

## 四、起刑点事实的确定

根据罪刑法定原则,只有符合刑法分则明文规定的犯罪构成要件,才能作为具体犯罪的基本犯罪构成事实。刑法分则的规定各不相同,应当结合不同类型的犯罪、同一类型的各种具体犯罪以及具体犯罪的不同构成要件予以甄别。在此,仅以财产犯罪和故意伤害犯罪为例加以说明。

对于财产犯罪,犯罪构成事实所体现的社会危害性的大小主要取决于财产数额的大小;对于非财产类的人身伤害犯罪,犯罪构成事实的社会危害性的大小主要取决于行为对象、结果及方法等构成要件要素。不过,在财产犯罪、人身伤害犯罪内部,还须考虑不同的具体性质。比如,"犯罪次数"是盗窃罪、敲诈勒索罪的犯罪构成要件要素,故盗窃次数、敲诈次数可作为盗窃罪、敲诈勒索罪的犯罪构成事实,但不能作为诈骗罪的犯罪构成要件事实。又如,因故意杀人罪的"方法""手段"不是故意杀人罪的构成要件要素,故"残忍的手段"不是故意杀人罪的犯罪构成事实。[①] 但对于故意伤害罪来说,"特别残忍手段"是故意伤害罪第三个法定刑幅度的犯罪构成要件要素,故以"特别残忍手段"故意伤害致人重伤造成严重残疾的,就可确定为该罪的犯罪构成事实。

此外,即便是同一个罪名,也会因基本构成要件或加重构成要件的不同,使其构成要件事实迥然有异。拿非法拘禁罪来说,立法者为之配置了三个法定刑幅度。第一个基本幅度,以"非法拘禁他人或者以其他方法非法剥夺他人人身自由"为构成要件事实;第二个幅度,以"构成非法拘禁罪致人重伤"为构成要件事实;第三个幅度,则以"构成非法拘禁罪致人死亡"为其犯罪构成事实。显然,剥夺自由、致人重伤和致人死亡,这些事实判然有别。

再者,对于犯罪构成具有两个或两个以上的选择性要件的犯

---

① 至于是否将之作为从重量刑情节,将在后文结合故意杀人罪的犯罪常态问题进行研究,在此不赘。

罪,如果具有多个选择要件事实,则应当选择其中危害最重的犯罪构成事实作为确定量刑起点的事实。比如寻衅滋事罪,其客观方面由四项选择性要件组成。如果行为人既在公共场所起哄闹事、又强拿硬要公私财物,还随意殴打他人且情节恶劣,则应当选择危害最重的一项,即以"随意殴打他人且情节恶劣"作为确定量刑起点的基本犯罪构成事实。这是因为,既然犯罪构成事实是决定适用法定刑的根据,那就应当以其中最具有决定性作用的犯罪构成事实作为确定量刑起点的事实,确保法定刑的准确适用。至于对各项犯罪构成事实的轻重之比较,则应当通过定性分析予以把握。以抢劫罪为例,如果行为人"持枪抢劫""数额巨大"且"致人重伤"的,尽管这三者均能分别构成抢劫罪的加重构成要件,但"致人重伤"的危害性显然最大,应以之作为确定量刑起点的基本事实。至于持枪抢劫、数额巨大等则应转换为增加刑罚量的基准刑事实。

## 第三节　基准刑事实

### 一、从"量刑基准"到"基准刑"

量刑基准有广狭义之分。广义上指量刑时的考虑对象及据以进行刑罚裁量的原则。德、日等国及我国台湾地区的学者,一般从广义上使用这一概念。狭义上的量刑基准,是指在暂不考虑各种量刑情节的情况下,依据犯罪构成事实所科处的刑罚量,也就是从重从宽量刑的"参照"或"坐标"。在我国量刑规范化改革的初期,是针对该狭义量刑基准展开研究的。而且,为了确定这一"参照",衍生出了诸多学说,如中线论、分格论、形势论、主要因素论等。但无论是主张在法定刑幅度二分之一处确定量刑基准的中线论,还是主张将表征犯罪行为的危害性大小作为抽象个罪重心的中心论,均缺乏实践上的可操作性。于是,实践中逐渐淡化量刑基准概念,用"基准刑"概念取而代之。而所谓基准刑,是指在暂不考虑法定及酌定量刑情节的情形下,仅依据既遂状态下的犯罪构成事实所拟判处的刑罚。可见,所谓的基准刑,其实与狭义的量刑基准同义。

不过,这不应当被视为同义反复或文字游戏。因为,基准刑的概念完全和广义的量刑基准划清了界限,避免了概念之间的混同和不当干扰。可以说,从量刑基准到基准刑,反映了我国量刑规范化改革所取得的本土经验的进一步升华。它不仅吸收了狭义量刑基准研究的学理性,更紧贴司法实践需求和量刑规律,实现了由静态概念向动态操作的跨越。自2010年起,最高人民法院发布的《量刑指导意见(试行)》就对基准刑的确定方法进行了规定,后续各个版本的指导意见也均依循基准刑的确定思路不断推进,此后,"量刑基准"之称谓渐渐淡出了我国量刑规范化改革的研究视阈。[①]

## 二、基准刑及基准刑事实

基准刑是连接量刑起点与各个量刑情节,用以承上启下的概念。它上承起刑点,其刑罚量等于起刑点的刑罚量与增加的刑罚量

---

[①] 至于相关内容,则分别按照量刑时应当考虑的"因素""事项"或"遵循的原则"来表述,以免引起不必要的混淆。

之和；它下启量刑情节的调节适用，对量刑情节的适用起到"基准"作用。具体而言，基准刑是在起刑点的基础上，根据构成犯罪之后"过剩"的犯罪数额、犯罪次数、犯罪后果等犯罪事实所增加的刑罚量来确定的。从性质上看，是展现量刑思维和量刑过程的第二步。故概而论之，确定基准刑的根据是总的犯罪构成事实。基准刑是指暂不考虑各种量刑情节时，按照具体犯罪的一般既遂状态，根据总的犯罪构成事实所应判处的刑罚。至于其他修正犯罪构成的事实，将在确定基准刑后，先于其他量刑情节对基准刑进行修正。

基准刑的基本特征是：第一，和起刑点一样，都是针对具体犯罪而言的。犯罪性质不同，其所确定的基准刑就不同。基准刑也是完全刑事责任能力人在一般既遂状态所应判处的刑罚。第二，与起刑点不同的是，它是"起刑点+"：在起刑点基础上增加一定的刑罚量之后的总和，充当后续量刑情节适用的"基准"，而起刑点只是确定基准刑的根据（当没有基准刑事实时才直接充当量刑情节的适用根据）。第三，也是一个确定的刑罚量而非幅度。基准刑是在起刑点基础上增加一定刑罚量而形成的。既然起刑点和所增加刑罚量都是确定的，基准刑当然也是一个确定的刑罚量（"点"）而非"幅度"。

所谓基准刑事实，是指起刑点事实和其他影响犯罪构成的犯罪数额、犯罪次数、犯罪后果等犯罪事实。这里的"其他影响犯罪构成的事实"，并非犯罪事实的全部，即，不包括不完全责任能力主体、犯罪未遂、从犯等原本属于修正犯罪构成事实的量刑情节，只限于分则条文所对应的基本犯罪构成事实。

至于犯罪数额、犯罪手段、犯罪次数、犯罪后果等是否能够作为增加刑罚量的情形（即成为基准刑事实），关键要看这些事实与刑法分则规定的犯罪构成是否相符。

首先,对具体犯罪而言,特定"犯罪手段"可作为基准刑事实。比如,携带凶器盗窃的,是盗窃罪特定的犯罪构成要件要素,故"携带凶器盗窃"可作为盗窃罪的基准刑事实。但以"破坏性手段"盗窃的,该手段并不能作为基准刑事实。再如,"持枪"是抢劫犯罪的(加重)犯罪构成事实,但在故意杀人犯罪中,"持枪"充其量也只能作为从重量刑情节(危险的犯罪手段)对待。

其次,对于"数额型"犯罪,超出起刑点的过剩数额,可作为盗窃罪、诈骗罪、侵占罪等的基准刑事实。例如,对于分别达到盗窃数额较大、巨大或者特别巨大的盗窃犯罪,对超出"数额较大、巨大或者特别巨大起点"的那一部分犯罪数额,应当分别作为各法定刑档次的基准刑事实。当然,如果盗窃的数额并没有达到"较大",只是以"多次盗窃""入户盗窃""携带凶器盗窃"或者"扒窃"作为基本犯罪构成事实入罪的,盗窃数额则不属于基准刑事实,只在确定起刑点时适当考虑。总的原则是,盗窃数额高的,起刑点相对要高一些。

再次,对数额犯而言,由于"犯罪次数"可以作为基本罪、加重罪的犯罪构成要件,故一般情况下,对于超过"三次以上"的次数,可作为基准刑事实。但多次盗窃或多次敲诈勒索且数额分别达到较大以上的,以盗窃数额或敲诈数额确定量刑起点,盗窃次数或敲诈次数仅作为量刑情节。对诈骗罪、抢夺罪、职务侵占罪等纯数额犯来说,由于"多次"并非其构成要件,"犯罪次数"不属于基准刑事实。

复次,对于结果犯,超出犯罪构成事实的"犯罪后果"一般为基准刑事实。例如,故意伤害致三人轻伤的,"致一人轻伤"是起刑点事实,致另外二人的轻伤这一过剩的"犯罪后果(结果)"则是基准刑事实。当然,"轻伤"及"轻微伤"是否可作为基准刑事实,应当根据个罪的具体犯罪构成来确定。在交通肇事罪中，两者显然均不是基准刑事实。在故意伤害罪中，"轻伤"可作为基准刑事实。而在寻衅滋事罪中，"轻伤"及"轻微伤"无疑都可以成为基准刑事实。

最后，对于情节犯来说，只要具备其中一种情形便可构成该罪。当犯罪人符合两种以上情形时，超出部分就是基准刑事实。比如，行为人寻衅滋事，不仅随意殴打他人、情节恶劣，而且还追逐、拦截、辱骂、恐吓他人，情节恶劣，甚至还强拿硬要、任意损毁、占用公私财物，情节严重；那么，在这些情形并存的情况下，后两种情形就成为基准刑事实。

## 三、与起刑点事实及狭义量刑情节的关系

基准刑事实与起刑点事实的关系非常密切。起刑点事实是基准刑事实的组成部分，两者性质相同，都是构成要件事实。从事实层面看本来是一个整体，只不过，为了反映量刑的思维过程将之人为地分割成两大部分。比如，甲撬开他人密码箱，盗走现金人民币60000元。根据刑法规定，盗窃他人财物，"数额巨大或者有其他严重情节的，处三年以上十年以下有期徒刑，并处罚金"。按照有关司法解释，盗窃财物"数额巨大"的起刑点是30000元，可以在3年至4年有期徒刑幅度内确定量刑起点。因此，结合行为人撬密码箱的情节，将其中的30000元作为确定起刑点事实，确定刑期为有期徒刑3年3个月。而超出"数额巨大"起点的剩余金额还有30000元（60000元-30000元=30000元），按照有关规定，若每增加犯罪数额5000元，可增加1个月刑期。依此计算，30000元可增加6个月刑期。于是，在起刑点（3年3个月）的基础上增加刑罚量（6个月），

最终确定基准刑为 3 年 9 个月有期徒刑。在这里,其中的 30000 元为起刑点事实,而整个的 60000 元(30000 元+30000 元)为基准刑事实。两者性质相同,都是盗窃罪的犯罪构成事实,本来都是作为一个盗窃行为所侵犯的他人财物的整体,只不过,为了展示量刑思维的过程(先在法定刑幅度中用"足以"入罪的相应事实找到切入点,再用"过剩"的基本事实对该切入点进行调节,即叠加),才分解成了两个层次。

基准刑事实与量刑情节的关系,有必要从不同视角进行解读。按照传统的广义说,量刑情节是指犯罪构成事实之外的,对犯罪的社会危害性、犯罪人的人身危险性具有影响作用,因而在量刑时需要考虑的各种事实情况。既包括各种法定的量刑情节,也包括酌定的量刑情节;既可能是犯罪中的有关事实,也可能是犯罪前或者犯罪之后的有关情况。一般说来,各种法定的量刑情节,如累犯、自首、立功,未成年人犯罪等,都不可能是基准刑事实。犯罪之前与犯罪之后的事实,也不可能是基准刑事实。但这些都有可能是量刑情节。而且,既然基准刑事实都是犯罪的基本构成要件事实,那么,泛泛而论,构成要件事实就不可能是量刑情节。而且,从功能上讲,基准刑事实通过直接增加"具体的刑罚量"来确定基准刑,而量刑情节是按照"百分比"调节基准刑并确定宣告刑。此外,由于量刑起点和基准刑的确定是在"不考虑各种法定和酌定量刑情节"的前提下进行的,所以,在量刑规范化视野下,基准刑事实与量刑情节在称谓上是截然不同的。[①]

---

[①] 参见石金平、游涛:"量刑重复评价相关问题研究",载《中国刑事法杂志》2010 年第 3 期。

比较而言，基准刑事实与酌定量刑情节的关系则相对模糊。一般认为，法律虽然对酌定量刑情节没有明文规定，但在审判实践中其依然对量刑起着重要作用，因而量刑时仍然需要酌情考虑这些事实情况。具体来说主要包括：犯罪的手段、犯罪的时间地点、犯罪的对象、犯罪造成的危害结果、犯罪的动机、犯罪后的态度及犯罪人的一贯表现，等等。但不能据此简单地认为，犯罪的手段、犯罪的时间地点、犯罪造成的危害后果等，既然是酌定量刑情节，那就不可能是基准刑事实。其实，酌定量刑情节的分类与归纳是泛泛而谈的。在不少情形下，这些类型化的事实，已经被明确规定为构成要件事实，或者可能包容在"情节"这一抽象性的规定之中。这时候，就不应当将其简单归并到酌定量刑情节之中。

## 第四节　量刑情节的功能与分类重述

### 一、量刑情节及其功能重述

**（一）量刑情节是评价难度最大且最为庞杂的量刑事实**

长期以来，量刑情节是以"除构成要件事实之外的、量刑时据以决定处罚轻重或者免除处罚的各种主客观事实情况"之义而广泛存在的。如果说量刑的过程就是从法定刑到宣告刑的过程，那么，量刑情节被认为是"选择法定刑与决定宣告刑的根据"；如果说量刑的实质在于法官自由裁量权的合理运用及有效监督的辩证统一，

"而法官行使自由裁量权的事实根据,就是量刑情节"。[①]

如所周知,量刑问题虽然涉及范围极广,但量刑情节却是其核心内容。可以说,量刑机制的科学化水准如何,量刑的公正合理化程度怎样,在相当程度上,均取决于对量刑情节的把握和运用。实证调查也表明,案例涉及的有关量刑情节越多,争议越大,审判人员对该案量刑的差异也就越大。因此,量刑情节的合理运用,对于公正量刑具有极其重要的意义。[②] 由于量刑情节所涵盖的范围几乎无所不包且相当模糊,可以说,量刑情节过去是、今天是、将来也是诸量刑事实中数量最为庞大、影响最为巨大、适用最为复杂的部分。其实,量刑决策中的事实评价,核心也是对量刑情节这一事实的评价,既涉及定性问题也涉及定量问题。当然,定量评价尤为艰巨复杂、充满挑战。

**(二)量刑情节与"刑罚的加减事由"形同实异**

在德、日等国的刑事立法中,"刑罚的加减事由"颇为特别。对这些加减事由,特别是其中的法定加减事由,国内学术界基本上将之与我国刑法中的法定量刑情节等量齐观。因为,一方面,它们称谓相同,构造一致,也均是对刑罚量带来"加减"变化的核心要素。比如,"防卫过当"这一事实,在我国是公认的法定从宽量刑情节,在德、日刑法中,则是法定加重事由。另一方面,它们在构成要件上大致相同,名称也一致。因此,我国学者在论及防卫过当问题时,自然而然地会关注域外学者的研究成果,并以之为立论根据,探讨其

---

[①] 参见张明楷:《刑法学》(上),法律出版社 2021 年版,第 723—724 页。
[②] 参见陈航:"应当重视量刑情节的研究",载《甘肃政法学院学报》1996 年第 1 期。

中隐含的法理,揭示问题的实质所在。

但是,本书试图强调的是,类似"防卫过当"这样的事实,尽管在中外刑法中的"面相"颇为相似,但实质却颇为不同。这种不同,集中反映在各自的功能上:在我国,作为法定从宽量刑情节之一的"防卫过当",其功能是与其他量刑事实一道,直接把法定刑逐步压缩成宣告刑。也就是说,是宣告刑的生成根据。而德、日等国的"防卫过当",其功能是对法定刑进行"修正",生成"处断刑"。

所谓处断刑,是指在具有法定的加减事由或酌定的减轻事由时,根据加减幅度修正法定刑后形成的处断范围。在处断刑与法定刑之间,主要存在处断刑扩大原法定刑范围、处断刑缩小原法定刑范围以及处断范围与原法定刑存在重合三种关系。比如,根据德国刑法的规定,故意杀人(非谋杀)的,处5年以上自由刑。当行为人具有某种减轻处罚事由时,该行为人的处断范围则为2年以上自由刑。根据日本和韩国刑法规定,累犯加重至该罪法定刑最高刑的二倍以下,这意味着,相关罪名的最高刑将大幅度提高。

显然,无论是修正后形成的处断范围比原法定刑的范围更大、更小还是出现了新的交叉,都意味着法官的自由裁量权要随着具体案件的情况不断调整。这种调整是立法者事先确定的,调整范围的最高限和最低限并非法官的自由裁量权所能左右。至于在调整后形成的新的法定刑范围内,法官究竟应当如何具体裁量,立法者并未作出限定。换言之,即便处断刑与原来的法定刑相比,最高刑或最低刑都发生了变化,但依然存在相当的重合部分,如果法官的最终刑罚量的确定落在该重合的部分之中,也不能认为该加减事由没有发挥自己的功能。因为,由于"存在法定的加减事由",的确导致形成了新的处断刑,而法官就是在这一处断刑范围内自由裁量的。

## 第三章 量刑决策中的事实类型

但在我国,量刑情节是作为"从法定刑生成宣告刑"的最直接、最主要的根据。一个案件,有无某种量刑情节——尤其是法定的量刑情节,对该案件的终局量刑结果影响颇大。除非存在相互折抵的情形,这些从严或从宽量刑情节对案件的作用就要在量刑终局结果中直观体现出来。即便由于相互折抵而没有体现,也必须说明,是与什么样的情节折抵,以及进行了怎样的折抵。如果由于该量刑情节是"可以型"情节,审理者没有令其对案件的终局结果发生影响力,则应当说明特别理由。因为,法定量刑情节中的"可以型"从宽情节,毕竟是具有导向性的,即一般应当考虑从宽,除非基于"特殊的理由"。

可见,尽管"加减事由"与我国的量刑情节相比,其具体称谓可能完全相同,构造也大体一致,但在功能、应用等方面则存在较大不同。而功能方面及应用方面的不同势必导致法官自由裁量权的不同。

尽管在一些论者看来,处断刑立法将各种情形类型化,并权衡对刑罚的影响而修正形成新的法定刑——处断刑,这有助于法官确定个案具体刑罚,促使刑罚个别正义的实现,[①] 但问题并非这样简单。因为,用加减事由修正法定刑后,其所确定的处罚幅度极有可能比法定刑更大。比如,累犯具有加重法定刑两倍的功能,而累犯对处断范围如此大幅度的扩张,无形之间极大地扩张了法官的自由裁量权,很难确证这对实现个别正义有多少助益。再者,日韩等国均明确规定了酌定减轻事由,这意味着,当以法定刑或处断刑的最

---

[①] 参见吴情树:"处断刑的引入:量刑程序设置的实体要求",载《刑事法评论》2009年第2期(总第25卷)。

低刑作为宣告刑仍然被认为过重时,法官可再次适用减轻规则以降低处断刑。或许,处断刑的设置,对国土面积小、人口少、法官整体素质相对较高,能较为规范地使用自由裁量权的国家还是可行的,但不得不说,这种"加减事由"的功能主要是赋予法官更大的自由裁量权,与我国量刑情节的功能的确不同。

量刑情节与定罪情节相对,两者的区别在于各自功能不同:后者决定或影响定罪,即是否构成犯罪以及构成此罪还是彼罪;前者影响量刑,核心是对刑罚量的有无、大小产生影响。既然量刑情节和"加减事由"的确"长得很像",从外观上不足以进行实质把握,就必须从各自的功能上加以甄别,即,具有"处断刑"形成功能的是刑罚的"加减事由",而直接对宣告刑的形成起实质影响作用的则是量刑情节。因此,应当结合我国量刑情节的突出特征对之进行重述:量刑情节,是指除构成要件事实之外的,据以决定宣告刑(而非处断刑)的轻重或者免除处罚的各种主客观事实情况。

应当指出,虽然量刑情节在诸多量刑事实中的显赫地位并没有改变,但随着量刑决策思维方式的转变,随着量刑步骤化、规范化的不断推进,人们在量刑情节的范围及类型方面的认识正在发生变化,有必要进一步廓清。[①]

## 二、"过剩的构成要件事实":从回归到转型

在传统观念中,量刑情节与犯罪构成要件事实(亦称为定罪事

---

[①] 核心是,对量刑情节的理解,由广义上的解释逐渐趋向狭义化。但是,这一观念的转变将是一个漫长过程,为方便论述起见,本书在第五章"量刑情节构成论"中仍以广义的量刑情节为视角展开。

实)截然不同。既然量刑是定罪之后的司法活动,而犯罪构成要件事实已在定罪中发挥了应有作用,那就不应在量刑阶段重复发挥作用。据此,一般在界定量刑情节的概念时会明确强调:"量刑情节是犯罪构成事实之外的事实情况。"①

但是,"犯罪构成事实"这个概念是需要进一步界定的。因为,犯罪构成事实总是与刑法分则各种具体罪名的构成要件相关联,而分则中具体罪名的构成要件不相同。对择一性的构成要件来说,各要件当然都是构成要件,具有等价性,与这些要件相符合的事实也都是"构成要件事实"而非量刑情节。不过,在具体案件中,当出现同时符合其中多个"构成要件"的事实时,只是将其中的某一个要件事实"择定"为构成要件事实,其他事实则成为"剩余事实"。应当说,在寻衅滋事罪的犯罪构成要件事实或抢劫罪的加重构成要件事实中,都存在这种情形。在此类场合,定罪剩余后的其他犯罪构成事实尚未得到评价,也尚未发挥应有作用,应当转化为量刑情节。因此,这种构成事实就不再是定罪情节,而是"转化为量刑情节"了,比如行为方式、犯罪对象、危害结果、犯罪情节等,在具体案件中均有可能作为过剩的定罪事实而转化为量刑情节。②

基于此,在相当长一个时期内,人们一致认为,量刑情节是包含这种从"过剩"的定罪情节中转换而来的犯罪构成要件事实的。也就是说,"过剩的构成要件事实"被名正言顺地纳入到量刑情节这个大家庭中。此种意义上的量刑情节由三大部分构成:一是(罪前或罪

---

① 参见高铭暄、马克昌主编:《刑法学》,北京大学出版社、高等教育出版社2022年版,第252页。
② 参见赵廷光:"论定罪剩余的犯罪构成事实转化为量刑情节",载《湖北警官学院学报》2005年第1期。

后的)非犯罪事实;二是罪中的非犯罪构成事实;三是基本犯罪构成事实以外的犯罪构成事实。显然,第三种情形本质上就是"犯罪构成事实",只不过是"基本构成事实之外的"、定罪时"过剩的"部分。

但是,随着量刑规范化的不断推进,尤其是随着基准刑概念的日渐深入人心,"过剩的构成要件事实"已经被视为基准刑事实的重要组成部分,其功能定位十分明确:不是对基准刑进行调节,而是在起刑点上进一步增加刑罚量。这样,与那些原本就属于量刑情节的主客观事实相比,出现了两大变化:一方面,其在量刑过程中发挥作用的阶段不同。基准刑事实是在起刑点确定后基准刑生成之前发生作用;量刑情节(狭义的,下同)是在基准刑生成后发生作用。另一方面,功能也截然不同。基准刑事实只是增加起刑点的刑罚量,而且所增加的量为一个绝对值,不是比例;基准刑事实既不存在减少刑罚量的问题,也不存在逆向功能的事实之间相对折抵的问题。量刑情节则不同,既可能是从严情节,也可能是从宽情节;而从宽从严的量,则因基准刑的不同而不同,且均是一个比例,而非绝对值;在不同功能的量刑情节并存时,各情节之间存在相对折抵的问题。①

基于此种认识,原来在广义上被视为量刑情节的"过剩的犯罪构成要件事实",就应当从狭义的量刑情节中剥离出来,完成它的华丽转身——转变成基准刑事实。

### 三、优先调节型量刑情节与后续调节型量刑情节分类问题述评

根据"两高"《关于常见犯罪的量刑指导意见(试行)》,具有

---

① 对量刑情节冲突时是否应当折抵,以及如何折抵,至今仍存在争论,对此详见后文(第七章第四节)的论述。

多个量刑情节时,未成年人犯罪、老年人犯罪、限制行为能力的精神病人犯罪、又聋又哑的人或者盲人犯罪,以及防卫过当、避险过当、犯罪预备、犯罪未遂、犯罪中止、从犯、胁从犯和教唆犯等量刑情节,均属于优先适用的量刑情节,此外的其他量刑情节则为一般量刑情节。只有当优先适用的量刑情节对基准刑进行调节之后,再由其他一般量刑情节对经调节后的基准刑进行调节。这意味着,在量刑情节中区分出来了一种新分类:优先调节型量刑情节和后续调节型量刑情节。

在"两高"《关于常见犯罪的量刑指导意见(试行)》列举的18种常见量刑情节中,被视为优先调节型的情节共12个,其余6个及其他未列举的量刑情节则为后续调节型的量刑情节。该优先调节型量刑情节的特点是:第一,均为法定量刑情节;第二,均为罪中量刑情节;第三,均兼具犯罪事实与量刑事实于一身;第四,基本上均属于从宽量刑情节(教唆犯情况特殊,可以是从宽情节也可能是从重量刑情节)。而后续调节型量刑情节的特点是:第一,法定量刑情节与酌定量刑情节并存;第二,罪中情节与罪前罪后情节并存;第三,混合性量刑事实和纯粹量刑事实并存;第四,既包括从宽量刑情节也含有从严量刑情节。

迄今为止,尚未见到对这一分类根据进行的论述。可能的理由是,前一类型的量刑情节其实同时都是基本犯罪构成事实以外的、有关刑事责任主体、犯罪未完成形态、共同犯罪分担者等修正犯罪构成的事实,故对刑事责任的影响力仅次于基本的犯罪构成要件事实,有必要赋予其优先调节的基础性功能。

此外,从对基准刑的调节方式看,前一类量刑情节,基本属于同向的从宽量刑情节(教唆犯例外),故相互之间采用"连乘"方式进行调节。换言之，各自之间是递进式的叠加关系。后一类量刑情节情况复杂：如果是同向的（即均为从严情节或均为从宽情节时），相互之间也是递进式的叠加关系；如果是逆向的（即从严情节和从宽情节并存时），相互之间则为在等量赋值范围内的折抵关系（即相对折抵）。

在本书看来，量刑情节的分类，本质上是对其功能的再揭示。随着量刑规范化的推进，必然导致量刑思维的细化和量刑步骤的进一步分解，在此情形下，如果量刑情节的功能发挥（阶段及方式）产生了变化，量刑情节的分类就应当跟进，以便更好反映这一现实。这一分类，如果有价值的话，就在于表明了适用阶段的不同。只不过，教唆犯对刑罚裁量的影响方向，在我国刑法中是要根据案情决定的：有时是从宽情节，比如在"被教唆者没有犯所教唆之罪"时；有时则是从重情节，比如在"教唆不满18周岁的人犯罪时"。若是后一种情形，如何与其他从宽量刑情节简单地"连乘"？这是值得考虑的问题。而且，如后文所言，在连乘情况下，先后适用的顺序似乎没什么实质意义。①

## 四、对"责任刑情节与预防刑情节"分类的质疑

近些年来，一种新的量刑情节分类，即"责任刑情节和预防刑情节"吸引了不少人的关注。而且，正是基于这种分类，有日益增多的研究者对最高司法机关发布的量刑指导意见提出了尖锐批评，即：在没有考虑责任刑情节和预防刑情节的不同属性的情况下，简

---

① 参见后文第七章第四节之"一、逆向调节比例的传统解决思路"的论述。

## 第三章　量刑决策中的事实类型

单地对逆向量刑情节等量折抵,违背了责任主义的基本原理。①

显然,是否应当将量刑情节划分为责任刑情节与预防刑情节,既涉及量刑中如何坚持责任主义原理的问题,也直接影响到量刑情节冲突时处理方案的抉择。尽管划分责任刑情节与预防刑情节的观点在学界已颇具影响力,但这一种分类方法是否可行、划分标准是否明确,并没有得到充分论证,因此,亟待深入研究。

本书认为,这一量刑情节分类,其标准缺乏明确性,分类方法不可行,应当予以否定,更不应以此为据对量刑情节冲突的相对折抵方案反复质疑。

第一,这一分类造成"子项不穷尽"。分类的逻辑结构包括三部分:一是"母项",即被划分的属概念;二是"子项",即被划分出来的种概念;三是用以划分的标准,即母项所具有的属性。科学的分类有诸多要求,其中之一是,各子项外延之和应等于母项的外延,否则,将犯"子项不穷尽"或"多出子项"的逻辑错误。把量刑情节区分为责任刑情节和预防刑情节,就犯了"子项不穷尽"的逻辑错误。比如,立功情节是公认的量刑从宽情节,但对立功者为什么从宽,却有不同的理解。从立功情节的构成要素来看,对立功者不要求其有悔罪表现,即便其人身危险性并未减小,只要符合立功情节的构成条件,也构成立功,可以按照立功情节予以从宽。可见,有立功情节的人,既未必责任减轻,也不见得预防必要性变小。换言之,立功这一情节可能既不是责任刑情节也不是预防刑情节,如果强行按照这一分类要把量刑情节一分为二,立功情节可能将无法归类,

---

① 参见王震:"论量刑步骤——基于责任主义原理对《量刑指导意见》的反思",载《广西政法管理干部学院学报》2015年第2期。

就会出现"子项不穷尽"的错误。

第二,这一分类导致"子项相容"。分类的另一个要求是,子项必须互相排斥。否则,将犯"子项相容"的逻辑错误。假若有人提出把三角形分为等腰三角形和等边三角形,那就存在"子项相容"问题。因为,等边三角形必然也是等腰三角形。因此,对这样一个违反几何常识的分类估计没有人认同。但在量刑情节的分类上,责任刑情节和预防刑情节这一违反常识的分类却被熟视无睹。因为,如果把量刑情节分为责任刑情节和预防刑情节,意味着任何一个量刑情节,要么是责任刑情节,要么是预防刑情节,二者必居其一。如果一个量刑情节既是预防刑情节,也是责任刑情节,那就存在"子项相容"的问题,不符合分类要求。

以"中止犯"为例。众所周知,中止犯是从宽量刑情节,之所以对之从宽,学界认为不能仅从一个方面加以说明。换言之,对之既可以从违法和责任的角度考虑,也可以从刑事政策(包括一般预防与特殊预防)的角度考察;既可以从行为的危险性(包括客观和主观的)上考察,也可以从"预防犯罪"这一刑罚目的上考察。只有这样,才能全面揭示中止犯的从宽处理根据。[1] 因为,中止行为不是样态单一的存在,而是充斥着违法性减少与责任减轻的各种组合形式,并在政策因素的约束下集合而成的存在。因此,可将中止犯定义为:基于自动性,意图避免既遂结果发生,遮断导致法益侵害继续发展的因果流程,值得政策激励,彰显无预防必要性的类型性行为。[2] 显然,对中止犯的从宽,既考虑了其责任减轻(自动有效地阻止了危

---

[1] 参见马克昌主编:《犯罪通论》,武汉大学出版社1999年版,第488页。
[2] 参见曾文科:"论中止犯的减免处罚根据",载《烟台大学学报(哲学社会科学版)》2019年第1期。

害结果的发生），也权衡了其再犯可能性的减小（因真诚悔罪而自动放弃犯罪，特殊预防的必要性减少）。这意味着，中止犯是一个与责任因素和预防因素的共同减少都密切相关的情节，无论把它人为划分到所谓的责任刑情节还是预防刑情节中，都必然和另一种情节形成"子项相容"。

第三，分类标准不科学。一般认为，责任刑情节与预防刑情节的划分标准是量刑根据，而刑罚的正当化根据就是刑罚裁量的根据。既然按照并合主义的观点，公正与预防都是刑罚的正当化根据，其中，责任的有无与大小是评判量刑是否公正的最主要依据，那么在倡导者看来，分别依照责任与预防这两大要素将量刑情节划分为责任刑情节与预防刑情节，正是实现这一量刑实质目的的要求之所在。

但这是经不住推敲的。抽象地来看，"刑罚裁量的根据"在外观上是被打包成"一个"整体的存在，其似乎既有特定的内涵，又反映了量刑的实质要求，足以作为量刑情节分类的标准。但是，具体分析则不然：刑罚裁量的根据或目的一直是争论不休的历史性话题，现在似乎因"并合主义"的提出而暂时告一段落了。但是，这里所"并合"而成的所谓根据，在各自的"骨子里"是两个截然不同的部分：责任与预防。依据"每次划分只能按照同一个标准来进行"的要求，就不可能相符合。而且，从"并合主义"的根据论来看，就每个量刑情节而言，究竟只能以"择一"式的非此即彼的样态（即要么根据责任要么根据预防）而存在，还是也可能以"责任＋预防"的样态"并合式"存在，并不得而知。如果是以并合式方式而存在的话，将与倡导者的分类目的（即分清责任与预防，防止混淆两者）相悖，而且还将面临如何避免重复评价的难题。如果以非此即彼的样态而存在的话,如上所述,又会导致"子项相容"。

而且,从量刑情节的生成根据来看,即便采用"并合说",也不可能仅仅局限在责任与预防两个方面。换言之,责任与预防未必是所有量刑情节得以成立的根据。比如,认罪认罚从宽情节,也许与责任减轻或特殊预防需要的减少没有什么必然关系。它是一种功利性、政策性的量刑情节。换言之,只要认罪认罚的,原则上就应当从宽对待,以鼓励犯罪人尽可能早地认罪认罚,以便简化诉讼程序,节省有限的司法资源。应当说,责任刑情节与预防刑情节之分类的倡导者,也已经意识到这一问题。① 但在明知该划分标准不合理的情况下,还不断强化这一分类,从学理上讲,难以让人苟同。

何况,这一分类标准自身固有的模糊性,也使一些量刑情节的属性判断问题陷入无谓的纷争之中。比如,按照此分类倡导者的观点,累犯是预防刑情节,但有论者明确指出:"报应"才是累犯制度的基本根基。因为,累犯之人置国家对其上次行为的否定评价和道义非难于不顾,基于自己的意志选择再次犯罪,显然,其可非难性比初犯大,社会危害性程度也更大。② 据此,累犯应当被归入责任刑情节才对。最起码,累犯也是一个兼具责任刑情节与预防刑情节于一身的量刑情节。再如,区分论者认为自首是预防刑情节,③ 但司法实践中,自首的情况也颇为复杂,不能搞"一刀切":有的是出于真心悔悟,痛改前非;有的是慑于法律的威严,为了争取宽大处理;有

---

① 比如,张明楷教授认为,个别量刑情节是基于刑事政策或者人道主义的理由设定的。参见张明楷:《刑法学》(上),法律出版社2021年版,第723页。
② 参见苏彩霞:《累犯制度比较研究》,中国人民公安大学出版社2002年版,第60页。
③ 参见张明楷:《责任刑与预防刑》,北京大学出版社2015年版,第274页。

的是在亲友的规劝和压力下，勉强投案；还有的是长期外逃、衣食无着、走投无路，等等。[①] 显然，不能将之简单地定性为责任刑情节还是预防刑情节。其实，自首从宽对犯罪人来说是一种实实在在的利益，这一情节蕴含着鼓励犯罪嫌疑人主动投案，交代自己的犯罪事实，从而节约司法资源的立法意旨。因此，自首情节，其实更是一种功利性的、政策性的量刑情节。

如果与量刑情节的其他分类标准相比较，可以明显地看到，这一分类标准其实是唯一缺乏明确性的存在。如所周知，根据量刑情节是否被法律明确规定，首先可以分为法定量刑情节和酌定量刑情节，是否"法定"当然一目了然，没有争议。其次，在法定量刑情节内部，根据量刑情节对犯罪人是否有利，可以分为从严量刑情节与从宽量刑情节。[②] 再次，在从宽量刑情节内部，又可以进一步划分：根据法律要求的不同，分成"应当型"量刑情节和"可以型"量刑情节；根据从宽功能的单复数，分成单功能情节和多功能情节。可以说，这些分类标准都来自量刑情节自身质的规定性，标准单一，非此即彼，没有分类判断上的疑问。而责任刑情节与预防刑情节的划分，就其标准而言，显然缺乏这种明确性和单一性。

第四，这种分类难以避免对量刑情节的重复评价。如前所述，不少量刑情节，从其构成要件来看，既包含着责任刑的要素，也具有

---

[①] 参见董邦俊、丁祥雄："论自首制度的本质"，载《中国地质大学学报（社会科学版）》2003年第4期。

[②] 这一分类是否仅限于法定量刑情节，有不同观点。一种颇具影响力的观点认为，酌定量刑情节不存在"从重量刑情节"，因为，从重量刑意味着要增加犯罪人的刑罚量，对犯罪人不利，按照罪刑法定要求，此类增加刑罚量的因素应当有法律的明文规定，不应当以"酌定"的方式任意为之。但本书对此持否定意见。详见本书第五章第一节之"二（三）"的论述。

预防刑的要素,按照倡导者的观点,当一个案件既存在责任刑情节又存在预防刑情节时,不应当简单地赋值并等量抵消,而是先适用责任刑情节,用责任刑的量来划定对行为人应判刑的最高控制限,然后在这个应判刑的最高控制限之下,再适用预防刑情节,即根据该量刑情节所反映的预防刑的需要,具体决定应当适用的刑罚。但这样的话,就会导致重复评价。拿中止犯来说。一则它是责任刑情节,应当先以之确定应判刑的最高限;二则它也是预防刑情节,应当根据该情节所反映的预防需要确定实际的应判刑。很显然,中止犯原本只是一个量刑情节,在这里却被重复适用了两次。这岂不是违背了"禁止重复评价"的原则?

第五,这种分类建立在对责任主义原则的误解之上。责任刑情节与预防刑情节之分类,与倡导者们在量刑中贯彻责任主义原则有关。在其看来,量刑中的责任主义也应当是消极意义上的,有责任未必要受到相应的刑罚处罚,但没有责任绝不应当受处罚。因此,在量刑时体现责任要素的情节只是起到限制最高刑的作用,而真正应当判处的刑罚,则要根据预防刑情节的情况在此限度之内酌情加以确定。

本书认为,倡导者们从消极责任主义立场进行的这一论证似是而非。因为,尽管在定罪论上,按照阶层论体系,应当强调"有责性"是犯罪成立必不可少的一大要件,故"没有责任就没有刑罚"是对这一责任主义的经典表达,但在量刑论上却与之不同。量刑活动是在定罪的基础上进行的,既然已经确定有罪,当然就意味着具有"可谴责性"或非难可能性,不再担忧无罪却追责的问题。而且,量刑意义上的所谓"责任",是作为犯罪的后果而存在的,既然已经成立犯罪,当然是违法且有责的行为,不可能是"无责的",而作为犯罪的后果,当然就只能是"违法性与有责性的乘积"。这不是"消极责任主义"所能涵盖的问题。无论今日之德国刑法,还是日本的刑法改正草案对量刑原则之规定,立法上都白纸黑字地写明:量刑应当以责任为"基础"或"根据"。无论如何,都不可能把因责任要素决定的刑罚量当成是应判刑的"上限",更不应把"预防"需要抬高到在此限度内实质性地决定应判刑的地步。

第六,这种分类错误的根本原因在于不当的方法论。在本书看来,论者之所以将量刑情节错误地划分为责任刑情节和预防刑情节,与其不当的方法论密不可分。这就是:不是从量刑情节的实际情况(尤其是量刑情节构成要件要素反映的根据)出发,用准确明了的标准对量刑情节进行划分,而是以自我设定的所谓"标准"分类,颇有"为赋新词强说愁"的意味。因为,各种量刑情节,尤其是各种法定量刑情节,各自存在的历史不可谓不久远。在设定这些量刑情节时,还远未出现所谓量刑根据论或量刑目的观的探讨,更不可能以之为根据对量刑情节进行塑造。比如,从古至今,就有类似"立功受奖"的规定。显然,早在目的刑论出现之前,立功情节就已经散见于各国的历代刑法之中。就本质而言,立功情节既不是按照责任要素也不是按照预防因素确定的从宽情节,而是一个功利性的情节。其目的就是要最大限度地尽快查获犯罪分子或阻止危害结果的发生,从而以尽可能少的成本实现国家的刑罚权。[①] 因此,如果人为地要将之按照责任刑标准或预防刑立场进行划分,无异于削足适履。

---

① 参见田立文:《立功制度研究》,中国人民公安大学出版社2014年版,第95—96页。

导致这一问题的症结，就在于以自己的主观意愿代替实际的量刑情节立法或司法实践认知。其实，如果说立法或司法实践中的量刑情节是"足"的话，理论界通过对量刑情节分类提出的所谓量刑情节类型只能是"履"，应当是"履"适应"足"而非"削足适履"。遗憾的是，责任刑情节与预防刑情节的划分恰恰试图"削足适履"。从学理上讲，量刑情节的适用受制于刑罚目的，确切地说是为实现量刑目的服务的。因此，这一目的会对量刑情节的构造及功能形成反向制约关系，并进而深刻影响这些量刑情节的设定条件及其性质。因此，理论上有"只有刑罚正当化根据才能为量刑事实的选取提供标准"之说。但是，各种量刑情节（尤其是常见的法定量刑情节），其性质和构造有一个历史的演进过程，有其自身发展变化的内在规律。无论哪个国家，其量刑情节的立法均受制于各种复杂的因素，不会因为某一量刑根据论的生成或影响日盛就理所当然地改变其本来的构造或属性。

## 五、倡导"依附型量刑情节与共享型量刑情节"之划分

在形形色色的量刑情节中，有不少情节是依附于特定的具体犯罪的。比如，犯罪方法，犯罪中止，自首，坦白，认罪认罚从宽等。这些都是关涉具体行为的事实，离开了具体犯罪，这些情节就难以被认知。但是，有些量刑情节却是为犯罪人所犯的数罪所"共享"的。比如，未成年人犯罪的，老年人犯罪的，犯罪人的一贯表现，等等，这些主要是关涉"行为人"的事实。这一量刑情节的分类在数罪并罚的量刑情节适用中意义重大。比如，一个不满18周岁的人实施了A、B、C三个罪，A罪是犯罪中止，B罪的犯罪动机卑劣，

C罪后自首,还同时交代了司法机关并未掌握的B罪事实。犯罪中止和犯罪动机卑劣分别是"依附"于A罪和B罪的量刑情节,自首则是"依附"于B罪和C罪的量刑情节,但"未成年人犯罪"则是为A、B、C三罪所"共享"的从宽量刑情节。这意味着,即便对A罪适用了"未成年人犯罪"这一从宽量刑情节,对B、C两罪分别再按照"未成年人犯罪"从宽,也不构成重复评价,因为,这也是B、C两罪的量刑情节。

之所以如此划分,是因为,有些量刑情节事实是可以游离于特定犯罪事实而独立存在的,同时也是为各具体犯罪所必不可少的,因此,这些情节当然就是为行为人所犯的数罪所"共享"的量刑情节。比如,涉及行为人身份、责任能力、人格特征等方面的量刑情节,就必然具有"共享"性。而那些只依附于特定犯罪事实的量刑情节,则不具有共享性,而只能是"专属"于特定犯罪的量刑情节。[①]

---

[①] 立功情节作为行为人犯罪后的态度,值得鼓励,故有司法解释将之视为共享型情节,但值得进一步推敲。

# 第四章 量刑决策中的事实评价原则

量刑决策中的事实评价,核心是如何确保量刑决策公正合理。在公正量刑目标的引领下,既应当禁止或排除多余的评价(即禁止重复评价),也应当防止片面的、不充分的评价(即坚持全面评价),并遵循个别化评价原则。在数罪并罚中,则还应当强调,限制加重原则的适用应以"总和刑下的相加原则"为基本遵循。

## 第一节 量刑中的禁止重复评价原则

禁止重复评价,发轫于罗马法中"任何人不应受两次磨难"的古老法则。历经数千年的发展演变,该原则已在不少国家的法律中有了明文规定。比如,德国基本法规定"任何人不得因同一行为,受到普通刑法多次刑罚",美国宪法修正案则明文规定"任何人不得因同一罪行而两次遭受生命或身体的危害",日本宪法中有"任何人不得因同一次犯罪而两次被判刑"的规定,俄罗斯宪法也规定"任何人不得因同一次犯罪而两次被判刑",如此等等。显然,"重复评价"违背了"一报还一报"的朴素观念,与法律的正义观水火不容。因此,禁止重复评价是法之正义性的当然要求。

在刑法上,禁止重复评价是指定罪或量刑时,对同一行为或事实禁止给予两次以上的法律评价。刑法上的罪刑法定及罪刑均衡原则,既是法的正义性的具体体现,也是禁止重复评价原则的直接根据。禁止重复评价原则意味着:第一,定罪时不能重复评价,即,一个事实不能被两次以上作为定罪依据。第二,量刑时不能重复评价,即,对于同一事实在量刑时不能重复适用。第三,定罪和量刑时不能重复评价,即,一个事实不能在定罪和量刑时重复适用。尽管在定罪和量刑阶段均需要严格贯彻禁止重复评价原则,但应当强调的是,在量刑阶段,该原则因其鲜明特点,尤其需要予以特别关注。

## 一、量刑阶段禁止重复评价原则的特性

有观点认为,从禁止重复评价原则的功能来看,所要禁止的是对行为人不利的重复评价,而对于行为人有利的评价,则不在禁止之列。而且,按照有利被告原则,可以重复为之。亦有观点认为,既然禁止重复评价原则最重要的价值基础是人权保障理念,那么,禁止重复评价的对象只是加重被告人、犯罪嫌疑人刑事责任的情节,即不利于被告人、犯罪嫌疑人的情节。[1]

本书认为,上述观点仅仅是从定罪论中推导出来的结论。的确,从定罪角度看,禁止重复评价原则旨在确保"任何人不得因同一罪行而两次遭受生命或身体的危害"。因为,定罪事实本身,就意味着一个人要承担刑事责任,对定罪事实的重复评价,显然是不利于被告人的重复评价。

---

[1] 参见张翠翠:"禁止重复评价原则的刑法适用标准探究",华东政法大学硕士学位论文(2015年),第17—18页。又见谭铁城:"论刑法评价中的禁止重复评价原则",华东政法大学硕士学位论文(2010年),第16—19页。

但是，量刑事实与定罪事实有别。有的量刑事实（如从重量刑情节）对犯罪人不利，有的量刑事实（如从宽量刑情节）则对犯罪人有利。如果说对从重量刑情节的重复评价显然对犯罪人不利，应当禁止的话，那么，对从宽量刑情节的重复评价，对犯罪人并非不利，似乎不应当禁止。但是，禁止重复评价原则，源自古老的、朴素的正义观念，而正义意味着不偏不倚、居中为正。不可能对只有一个从宽量刑情节的犯罪人，重复性地从宽评价。否则，对只有一个从宽情节的人和对具有数个从宽情节的人，量刑时就难以做到恰当区别，就不能体现罪责刑相适应。如所周知，刑罚裁量必须依法进行，必须权衡对行为人有利和不利的一切情况，不能只顾及一个方面。从这个角度讲，不能认为量刑阶段的禁止重复评价就必然是有利被告的选择。

基于此，不能简单认为，定罪阶段和量刑阶段的禁止重复评价都是在防止刑事责任的"叠加"。应当说，仅仅在禁止从严情节的重复评价上，与该原则在定罪阶段的功能相通、方向相同。相反，在量刑阶段，禁止从宽情节的重复评价只是在防止刑事责任的不当"叠减"。

## 二、"对同一事实重复评价"的具体界定

禁止重复评价原则是不允许存在所谓"例外情形"的。如果认为此原则存在例外，肯定是对禁止重复评价原则的理解出现了偏差。[①]

---

[①] 参见熊亚文："刑法上禁止重复评价原则之界定"，载《黔南民族师范学院学报》2014年第1期。

如前所述,禁止重复评价原则泛指定罪或量刑时,对同一事实禁止给予两次以上的法律评价。但究竟何为"同一事实",在法律实践中可能存在截然不同的理解。甲方认为属于重复评价的问题,乙方也许觉得完全相反。在定罪阶段,此类争论尤为常见。比如,犯受贿罪者为他人谋取不正当利益而渎职的,是否构成数罪?骗取出口退税者所骗税款远远大于其所缴税额的,是否构成逃税罪与骗取出口退税罪?组织、领导、参加黑社会性质的组织犯罪者,能否构成数罪?等等。因主旨所限,在此仅就量刑阶段的特定问题予以展开。

（一）关于对"未成年人犯罪"的"从宽处罚"

对未成年人犯罪的,应当从宽处罚,这没有争议。存在的问题是,当不满18周岁的人所犯罪行极其严重时（如手段极其残忍的故意杀人）,能不能对其按照我国刑法第17条评价为"未成年人犯罪",考虑从轻或减轻处罚?因为,但凡未成年人犯罪的,根据刑法第49条关于未成年人犯罪"不适用死刑"的规定,肯定"不适用死刑"。这当然是有利于未成年人的决定。有论者认为,此时"未成年人犯罪的"这一情节已经发挥了作用,即对其已经实现了从宽处理,如果再按照刑法第17条,考虑"应当从轻或者减轻处罚",就违反了禁止重复评价的原则。

本书认为,刑法第17条关于未成年人犯罪"应当从轻或者减轻处罚"的规定,当然属于从宽量刑情节。因此,关键问题在于,刑法第49条有关对未成年人不适用死刑的规定是否属于从宽量刑情节?如果是同一性质的量刑情节,那就属于重复评价,理当禁止。反之,则不属于禁止重复评价的范畴。

对是否属于量刑情节的判断，应当从界定量刑情节的属性入手。量刑情节是有关"量刑"的情节。而近现代意义上的"量刑"，又叫刑之酌科，体现的是裁判者的自由裁量权与对该自由裁量权的监督制约的辩证统一关系。换言之，但凡量刑，总是和裁判者的自由裁量权结合在一起的。如果不存在"斟酌情况"予以"科处"的余地，本质上就不属于"量刑"的范畴，因而，与此有关的情节或事实也就不能被称为"量刑情节"。如所周知，"犯罪的时候不满十八周岁的人"，对死刑的禁止适用来说，显然是绝对的，不存在供法官斟酌的余地。因而，这一身份对死刑的裁量而言，不具有量刑从宽的裁量意义，仅仅是适用死刑的排除条件或消极要件。

可见，即便因"犯罪的时候未成年"而对行为人没有适用死刑，虽说该事实对行为人产生了有利结果，但这并不能被理解为是适用了"对未成年人犯罪的，应当从轻或者减轻处罚"这一从宽情节。换言之，对该未成年人，依然"应当"从宽，不能被视为重复评价。

也许，人们担心的是，像故意杀人罪这类案件，最高法定刑是"处死刑、无期徒刑或者 10 年以上有期徒刑"，一方面，如果对犯罪的未成年人不能适用死刑，那就只能选择"无期徒刑或者 10 年以上有期徒刑"这一幅度；另一方面，如果还要按照"未成年人"再考虑从宽，那就只能在"无期徒刑或者 10 年以上有期徒刑"这一幅度内从宽。而"无期徒刑"又是不可分割的，"从宽"就意味着只能选择"10 年以上有期徒刑"了。对于一个"罪行极其严重的故意杀人犯"来说，这显然有违罪刑相适应原则。

其实，这种担忧大可不必。因为，既然是"罪行极其严重的故意杀人犯"，肯定不是仅仅非法剥夺了一个人的生命那么简单，而往往存在其他的严重情节或恶劣情节。比如，手段极为残忍，后果极为严重,以及犯罪动机极为卑劣等。在这些情况下,即便是存在"未成年人犯罪"这个从宽情节,在量刑的终局结果上也未必一定从宽(即只选择适用10年以上有期徒刑而排除无期徒刑的适用)。

### (二)关于"肇事后逃逸"情节的适用

[案例1.林某肇事罪]被告人林某驾驶大货车行驶至某路段时,因车辆故障停靠路边检修。因未及时开启危险报警闪光灯,也未在来车方向设置警告标志,而后方同向驾驶小客车行驶的赵某也疏于观察,加之制动不合格,遂发生碰撞交通事故,致赵某受重伤,在送医院抢救途中死亡。事故发生后,林某驾车逃逸。交警认定,被告人林某在交通肇事后逃逸应承担全部责任。但考虑到被害人也有一定过错,故认定林某对此交通事故承担主要责任。

一审法院认为,林某违反交通运输管理法规,对致一人死亡的后果应当承担主要责任,且在事故发生后逃离现场,按照刑法及有关司法解释,应当适用"交通运输肇事后逃逸……的,处三年以上七年以下有期徒刑"之法定刑。考虑到林某能积极赔偿被害人亲属的损失且自愿认罪,可酌情从轻处罚,故判处有期徒刑三年。林某对此不服,提起上诉。

二审法院经审理认为,林某违反道路交通法,致一人死亡且在事故发生后逃逸,因而负事故的主要责任,已构成交通肇事罪。但交警部门对林某应负主要责任的认定是在考虑其有逃逸情节,且被害人也有一定过错的基础上确定的。既然对"肇事后逃逸"这一情节已在责任认定上进行了评价,就不应在量刑时再因该情节对林某适用"三年以上七年以下有期徒刑"的法定刑处罚。同时,林某自愿认罪并能积极赔偿被害人家属的经济损失,可酌情从轻处罚。故撤销一审法院对此案的量刑部分,改判林某有期徒刑一年,缓刑一年六个月。

二审法院的判决是适当的。因为,在导致一人死亡的交通肇事案件中,被告人构成犯罪并承担刑事责任的前提是"负主要责任或全部责任"。此案中交警部门之所以认定林某负主要责任,是以其"肇事后逃逸"为根据的。换言之,如果对林某的"肇事后逃逸"这一情形不予评价,则因达不到负事故主要责任的程度而不构成犯罪。交警部门之所以根据被告人肇事后逃逸的情形来认定被告人负事故的全部责任,或因被害人也有一定过错而使被告人负事故的主要责任,主要就是因为,逃离事故现场的行为一旦发生,会使现场无法复原,亦无法排除其自身可能存在醉酒、超速驾驶等违反交通管理法规的行为而导致事故发生的判断。基于此,对"肇事后逃逸"这一情形,在此案中就不应当再重复评价。

[案例2. 刘某无证驾驶逃逸案] 2009年某日9时许,刘某无证驾驶无号牌拖拉机,在由北向南横穿公路时,与另一辆自西向东横穿道路的无号牌摩托车发生碰撞,导致摩托车驾驶者李某及乘车人周某重伤。肇事后刘某弃车逃逸。交警部门认定:刘某负事故的全部责任。一审法院经审理认定,刘某构成"交通肇事后逃逸",故判处刘某有期徒刑五年。刘某不服提起上诉,二审法院维持原判。

在此案中,能否将刘某认定为"交通肇事后逃逸",存在不同意见。有论者认为,刘某撞伤两人,并弃车逃离事故现场的行为,符合最高人民法院《关于审理交通肇事刑事案件具体应用法律若干问题的解释》之规定,"交通肇事逃逸"应被视为定罪情节,故刘某构成交通肇事罪。但是,既然刘某弃车逃离事故现场的行为已在定罪时被考虑,就不应再被作为适用"处三年以上七年以下有期徒刑"的根据,否则有违禁止重复评价原则。有论者则认为,将刘某的行为认定为"交通肇事后逃逸"并不违背禁止重复评价原则。因为，禁止将定罪情节重复作为量刑情节的适用，与把定罪中的多余事实作为量刑情节对待并不冲突，定罪中的多余事实本来就应当作为量刑情节予以评价。在此案中，仅凭刘某无证驾驶无号牌拖拉机横穿公路致被害人重伤的情形，就足以构成交通肇事罪。而刘某肇事后弃车逃离事故现场的行为属于"定罪中的多余事实"，将其评价为"交通肇事后逃逸"，并不违背禁止重复评价原则。①

的确，此案中的刘某不仅肇事后逃逸，而且存在无证驾驶、横穿公路的情形。如果交警部门是因其"无证驾驶、横穿公路"的情形认定行为人负全部责任的，就意味着"肇事后逃逸的"情节在定罪时尚未得到评价，此时，法院按照"肇事后逃逸的"情形适用"处三年以上七年以下有期徒刑"这一幅度，就不存在重复评价问题。但此案中，被害人李某也存在无证驾驶、横穿公路的情形，也是有过错的。被害人李某的过错对刘某负事故的主要责任之认定产生什么影响（比如，是否因此而不再考虑"无证驾驶、横穿公路"的情形），交警部门没有具体说明。但可以肯定的是，不能因被害人有过错，就抵消掉对行为人"无证驾驶、横穿公路"的评价。因此，如果交警部门认定刘某负事故全部责任，是基于刘某肇事后逃逸的事实而确定的，那就说明该情节已经被作为定罪事实予以评价了。不过，在此种情形下，其存在"无证驾驶、横穿公路"的情形则成为定罪的过剩情节，应当在量刑时作为从重情节予以考虑。

**（三）关于"受过刑事处罚的"评价**

近些年来，在我国刑事司法解释中，有关"受过刑事处罚的"

---

① 参见岳瑞文："本案是否构成'交通肇事后逃逸'"，载《人民法院报》2010年2月4日第7版。

入罪规定频繁出现。具体来看,有时将"受过刑事追究的"作为犯罪构成要件"情节严重"的情形之一;有时则作为财产犯罪"数额较大"减半认定的入罪条件之一。比如,根据"两高"《关于办理利用未公开信息交易刑事案件适用法律若干问题的解释》第6条之规定,因证券、期货犯罪行为"受过刑事追究的",应当认定为刑法第180条第4款"利用未公开信息交易罪"中规定的"情节严重"。而根据"两高"《关于办理盗窃刑事案件适用法律若干问题的解释》,"曾因盗窃受过刑事处罚的",对盗窃罪"数额较大"的标准,减按一般情形下的50%确定。比如,假若某地高级人民法院确定的盗窃罪"数额较大"的标准为2000元,而行为人甲盗窃他人财物的数额仅为1200元,一般情形下不构成盗窃罪,但如果该行为人具有"曾因盗窃受过刑事处罚"的情形,则足以构成盗窃罪。

对这类司法解释,有学者提出疑问。理由是,曾因盗窃受过刑事处罚,充其量只是表明行为人再犯可能性大小的因素,而"数额较大"却不同,其表明的是不法程度,不可将两者简单等同。而且,把"曾受过刑事处罚"仅限定在"因盗窃行为"的案件性质上,可能导致不公平。比如,对曾因诈骗、抢夺、抢劫乃至杀人而受过刑事处罚的,只要盗窃数额未达到较大,就不构成盗窃罪,但若是因盗窃受到过刑事处罚的,只要盗窃数额达到"数额较大"的50%的,就构成盗窃犯罪。①

本书认为,仅就"数额较大"这一微观问题的判断来看,该批评不无道理。但若将"数额较大"作为盗窃罪的构成要件之一来看,则有商榷余地。盗窃罪的立法发展表明,仅以单纯的数额作为盗窃

---

① 参见张明楷:《刑法学》(下),法律出版社2021年版,第1242页。

罪入罪门槛的立法早已成为历史,盗窃罪的犯罪圈正在趋向于扩张。这种扩张,并不仅仅着眼于窃取他人财物数额的大小,还考虑到了行为人的人身危险性。这意味着,盗窃数额虽然没有达到"较大",其人身危险性未必就小,未必就不值得将该盗窃行为纳入犯罪圈并动用刑罚予以阻遏。应当说,盗窃数额虽然只达到一般案件中"数额较大"标准的一半,但行为人如果因盗窃受到过刑事处分的,将之纳入盗窃罪的犯罪圈有百利而无一害。[①]

无论如何,从刑法教义学的立场看,只要"曾因盗窃被刑事处罚"这一事实已经在盗窃罪的定罪时发挥了功能,那就不能在量刑时再以"曾经受过刑事处罚",因而人身危险性较大为由,作为从重量刑情节对待。

## 三、量刑阶段的"隐性评价"问题

无论在定罪阶段还是量刑阶段,只有当意识到某一事实或行为"已经被评价"了时,才可能避免重复评价的发生。在量刑阶段,容易导致出现重复评价的问题,主要不在于显性的重复评价,而可能是"隐性"的重复评价。

其一是量刑情节的包容性评价问题。对量刑情节的"包容性评价",鲜有人正面论及,但它却是一个常见的事实。比如,再犯、前科是公认的酌定量刑情节。根据量刑指导意见,对于有前科的,应当综合考虑前科的性质、前后行为的间隔长短、行为次数、处罚轻

---

[①] 这是否意味着,有关司法解释在设定其他财产类犯罪时也有必要如此考量?本书对此持肯定态度。

重等情况,增加一定比例的基准刑。在我国,未成年人尽管不能成立累犯,但对能否构成再犯,学界尚存在争议,倾向性意见是否定性的。值得注意的是,量刑指导意见一方面明确指出,未成年人的量刑不应当考虑前科这一从重情节;但另一方面又强调,对于未成年人犯罪,应当综合考虑未成年人对犯罪的认识能力、实施犯罪行为的动机和目的、犯罪时的年龄、是否初犯、偶犯、悔罪表现、个人成长经历和一贯表现等情况,予以从宽处罚。其中,已满十四周岁不满十六周岁的未成年人犯罪,减少基准刑的30%—60%;已满十六周岁不满十八周岁的未成年人犯罪,减少基准刑的10%—50%。据此,是否属于"初犯"将是决定对未成年人如何从宽的重要依据之一。问题是,"初犯"与"再犯"是非此即彼的关系。如果认为该未成年人"不是初犯",因而从宽的处罚幅度应当减小,其实就意味着,若是"再犯",从宽的幅度就应当减小,即,是由于其"再犯"事实而改变从宽幅度的。

这就提出了一个问题:对该未成年人的量刑,是否已经考虑了"再犯"这一情节?回答应当是肯定的。只不过,这是被包容在"未成年人犯罪"这一法定量刑情节的适用中完成的,隐而不彰。故不应当再对该未成年人犯罪的"再犯"情节进行量刑评价,否则就是重复评价。而且应注意,行为人实施犯罪的"目的"与"动机""一贯表现"等在这里也被考虑过了。尽管犯罪的目的、动机、行为人的一贯表现等,都是公认的酌定量刑情节,但既然这些情节在"未成年人犯罪"这一法定量刑情节中已经被"包容性地评价"了,那就失去了再单独评价的可能性,否则也会导致重复评价。

类似问题在未遂犯、自首等情节的评价中也存在。比如,犯罪结果的大小、悔罪情况等都是公认的量刑情节。但是,根据量刑指导意见,对未遂犯适用从宽时,应当综合考虑犯罪行为的实行程度、造成损害的大小、犯罪未得逞的原因等情况,比照既遂犯减少一定比例的基准刑。而这里的"造成损害的大小"就是犯罪结果。拿轻微伤来说,尽管对其是否应当作为增加刑罚量的事实存在一定争议,但一般认为,同属抢夺未遂案件,如果甲造成了被害人轻微伤,乙却未造成,那么,在选择未遂从宽比例时,对甲要小于对乙。换言之,甲因造成轻微伤而受到了相对从重的处罚。因此,在此情形下,即便主张轻微伤应当作为增加刑罚量的事实,也不应当再重复评价。

其二是吸收型量刑情节的识别问题。在罪数论中,"吸收犯"这个概念为人们所熟知。但在量刑情节中,是否存在吸收型量刑情节,却是鲜有人问津的话题,值得关注。比如,孤立地看,"悔罪""赔偿""被害人谅解"属于不同的从宽量刑情节,正如同自首、坦白、积极赔偿、认罪认罚从宽等情节,也是不同的数个量刑情节一样。此案中存在"被害人谅解",彼案中存在"悔罪""赔偿",不可能互相替代,它们的构成要件不同。即便行为人真诚悔罪、积极赔偿的,也不见得能得到被害人的谅解。但有时,在同一个案件中,这三个情节相互之间可能具有密切的联系,而且正是这种联系,可能使其中的两个或三个结合成为一个情节,或者说,其中的一个或两个被另一个情节所当然地吸收。评价了其中一个情节,也就同时包容性地对其他量刑情节进行了评价。此时,被吸收的量刑情节不能再被重复评价。

比如,悔罪意味着行为人主观恶性及人身危险性的降低,但作为心理活动,它具有不可自证性。所以,"悔罪"往往要和其他情节结合使用才能认定为量刑情节,此即"悔罪+N"模式。典型的如"悔罪+赔偿=悔罪情节"。一般认为,行为人在罪后以何种方式对待受害人，往往是判断其悔罪与否的重要标志之一。但对于"悔罪"和"谅解"，则要区分情况。如果犯罪行为人未"悔罪"但受害人单纯出于宽容大度而谅解行为人的（此情形相当少见），则"谅解"可单独作为一个量刑情节；如犯罪行为人并未"悔罪"，但犯罪人的亲友却积极赔偿被害人损失，被害人因此而谅解犯罪人的，此时的积极赔偿与谅解的联系就很紧密：前者为因，后者为果。故在此情形下，"赔偿+谅解"仅能认定为一个量刑情节。若行为人出于内心悔过而积极赔偿受害人损失因而获得受害人谅解的，也是一种前因后果型的紧密联系。同样的道理，在此情形下，"悔罪+赔偿+谅解"也只能作为一个量刑情节对待。

至于认罪认罚从宽情节与自首、坦白及赔偿的关系，则是典型的吸收包容型量刑情节关系。换言之，在同一个犯罪案件中，如果认定行为人具有认罪认罚从宽情节，则不可能同时存在自首、坦白及积极赔偿等量刑情节。因为，其中的"认罪"，可能是主动归案进行认罪（自首），也可能是被动归案无法抵赖后不得不认罪（坦白），而且，既然是认罚，当然就包括对被害人一方的积极赔偿。

## 四、数罪并罚中的"重复评价问题"辨析

禁止重复评价的判断，既涉及一罪的量刑问题，更与数罪并罚中的量刑密切相关。由于学界对后者的研讨较为缺乏，值得特别关注。

如所周知，按照数罪并罚原则，并罚时首先应当对每一个犯罪分别定罪量刑，然后再按照一定的原则（吸收、并科、限制加重等）决定应当执行的刑罚。当一个人犯数罪，且均需追究刑事责任时，

各罪之间的量刑事实情况未必相同。有的相互之间没有关联,不涉及重复评价。比如,甲犯有故意伤害罪、盗窃罪和交通肇事罪。伤害致 2 人轻伤、1 人重伤;盗窃的动机是为了偿还所欠的赌债;交通肇事后逃逸。在这里,伤害结果、盗窃动机和交通肇事后的逃逸,无疑都是影响量刑的事实,都应当分别受到适当评价。但三者之间没有什么交集,更不涉及相互之间的重复评价问题。

但是,若甲是一个 17 周岁的未成年人,就会出现值得讨论的问题。如所周知,对未成年人,应当从轻或者减轻处罚。那么,对甲在分别按照上述三个犯罪量刑的时候,是分别考虑"从轻或者减轻处罚"三次还是只考虑一次?换言之,如果按照"未成年人犯罪"这个量刑情节,在对甲所犯故意伤害罪从宽量刑后,还能否对其他两个罪继续适用从宽量刑?

本书认为,回答是肯定的。因为"未成年人犯罪"这是一个身份性质的情节。虽说是"一个"情节,但却不是只能发挥"一次"功能的一次性量刑情节。如前所述,它不是依附于某个犯罪事实的依附性量刑情节,而是完全可以"共享"的。具体而言,它在行为人实施每个犯罪的时点上(只要不是成年之后)都会相应地发挥其作用(即体现未成年人涉世未深的特点),故实质上是"数次"发挥对犯罪的影响作用。既然如此,那就应当对"刑量"数次产生影响力,而不是"一次用尽"。所以,对这一情节的所谓"重复"适用并不违背禁止重复评价原则。

与此类似的量刑情节还有不少。比如,反映行为人人格态度的"犯罪前的一贯表现"和"犯罪后的态度",以及反映行为社会危害性程度的"犯罪行为实施的特定期间"等。拿"犯罪行为实施的特定期间"来说,常见的是"灾害期间犯罪"这一量刑情节的适用。在重大自然灾害或突发传染病期间，由于自然环境和社会环境突然改变，可能滋生和诱发某些犯罪，故有必要根据情况区别对待，以决定从重或者从轻处罚。行为人因意识到地震灾害期间，交通、通信受阻致使民众掌握的信息受限，比平时容易行骗，于是虚构事实隐瞒真相，骗取他人财物的；或者利用突发的疫情之下民众卫生知识缺乏且病急乱投医的心理，制造、销售假冒伪劣药品的；或者利用这一突然变故所导致的受害者孤立无援的状态，趁火打劫或哄抢救济物资的；凡此种种，肯定要从重处罚。相反，如果确因受灾，导致其生活极端困难而实施盗窃、哄抢的，就应另当别论：或者不按照犯罪论处；即便应当追究刑事责任，也应当从宽量刑。

显然，如果行为人的确是利用灾害期间借机实施故意犯罪，如犯盗窃罪、诈骗罪、抢劫罪等三罪，则应当分别适用"灾害期间犯罪"这一量刑情节，对各罪均从重量刑。如果行为人确因灾害期间的特殊困难，导致触犯盗窃罪、交通肇事罪的，也应当分别适用此情节，对这些犯罪从宽量刑。这些分别评价，均不能被视为重复评价。因为，"灾害期间"这一事实对数个犯罪的发生都分别施加了影响力，因此，也应当对各自的刑罚轻重分别产生影响。

当然，无论"灾害期间犯罪"还是"犯罪人的一贯表现"，对行为人所犯数罪分别产生影响力的前提条件是，该"期间"或"表现"的确与所犯之罪具有内在联系。否则，不仅不能对数罪分别进行从严或从宽评价，而且根本就不应当被视为量刑情节。比如，"犯罪人的一贯表现"这一酌定量刑情节，本身是一个高度抽象的概括，在决定如何适用时必须对其具体内容进行界定。如果从行为人的惯常表现来看，行为人动辄对他人拳打脚踢、暴力倾向严重，那么，对其实施的抢劫罪、故意伤害罪等暴力性犯罪，就都具有从重量刑评价的意义。对这些暴力性犯罪量刑时,应当按照行为人的"一贯表现"分别从重处罚。反之,这一情节与行为人所犯的交通肇事罪、诈骗罪就缺乏内在联系,不应当被视为量刑情节。同理,如果行为人在日常生活中一贯不遵守交通秩序,经常性地闯红灯、超速行车或行车中接打电话,等等,那么,这一情节就足以成为交通肇事罪的从重量刑情节,但对其诈骗罪的量刑却不应当产生影响。

在言及"犯罪后的态度"等量刑情节时,有必要特别探讨"立功"在数罪并罚时的量刑问题。因为,虽然在犯罪后都可能出现立功、自首、坦白等情节,但自首和坦白情节总是和特定犯罪相关联的,不可能对与之无关的犯罪适用自首或坦白。立功情节则不同,它与行为人所犯某一个罪或数个罪没有依附关系。因此,当犯罪人犯有数罪并在犯罪后具有立功情节时,如何适用就成为了问题。

根据量刑指导意见,当行为人犯数罪时,立功情节的效力及于被告人所犯的不同种数罪,应当分别适用立功情节对各罪的基准刑进行调节,在依法确定各罪的宣告刑后,再依法实行数罪并罚。例如,被告人犯故意伤害罪和盗窃罪,各自的基准刑分别为有期徒刑10年和有期徒刑5年。同时,被告人因检举揭发他人犯罪构成立功,可从宽处罚,减少所犯之罪基准刑的20%。此时,立功情节对故意伤害罪和盗窃罪的调节结果分别为有期徒刑8年(10-10×20%)和有期徒刑4年(5-5×20%)。据此,应当依法对被告人在8年以上12年以下的有期徒刑内决定执行的刑罚。[①]

但有论者指出,立功情节不依附于某个具体之罪,在数罪并罚的场合,它是数罪整体的减轻情节,本应在数罪并罚之后决定执行

---

① 参见南英主编:《量刑规范化实务手册》,法律出版社2014年版,第70—71页。

的刑度时加以评价,但这样一来,如果考虑减轻刑罚的话,就会失去下限的基准,明显不可取,故必须置于个罪之中。但对立功情节,究竟是在各罪量刑时均予以考虑,还是仅在其中一罪内衡量呢?考虑到立功情节是对被告人的褒奖,置于数罪中最重一罪内评价,可求得对被告人刑事责任的最大限度的减轻。①

本书认为,立功情节并非体现行为人人格态度方面的情节,按照禁止重复评价原则,只能一次性地发挥其从宽作用。而量刑指导意见关于立功的效力应当及于行为人所犯不同数罪的规定,则值得进一步研究。如后文所述,仅适用一次且选择数罪中最密切之罪的思路似乎更为合理。②

## 第二节 全面评价原则

### 一、全面评价原则与禁止重复评价原则的关系

刑法中的全面评价原则,亦谓之充分评价原则,是指在定罪量刑过程中,应当对体现犯罪行为的社会危害性、行为人人身危险性及刑事政策等的各种主客观事实,予以充分评价。

在量刑过程中,全面评价与禁止重复评价是不可或缺的两个方面,必须严格贯彻,对此没有异议。但对这两个原则之间的关系却

---

① 参见刘为军、郭泽强:"禁止重复评价原则研究",载《山东公安专科学校学报》2003 年第 2 期。
② 详见本书第六章第三节之"三、罪之个数与量刑情节的单复数问题",在此不赘。

存在着模糊认识。

有论者从刑法的两个机能角度论述道,刑法具有保护机能和保障机能。前者是指刑法将某些具有严重社会危害性的行为规定为犯罪,并处以刑罚,以维护社会秩序。欲实现这一机能,就要求积极地运用国家刑罚权,对犯罪事实进行全面评价,避免遗漏,使犯罪人所承担的刑事责任与其所造成的社会危害相适应。后者是指刑法通过事先明确规定何种行为构成犯罪以及相应的罪刑关系,防止滥用国家的刑罚权,从而保障公民的人身自由不受侵犯。这一机能是消极的限制机能,既旨在防止普通公民的人身自由受到不法侵犯,同时更强调保障犯罪人的合法权益不受非法侵犯。因此,对犯罪行为进行评价时,必须防止犯罪人承担的刑事责任大于其行为给社会所造成的危害。

而全面评价原则与禁止重复评价原则正是与这两个机能相对应的。只有既做到全面评价又避免重复评价,才能充分发挥刑法的保护机能和保障机能。同时,在这两个评价原则产生冲突时,也应当按照两大机能的关系进行协调。如果说长期以来,在惩罚犯罪与保障人权的关系上一直偏重前者的话,现在逐渐倾向于优先保障人权。因此,当禁止重复评价原则与全面评价原则发生冲突时,应当以前者优先。[①]

在本书看来,上述认识建立在"只禁止不利于被告人的重复评价"之上,其错误在于把量刑阶段的禁止重复评价简单等同于定罪阶段的禁止重复评价。已如前述,在量刑阶段,从实现司法的公平

---

[①] 参见谭轶城:《论刑法评价中的禁止重复评价原则》,华东政法大学硕士学位论文(2010年),第18—19页。

正义来看,既要禁止不利于被告人的重复评价,也要禁止有利于被告人的重复评价。质言之,无论是从严量刑情节还是从宽量刑情节,都不允许重复评价。而全面评价意味着,量刑中一切对被告人有利和不利的事实都应当充分考虑,既不能顾此失彼,也不应随意取舍。因此,这两大原则都是公平公正原则在刑法立法及司法中的体现,缺一不可。更不应当将其与刑法的两大机能简单对接,并进而引申出两者存在冲突时所谓"禁止重复评价原则优于全面评价原则"的结论来。

其实,在量刑阶段,这两大评价原则均为司法公正原则的要求和体现。禁止重复评价原则是从"消极的""排除性"的角度强调:不能重复评价;而全面评价原则是从"积极的""穷尽性"的角度强调:评价时不能有遗漏。一正一反,相得益彰。

## 二、全面评价原则的基本要求

### (一)与定罪评价应当严格"切割"

定罪是量刑的前提。定罪评价与量刑评价密切相关,都可能涉及对某一事实的评判。有论者指出,就某一"危害结果"而言,如果某一行为所触犯的罪刑规范并不阻止这种结果,而且其他罪刑规范也不阻止这种结果,但却在量刑时据此从重处罚,那就是把原本不受刑法处罚的事实评价为从重量刑情节,以之作为刑罚根据对他人进行处罚,此即"间接处罚",此类评价应当被禁止。[①]

---

[①] 参见张明楷:"结果与量刑——结果责任、双重评价、间接处罚之禁止",载《清华大学学报(哲学社会科学版)》2004年第6期。

在本书看来,尽管定罪是量刑的前提和基础,但定罪与量刑的依据并不相同。定罪活动旨在解决行为人是否构成犯罪以及构成何种犯罪的问题,属于定性评价,是类型化判断。量刑活动的任务是,当一个人的行为构成犯罪时,对其决定是否判处刑罚、判处何种刑罚、程度如何,以及该刑罚是否应当缓刑等。具体来说,如果均为A罪,那么,就其"犯罪类型"本身而言,的确不存在什么区别(都是A)。但是,即便均为A罪,依然会有所不同(类似于"世上没有两片完全相同的树叶"),如果这种区分有意义的话,就需要通过量刑评价准确地将其区别开来,比如,分成A1,A2,A3等等。所以,量刑评价是一种个别化评价,属于定量分析。

这就意味着,定罪和量刑的根据不尽相同。用来定罪的根据,只能是那些符合犯罪构成要件的事实,除此之外,均不能据以定罪。用来量刑的根据,是那些除犯罪构成要件事实之外的其他各种主客观事实。一种行为,即便不能独立作为定罪的犯罪构成要件,也完全可能作为从重量刑的情节对待。而且,按照禁止重复评价原则,如果该行为已经在定罪时发挥了其应有功能,那就不能再作为量刑情节重复评价了。

这就如同修建房屋,决定该房子基本架构、核心功能及大致轮廓的,只能是"四梁八柱",作为承重部分,对其材质当然要精挑细选,格外严苛。不过,那些不宜作"四梁八柱"之材的,也完全可以作装饰、造型、填充的材料。这些材料,或起到遮风挡雨、隔音降噪的功效;或可让人赏心悦目、怡然自得。因此,即便作为一栋建筑"四梁八柱"的核心部分完全相同,但具体造型、功能也会各具风情。否则,大千世界就可能会因尽皆雷同而难以辨识。

## (二)以"必要性"为根本

对一个关联性事实,是否有必要赋予其从宽或从严影响量刑的功能,取决于对其进行的"必要性"审视。这应以"不重复"为前提。换言之,如果属于"重复评价",肯定不具有必要性。至于在不重复的前提下如何判断是否有必要性,则需要回答立法者对特定犯罪类型及犯罪人"一般情形"的预设形态。因为,量刑事实的功能是在量刑时发生影响——要么从严要么从宽,而"从严""从宽"都是相对于"既不宽也不严"的状态而言的。这个状态就是一般状态,亦谓之"犯罪的常态"。

犯罪类型的"一般情形"或"犯罪的常态",顾名思义,是指通常的情形或者绝大多数情形。但是,如论者所言,犯罪的常态并非某种犯罪的中间形态或中等罪行状态。[①] 例如,基于报复、奸情等动机杀人,是故意杀人罪的常见类型;使用暴力、胁迫等方法奸淫妇女,则是常见的强奸罪类型。在一般社区或者商店、机关等的一般盗窃,撬门破锁是常态;就"携带凶器盗窃的"这一盗窃罪类型而言,"携带凶器"是常态。因此,对犯罪常态的把握,只能结合具体类型的犯罪进行判断,不能就整体犯罪泛泛而谈。判断行为人状况的"一般情形"或常态,也是如此。比如,犯罪后逃逸,是一般犯罪人的一般状态;再如,犯罪后东躲西藏、不去自首,也是一般状态;即便被抓获,也往往会心存侥幸而进行抵赖、拒不认罪。因此,一般情况下,不会把"犯罪后逃逸的"作为应当从重的量刑事实来对待。当然,"交通肇事后逃逸的"另当别论。考虑到交通肇事案

---

① 参见张明楷:"犯罪常态与量刑起点",载《法学评论》2015年第2期。

件的特殊性,①立法者已经将"交通肇事后逃逸的"确立为升格法定刑的情节,司法解释更是将交通肇事后逃逸的情形作为从重处罚的情节。

诚如论者所言,犯罪的常态,应当根据刑法规定与统计资料予以确定。②故对"必要性"之有无,首先应根据法律的规定来判断,法律视为从宽或从重量刑事实的,必须被充分评价;其次,应当根据审判实践情况来把握,如果某一情节一直被当然地视为影响量刑从宽或从严的事实,且没有什么争议,那就是人们常说的酌定量刑情节,理应进行充分评价;最后,如果某一种情节,既不是法定的量刑事实或情节,也不是司法传统中的酌定量刑情节,而是出现的新情况,那就应当站在一般人的立场上,兼顾情理法,审慎进行判断。在涉及期待可能性大小的判断时,尤其要站在一般人立场上进行。比如,自动取款机的故障,不仅使人们可以轻易获得"意外之财",而且在难以被他人发现的情形下,其便成为"占有"他人钱财的强大诱因。由于对行为人的非难可能性大为减小,即便是主张定罪的人,也会不约而同地主张对行为人减轻处罚。

此外,无论是所谓一般人的立场还是统计数据,都可能会发生变化,故不能一直停留在过去而不与时俱进。比如,在我国改革开放之初,根据不少案件反映的情况,一个人的国籍身份(如"外国

---

① 交通肇事罪是过失犯罪,犯罪人当然不希望危害结果发生,因此,事故发生后理当尽力救助。这是对犯罪人的合理期待。而且,不少交通肇事案件,被害人的损害程度能否被控制在最低限度,往往取决于肇事者是否及时救助。如果肇事后逃逸,后果可能不可挽回,或者被害人的救助治疗费用将完全落空,导致二次被害。所以,对"交通肇事后逃逸的",作为从重处罚情节,甚至升格为加重处罚的条件或者入罪的重要事由,当然具有特别的意义。

② 参见张明楷:"犯罪常态与量刑起点",载《法学评论》2015年第2期。

人")可能对量刑轻重有影响,而且在当时,一般人似乎对此没有太大异议。但是,根据法律面前人人平等的原则,无论中国人、外国人还是无国籍人,在中国境内都不应当有法律之外的特权,都应当在量刑时一视同仁,不能因为是"外国人"而在量刑时从轻处罚。同样,一个人的性别特征、户籍身份,更不应成为影响量刑的因素。①至于一个人具有的"少数民族"身份,在20世纪80年代我国实行"两少一宽"政策的背景下,的确在量刑中是按照从宽情节对待的。但现阶段,随着我国社会经济的快速发展和各民族的共同进步,这一旨在强调区别对待的刑事政策正在与时俱进地发生变化。其潜在的一些副作用也逐渐被人们所意识到,故一般认为,除非情况很特殊,不应再予以强调。

应当指出,对"必要性"的判断,本质上是一个比较问题。比如,盗窃罪的常态情形往往是顺手牵羊、撬门破锁等,但通过专门工具打开他人密码箱、保险柜的情形则并不一般,这种作案方式,无疑显示了该行为潜在的严重社会危害性和行为人更大的人身危险性,故应当作为从严情节予以评价。就故意杀人罪来说,使用致命工具打击要害部位应当是常态,无须在量刑时特别考量,但用非常残忍的方法(如折磨、碎尸等)实施杀人,无疑不能为普通的故意杀人罪所包容,必须单独评价、从严惩处。

如果仅泛泛而论,对上述判断不存在什么争议,不过,一旦涉

---

① 有关的实证分析表明,被告人的性别特征、户籍身份实际上对量刑的宽严在产生影响。比如,对男性实施的故意杀人罪可能较女性实施的故意杀人罪处刑更重;对女性实施的诈骗罪、贩卖毒品罪可能较男性实施的此类犯罪处刑更重。参见劳佳琦:"量刑的法外因素与量刑规范化改革",载《中国刑事法杂志》2022年第2期;赵学军:《抢劫罪量刑经验研究》,法律出版社2019年版,第433—435页。

及对具体案件的评判,似乎并不简单。

比如,根据(2005)云高刑终字第822号云南省高级人民法院的判定,张某因有外遇,便生杀死妻子的恶念,在上诉人郭某的帮助下持铁锤将妻子葛某打死,其行为构成故意杀人罪,且后果严重,动机卑鄙,实属罪行极其严重的罪犯,依法应予严惩。上诉人郭某受上诉人张某的安排,参与杀人预谋、准备作案工具,并协助伪造作案现场,其行为亦构成故意杀人罪,应依法惩处。在共同犯罪中,上诉人张某起主要作用,系主犯,依法应从重处罚;上诉人郭某起辅助作用,系从犯,依法应从轻处罚。上诉人张某、郭某和辩护人所提量刑过重的上诉理由和辩护意见,无事实和法律依据,不予采纳。原判定罪准确,量刑适当。故驳回上诉,维持原判:被告人张某犯故意杀人罪,判处死刑,剥夺政治权利终身;被告人郭某犯故意杀人罪,判处有期徒刑12年。

对于此案,有论者分析道,故意杀人罪致一人死亡只是常态,致二人以上死亡才是故意杀人罪中的后果严重。为了与第三者结婚而杀妻的动机也只是故意杀人罪中的常态,算不上动机卑鄙。故不能认为本案属于"罪行极其严重"。否则,对"灭门案"等更加严重的案件就没有评价的词汇了。此外,主犯也不是从重处罚的理由,故对主犯"依法应从重处罚"没有任何法律根据,难以被人接受。[①]

的确,张某虽然是主犯,但按照现行刑法,对主犯已经不存在"从重处罚"的规定,而且,因家庭纠纷和第三者共谋而杀死一人,也是杀人罪中的常态。但是,论者在评价云南高院的终审判决时,

---

① 参见张明楷:"犯罪常态与量刑起点",载《法学评论》2015年第2期。

并未明确说明此案的"维持原判"之结论是否有错。不过,既然理由不能成立,那结论就失去了根据。因此,从推论来看论者似乎持否定态度。

在本书看来,一审与二审的裁判结论均是成立的。因为,只要没有特殊的从轻或者减轻情节,对故意杀人罪的主犯判处死刑,当然也是常态。理由在于,与其他绝大多数犯罪相比,故意杀人罪的一般形态本身就是"罪行极其严重",就应当适用最重的刑罚。而且,根据刑法对故意杀人罪一般情形下法定刑的规定,应当优先考虑的是"死刑"。只有当适用死刑过重时才依次递减:考虑"无期徒刑"抑或"10年以上有期徒刑"。此案中的张某,虽说不能因为其是主犯而考虑"从重处罚",但起码没有理由从轻处罚。而对郭某,按照接近10年这一故意杀人罪基本犯罪最低限法定刑(即12年有期徒刑)判处刑罚,显然已经是充分考虑了其从犯的身份,应当说与量刑的全面评价原则是相符的。基于此,上诉人以一审量刑过重为由提出的上诉应当被驳回。

需要特别指出的是,尽管此案与"灭门案"不可同日而语,但不能据此认为其不属于"罪行极其严重"。因为,一般而言,杀人罪在刑法中就属于"罪行极其严重"的情形,就是应当适用死刑的典型罪名。也正因为此,立法者才一反常态地把"判处死刑"排在此罪法定刑选择的最前面。如果不这样理解,那就会带来严重的误导:只有杀人罪中的最严重的情形才称得上"罪行极其严重",才足以动用死刑。问题是,还有比"灭门案"更严重的故意杀人罪(类似于国外常发生的动辄涉及十多人的校园或教堂内的枪击案),按照这种逻辑,大概"灭门案"也称不上所谓的"罪行极其严重"。

## （三）不可忽视"比例性"

这里的"比例性"是指，某个案件事实是否应当被评价为影响量刑宽严的事实，不可绝对化，而要根据其在不同犯罪中所处的地位加以衡量。因为，在不同的犯罪中，由于犯罪性质有异，同一事实可能具有不同的量刑意义或价值。

比如，"轻微伤"这一伤害事实广泛存在于各类案件中，但由于各种具体罪名的构成要件不同，评价机理殊异，不应当简单等同对待。就交通肇事罪、重大责任事故罪等过失类犯罪的构成要件而言，在人身伤害方面所造成的"严重结果"应当是重伤或者死亡。在构成犯罪的基础之上，如果说"轻伤"对进一步区分不同犯罪的量刑轻重还具有意义，值得评价的话，那么，"轻微伤"在此类案件中就显得无足轻重、不值一提。反过来，在故意伤害罪中，轻伤以上就足以构成犯罪，而"轻微伤"对进一步区分不同的故意伤害罪具有重要意义，因此，应当进行评价。至于寻衅滋事罪，根据司法解释，致2人以上轻微伤的，属于因"情节恶劣"构成犯罪的情形，当然对"致1人轻微伤"的情形更应当作为量刑事实进行充分评价。再如，故意杀人罪作为典型的重罪，其危害性充分体现在对他人生命的侵犯上，因此，最高可以判处死刑。而且在一般情形下，考虑法定刑的顺序就是：死刑、无期徒刑、10年以上有期徒刑。如果甲朝乙开枪或者砍杀乙，在剥夺乙生命的同时致乙所穿的名贵服装毁损，此时，对该服装的毁损（财产损失）如何评价？在定罪问题上，有论者指出，对该服装的毁损行为属于附随犯，只能依吸收犯按照故意杀人罪一罪认定。[1]

---

[1] 参见张明楷：《刑法学》（上），法律出版社2021年版，第640页。

在本书看来,杀人罪的成立预设了杀人时对被害人服装的可能毁损,甚至预设了对其居所财物的毁损,而这些财物的毁损价值,尽管在单纯的财产犯罪(尤其是故意毁坏财物罪)中意义较大或重大,需要进行充分评价,但在故意杀人罪这种最为严重的犯罪类型中,早已显得无足轻重、不值一提。故,无论是定罪问题还是量刑问题,都无须对其单独评价。

## 三、若干争议问题的具体展开

### (一)关于"索贿的从重处罚"

[案例3. 王某"借用"公司美元案] 王某系某部委总经济师,在某工业集团办理700万美元的外汇额度时向该集团经理提出,她的儿子准备公派自费留学,需2万美元,请集团帮助解决,待她儿子获得奖学金后立即归还。该集团经理为顺利办理外汇,便将2万美元借给了她。后来,该经理多次找到王某谈还钱的事,王某一直避而不谈。案发后,王某被定性为受贿罪,并按照索贿罪从重处罚。

"索贿的从重处罚",这是受贿罪唯一的法定从重处罚情节。从立法沿革上讲,这一规定最早来自1988年全国人大常委会《关于惩治贪污罪贿赂罪的补充规定》,后来被现行刑法吸纳并一直延续至今。但现行刑法颁行之初,就有学者指出该规定的科学性和合理性值得质疑。[1] 从近些年来的情况看,争论一直没有结束。

有论者指出,对于主动索取财物的受贿犯罪,基于其社会危害性程度要比传统的收受贿赂严重,立法者才规定对之从重处罚。但

---

[1] 参见刘光显:"简论索贿的几个问题",载《求实》1999年第10期。

是,与主动索贿行为相比,被动受贿的行为只有兼具"为他人谋取利益"的要件时才构成受贿罪,而索贿行为构成犯罪并不需要附加这一要件,可见,两者在社会危害性程度上并非等量关系。既然对索取他人财物的行为已在认定构成受贿罪时进行评价了,量刑时再将之作为从重处罚的依据,就违背了禁止重复评价原则。因为,受贿行为的社会危害性在于,国家工作人员利用职务便利以权谋私,严重侵犯的是国家机关工作人员的廉洁性。从受贿罪侵犯的法益及其本质看,其中社会危害最大的应该是违反职责为他人谋取利益的行为。由此以观,不以"为他人谋利益"为要件的索贿行为要比以"为他人谋利益"为要件的被动受贿行为的社会危害性小,立法却规定对之从重处罚,这似乎缺乏合理依据。①

在本书看来,的确,主动索贿与被动受贿存在着是否"为他人谋取利益"这一评价要件的区别。如果这一要件是实质性的,那的确意味着被动受贿的危害性已经被大大提高,可以说比主动索贿有过之而无不及。若在此情形下还要对索贿的从重处罚,就失去了法理根据。但是,从有权解释及学界的通行观点看,所谓"为他人谋取利益"的门槛其实非常低,几乎到了实质上可以被"忽略"或"虚置"的地步。因为,在被动地接受他人贿赂时,只要意识到他人是用来谋利的(正当与否不限),且不明示拒绝或反对,就已经满足了"为他人谋取利益"的要件。②试想,行贿之人怎么可能不"有求于

---

① 参见张翠翠:"禁止重复评价原则的刑法适用标准探究",华东政法大学硕士学位论文(2015年),第27—28页。
② 参见2003年最高人民法院《全国法院审理经济犯罪案件工作座谈会纪要》。又见张明楷:《刑法学》,法律出版社2021年版,第1592—1593页;高铭暄、马克昌主编:《刑法学》,北京大学出版社、高等教育出版社2022年版,第644页。

人"(即便是所谓感情投资型行贿也是为了"放长线钓大鱼")？受贿者如果明示拒绝或反对,该"受贿"还有可能形成吗？基于这一考虑,不妨认为,"索贿"行为较之被动的受贿要更加严重,应当从重处罚。

值得强调的是,自刑法修正案(九)对贪污、受贿犯罪的定罪量刑标准修改后,受贿犯罪早已成为兼具数额犯与情节犯两重属性的犯罪。根据"两高"《关于办理贪污贿赂刑事案件适用法律若干问题的解释》(以下简称《解释》)之规定,受贿罪达到一定数额并具有8种情形之一的,应当分别认定为刑法规定的"其他较重情节""其他严重情节"或"其他特别严重情节"。其中,根据该《解释》规定,受贿数额1万元以上不满3万元,或者10万元以上不满20万元,以及150万元以上不满300万元,并多次索贿的,应当分别认定为受贿犯罪的"其他较重情节""其他严重情节""其他特别严重情节"。

但也有论者指出,多次和一次相比,主动索贿和被动受贿相比,既反映出行为人的主观恶性更大,也反映出对国家公务人员的廉洁性造成更严重侵害。既然多次索贿的,不法与罪责的内涵均更为严重,那么适用更高的法定刑幅度对之进行处罚,就是理所当然的。不过,《解释》规定,国家工作人员多次索取他人贿赂,数额达到1万元以上不满3万元、10万元以上不满20万元或者150万元以上不满300万元的,即可分别认为构成犯罪或上升一个法定刑幅度。这就意味着对受贿罪确立了一种特别的犯罪构成：其客观表现就是多次索贿并且达到一定数额。实质上,这是将"索贿从重处罚"及"多次犯罪从重处罚"的政策予以具体化,使得多次索贿这一事实的不法和罪责内涵在定罪过程中能够被完全评价,以体现从重处罚精神。显然,在此情形下,如果在定罪之后的量刑中还按照"索贿的应从重处罚"进一步从重处罚,就有违禁止重复评价原则了。

那么,需要进一步追问的是,可否认为《解释》规定的多次索贿仅仅是相对于单次索贿而言的呢?也有论者认为不可。①

本书认同这一观点。因为,《解释》是把"多次索贿"作为升格法定刑的根据,而不是仅仅强调"多次"或者"索贿"中某一个方面的要素,故不能随意分割。既然"多次索贿"包含着对"多次"且"索贿"的双重评价,就不应当再对"索贿"进一步"从重处罚"了。不过,就王某"借"公司美元案来说,此案数额已经达到较大以上,而且就构成犯罪而言并未对"索贿"本身进行评价,故应当对之按照"索贿的从重处罚"予以量刑。

### (二)"羁押期间的表现"问题慎思

长期以来,尽管"羁押期间的表现"实际上对量刑有着重要影响,②但学术界在这一表现是否应当对量刑产生影响的问题上,一直纷争不断。

有研究者认为,犯罪嫌疑人在"羁押期间的表现"不宜纳入量刑情节加以考量。因为,这一表现发生在犯罪结束后,与行为人的责任无关,换言之,它首先不是责任刑情节;其次,犯罪嫌疑人是否认真遵守监规的问题,如"是否按质按量完成羁押机关交代的劳动任务""是否自觉学习政治、文化知识""能否检举他人违反监规的

---

① 参见蔡智玉:"贪污受贿案件定罪量刑中的重复评价问题",载《人民司法》2019年第4期。当然,对论者关于"未成年人犯罪的,不能既适用'不得判处死刑'又适用'应当从轻或者减轻处罚'"这一类比,本书不予认同,理由见前文所述。

② 而且,根据2021年"两高"联合发布的《关于常见犯罪的量刑指导意见(试行)》,"对于被告人在羁押期间表现好的,可以减少基准刑的10%以下"。

行为"等,也与犯罪嫌疑人的人身危险性或再犯可能性无直接关联,故不属于特殊预防情节。至于这类表现与被害一方的关系修复及与人道主义等的关联程度,也属于无关或关系微弱的状态,故也可以从这些方面排除其作为量刑情节的考量。一般预防的对象为不特定多数人,犯罪嫌疑人在押期间的表现,与一般预防的关系也十分微弱。如果将羁押机关正常工作的开展和日常秩序的维护作为根据,则是一种过度功利化的做法,不仅使被羁押者沦为国家机关实现其功利化目的的工具,也会导致量刑情节的泛化。①

但大多数研究者认为,"羁押表现量刑化"有其深刻的理论依据,也有法律规定相佐证,而且在司法现实中具有重大价值和功效,故应将"羁押期间的表现"作为量刑情节对待。② 具体来说,虽然犯罪嫌疑人与罪犯有着质的区别,但在押人员与服刑罪犯的处遇几乎相同甚至前者更为严格。既然在押人员与服刑罪犯在法律上的义务基本相同,那就要有基本相同的权利:服刑罪犯遵守监规可以减刑,在押人员遵守监规也可以从轻量刑。从刑法的规定来看,既然判决以前的羁押时间可以折抵刑期,在押人员与服刑罪犯的相同行为应当得到相同对待。既然监狱对服刑罪犯可以报请减刑,那么看守所对在押人员也可以报请从轻量刑。被告人审判前的认罪态度和悔罪表现,在司法实践中历来就是一种酌定量刑情节,对认罪态度和悔罪表现好的予以从宽,对认罪态度和悔罪表现差的,可以从

---

① 参见熊鄂:《刑罚裁量中量刑情节的识别》,湖南工业大学硕士学位论文(2016年),第24—25页。
② 参见俞振德、余光升:"羁押表现量刑化的理论与实践",载《华东政法学院学报》2007年第2期。又见麻文峰、王少嵩:"将犯罪嫌疑人(被告人)审前羁押表现纳入法定量刑情节的构想",载《中国检察官》2010年第10期。

重处罚。从实际情况看,羁押表现的量刑情节化在如下方面发挥着独特作用:一是有利于维护看守所的正常监管秩序,保障在押人员的合法权益;二是有利于尽早对人犯进行教育和规制,尽可能避免交叉感染;三是有利于促使人犯及时悔过自新,预防人犯重新犯罪;四是切实保证刑事诉讼活动的顺利进行。

的确,"羁押期间的表现"既非所谓影响责任刑的情节,也未必是影响预防刑的情节。但是,如前文所言,将量刑情节划分为责任刑情节与预防刑情节的构想是不科学的,因此,不能因为这一表现不属于其中的任一类型就否定其量刑情节的资质。核心问题是,功利主义的考量是否可以成为量刑情节的根据,以及,如果可以的话,如何进一步判断是否过度功利化。对前一问题,回答是肯定的。因为,像立功、自首等情节,并不以真诚悔罪为条件,作为一法定情节,当然是基于功利主义的考量而设定的。唯一的问题是,将"羁押期间的表现"作为量刑情节对待,是否属于一种过度功利化的做法,是否存在着使被羁押者沦为国家机关实现其功利化目的的工具之危险,以及是否会导致量刑情节的泛化。

应当说,自从2010年最高人民法院印发的《人民法院量刑指导意见(试行)》在全国开始实施后,各地公检法机关就开始了将犯罪嫌疑人、被告人在羁押期间的表现纳入量刑建议范畴的探索。总体而言,在实践中,这种"羁押期间的表现"对量刑的影响包括两个方面。一是对量刑的从宽影响。这就是,在看守所羁押期间,如果自觉遵守监规、服从管理、表现突出,确有悔改表现,并具有以下情节之一的,酌情从轻处罚:主动制止同监室在押人员打架斗殴的;主动制止同监室在押人员自伤、自残、自杀、越狱、冲监、暴狱的等。二是对量刑的从重影响。即,具有以下情节之一但尚未构成犯罪的,可酌情从重处罚:有串供、隐匿罪证、逃避法律制裁企图的;煽动狡辩、翻供或妨碍他人悔改的;传授违法犯罪方法或者教唆他人进行违法犯罪的;无理取闹、不服监管、辱骂或殴打监所工作人员的;恃强凌弱、寻衅滋事或者强迫、唆使他人殴打、体罚、虐待、侮辱其他犯罪嫌疑人、被告人的;拉帮结伙、聚众哄闹,扰乱正常监管秩序的;强拿强要、强买强卖或者变相勒索、占有其他被羁押者个人财物,霸占他人伙食、铺位的;称王称霸,操纵监室事务或强迫其他被羁押者为其服务等"牢头狱霸"行为的;故意损坏财物或监室设施的;自伤自残、装病诈伤或者绝食的;逃跑或者煽动、组织逃跑的;等等。

实践表明,这一制度在很大程度上激发了在押人员的积极性,对感化教育在押人员,温暖人心,产生了显著效果。比如,有些地方的"牢头狱霸"现象几乎绝迹,监管秩序得到了切实改善。[①]

基于此,各地行之有效的探索被"两高"所联合发布的《关于常见犯罪的量刑指导意见(试行)》正式吸纳。但从"两高"的相关具体规定来看,有两个突出特点:其一,只将"羁押期间表现好的"作为从宽量刑情节,未将"表现不好的"列为从重量刑情节;其二,作为从宽量刑情节中的一员,该情节与"当庭认罪"情节同为从宽比例最小的情节,即"可以减少基准刑的10%以下"。从实施情况来看,各地对"表现证据"的认定加强监督,制定了有关实施细则,即:具体由看守所管教民警负责调查、收集相关表现证据,由驻所检察室履行监督职责,通过回看监室视频等方式掌握在押人员具体

---

[①] 参见王艳:《羁押期间表现影响量刑研究》,山东大学硕士学位论文(2017年),第6—7页。

表现,力求做到客观、全面、公正,切实维护在押人员的合法权益,保障监管场所的安全稳定和刑事诉讼的顺利进行。由此可见,所谓"导致量刑情节泛化"的担忧是多余的。

对"羁押期间表现不好的"未明确作为从重量刑情节,不禁给人一种强烈暗示,似乎是对各地实践探索的一种否定。但本书认为,即便"两高"所发布的《关于常见犯罪的量刑指导意见(试行)》并未明确承认"羁押期间表现不好的"是从重量刑情节,但如后文所言,这并不妨碍将其作为酌定的从重量刑情节之一(即犯罪后的态度)对待。① 因为,酌定量刑情节既包括有利于犯罪人的情节,也包括不利于犯罪人的情节,不可偏废。这也是量刑全面评价原则的应有之义。

### (三)"间接处罚禁止论"批判

"间接处罚禁止论"是这样一种主张:如果刑法规范对某一事实(行为、结果等)明示禁止,对之进行处罚则不言而喻。即便并未明示,如果所处罚的事实仍然是刑法规范所欲阻止的结果,理所当然也应在处罚之列。相反,如果该行为触犯的罪刑规范并不阻止这种结果,而且其他罪刑规范也不阻止这种结果,但却在量刑时据此

---

① 有论者认为,根据是否有刑法或司法解释的明文规定,量刑情节可以分为三大类,即法定量刑情节、司法解释规定的量刑情节和酌定量刑情节。参见高铭暄、马克昌主编:《刑法学》,北京大学出版社、高等教育出版社2022年版,第252页。的确,司法解释在我国具有独特的效力地位,当最高司法机关以司法解释的形式肯定了某事由作为量刑情节后,该事由还是"酌定"情节吗? 这是值得追问的。参见王瑞君:《量刑情节的规范识别和适用研究》,知识产权出版社2016年版,第128页"脚注"。"两高"的这一规定仅仅意味着,"羁押期间不好的表现"既不是法定从重量刑情节,也不是司法解释规定的从重量刑情节,但不能由此就得出结论说,"羁押期间不好的表现"也不是酌定从重量刑情节。

从重处罚,那就无异于把原本不受刑法处罚的事实作为从重量刑情节,并以之作为刑罚根据对行为人进行处罚,此即"间接处罚",应当被禁止。比如,"轻微伤"既不是故意伤害罪处罚的对象,也不是其他罪名所欲规制的对象,如果以行为人在抢夺他人财物或实施其他犯罪的过程中故意致他人"轻微伤"为由从重处罚,那就是间接处罚。又如,甲过失致乙重伤,乙治疗期间共花费50万元医疗费。乙损失的这50万元就不得作为对甲从重处罚的根据,因为,该损失既非甲过失致人重伤的行为造成的结果,甲对此损失也不具备刑法所要求的责任要素。①

可见,这里的所谓"间接"处罚,从形式上看,是指对某一事实不能"直接"通过定罪来处罚,而是借助"量刑"这个中间环节(将之评价为从严量刑情节或"增加刑罚量的事实")来进行处罚;从实质上讲,就是对"本来不应当被从严评价的事实"变相进行从重处罚,对行为人徒增不利后果。本书认为,尽管这一主张在学术界日趋具有影响力,但应当被否定,主要理由如下。

1."刑罚规范不阻止"语焉不详

按照间接处罚禁止论的观点,如果所处罚的事实是"刑法规范不阻止的结果",那就不应处罚,否则就是间接处罚,应当被禁止。但究竟什么是"刑罚规范不阻止"呢?论者并未明示。但从其所举之例进行推断,所谓"刑罚规范不阻止",其实就是对相应的事实并没有按照能够独立成罪的客观要件对待。问题是,"阻止"仅仅意味着"只有达到能够据此独立定罪规格的客观要件,才通过定罪来

---

① 参见张明楷:"结果与量刑——结果责任、双重评价、间接处罚之禁止",载《清华大学学报(哲学社会科学版)》2004年第6期。

## 第四章 量刑决策中的事实评价原则

'遏制'"吗？论者也没有进行阐释，但从其有关"'轻微伤'不能被评价为从重量刑的结果，否则就是间接处罚"的论述中清晰可辨。因为在其看来，既然我国的故意伤害罪仅阻止"轻伤"以上的伤害结果，[①]那么，轻微伤显然是达不到被"刑罚规范"所阻止的资格的。可是，涉及"轻微伤"的刑法规范并不仅限于故意伤害罪。我国刑法分则中有众多情节犯，这些"情节"是否包括"轻微伤"？如果包括，[②]即便按其主张（即不限于特定罪名），岂不是也意味着"轻微伤"属于"刑罚规范所阻止的结果"？其实，对"情节犯"中"情节恶劣"或"情节严重"的解释，可能难以将"轻微伤"一概排除在外。从语义上讲，"阻止"与制止、禁止等近义，均指不允许、不让做之意。刑法将某一行为规定为犯罪，对之定罪量刑，固然属于"阻止"，问题是，不能被独立作为定罪要件的事实就意味着刑法不予阻止吗？显然不能这样解释。按照阶层论的分析思路，只有符合构成要件、违法并有责的行为才能成立犯罪，才能被定罪量刑。这意味

---

[①] 论者在近年来观点有变，倡导"应当将故意造成轻微伤的行为认定为故意伤害罪"。参见张明楷："身体法益的刑法保护"，载《政治与法律》2022年第6期。不过，从实务的角度看，如果最高司法机关有关故意伤害罪的立案标准不变，那么，就构成要件而论，故意伤害罪的伤害结果只能是以"轻伤及以上"为限。再者，若要将故意伤害罪的伤害标准降低到轻微伤，还直接涉及如何界分故意伤害罪与一般殴打行为的界限问题，事关刑法与治安管理处罚法的协调，并不是一个简单问题。

[②] 在论者看来，无疑也是包括的：我国司法实践虽然没有将故意造成轻微伤的行为认定为故意伤害罪，但与此同时，司法解释已经将轻微伤作为认定一些犯罪的重要标准。例如，行为是否造成轻微伤成为特定情形下区分抢劫罪与非罪的标准。同样，行为是否造成轻微伤，也是区分寻衅滋事罪与非罪的标准。而根据《刑法修正案（十一）》的规定，将奸淫幼女"造成幼女伤害"、猥亵儿童"造成儿童伤害的"，规定为结果加重犯；其中的伤害显然不要求达到重伤程度。既然轻伤害可以成为结果加重犯中的加重结果，就有理由将故意造成他人轻微伤的行为认定为故意伤害罪的基本犯。参见张明楷："身体法益的刑法保护"，载《政治与法律》2022年第6期。

着,即便一些行为不构成犯罪(如不具有刑事责任能力者实施的行为),但也可能是违法的,是刑法所不允许的。因此,正当防卫所针对的"不法侵害",当然包括未达到相应刑事责任年龄的人实施的不法侵害。对这类行为,刑法绝对不可能持"放任"态度,而是允许防卫人进行必要的反击。与此类似的还有,享有外交特权和豁免权的人员,虽然对于其违法犯罪行为不通过定罪量刑的方式解决,但这些行为在刑法上肯定也是被阻止的,因此,面对这些人实施的不法侵害,当然需要制止并可以进行必要的反击。

众所周知,刑法规范对某一行为的阻止,肯定是通过其规范作用实现的。而无论是指引作用、预测作用、教育作用还是强制作用,都建立在评价作用基础之上。只有进行了必要、充分且恰当的评价,人们才能明辨是非、合理预期并对自己的行为加以选择。也只有这样,才能对违法不当行为形成反对动机,通过最大限度地预防违法犯罪,收到最高效的遏制效果。这既包括对独立成罪的犯罪行为之否定,也包括对邪恶动机、残忍手段、犯罪后订立攻守同盟或嫁祸于人等情形的否定评价。因为,这都能起到规范指引、预测及教育等积极作用。可见,不能因为对某一行为难以独立进行定罪评价,就得出结论说"刑法对之不予阻止",并进而认为,如果对这些情形进行否定评价、从重量刑,就导致所谓"间接处罚"。

2. 混淆了定罪与量刑的不同功能及根据

如前文所述,定罪与量刑的功能不同,各自的依据也当然有异。定罪活动旨在解决行为人是否构成犯罪以及构成何种犯罪的问题,属于定性评价,是类型化的判断。量刑评价是一种个别化评价,属于定量分析。一种行为,即便不能被独立作为定罪的犯罪构成要件发挥作用,但也完全可能作为从重量刑的情节对待。这就如同修建房屋,一些建材虽然不配作"四梁八柱",但可以作装饰、造型、填充的材料。间接处罚禁止论者,把不能被独立评价为犯罪事实的情形,也简单排斥在量刑从严评价范畴之外,并武断地认为:这样就变相处罚了"本来不予阻止的行为"。

3. 与孤立片面的思维方式密不可分

以"轻微伤"问题为例。"故意造成他人轻微伤"的情形各不相同:若仅仅是指一个孤立的"致人轻微伤"事实,当然不构成犯罪,更不可能涉及量刑,根本不具有刑法评价的意义;若造成"轻微伤"的事实依附于其他的犯罪事实中,比如,行为人故意致一人重伤,同时致另一人轻微伤,这时,该轻微伤就是犯罪人造成的其他"结果"。虽说该结果不具有独立成罪的意义,但足以将此罪与其他故意重伤害犯罪(比如仅致一人重伤的情形)区别开来。既然量刑活动的使命之一就在于实现个别化,那么,这一事实就具有了进行个别化评价的价值。

在这里,"轻微伤"作为量刑评价事实并不是对原本不应当受到处罚的事实变相进行处罚。因为,该行为人既然已经构成了犯罪,对之进行处罚就是理所当然的。而且,在解决了应不应当处罚的问题之后,接下来要考虑的恰恰是怎么处罚、处罚程度的大与小问题。比如,同样属于犯罪(如故意杀人罪)中止,也都没有出现被害人死亡结果的发生,但处罚却可能不同。有的致人伤害(或重伤,或轻伤,或轻微伤),有的没有造成任何伤害。这就需要将"故意杀人罪中止"这一类型进一步个别化:没有造成损害的,应当免除处罚;造成伤害的,分别根据伤害大小进行不同程度的减轻处罚。

可见,间接处罚禁止论的错误,从方法论上讲,就是把"轻微伤"这一结果从各种不同的案件事实中剥离出来泛泛讨论,片面地而不是全面地进行评价。这就如同对"行为动机"的评价。尽管有的动机非常卑劣,但是否将之作为"从重量刑情节"评价,首先取决于该行为本身是否构成犯罪,如果该行为本身并不为刑法所禁止,只是一般违法行为,甚至仅仅是不道德行为,则对该动机不可能作为"量刑情节"对待。反之,如果该行为已经构成犯罪,对该动机就应当作为从重量刑情节进行评价。这与"行为的动机本身并不能独立被评价为构成要件"没有关系。也就是说,尽管一般认为,卑劣动机并不是犯罪构成的要件,[①]但对行为动机属于酌定的量刑情节并没有什么异议。

4. 对"刑之法定"存在认识误区

罪刑法定原则由"罪之法定"和"刑之法定"两大部分组成。而"间接处罚禁止"与"罪刑法定原则"的相关争论,主要涉及的是,将轻微伤、杀人后的碎尸行为等按从重量刑情节(或增加刑罚量的事实)对待,是否有违其中的"刑之法定"原则。

有论者认为,尽管现行《刑法》第 61 条规定的量刑原则,即"对于犯罪分子决定刑罚的时候,应当根据犯罪的事实、犯罪的性质、情节和对于社会的危害程度,依照本法的有关规定判处",对"情节"一词未加限制,似乎既可以包括从轻也可以包括从重情节,但是,此处的"情节"应当专指从轻情节。因为,理解这一点,必须以"有利被告"为出发点,以"罪刑法定"原则为根本标准,而不少

---

[①] 其实,对于枉法裁判、渎职类犯罪而言,虽然大多数要求"徇私、循情",即所谓"徇私枉法"这一动机,但从解释论上讲,只要行为人所为的裁量性事务,不是基于业务水平、法律素质等客观原因而违背职责、情节严重的,就应当以渎职罪论处。参见张明楷:《刑法学》(下),法律出版社 2021 年版,第 1650 页。

人仅将"刑之法定"理解为在法定量刑幅度内处罚，没有将"无法律规定不得将犯罪情节作为从重处罚的依据"提升到"刑之法定"的高度来认识。① 亦有论者指出，当代罪刑法定的核心原则是刑法的明确性，刑法的明确性包括罪的明确性和刑的明确性。后者意味着，任何刑罚量的增加都应当有刑法的明确规定。从重处罚属于刑罚量的增加，而所谓酌定的从重量刑情节，其实并非法律的明确规定，因此，酌定的从重量刑情节是与"法无明文规定不处罚"的基本原则相背离的。② 如此看来，这的确涉及如何判断罪刑法定原则中"刑之法定"这一大是大非问题。

本书认为，对此应从立法论与司法论两个角度分别探讨。前一方面旨在说明，究竟如何判断明确性或明文规定；后一方面则进一步探讨，如何理解有利被告精神之贯彻。

所谓"刑的明确性"，是指刑法对各种具体犯罪所配置的法定刑要清楚、明确，能够让人们预测到其行为可能产生的法律后果。当然，由于法定刑基本上采取相对确定刑的立法模式，因此，刑的明确性实际上就是指刑罚幅度不宜过大。在我国刑法中，无限额型的罚金刑显然幅度过大；有的犯罪（如故意杀人罪，其基本罪的法定刑是10年有期徒刑到死刑，其轻罪的法定刑是3至10年有期徒刑，两者的分界标准是模糊的"情节较轻"）不分具体情况并规定了较

---

① 参见游伟、陆建红："论刑法上的'从重处罚'"，载《法律科学》2000年第6期。

② 吊诡的是，虽然有作者在总体上否定酌定从重量刑情节，但却从所谓"案件的社会结构与法律结构之间的关系"出发，并以责任刑情节与预防刑情节的划分为根据指出，在酌定从重处罚情节中，依据非构成要件的手段残忍、危害后果严重等情节都可以适用。参见苏永生："'酌定从重处罚情节'之否定：一个罪刑法定主义的当然逻辑"，载《政法论坛》2016年第6期。

大的刑罚幅度,这也引起了学界的持续性反思。[①]

不过,即便如此,也不能得出结论说"但凡从重量刑情节,刑法都应当予以明文规定,否则就违背了刑之法定的明确性要求"。因为,量刑毕竟不同于定罪。定罪是定性分析,立法上当然可以也应当做到相对明确——在一般人或者法官看来,该犯罪的构成要件是清晰明确的。即便如此,刑法中依然存在大量的"开放性构成要素"或"兜底性条款"。至于这些规定是否符合刑法的明确性要求,学界依然是见仁见智、争论不休。[②]与定罪不同的是,量刑属于定量分析。出于个别化的要求,量刑时个案的情况差异之大,要考虑的事项之多,绝非犯罪构成要件可比,故不可能"将一切酌定量刑情节法定化"。因此,也就不能因立法对"某一酌定从重量刑情节没有明文规定",得出所谓"有违罪刑法定原则"的结论来。如所同知,德国刑法第46条(量刑的基本原则)第2项,也只是概括地规定:"法庭在量刑时,应权衡对行为人有利和不利的情况。"这里"不利的情况"既然和"有利的情况"相并列,那就有足够的解释空间,涵盖类似于我国的酌定从重量刑情节。尽管日本现行刑法对量刑原则没有规定,但在被视为"实现了所谓适应现代社会的犯罪化"的《日本改正刑法草案》之中,其第48条第2款规定:"适用刑罚时,应当考虑犯罪人的年龄、性格、经历与环境、犯罪的动机、方法、结果与社会影响、犯罪人在犯罪后的态度以及其他情节,并应当以有利于抑制犯罪和促进犯罪人的改善更生为目的。"可见,

---

① 参见李梁:"刑法中的明确性原则:一个比较法的研究",载《法学评论》2017年第5期。

② 参见姜涛、刁永超:"从明确性原则的视角论刑法中兜底条款适用的法教义学建构",载《山西师大学报(社会科学版)》2022年第1期。

在德、日等国的刑法立法上,对于"法定刑的明确性",要么通过对同一犯罪的罪状进行细分,并针对不同罪状配置不同的刑罚来实现;要么通过把性质上相同的行为规定为严重程度不同的犯罪,并配置不同的刑罚来实现。无论如何,绝非像一些学者所假想的那样,为了实现"刑的法定",不遗余力地对所有的从重、从轻量刑情节都逐一明确规定。

那么,如何理解"有利被告"精神之贯彻?需要澄清的是,所谓"有利被告"其实是"存疑时有利被告"的简称。其中的几个特征似乎一直被人们所忽视:一是其适用对象为"被告";二是适用前提为"存疑时";三是其形成时间远早于罪刑法定原则。之所以特别强调这三点,其意义在于:第一,量刑是发生在定罪之后的问题,既然要对一个人量刑,那就在实质上表明,他是罪犯。于是问题就来了:存疑时有利被告,能否被替换为"存疑时有利罪犯"?"有利被告"是一个价值偏一的选择,即确保"绝不冤枉一个好人"。而量刑阶段再强调"有利罪犯",则明显有违量刑公正的原则,是一个伪命题。第二,"有利被告",绝不意味着任何情况下都要向着被告,只能是在"存疑时"。比如,案件事实存疑,或者无相应的法律规定,抑或相关的规定相互矛盾、冲突、模棱两可等。[①]那么,我国《刑法》第61条有关"量刑的一般原则"之规定[②]存在这样的问题吗?回答是否定的。与其他国家或地区的相关立法比较,虽然这里的"情节"一词,没有被细分成"有利于行为人的情况和不利于行为人的情况",也没有强调"应当特别注意如下事项……",但不能说它违反

---

[①] 参见邱兴隆:"有利被告论探究",载《中国法学》2004年第6期。
[②] 即"对于犯罪分子决定刑罚的时候,应当根据犯罪的事实、犯罪的性质、情节和对于社会的危害程度,依照本法的有关规定判处"。

了量刑原理,更不能说它"没有规定"。充其量只能说这一规定"过于原则、概括、抽象"。无论如何,这肯定不能成为"存疑"的理由。因为,既然对"情节"一词没有限制,那么,按照量刑的全面评价原则,这里的"情节",既包括法定量刑情节也包括酌定量刑情节,既包括从重量刑情节也包括从宽量刑情节。换言之,酌定的从重量刑情节当然也被包括在内。不能因为某一量刑情节对被告人不利,而且是"酌定"的,①就将其排除在外。第三,从我国刑法的诸多规定(如废除类推、从旧兼从轻等)中不难体察出刑法所蕴含的有利被告精神,但不能简单化地认为:只要作出有利被告的"解释",就是在贯彻罪刑法定原则,否则就是有违罪刑法定。相反,一味地、无原则地"有利被告",未必就贯彻了罪刑法定。比如,对于多幅度的从宽量刑情节,选择适用最大的从宽功能(如免除处罚或者减轻处罚)肯定对被告人最有利,但若再根据被告人的从宽量刑情节,只能选择适用"从轻"功能时,这种无原则的"有利被告"就是违背罪刑法定原则的。

　　循着历史的足迹回溯,其实不难看到,所谓刑事实体法上的"有利被告",关注点是定罪问题。因为,在人类社会的早期,盛行同态复仇。一旦"罪"的问题被确定,刑罚问题就迎刃而解了。至于在漫长的封建社会,由于是绝对法定刑的天下,刑罚的适用只是对号入座而已,量刑也不是什么问题。即便到了资本主义时代,在推行绝对法定主义的初期,"有利被告"的关注点当然还是定罪问题。直到后来的相对罪刑法定主义时代,由于推行相对确定的法定

---

　　① 酌定量刑情节中的"酌定"一词,有其特定含义,只是说"没有明文规定"而已,但绝非任由司法人员决定。因为,这类情节已经在长期的司法实践中被广泛认可、普遍适用,如无特别充分的理由,不得随意将其排除在外。

刑,才有必要把"量刑法定"提到罪刑法定主义的议事日程上。但考虑到量刑问题的复杂性,尤其是考虑到个别化的需要,人们逐渐意识到:在量刑问题上是不可能简单照搬"罪之法定"要求的。换言之,只要法定刑具有一定幅度,能够和相应的犯罪行为进行匹配,形成罪刑阶梯,就已经达到了"刑之法定"的要求。所以,在"量刑的原则"中,就只能原则性地、列举式地规定应考虑的、(一切)对犯罪人有利和不利的"情状",并强调要注意一些特定"事项",而不作穷尽式列举。因为它实在太复杂,不可能作穷尽性列举。正因为此,量刑原则中不可能作出"凡没有明文规定的情节,不得适用"的类似表述。

有论者认为,刑法规范内容的多样化必然带来罪刑法定原则内容的多样化,罪刑法定原则长期被学界定位为犯罪与刑罚的法定化,已无法充分体现其限制刑罚权滥用的制度价值。随着刑事司法中的最大难题由罪刑擅断移转到量刑不公,罪刑法定原则的内涵亦应从"犯罪与刑罚之法定化"的二元格局迈向"犯罪、刑罚与量刑之法定化"的三元格局。否则,充其量只能起到预防法外施刑的作用,对防范法内滥用刑罚则无能为力。量刑法定化包含着两个方面,即量刑评价范围与量刑评价方法的法定化。由于量刑评价的范围主要是由量刑情节来决定的,故哪些事实可以成为量刑情节,就必须实现法定化,不能由法官自由判断。而量刑评价方法的法定化则意味着,应当把量刑情节对最终量刑结果的影响程度及其计算的方法等,以规范的形式确立下来,给法官量刑提供一个明确的操作指南。亦有论者指出,在罪刑关系中,罪始终是为刑服务的,罪的设置始终是为了实现合理的刑罚处罚。因此,"刑之法定"才是罪刑法定原则的中心。"刑之法定"原则要求立法者对刑罚问题有"明确的文字规定",而刑的明确性意味着任何刑罚量的增加都应当有刑法的明确规定。[1]

若细加分析就不难发现,"刑之法定"是比"罪之法定"复杂得多的问题。即便在"罪之法定"上,由于受立法技术的限制,也依然存在大量"情节犯""兜底性规定"及"开放性构成要素"等"开放性"要件,所以,欲在"刑之法定"上逐一、明确地规定各种从宽、从严量刑情节,显然还不是时候。因此,所谓"刑之法定",并不是指有关刑罚裁量的一切问题都要由立法者预先明文规定,而只是强调:在刑法分则明文规定各种犯罪的构成要件的同时,必须为这些犯罪预先规定相应的法律后果(法定刑),要明文规定相应的"刑罚的种类和其可能的严厉程度"。做到了这一点,就意味着满足了"刑之法定"的要求。[2]

5. 与量刑事实的全面评价原则相悖

在量刑决策中,对有关事实的恰当评价至关重要。既应当禁止重复评价,又必须坚持全面评价、个别化评价,三者不可偏废。但是,"间接处罚禁止论"显然悖离了量刑情节的全面评价原则。

如所周知,量刑情节是指犯罪构成事实之外的、对犯罪行为的社会危害程度及犯罪人的人身危险性大小具有影响作用,因而在量刑时必须考虑的各种主客观事实情况。可见,量刑情节的全面评价原则,是量刑情节本身固有属性的内在要求:既然该主客观情况对行为的社会危害性程度及(或)行为人的人身危险性大小具有影响

---

[1] 参见苏永生:"'酌定从重处罚情节'之否定",载《政法论坛》2016年第6期。

[2] 参见〔德〕克劳斯·罗克辛:《德国刑法学总论》,王世洲译,法律出版社2005年版,第78页。

作用,那就应当在量刑时全面考量,不能有所忽视或遗漏。①

量刑时应当坚持全面评价原则,间接处罚禁止论者对此肯定是赞同的。这一主张之所以从实质上与之相悖,症结在于:对"某一事实是否应当被评价为量刑情节"的判断不一。如果本来属于酌定从重量刑情节的事实被错误地排斥于量刑事实之外,被当成所谓的"间接处罚",那就势必南辕北辙,与量刑情节的全面评价原则背道而驰了。

如前文所述,当故意犯罪行为造成轻微伤时,将这一"轻微伤"评价为从重量刑情节,既不违背"刑之法定"的原则要求,也绝非"对刑法规范本来不阻止的行为进行处罚"。因为这里的"轻微伤"是指经法医鉴定后的伤情结果。该结果虽然尚不能达到轻伤,但已经不是"擦破点皮"那样的"法律不予理会的琐碎之事"。因此,在情节犯(如寻衅滋事罪)中,"轻微伤"往往被视为"情节恶劣"或"情节严重"的情形之一,属于犯罪的构成要件事实。如果造成该结果的行为不能独立成罪的话,根据治安管理处罚法,起码也应当承担相应的法律责任。这表明,该事实能够反映行为的社会危害性程度(造成轻微伤的比没有造成轻微伤的当然严重),应当在量刑中充分考量。但间接处罚禁止论却反其道而行之,不分青红皂白地将所有轻微伤排斥在酌定从重量刑情节之外。

再就"杀人后的碎尸行为"来说。在间接处罚禁止论者看来,尽管杀人后的碎尸行为会受到社会公众的更严厉谴责,但是,即便故意毁损尸体的行为能够成立犯罪,最多也不可能超过3年有期徒

---

① 参见敦宁:"量刑情节适用的基本原则",载《河北大学学报(哲学社会科学版)》2012年第6期。

刑，更何况杀人者本人为了毁灭罪证而碎尸的，连毁坏尸体罪也不构成。如果对一个原本可以判处无期徒刑或者死缓的杀人犯因碎尸而判处死刑立即执行，这种过度评价就形成了间接处罚。[①] 在这里，该论者并未讨论杀人后的碎尸行为是否应当被评价为酌定从重处罚的量刑情节，只是表明，过度从重的评价也是一种"间接处罚"，故应当被禁止。但是，既然杀人者本身为毁灭罪证而碎尸的行为不构成毁坏尸体罪，按照论者的逻辑，该行为就不是"刑法规范阻止的行为"，而只应受到道德谴责。[②] 如此推论，若将之评价为增加刑罚量的酌定从重量刑情节，就如同将杀人后隐藏尸体的行为评价为从重处罚情节一样，无疑构成"间接处罚"了。但在本书看来，这经不起推敲。

的确，故意杀人后"隐藏尸体"的行为，因不具有期待可能性，故不会被评价为酌定从重量刑情节。但不能把杀人后"隐藏尸体"的行为与杀人后的"碎尸行为"进行简单类比。杀人后碎尸的行为主要分为两种情况：一是犯罪分子杀人后基于泄愤等原因而对死者的尸体继续侵害；二是为逃避惩罚而采取肢解尸体的手段。前者与犯罪后的掩藏罪行这一事后行为无关；至于后者，虽然从行为人的视角或刑侦机关的视角看，都是为刑事侦破制造障碍的情形，但此类行为并不应当被单纯评价为事后不可罚的"犯罪人掩盖罪行、意图逃避制裁的行为"。且不说故意毁损尸体罪侵犯的客体究竟是什么，历来存在着争论，世界各国的立法定位也不尽相同，但有一点

---

[①] 参见张明楷：《刑法学》（上），法律出版社 2021 年版，第 749—750 页。

[②] 有论者明确主张，如果 A 杀人后为毁灭罪证又肢解尸体的，对 A 量刑时，不能将其肢解尸体的行为视为量刑时决定责任刑的因素。参见张苏：《量刑根据与责任主义》，中国政法大学出版社 2012 年版，第 13 页。

是无可争议的,即"以残忍手段"实施犯罪的,应当从重处罚。何谓"残忍"?这显然是一个包含价值判断的词语,伦理色彩颇为浓厚,其内涵和外延深受社会变迁的影响。不过,从古至今,"肢解、碎尸"肯定是其中之一。因为它突破人伦底线,是对死者人格利益的彻底摧残,是严重践踏社会最基本良知的行为,令人发指,天理难容。尤其对于死者的亲友以及有其他密切关系的人而言,若对这种情节不予评价,对行为人不进行从重处罚,就会诱发严重的仇恨心态,甚至导致其他恶性事件。

至于该论者的担心,即,因碎尸行为而导致"一个原本可以判处无期徒刑或者死缓的杀人犯被判处死刑立即执行"的问题,则与一些模糊认识有关,未免有些杞人忧天。

第一,这与应不应当将碎尸行为评价为酌定从重量刑情节不在一个层面。前者的要害在于"如何从重评价"以及是否评价过重?后者聚焦的是应不应当作为从重量刑情节。在这里,前者以后者为基础,两者不可混同。第二,对碎尸行为的评价是否过当,必须根据案件事实全面分析,不能认为,但凡在考虑碎尸行为后,将某一杀人犯判处死刑立即执行的,就一定是过度评价,就是变相的"间接处罚"。拿曾经轰动一时的"林育群杀人碎尸案"来说。法院经查证后认为,被害人李小葵曾打电话威胁过被告人林育群及其家属,并到林育群的单位反映其生活问题。在此情形下,林育群本应采取理性合法手段,改正自己生活作风,保护自己及家属的合法权益,但他却采取了杀人灭口、毁容、碎尸、抛尸等一系列残忍手段予以解决。而且,在肢解尸体、抛尸后,林育群到广东东莞用李小葵的手机发短信给李小葵的朋友,用李小葵的名字给其家中汇款,制造被害人李小葵仍在广东的假象。鉴于行为人的犯罪情节特别恶劣,依法必须严惩。因此,尽管学界对此案的处置颇有异议,①但不能简单认为,这就是"过度评价"或"间接处罚"。第三,退一步讲,即便认为"碎尸行为"在某一案件中被评价为酌定从重量刑情节后,的确对案件的结局(如判处死刑立即执行)起了重要作用,那也不能认为,这个评价本身就有问题。这就如同"压死骆驼的最后一根稻草"毕竟是"一根稻草"而非其他什么"超重之物"一样,并不能改变其性质。

6. 对"抢救费用"问题的论证过于牵强

除了"轻微伤"和"杀人后的碎尸行为"等例证之外,间接处罚禁止论者还援引德国学者布诺伊的观点指出,在某甲过失致某乙死亡案中,因某乙在死亡之前被送往医院尽力抢救,某乙的家属为此花费了 50 万元之多。这表明,某甲的过失行为还同时造成了某乙的家属 50 万元的财产损失。但是,如果将某乙家属 50 万元的财产损失作为从重处罚的情节,则形成了间接处罚。因为,过失导致他人 50 万元财产损失的行为原本不成立犯罪,不会受刑罚处罚。如果过失致人死亡的行为同时导致他人财产损失,进而在量刑时从重处罚,便间接地处罚了过失毁坏财产的行为。②

这一论证过于牵强。"毁坏财产"的行为可能导致财物损失,而在抢救人的生命过程中付出的必要费用,也是财产上的一大笔支出,可以看成是某种"损失",尽管两者似乎有某种共性,但在刑法解释论上,这种"损失"和"毁坏财产"行为导致的损失不可相提并

---

① 参见覃颖慧:"林育群杀人碎尸案的法理研究——以酌定量刑情节影响故意杀人罪死刑的限制适用为视角",北京师范大学硕士学位论文(2010 年),"摘要"。

② 参见〔德〕布诺伊:"量刑中的行为的非构成要件的结果的思考",载《东洋法学》1996 年第 2 号。转引自张明楷:"结果与量刑——结果责任、双重评价、间接处罚之禁止",载《清华大学学报(哲学社会科学版)》2004 年第 6 期。

论。因为,"毁坏"与破坏、损坏等同义,都是指"事物因受某种因素的影响改变了正常的状态或者性质",但是,因支付必要费用致财产减少或损失的,该财产恰恰是在"治病救人"方面发挥了应有的作用。因此,毁坏、破坏、损坏等行为与财物的改变之间当然具有直接的因果关系,不可能把直接致人生命垂危的行为解释成为毁坏财物的行为,尤其是,当该财物是为挽救生命而支出时,更不能被解释为该财产被"毁坏"。如果不顾"毁坏"一词"文义可能的射程"——"直接"导致财物的"性质改变",执意要将因支付救治费而导致的财物减损类比成"直接"致财物"毁坏",且要归因于甲的过失加害行为的话,其所谓的"间接处罚"之说更是难以成立。因为,在我国刑法中,对诸多责任事故类犯罪中导致的财产损失,是作为"重大损失"这一构成要素的内容之一来看待的,但该类"财产损失"都仅以"直接损失"为限。比如,重大责任事故类犯罪是过失犯罪,要求造成"严重后果"。这里的"严重后果",既包括人员伤亡,也可能是"直接经济损失"。按照司法解释,既然过失行为导致的"直接"经济损失达到100万元以上的就足以构成犯罪,那么,过失行为直接导致数十万元损失的行为,肯定应当按照从重量刑情节来对待。再如,拿交通肇事罪这一司空见惯的过失犯罪来说,根据司法解释,若行为人导致公共财产或他人财产"直接"损失,负事故全部或者主要责任,无能力赔偿数额在30万元以上的,就足以构成犯罪。显然,若置"直接"造成损失这一限定条件于不顾,就会把因各种过失加害行为导致的巨额救治费用解释成从重量刑情节,这将导致量刑情节评价中的严重误判。

7. 忽视了"间接处罚禁止"在中外刑法语境中的不同

从理论源头上讲,"间接处罚禁止论"属于舶来品。与某些来自德、日的刑法学说一样，引介者似乎未能详加审视该学说在中外（以德、日为例）刑法语境中的不同。核心问题体现在，如何判断是否为"刑法规范所阻止"及其范围。

仍以故意犯罪中的"轻微伤"问题为例。由于我国刑法分则规定了故意伤害罪，而总则中规定了犯罪的未遂、中止等形态，且没有限定适用范围，故理论界有观点认为，故意伤害罪也当然存在未遂。换言之，即便故意伤害行为为没有造成现实的伤害结果，也应当被追究刑事责任。[①] 但根据有关司法解释，故意伤害罪中的"伤害"，只有达到"轻伤"以上程度的才能被追究刑事责任。而"两高"联合发布的《关于常见犯罪的量刑指导意见（试行）》，也将故意伤害罪的量刑设定在业已造成"轻伤"以上。于是便产生了前述争论：对故意犯罪（如抢劫）中同时造成"轻微伤"的，是否应当作为酌定从重量刑情节予以评价。如果按照间接处罚禁止论的观点，显然是不应当作为从重量刑情节对待的。

但这种争论在德、日刑法学中不会发生。因为，德、日刑法中明确规定，故意伤害罪处罚未遂。况且，在日本刑法中还专门规定了暴行罪，此罪就是指"实施暴行而没有伤害他人的"情形。我国刑法与德、日刑法明显不同。虽然在我国，这一轻微伤结果被间接处罚禁止论者排除在外，但在德、日，即便是间接处罚禁止论者，也理所当然地会认为，对之应当进行评价。

此外，我国刑法分则中的不少犯罪属于"情节犯"，其构成要件之一是"情节严重"或者"情节恶劣"。比如，构成寻衅滋事罪的情形之一，就是"随意殴打他人，情节恶劣的"。而这里的"情节恶

---

① 参见张明楷：《刑法学》（下），法律出版社2021年版，第1120页。

劣",根据司法解释,就包括"致二人以上轻微伤的"情形。由此以观,故意伤害致人轻微伤的,虽说不能构成故意伤害罪,但可能构成寻衅滋事罪。如果认为这也属于为"刑法规范所阻止",即便是间接处罚禁止论者,也不应当将故意导致轻微伤的行为排斥于酌定从重量刑情节之外。

反观德国刑法,"情节特别严重"之类的表述,均不是作为犯罪成立要件出现的,只是"(情节)加重犯"的适用条件而已。而且,其对"情节特别严重"均会按照"一般是指"哪几种情形进行明确限定,解释空间有限。可见,如果将"刑法规范所阻止"拓展到不仅指"行为所触犯的刑法规范",也包括"其他刑法规范",此理论所引发的问题就更加不同。在德、日刑法中没有什么异议,在中国刑法语境下则不免疑窦丛生:司法解释的合理性是否应当受到质疑?如何理解司法解释?等等。比如,根据司法解释,"致二人以上轻微伤的"才属于寻衅滋事罪所欲阻止的情形,那么,仅造成一人轻微伤的值得评价吗?显然,这将会引发诸多争议问题。

再者,无论我国还是德、日等国,都没有将过失毁损财物的行为规定为犯罪,但如前所述,我国刑法中却存在诸多重大责任事故类犯罪。这些犯罪既然都是过失犯罪,各自的构成又都要求导致人员伤亡或造成重大财产损失,那么,因过失导致他人财物损毁的行为是否应被评价为"其他刑法规范所阻止",也就成为问题。比如,交通肇事罪是最大量、最常见的责任事故类犯罪,但长期以来,学界对司法解释中有关"行为人导致公共财产或他人财产直接损失,负事故全部或者主要责任,无能力赔偿数额在30万元以上的"就足以构成此罪的解释有颇多诘难,在此情形下该如何判断?即便德、日等国采纳所谓"间接处罚禁止论",也不会产生此类疑问。

总之，虽然"间接处罚禁止论"为一些德、日学者所倡导，在我国的刑法学界，其影响力也正与日俱增，但不得不说，这一学说缺乏深入论证，将之简单移植到我国，存在诸多弊端，应当予以否定。

## 第三节 个别化评价原则

### 一、"刑罚个别化"之争引发的思考

"刑罚个别化"是刑事近代学派与刑事古典学派在刑罚观上表现出来的重要区别之一。它涉及刑法的诸多重要方面，如刑法基本原则、刑事责任及刑罚目的等，是刑事立法、司法和执法活动中必须关注的重大问题。

一般认为，"刑罚个别化"最早是由德国学者瓦尔伯格（Wahberg）在1869年提出的概念，后来，经由法国学者塞莱尔斯（Saleilles）进一步理论化。在其发展过程中，李斯特作出了巨大贡献。1882年，李斯特在"刑法的目的观念"之演讲中，强烈主张以犯罪人能否改造、是否需要改造为标准对犯罪人进行分类，并在此基础上，根据犯罪人的不同情况，给予不同处遇以防再犯。比如，对机会犯罪人应处以罚金刑；对改善可能者，处以自由刑进行改造；对改善不可能者，则处以终身监禁刑或者死刑，使之永久与社会隔离。这种以犯罪人的性格和心理状况为标准而个别确定刑罚的见解，被称为刑罚个别化特别预防论。而作为刑事近代学派主要代表人物的菲利，则进一步提出了"除有必要审判犯罪之外还有必要审判罪

犯"的口号。这里的"审判罪犯",就是指根据犯罪人的个人特征适用刑罚,这也是刑罚个别化的要义之所在。

刑罚个别化原则,既体现了对不同犯罪人的区别对待,又体现出刑罚的适用应同教育改造罪犯所需的限度相适应,注重刑罚的特殊预防作用。但是,如果过分强调犯罪人的反社会性倾向,并以人身危险性作为适用刑罚的标准,就会为法官的主观臆断留下方便之门。因为,所谓的"反社会倾向"何时能被改造好,在对其判处刑罚时是难以预料的。而且若照此逻辑推演下去,普遍性地适用不定期刑就成为当然选择,这是难以被接受的。

因此,如何正确认识刑罚个别化思想,在消除其弊端的同时保留其进步意义,就成为各学说关注的重点所在。

从一定程度上讲,刑罚个别化的依据是行为人的人身危险性。离开了人身危险性这个概念,刑罚个别化就失去了基础。但对人身危险性的具体含义,理论界并没有取得一致意见。刑事人类学派强调犯罪人的生物学因素,刑事社会学派则强调犯罪人的社会学因素。在我国学界,尽管有主张认为,人身危险性是再犯可能性和初犯可能性的统一,但通行的观点是,所谓人身危险性,就是犯罪人对社会所构成的威胁,即再犯罪的可能性。

在司法实践中,若要根据行为人的人身危险性适用刑罚,就必须确定行为人人身危险性的大小,而究竟怎么确定,无疑是个大难题。

一种观点认为,犯罪人的个人情况是测定犯罪人再犯可能性即人身危险性的根据。而所谓犯罪人的个人情况,就是犯前、犯中和犯后的情况。另一种观点认为,犯罪人的个人情况,主要是那些能够对刑罚特殊预防作用的发挥产生影响的情况,具体包括:实施犯罪的原因，如实施犯罪是蓄谋已久还是迫于无奈，抑或出于义愤等；犯罪过程中行为人的表现，如犯罪的实施是坚决主动还是犹豫不决，或者被动实施；犯罪后的表现，如犯罪后是真诚悔悟还是拒不认罪等；行为人的知识结构、生活经历等。[①]

刑罚个别化，既包括量刑个别化也包括行刑个别化。[②] 但对什么是量刑个别化，却存在不同见解。有论者主张，所谓量刑个别化，是指在裁量刑罚时，应当考虑犯罪人的人身危险性因素，使刑罚的轻重与犯罪人的人身危险性相适应。有观点认为，所谓量刑个别化，是指在定罪基础上，把相关法律规范与具体犯罪的各种事实相结合，并在一定刑事政策、量刑原则的指导下，依一定方法形成与反映犯罪行为的社会危害性和犯罪人的人身危险性等方面的事实相适应的量刑结果的刑事裁量活动。[③]

可见，从量刑个别化的源头即"刑罚个别化"问题的本义上讲，量刑个别化指的是以犯罪人的人身危险性的不同而在量刑时区别对待。但从现代各国的量刑原则来看，没有哪个国家或者地区仅仅以或者主要以人身危险性大小来裁量决定刑罚。因此，量刑个别化

---

[①] 参见游伟、王恩海："刑罚个别化思想与我国刑法的发展"，载《华东刑事司法评论》（第八卷），法律出版社 2006 年版。亦有论者认为，刑罚个别化还包括制刑个别化。比如在立法上，对不同的罪行（和罪犯）规定不同的刑罚方法及其幅度，根据刑罚的目的考虑犯罪及犯罪人的个别情况，等等。参见邱兴隆、许章润：《刑罚学》，中国政法大学出版社 1999 年版，第 22—24 页；又见翟中东：《刑罚个别化研究》，中国人民公安大学出版社 2001 年版，第 242 页。但是，立法者面对的是一般人，立法中有关犯罪类型及其刑事责任的规定，都是类型化的规定，不可能针对某个特定的人。

[②] 参见游伟、王恩海："刑罚个别化思想与我国刑法的发展"，载《华东刑事司法评论》（第八卷），法律出版社 2006 年版。

[③] 参见石经海：《量刑的个别化原理》，法律出版社 2021 年版，第 56—57 页。

的根据应当是全面衡量犯罪行为的社会危害性程度和犯罪人的人身危险性大小等各种因素,而且应当以前者为主。

尽管学者们对量刑个别化的内涵存在不同观点,但有一点是相同的,即在量刑过程中,必须坚持个别化原则。既然量刑的实质就是评价,那么,个别化评价原则当然是量刑事实评价的又一项基本原则。

## 二、量刑评价"个别化"的意义

量刑是一种旨在把法定的罪刑关系转换成具体、现实、确定的罪刑关系的活动。质言之,量刑活动就是量刑个别化的活动。因此,量刑个别化是量刑的本体,是量刑个体化、具体化、个性化的统一,它上承"求刑个别化"下启"行刑个别化",在整个刑罚的适用中举足轻重。

量刑的个别化评价与量刑的全面充分评价密切相关。全面充分评价,从本质上讲也应当是个别化评价。因为,只有结合具体的案件,考察具体案件中的行为人,才能真正做到全面充分评价。而根据案件的不同特点,尤其是行为人的不同情况进行评价,正是个别化评价的核心要义所在。当然,全面充分评价原则与个别化评价原则毕竟不同:前者关注的是"宏大叙事"层面,强调的是评价什么、对哪些事实应当进行评价,而且旨在从积极方面强调,对所有的量刑事实都要进行全面充分的评价,不能有遗漏;后者关注的是微观层面,强调的是怎样评价、怎样做到"恰到好处",其虽然也属于积极评价,但关注的是案件的特点,尤其是行为人的特性等细致入微的问题。

量刑的个别化评价与禁止重复评价,两者则是从微观层面、从怎样进行评价方面相得益彰的"一体两面"关系:个别化评价不可触碰"禁止重复评价"的底线,否则就不是个别化评价;在不少情形下,禁止重复评价并非一个宏大叙事的话题,因为对是否属于"重复评价"并应当被"禁止",往往需要结合具体案件、结合行为人的情况详加甄别。换言之,这是一个在个别化评价过程中仔细分辨、反复权衡的结果。

量刑个别化评价原则体现着罪刑相适应原则的实质要求。罪刑相适应原则,要求重罪重判、轻罪轻罚,做到罪刑相当、罚当其罪。这意味着,刑罚裁量必须与犯罪的性质、犯罪情节和犯罪人的人身危险性相适应,必须考虑个案的不同。可见,罪刑相适应原则包含着量刑个别化的观念,罪刑相适应必须是量刑个别化基础上的相适应。故量刑个别化必须以罪刑相适应为引领,不能罔顾犯罪的性质及危害程度,漫无边际地搞个别化。因此,在量刑领域,罪刑相适应原则与量刑个别化互为表里,从结果和过程层面做到"各司其职":罪刑相适应更关注裁量结果的相适应;量刑个别化旨在强调,在量刑评价的"过程之中",应当在罪刑相适应原则的引领下恰如其分地进行评价。

应当强调指出,随着国际刑事追逃力度的不断强化,"量刑承诺"这一国际引渡及遣返实践中的通行做法也将会越来越受到重视。而量刑承诺肯定要因案而异,尤其是要因行为人居留地所在国的法律制度的不同,以及因其与我国双边关系的不同,做到区别对待。显然,强调量刑承诺中的个别化评价,更具有重大的现实意义和理论价值。

## 三、个别化评价原则的适用问题评析

### (一)"从无期徒刑到5年有期徒刑":"巧合"背后暗藏的评价机理

让人们记忆犹新的"许霆案",[①] 对其的争论主要集中在行为人是否有罪以及构成什么犯罪上。但是,此案之所以引人关注,最初的诱因其实是一审宣告的量刑:判处无期徒刑,剥夺政治权利终身,并处没收全部个人财产。限于本书的论题,对此案的有无罪之争不再赘述,仅结合此案二审中的量刑对个别化评价原则的适用展开讨论。

个别化评价关注的是案件的特性,尤其是行为人的人身危险性。此案是当时广东省内尚未发生过的新型案例,[②] 特殊性自不必说。其实,该案最大的特殊性就在于:犯罪的"数额特别巨大且难

---

① [案例4.许霆案]"许霆案"是近十多年来广受关注的一起经典案例:2006年4月21日,在广州某法院当保安的打工者许霆,到广州某银行ATM机取款。他将借记卡插入机器,输入密码,想取卡中170多元中的100元。可在操作时不慎多按了个"0",提款数额变成1000元,但ATM机竟然依其指令吐出了1000元,并只在其账户上扣除了1元。许霆尝试性地重复以上做法,依然如此。于是,他连续取款171次共计提取人民币17.5万元,之后潜离广州。广州某银行发现许霆账户交易异常后,经多方联系许霆及其亲属,要求退还款项未果,遂向公安机关报案。2007年5月22日,许霆在陕西省宝鸡市被抓获归案。2007年11月20日,广州市中级人民法院一审以盗窃罪判处许霆无期徒刑,剥夺政治权利终身,并处没收个人全部财产。此判决在社会上引起了强烈质疑。经广东省高级人民法院裁定,于2008年1月9日发回广州市中级人民法院重新审判。2008年3月31日,此案重审以盗窃罪判处许霆有期徒刑5年,并处罚金2万元。

② 此案发生之后,在广东地区及其他省市又发生了数起被称为"某某许霆案"的类似案件,而"惠州许霆案"因其判决书的论证说理出色曾一度在网络上获得好评如潮。

以追赃"而"犯罪人的再犯可能性却极低"。有论者更进一步指出，此案的特殊性在于"ATM 机异常"，即被害人（银行）存在过错。银行的情况类似于"诱导"犯罪，使一个原本没有犯罪意图的人临时产生了"便宜不占白不占"的冲动。如果他一辈子没有遇到类似情形，也许一直会是一个奉公守法的公民，不会沦为罪犯，但银行的错误使他成为罪犯。尽管此案中，银行一直称自己是"受害者"，但93.8%的受访者认为，银行应该为 ATM 机出错承担法律责任。[①]

的确，不少普通人若遇到他那种"天赐良机"恐怕也难抵诱惑，何况一个经济上捉襟见肘的年轻打工者。再加之，对于此种在现代科技条件下出现的新现象，人们的生活经验还没有形成一种"它是犯罪"的明确意识，相反，大多数人可能会认为这是一种幸运。而且，即便在熟稔法律事务的专家学者及律师法官之间对此也是各执一词，故对许霆不应提出从事适法行为的过高期待。由于这种"天赐良机"般的取款概率比买彩票中大奖还低得多，无论对其本人还是对其他人，都不具有可复制性和模仿性，因此，无论是基于预防行为人再犯还是威慑别人不要去犯，都无必要科处严厉的惩罚。

如果泛泛而论，对如何根据"人身危险性"的大小来进行个别化评价，人们的主要担忧是，该判断是否过于随意而导致主观臆断。但具体到许霆案，人们一致认为，判断许霆的主观恶性不大及其再犯可能性极小，似乎没什么困难。尽管许霆不仅连续"盗取"钱款170 余次，还将此事告知他人，随后又在潜逃的过程中将巨款损失一空，被抓后分文未追回，但是，他是在一般人难以抵制的诱惑下"疯狂取款"的，并为了"有福同享"将此"天赐良机"告知了好友。

---

[①] 参见李兰英："量刑的技术与情感"，载《政法论坛》2009 年第 3 期。

虽然巨额款项很快被亏损一空,但这是因其被骗或缺乏投资理财能力所致,与其主观恶性或者再犯可能性没什么关系。

相反,据调查了解,许霆在初中毕业后参加过短暂工作,而后复读又考入高中。高考失利后曾前往一所农业大学学习市场营销,而后在一家公司做销售,业绩比较出色。虽然经历了不少挫折,但还是积极上进。从其基本情况来看,并不存在反社会性人格。总之,犯前情况表明,他是个老实本分的青年,之前并无任何刑事违法记录,虽然因受引诱而走向犯罪道路,但主观恶性明显很小。考虑到一般人在面对许霆的处境时可能也难以抗拒取款机居然多"吐出"钞票这一巨大诱惑,那么,ATM机故障就成为不可归责于当事人的重大因素。从犯中情况看,许霆在明知自动提款机存在故障的情况下,虽然连续多次取走不属于自己的钱财,但与那些利用犯罪工具、故意破坏金融设施而窃取钱财的行为完全不具有可比性。就犯后表现来看,许霆作案后在逃匿过程中有退款意愿,但银行方面坚持警方介入的态度让他产生退却心理。许霆在重审时表示,一直是希望能够退赃的,把钱还上才对得起自己的良心,并希望父亲能兑现承诺归还涉案款项。由于所取得的赃款系因被偷、投资、买彩票、生活消费、租房等才花费一空,而非肆意挥霍,所以据此认定"许霆的再犯可能性极小,对其改造的难度不大"应当没什么疑问。

既然如此,就应当根据其"人身危险性极小"这一可以确证的情形量刑。关键是,在其所犯盗窃罪"数额特别巨大"的情况下,如何做到"罪刑相适应"?

对于此案,必须考虑公众朴素的量刑情感。因为,司法环节的核心使命就是要"努力让人民群众在每一个司法案件中感受到公平正义",而公平正义是人们朴素的法感觉,因此,判决结论欲使公众能够接受,就不得违背基本的"常识、常情、常理"。不过,此案的难点在于,如何在技术层面论证这一量刑的合理性。否则,即便"轻判"了许霆,同样不能服众,反而徒增更为激烈的论辩和质疑。因为,一审、二审得出的判决结果反差极大,还可能造成民意的失落:法律原来如此不堪一击,法律的弹性居然如此之大!①

事实上,就有论者指出:"广州中院对许霆案所作的改判就有滥用自由裁量权之嫌。与刑法所确立的法定减轻情节相比,该法院所选择适用的'酌定减轻刑罚'的情节是不可同日而语的;该法院将法定最低刑为无期徒刑的行为降为5年有期徒刑也是缺乏令人信服的裁判理由的。""该法院不仅对大量足以显示应对被告人从重量刑的情节置之不理,对本案的两项'酌定减轻情节'作出了任意的扩大化解读,还对这些减轻情节对量刑的影响进行了令人难以信服的解释,以至于作出了从无期徒刑到5年有期徒刑这一令人惊愕的改判。"②

当然,也有研究者认为,此案重审后宣告的量刑(5年有期徒刑)既合法又合理。其理由是:在本案中,许霆不仅一再盗取,还将ATM机出错之事告知他人,引诱他人犯罪,随后更在潜逃中将巨款挥霍一空,被抓获后分文未追回,整个过程并无任何可以从轻或减轻的法定量刑情节。因此,法院在法定刑范围内处刑并无不妥。然而,本案虽然不存在法定从宽处罚情节,但存在诸多酌定从宽处罚情节,大体如下:其一,本案社会危害性不大。其二,犯罪者的人身危险性不大。其三,法定刑起点与案件的具体情况不相适应。此案审判时的"数额特别巨大"标准(人民币3万元至10万元以上),

---

① 参见李兰英:"量刑的技术与情感",载《政法论坛》2009年第3期。
② 参见陈瑞华:"脱缰的野马——从许霆案看法院的自由裁量权",载《中外法学》2009年第1期。

是1998年3月颁行的《最高人民法院关于审理盗窃案件具体应用法律若干问题的解释》规定的,彼时的情况已不符合此时的社会经济现状,不应机械地适用这个落后于时代经济状况的标准,而应考虑酌定从宽处罚。[①]

但为什么是5年而非3年、7年……,尚无值得深思的说明。

其实,翻阅有关许霆案量刑问题的评判文章,也鲜有对此作出的建设性阐释。要么认为,改变定性,如,改为无罪,或改为侵占罪等;要么认为,应当修改立法,进一步明确刑法第63条第2款的规定;等等。足见此问题难度极高,在短期内似乎无解。

不过,值得关注的是近年来另一个同样影响颇大的案件——于欢案。[②]

---

[①] 参见石经海:《量刑的个别化原理》,法律出版社2021年版,第379—381页。

[②] ［案例5.于欢案］2014年7月,因公司资金周转问题,于欢之母苏某找到吴某,并向其借款100万元,口头约定每月利息为10%。苏某虽然分批偿还款项给吴某,但始终未能还清。2016年4月14日16时许,吴某纠集杜某等人到苏某所在的源大公司讨债,采用呼喊、盯守等方式催促苏某还款。晚上20时许,根据吴某等的要求,于欢随母亲苏某到办公楼一楼接待室。当晚21点后,杜某等人进入该室并讨债。其间,苏某及于欢的手机被强行放在办公桌上,遭受讨债人员的侮辱性言语攻击,苏某胸前被烟头恶意弹到,杜某还恶意裸露下体,对于欢及其母做出猥亵性动作。经他人拦阻,杜某才停止该种猥亵性行为。其后,杜某强迫苏某闻于欢的鞋子,被苏某拒绝。此外,其他讨债人员和杜某还击打于欢脸颊、揪其头发、按压其肩膀、不让其站起来,等等,限制于欢人身自由。当晚22点后,民警接警后赶来,粗略询问了情况,告诫双方不能打架,便欲离开。于欢及苏某也欲和民警一起走,却被杜某等人强行拦阻,并强迫于欢坐下。因于欢反抗,被杜某等人扼住喉咙且推至墙角。混乱之中于欢从桌上摸到一把水果刀并告诫杜某等人不要靠近。但杜某不予理睬,继续靠近并用言语挑衅于欢,于欢防卫中挥刀乱舞乱捅,致使杜某失血性休克死亡,其余讨债人员两重伤一轻伤。山东省聊城市中级人民法院以故意伤害罪判处被告人于欢无期徒刑,剥夺政治权利终身;山东省高级人民法院认定于欢的行为具有防卫性质,但明显超过必要限度,导致重大损害的后果,构成故意伤害罪,应负刑事责任,依法减轻处罚,改判其有期徒刑五年。

此案也是在有罪无罪问题上争议不休（究竟是正当防卫还是防卫过当？专家之间的观点也截然对立）；[1]也是被一审法院判处无期徒刑；也是经媒体曝光，受到社会各界的极大关注，并引起最高人民法院的高度重视；也是被害人一方存在严重过错；也都是在各自"罪名"中"后果特别严重"（"盗窃"数额远超出"特别巨大"，故意伤害致"一死两重伤一轻伤"）；也是被二审改判为有期徒刑5年。两起案件，颇多相似之处，都是从无期徒刑改判为5年（不是3年，也非7年），这其中是否暗含着值得发掘的量刑评价机理，值得探究。

本书认为，既然该两起案件都已经导致严重后果，都是"故意所为"，故若认为已经构成犯罪，那就不可能评价为轻罪。[2]而轻罪的法定刑，一般认为在3年以下，所以不应当被判处3年。但是，在这两起案件中，被害人一方的过错对直接导致严重后果具有不可推卸的责任，相反，行为人都没有太大的主观恶性，更谈不上再犯可能性，从特殊预防与一般预防的角度看，都不值得判处较重刑罚。因此，按照有期徒刑的1、3、5、7、10、15年的递进层级，判处最靠近"轻罪顶格刑"（3年）之上的一级（5年），似乎是最佳选择。

尽管刑法第63条第2款的规定过于原则，对其如何适用尚存在争议，但该两起案件的终局量刑结果，在社会上并未引起什么大的波澜，还是可以接受的。而且，两个案件的行为人在服刑后由于

---

[1] 关于"许霆案"的讨论，详见陈航：《民刑关系基础理论研究》，商务印书馆2020年版，"代前言"及"第四章"有关部分。对于"于欢案"的定罪问题之争，限于本书主题，在此不赘。本书对该两起案件量刑评价的讨论，仅仅是在案件已有的司法定性基础上进行的。

[2] 对该两个案件是否构成犯罪，学界及坊间均争议颇大。因主题所限，本书仅基于生效判决，就量刑问题进行分析。

第四章　量刑决策中的事实评价原则

认真接受改造,都已经提前出狱。事实也证明,这两个判决起到了定分止争、化解矛盾、预防犯罪、教育改造的效果。

这意味着,在量刑个别化评价中尤其应当注意如下几方面问题:

第一,要高度关注案件所造成的危害后果。如果后果特别严重或数额特别巨大,就不可能按照轻罪量刑。第二,但凡案件的起因是由被害方所引起,而行为人处于被动的,甚至是难以抵御的诱惑(或激愤)状态下,只要能够证明行为人没有较大的主观恶性,没有再犯可能性,就应当按照最接近轻罪法定刑的刑罚层级(5 年)来评价。第三,量刑的个别化评价,尤其是对备受社会各界关注的热点案件的量刑,怎样才不至于背离"常识、常情、常理",有一个试错过程。显然,此两起案件的一审量刑是严重背离公众法感情的,必须予以否定。而二审的改判起到了纠偏改错的作用,其量刑决策值得肯定。第四,也许,此类案件值得进一步发掘整理,形成可资借鉴的"指导性案例",这样日积月累,富有特性的个别化量刑评价机制就会水到渠成。

**(二)从"不作为""间接故意"的判断看个别化评价中的"事实归纳"**

量刑中的个别化评价,建立在对特定案件事实细致入微、精准全面的把握之上。案件事实是客观存在的,但对事实的"归纳"并进而塑造量刑事实的法律品格,却可能因人而异、因案不同,必须详加甄别。

[案例 6.亓某被害案]2001 年 2 月 4 日下午 4 时许,在某大学攻读研究生的亓某陪同新婚妻子杨某在离家不远的坝子附近散步。某市颍州区西湖镇前工商所干部韩某、西湖粮站站长赵某、马寨乡

169

供电所职工穆某和无业人员张某等4人,坐一辆喷有"法院"字样的车辆(经查此车系由原某市某区法院转卖给私人),酒后回家,路经泉河坝子附近,距亓某夫妇位置很近处下车小便。

此举引起亓某夫妇不满,亓某说了声"真没修养",引起4人一阵殴打。亓某夫妇被迫逃跑,但4人仍不罢休,韩某遂开车追赶,其他3人徒步追赶,一直追到另一个坝子继续殴打亓某夫妇,其中1人拿着一根铁棍上来猛击亓某。亓某保护妻子突围跑掉,自己却被这4人追打受伤掉入旁边的泉河。亓某大声呼救,4人不仅不救,还拾起河边的石块向河中的亓某砸去。4人眼看亓某沉入水中后,又再次去追打亓某的妻子杨某。杨某在坝子一户农家的草垛中躲藏起来,才幸免于难。①

2001年3月20日,安徽省某市中级人民法院一审公开审理此案。法院审理认为,被告人韩某构成寻衅滋事罪、故意杀人罪,情节恶劣,后果特别严重,社会危害性极大,应数罪并罚、依法严惩。于是,一审当庭宣判:被告人韩某犯故意杀人罪,判处死刑,剥夺政治权利终身;犯寻衅滋事罪,判处有期徒刑5年。数罪并罚,决定执行死刑,剥夺政治权利终身。韩某不服提出上诉。二审法院维持了原判。2001年4月11日,犯罪人韩某被依法执行了死刑。

对于此案,有论者认为,尽管从庭审调查的事实和证据来看,对行为人所犯的两罪,定性上大体可行,但其量刑却严重背离了个别化原理。核心理由是,对量刑情节的提取和适用不当,从而使量刑结果与其反映的犯罪行为的社会危害性及犯罪人的人身危险性

---

① 参见"'安徽研究生遇害案'惊动公安部",载中国新闻网,http://www.chinanews.com.cn/2001-02-10/26/69270.html,2022年6月9日最后访问。

不相适应。其一,此案属于不作为犯罪。被害人是因犯罪人的不作为致使其"溺水身亡"。其二,此案属于间接故意犯罪。即被告人韩某明知自己的行为可能危及他人生命,但放任这种后果的发生,导致亓某溺水身亡。此案行为人虽然成立故意杀人罪,但并非"情节恶劣,后果特别严重,社会危害性极大"。因为,不作为犯罪的情节一般没有作为犯罪那样恶劣,间接故意犯罪行为的社会危害性一般也没有直接故意犯罪那样大。也正基于此,实践中一般对不作为方式和间接故意实施的故意杀人不考虑适用死刑。①

本书对此观点不予认同。第一,论者的核心理由是,此案中的故意杀人罪既属于不作为犯罪,也属于间接故意犯罪,而无论是不作为的故意杀人罪还是间接故意杀人罪,"一般"都是不适用死刑的。但是,即便此案成立不作为杀人和间接故意杀人,有"一般"就意味着有例外。倡导个别化评价,恰恰就是不应动辄拿"一般"说事,而是要强调一案一议、具体案件具体分析。此案是否应当作为"例外"评价?为什么?其论证语焉不详。第二,更何况,此案不属于"不作为犯罪"。因为,此案被害人是被韩某等人围追堵截、逼打下水而"溺水死亡"的。在这里,该论者之所以主张成立不作为,把强调的重心集中在了"溺水死亡"之上,而有意无意地忽视了被害者是在被围追堵截、无路可逃时"被逼落水"的这个根本原因。问题是,一个被数人追打受伤掉入宽约 100 米、深近 7 米的冰冷河中的人,当然会面临溺水而亡的极大危险,而被害人之所以溺水而亡,正是韩某等人积极的行为(追打)导致的结果。应当把整个过程视为一个有机整体(追打致落水死亡),而不是仅仅截取其中一段,强

---

① 参见石经海:《量刑的个别化原理》,法律出版社 2021 年版,第 387—390 页。

调"溺水而亡"。就如同行为人下毒后,被害人毒性发作,行为人不救助而作壁上观,大概不能评价成"不作为",也不应当说被害人死于"药物中毒",而应当评价为"毒死被害人"一样,此案是数人围追堵截、肆无忌惮、极为残忍地逼死被害人。第三,此案也不属于"间接故意杀人"。此案的犯罪人嚣张专横,借着酒劲,将惊慌逃离、满身是伤的被害人逼打掉落至冰冷的深水之中,然后拿着致命的铁棍在岸边继续堵截,并向身处险境、危在旦夕的落难之人抛扔石块打砸,这哪里是置行为人的安危"无所谓"的"放任"态度!这分明是在落井下石,欲置之死地而后快。正因为此,亓某的悲惨之死拨动了人们脆弱的情感之弦,引发了群情激愤。将韩某这种泯灭人性的邪恶之徒判处死刑并立即执行,当然是深得民心的,能使人们在这一案件中感受到公平正义。

要言之,尽管一般认为,在量刑评价中,不作为犯比作为犯较轻,间接故意犯也轻于直接故意犯,但应当把行为看作一个整体,并从整体上把握因果关系。要注重借助案件的"细节"把握行为人的主观态度,不能由"一般"代替"个别",尤其是不应当把作为混同于不作为、把直接故意误认为是间接故意。"细节中掩藏着魔鬼",个别化评价时稍不留神就可能导致误判。这是法律人分析案情时必须时刻紧绷的一根弦。

### (三)"花甲老人的无心之过":个别化评价的无形力量

如所周知,刑法以处罚故意为原则,以处罚过失为例外。但随着社会的发展,过失犯罪正日渐增多,而且就其造成的严重后果来讲,有时比故意犯罪有过之而无不及。比如,一直呈上升趋势的交通肇事罪不仅是当今的头号过失犯罪,也是最大的"马路杀手"。世界各地因交通肇事导致的死伤案件,令人触目惊心,各种暴力犯罪导致的死伤数量汇总起来大概也难以望其项背。但另一方面,过失犯罪的行为人往往是无心之过,既没有多大主观恶性,也没有多大人身危险性。因此,其与前述故意犯罪案件的个别化评价有着重大的不同。

［案例7. 花甲老农失火毁林案］2006年8月29日晚9点,帮助其他村民抢收稻谷、辛苦劳作完一天后,邱某和周某两人结伴回家。因天色已晚,为看清山路,两人用麻秆儿做成火把赶路。走到半路时,邱某的火把快要熄灭了,就把它扔在路边,和周某继续赶路。他们俩都以为扔的麻秆儿火把已经熄灭,但直到他们走到山下的公路上时,才和山下的巡逻队一起发现山上着火了,且火势十分迅猛。他们急忙返回山上救火。因道路难行,消防车开不上去,只能人工灭火。经过消防员和村民一起救火,直到凌晨才算控制住大火。但共计142.3亩山林在大火中被毁,还有9000多株马尾松燃烧殆尽,共计造成直接经济损失5万余元,间接损失17万余元。一场山林大火,使村民们几十年的辛苦付诸东流。加之因导致土地裸露,水土流失情况将会频发,更容易引起自然灾害。这突如其来的变故让两位老人特别后悔。事后,他俩主动向公安机关承认自己惹下的祸端。

司法人员了解到,两位老人在村子里都是老实本分之人,从未做过什么坏事。往年农忙时节,在把自己家稻谷收完后总会帮助其他人。村民们表示:他们愿和二老一起,恢复山上植被,恢复绿色生态。两位老人更是多次提出,想要到山上去种树,种很多的树,用实际行动弥补自己的过失。

2006年10月,法院在一审中认为,两位老人虽然是无心之举,但的确给国家和人民造成了很大的损失,所以对邱、周二人分别作出了 3 年 6 个月和 3 年刑期的判决。两人上诉,并在重庆市第二中级人民法院二审过程中表示真诚悔罪,愿全力弥补损失,将过火山林全部种上树苗,还要动员全家和所有亲属一起完成补种工作。鉴于两人均年逾六旬,且发现失火后曾返回现场扑救,归案后认罪态度好,重庆市第二中级人民法院于 2006 年 12 月 28 日作出终审判决:改判邱某有期徒刑 3 年、缓刑 4 年,改判周某有期徒刑 3 年、缓刑 3 年,同时责令两人回家后在因失火林木被毁的山头种树。

对于法院的判决,人们表示理解和支持,邱、周二人也下定决心,不辜负国家和村民对他们的信任。

2007 年的植树节,在曾经被烧毁的山头上,两位老人和村民们一起上山植树。邱某和周某不仅到山上植树,而且还成了村里爱护山林、预防山林大火的宣传员。他们在村子里跟大家讲述山林大火的危害,还以身说法,告诫大家千万不要像他们那样犯下不可挽回的错误。经过年复一年的努力,在大家齐心协力的奋斗之下,山上变得郁郁葱葱。邱某和周某也自发地成为了护林员。他们每天都要到山上走一走,看一看,随时关注着小树苗的生长情况,用心呵护整片山林。尽管他们应该完成的种树任务早已经完成了,但每天照看这片山林已经成为了习惯,他们还是不停地到山上巡视,拿着树苗种树。[①]……周某于 2021 年病逝,享年 84 岁。最后一刻,他留给大家的话还是"一定要守护好这片山林"。

2022 年 5 月的一天,当已经 80 岁高龄的邱某在乡亲们的搀扶下,来到十多年前他和周某因过失烧毁的山林前时,看着眼前生

---

① "老汉粗心烧山 142 亩,法官史无前例判种树",载《重庆晨报》2007 年 3 月 11 日。

机勃勃的树林,他满含热泪,禁不住喃喃自语:"多种树,还是要多种树呀!"[①]

由于网上的不少人将这一判决誉为"人性化"判决,有论者强调指出,本案的量刑,既不是一个特别的人性化量刑,也不是一个违法的量刑,而只是一个有法有据并体现了法律效果与社会效果有机统一的常规化量刑。因为,所谓的人性化量刑,只不过是量刑个别化的表现而已,并不具有超出量刑个别化的特别意义。[②]

本书对此也深以为然。但新闻媒体从通俗的意义上将此案二审判决誉为"人性化"判决,与一审判决相比,也并不为过。从此案产生的效果来讲,正是对量刑决策活动孜孜以求的"法律效果、政治效果、社会效果相统一"的生动实践,堪称刑法"铁血"叙事中的一则暖心案例。

## 第四节　第二级量刑中的事实评价原则

众所周知,定罪是以"一人犯一罪且既遂"为基本预设的。与此相关联,量刑决策也是以一罪一罚为模板设计的。这从"两高"的有关量刑指导意见没有涉及数罪并罚中的第二级量刑可以明显看出。毋庸置疑,全面评价原则和禁止重复评价原则,首先是一罪一罚时必须坚持的量刑评价原则。在数罪并罚时,由于分别涉及第

---

[①] 参见"2006 年六旬老人粗心烧毁 142 亩山林,被判四年缓刑后坚持植树 16 年",https://baijiahao.baidu.com/s?id=1731166052717689157&wfr=spider&for=pc,2022 年 6 月 10 日最后访问。

[②] 参见石经海:《量刑的个别化原理》,法律出版社 2021 年版,第 392 页。

一级量刑和第二级量刑,在此情形下如何进行量刑评价,是一个尚未达成共识的问题,值得特别关注。

## 一、数罪并罚及其"第二级量刑"辨析

"第二级量刑"概念属于舶来品,国内学者鲜有关注。从德国学者的论述来看,第二级量刑与第一级量刑相对。一般的量刑规则只是针对单一犯罪行为确定单一刑,此即第一级量刑;所谓第二级量刑,则是通过提高最重的单一刑以形成总和刑的过程。数罪中的总和刑形成过程属于第二级量刑。[①]

在我国,数罪并罚意味着"两级"量刑:首先是对各罪逐一分别量刑,这是第一级量刑;然后按照一定原则与方法,决定应当执行的刑罚,这属于第二级量刑。这里的"第一级"不可混同于"第一次",因为,对数罪的逐一分别量刑,本身就是数次量刑而非"一次"量刑。这里的第二级也不是"第二次",而是第"N+1"次。这里的"N"是指,数罪并罚中分别就数罪予以量刑的"次数",而"1"就是在对数罪分别量刑后,根据一定的原则和方法决定应执行的刑罚,这是"一次性"量刑。

如所周知,数罪并罚的原则,世界上大多数国家或地区都采取折中原则或混合原则,即根据不同的情况兼采吸收原则、并科原则和限制加重原则等三大原则,我国也不例外。如前文所述,量刑简称"刑之酌科",它意味着自由裁量权的行使,但在按照吸收原则和

---

① 参见〔德〕汉斯-约格·阿尔布莱希特:《重罪量刑——关于刑量确立与刑量阐释的比较性理论与实证研究》,熊琦、魏武等译校,法律出版社2017年版,第428页。

并科原则决定应当执行的刑罚时,其实是不存在自由裁量空间的,不可能酌情决定,而只能是严格按照法律规定来决定,所以,真正的"第二级量刑",只发生在按照限制加重原则决定应当执行的刑罚之时。

但在采用限制加重原则的国家或地区,因限制加重方法的不同,具体可分为两大类型,即加重单一刑主义和加重综合刑主义。前者是指,根据法律提高最重之罪的法定刑从而形成处断刑,然后在该处断刑的范围内确定执行刑。比如,日本刑法中采用的并合罪之加重即是如此。后者是指,对数罪分别定罪量刑,然后在数刑中的最高刑之上、数罪的总和刑期之内,根据一定的规则确定应当执行的刑罚。我国《刑法》中规定的限制加重即是这一立法的体现。我国台湾地区"刑法"中的限制加重也是采取加重综合刑主义立场。

其一,但凡采取加重单一刑主义的,其加重的基础不是数罪中最重之罪的拟判刑,而是其法定刑。因为,既然不分别定罪量刑,那就没有所谓的数罪中最重之罪的"拟判刑"。与此不同的是,但凡采取加重综合刑主义的,都是以数罪中某一最重之罪的拟判刑为加重基础的。其二,加重单一刑主义模式下,所谓的数罪并罚其实并不存在真正意义上的"第一级量刑",所形成的仅仅是一个处断刑。处断刑的形成严格来说不属于量刑范畴,而是对法定刑的再调整。在加重综合刑主义模式下,则存在严格意义上的"第二级量刑":第一级是对数罪的分别量刑,第二级是在数罪中最高刑之上、总和刑之下的"裁量"。其三,两种量刑模式所体现的刑罚思想不同。加重单一刑主义是以新派刑法理论中的性格责任论为基础的。据此理论,责任非难的对象不是各个犯罪行为,而是行为人反社会的危险性格。既然如此,对数个行为背后的危险性格,就应当综合判断、整体评价,而不可能采取"一罪一评价"的数罪并罚方法。加重综合刑主义则恰恰相反。它是以古典学派的行为责任论为根基的。在其看来,犯罪是危害社会的行为,一个行为构成一罪,按照罪刑相适应原则,当然是一罪一刑,应该分别评价。[①]

梳理这些特点,对分析不同国家或地区的学者有关限制加重原则的适用,尤其是有关第一级量刑和第二级量刑评价的观点具有重要的认识论意义。

## 二、"第二级量刑"中的事实评价方法检视

我国《刑法》第 69 条规定:"判决宣告以前一人犯数罪的,除判处死刑和无期徒刑的以外,应当在总和刑期以下、数刑中最高刑期以上,酌情决定执行的刑期,但是管制最高不能超过三年,拘役最高不能超过一年,有期徒刑总和刑期不满三十五年的,最高不能超过二十年,总和刑期在三十五年以上的,最高不能超过二十五年。"在这里,关键的就是如何"酌情"。因此,有必要梳理学界提出的各种限制加重模式,对"第二级量刑"中的事实评价方法逐一检视。

### (一)自由裁量法

持此说者认为,按照限制加重原则计算刑期,会出现一个新的量刑幅度。在这个新的量刑幅度内,审判人员可以根据案件的不同情况,把原则性和灵活性结合起来,在总和刑期以下、数刑中最高刑期以上,酌情决定适当的刑期。

---

① 参见张明楷:"数罪并罚的新问题",载《法学评论》2016 年第 2 期。

这是在理论界及实务部门长盛不衰的观点。按此说,假如犯罪人A因犯抢劫罪被判处有期徒刑9年,犯故意伤害罪被判处有期徒刑6年,法官就可以在9至15年之间确定应执行的刑期。问题是,如果这个刑期被确定为13年,人们不禁会问,法官凭什么选择了13年?为何不是10年、11年、12年、14年或其他?在司法腐败现象还不时见诸报端的今天,法官的回答如果是"酌情决定"的话,人们不禁会问:所酌之"情"究竟是什么"情"? 情理之情、情面之情抑或情势之情?

也许有人会说,"酌情决定"这一法官的自由裁量权意味着,法官只要是在法定刑的幅度内选择,那就都是合法的,无须说理,更无须回答为什么。显然,这是对法官自由裁量权的一种歪曲。自由裁量权是一种神圣的职权,是权利和义务的统一体;自由裁量权中的"自由"和其他所有自由一样,都应受到一定的限制,它是自由与制约的矛盾体。在量刑中,自由裁量权表现为两个方面:一方面,法官有权依法量刑,其他任何人、任何机构均不得干涉法官对该权力的行使;另一方面,法官必须公正、合理地行使该项权力,并且必须通过充分说理,论证其裁量权行使的公正性、合理性,不能以"本法官认为"或"本院认为"等断语搪塞应付。质言之,"自由裁量"是充分讲理的裁量,不是不讲理的"自由"。正因为此,《意大利刑法典》第132条就明文规定:"在法律规定的限度内,法官根据自己的裁量适用刑罚;但他应对这一裁量权的运用作出合理解释。"显然,对限制加重原则的具体适用,所谓由法官根据自由裁量权灵活决定的观点,必然会遭到否定。否则,在所谓"自由裁量"模式下,如何对数罪并罚时的量刑事实进行评价,就会一直成为被回避的问题,根本无法展开后续讨论,更遑论评价对错。

### (二)幅度压缩法

有论者指出,欲消除限制加重原则中的估堆量刑,只能根据宣告刑的情况而定。根据限制加重原则,既然决定应执行刑期的,是数个宣告刑的总和刑期和数刑中的最高刑期,那么,在难以确定新的标准的情况下,只要在这两个不同的刑期之间划定一个不可超过的界限,法官对应执行刑罚的可裁量范围就会大大缩小,进而基本杜绝估堆量刑。根据我国刑法有期自由刑的特点,以及分则个罪中有期自由刑的刑度,并考虑我国的刑事政策,这个界限确定在"总和刑期减其 1/4 以下、数宣告刑中最高刑期加其 1/3 以上"比较合适。比如,甲因犯三个罪,分别被判处有期徒刑 3 年、5 年和 6 年,若按照限制加重原则中的自由裁量法量刑,应在 14 年以下、6 年以上决定应执行的刑期,其裁量范围为 8 年;按照幅度压缩法,则应在 10.5 年以下(即"14-14×1/4")、8 年以上(即"6+6×1/3")决定应执行的刑期,其裁量范围降为 2.5 年,这就基本上有效地防止了估堆量刑。①

这一构想是为了限制自由裁量法的估堆式量刑而提出的,出发点值得肯定,但论证说理难以服人。因为,凭什么要把总和刑降低 1/4、把数刑中的最高刑提高 1/3?如果理由仅仅是"我国刑法有期自由刑的特点,以及分则个罪中有期自由刑的刑度,并考虑我国的刑事政策",那么,究竟是什么特点,刑度又如何?对此就得进一步说明。我国的刑事政策涉及各个方面,论者是如何把握这些政策的,何以得出此结论?所有这些,均不得而知。在被压缩后的幅度

---

① 参见刘选:"限制加重原则中的估堆量刑及其救治",载《河北法学》2000年第 3 期。

内根据什么来进行判断并决定应当执行的刑罚？论者对此也避而不谈。于是，此说照样陷入了"回避问题、难以讨论"的死胡同。

（三）总和刑下适度决定法

持此论者认为，决定执行的刑罚时，"酌情"是指"总和刑与数刑中最高刑之间的数量关系"：如果各罪之刑接近，其总和刑期高，应在总和刑期以下适当下降以决定执行的刑罚；如果各罪之刑悬殊，其总和刑期低，应接近总和刑期决定执行的刑罚。前者如，一人犯两罪，刑期分别为 7 年，总和刑期为 14 年，酌情在 7 年至 14 年之间决定执行的刑罚，其执行的刑罚以 11 年左右为妥。后者如，一人犯两罪，刑期分别为 2 年与 7 年，总和刑期为 9 年，其执行的刑罚以 8 年为妥。[①]

无疑，数罪并罚时"所酌之情"为什么是"总和刑与数刑中最高刑之间的数量关系"？对这一最为重要的问题，提出此方法者并没有进行深入论证。按其主张，要么是"在总和刑期以下适当下降"，要么是在"接近"总和刑之处决定。但何者为"适当"，何者为"接近"，对之如何判断、怎样选择，也是一笔难以说清楚的糊涂账。

不难推断：如果把"数刑中的最高刑"和"总和刑"看作两个变量，就"数刑中的最高刑与总和刑"之间的幅度来说，在总和刑不变时，数个罪的刑罚越是接近、越是趋于平均，这个幅度会越大；在数罪的最高刑确定时，总和刑越大，这个幅度也越大。比如，甲犯有 A、B、C 三个罪，总和刑为 18 年。如果这三个罪的应判刑最为接近（平均），都是 6 年，那么，这个幅度将在 6 年以上 18 年以下，跨度为 12 年；如果分别是 3 年、4 年和 11 年，这个幅度将是 11 年以

---

① 参见陈兴良：《刑法适用总论》（下卷），法律出版社 1999 年版，第 535 页。

上18年以下，跨度为7年。又如，乙犯D、E、F三个罪，其中的个罪最高应判刑为6年。如果这三个罪分别为3年、4年和6年，这个幅度为6年以上13年以下，跨度为7年；如果这三个罪分别为5年、5年和6年，总和刑就是16年，这个幅度为6年以上16年以下，跨度为10年。

问题是，不管这个跨度到底有多大或是多小，如果要在其中行使自由裁量权并"酌情"决定应当执行的刑罚，就必须要斟酌其中的特定事实并对之进行恰当评价。但根据所谓"总和刑与数刑中最高刑之间的数量关系"，只能让人如坠雾中，不知所云。

### （四）单位刑加重法

有论者认为，应以数刑中的最高刑为基础，通过加重一定数量的单位刑期的方法使限制加重原则具体化，而单位刑期的个数由各种裁量情节决定。这里的"裁量情节"，即《刑法》第69条的所"酌"之"情"。它不包括对数罪分别量刑时已经考虑过的那些情节，而特指从数罪的整体上反映犯罪行为人的主观恶性、再犯可能性及教育改造难易程度的情节。比如，数罪中此罪与彼罪的关系、罪数、罪与罪之间的时间间隔、犯罪主观方面的变化等。单位刑期受制于具体案件中的总和刑期、最高刑期和可裁量幅度，它并非一个固定值，而是先以总和刑期减最高刑期，再用它们之间的差额乘以一定的比例（即1/8）所形成的变量。

例如，甲犯有数罪，其中各罪的最高刑为9年有期徒刑，总和刑期为17年有期徒刑，单位刑期就是（17年−9年）×1/8=1年。如果根据各种裁量情节，应该对行为人加重5个单位刑期，那么最后对其合并执行的刑罚就是：数刑中最高刑＋加重单位刑期=9年＋（5×1年）=14年。此说强调指出，如果总和刑期超过法定最高限的,仍以实际的总和刑期作为计算依据;裁量的刑期超过刑法规定的最高限制的,则以最高限制点作为合并执行刑。[①]

为什么"应以数刑中的最高刑为基础,通过加重一定数量的单位刑期的方法使限制加重原则具体化"? 此说未予论证。而所谓的"单位刑期"为何"由总和刑减去数刑中的最高刑之差,再乘以一定的系数"而构成,也不得而知。尤其是,这个系数为何是1/8而不是其他,更让人百思不得其解。至于把"数罪中此罪与彼罪的关系、罪数、罪与罪之间的时间间隔、犯罪主观方面的变化等"作为从数罪的整体上反映犯罪行为人的主观恶性、再犯可能性及教育改造难易程度的情节,也禁不住追问。因为,既然如其所言,《刑法》第69条的所"酌"之"情",不是对数罪分别量刑时所考虑过的那些情节,那么,其所谓的关系、罪数、间隔、主观方面的变化等情节,究竟是怎样"从整体上"反映行为人的主观恶性、人身危险性及教育改造难度的呢? 这种整体性的反映和对个罪中行为人的主观恶性、人身危险性的反映有何不同? 如何防止重复评价或不全面不充分评价? 这些问题更让人难辨其详、一头雾水。

(五)函数关系法

此说认为,刑罚的有限性和犯罪的无限性表明,限制加重的量刑理念只能是:一则,犯罪每增加一定比例的严重性,就应增加一定幅度的刑期;二则,刑期增加的比例低于犯罪严重性增加的比例;再则,犯罪越严重,刑期越高,限制的程度就越大。数罪并罚中执行刑的确定值 N 涉及三个因素,即个罪之宣告刑 $m_1$、个罪之情节 $m_2$ 和

---

[①] 参见何立荣:"论限制加重原则的适用范围与合并刑的裁量",载《当代法学》2003年第9期。

罪间情节m3。但是，面对从a1（个罪中最高刑）到A（总和刑期）之间的量刑幅度，应当考虑的因素其实只有个罪分别宣告之刑m1，用函数表示就是：N=f(m1)=f(a1, a2, a3, …)。结合《刑法》第69条的规定，可进一步具体化为，N=a1+△a2。这里的△即限制加重系数，表示次高刑期计入执行刑期的比例。由于a2≤a1，故△值可被看作仅随a1相对于a2的增大而变小，不过，当a1增大到法定最高值a0（在我国有期徒刑数罪并罚的最高值为20年——此处仅指总和刑为不满35年时的情形）时，△=1，故△=1-a1/a2。将此函数式代入N=a1+△a2中，则N=a1+a2（1-a1/a0），在我国，即为N=a1+a2（1-a1/20）。例如，某人犯有两个罪，分别被判10年、8年有期徒刑，其计算结果为N=10+8×（1-10/20）=14（年）。如果有三个以上之罪并罚，只需将各罪之刑期依大小排序分别表示为a1，a2，a3，a4……先将a1、a2依上述公式并罚得N1，然后将N1与a3再依上述公式并罚得N2……依次类推，多罪并罚问题即可解决。①

显然，函数关系法是论者精心推导出的一种复杂计量方法。从总体上讲，刑罚的有限性和犯罪的无限性的确是一对矛盾，在限制加重问题上理当有所反映。问题是，这一对矛盾在限制加重原则的运用中是如何被处理的呢？在该倡导者看来可具体化为：犯罪每增加一定比例的严重性，就增加一定幅度的刑期；但刑期增加的比例要低于犯罪严重性增加的比例；而且，犯罪越严重，刑期越高，限制的力度就越大。

不难看出，论者是在不加区分地将"刑罚的有限性和犯罪的无

---

① 参见任江海："数罪并罚的量化问题研究"，载《河北法学》2003年第4期。

限性这对矛盾"套用到任何量刑活动中。若按此理解,就根本没有并科原则适用的余地。因为,只要犯罪总量增加,刑罚总量增加的同时就必须"衰减"。通俗地说,在数罪并罚时必然导致对刑罚总量的打折。显然,这并没有准确揭示刑罚有限性和犯罪无限性之间的矛盾所在。因为,在特定的区间内,犯罪是有限的,刑罚却是充裕的,不存在必须打折考量的问题。正因为此,才有了并科原则的适用空间。所以,此说的"酌情"问题其实是数罪并罚的刑罚"打折"问题,但照样难觅真正可供评价的量刑事实。

### (六)系数折算相加法

在此说看来,我国《刑法》第 69 条的"酌情"应被解释成一种计算问题。具体而言,并罚结果(Y)为数刑中的最高刑(A)再加上对其余各刑(如分别为 B,C……)进行系数(如分别为 K,L……)折算后的刑量(即 $B \times K$,$C \times L$……)之和。由于折算系数因罪数多寡的不同而不同,故在两罪并罚时,$Y=A+(K \times B)$;在三罪并罚时,$Y=A+(K \times B)+(L \times C)$;其余以此类推。至于折算系数(K,L 等),应当分别为司法实践中两罪并罚、三罪并罚及更多罪并罚案例中折算系数的平均值。比如,根据对大数据样本的分析,两罪并罚时的折算系数 K 约为 0.6,三罪并罚时的折算系数 L 约为 0.4。据此,若甲因犯 A、B 两罪被分别判处 8 年、5 年有期徒刑,那么,对其应执行的刑期就是 11 年($8+5 \times 0.6=11$);若乙因犯 A、B、C 三罪被分别判处 8 年、5 年和 5 年有期徒刑,最终的执行刑则为 13 年($8+5 \times 0.6+5 \times 0.4=13$)。[①]

---

① 参见黎其武:"数罪并罚若干问题探索",载刘明祥主编:《马克昌教授八十华诞祝贺文集》,中国方正出版社 2005 年版,第 745 页。

此方法不失简捷明快,但就其实质而言,与函数关系法殊途同归。即都认为数罪并罚中对"应当执行刑"的确定,其实无"情"可酌,只是一个算法问题。这个计算的核心,是对第二个及二个以上之罪的宣告刑如何通过一定的系数打折。而系数的获得,就是通过调研或实证分析,找到司法实践中类案折算系数的平均值。但为什么要对其他各罪的宣告刑打折后才能并入,则不得而知。再者,司法实践中的打折计算是合理的吗?如果不合理,为什么平均值就是合理的?对此也缺乏应有的论证。

**(七)中间数决定法**

此说认为,数罪并罚,在没有其他特殊从重、从轻情节可以适用时,应当采用中间数的方法决定执行的刑期。计算公式为:应执行刑期=最高刑期+(总和刑期-最高刑期)÷2。论者特别强调,这里的"总和刑期"是指数刑相加的实际刑期,不受数罪并罚时法定最高刑的限制。比如,如果甲因犯有 A、B、C 三罪被分别判处有期徒刑 10 年、8 年和 6 年,那么,就应在 10 年至 24 年(非 20 年)间决定应执行的刑期,即 17 年有期徒刑:10+(24−10)÷2=10+14÷2=17。①

此说存在的问题尤为明显:第一,为什么要把"总和刑与数刑中的最高刑之差"减半(即所谓取中间数),再与数刑中的最高刑相加,形成应当执行的刑罚?对这一至关重要的问题缺乏论证。第二,为什么这里的"总和刑"不受法定最高刑的限制?对之也没有充分说理,令人不知所云。第三,既然这一计算方法是"在没有其他特殊从重、从轻情节"时采用的,那么,若有从重、从轻情节时怎

---

① 参见侯国云:"数罪并罚方法的新思考",载《法制日报》2003 年 8 月 7 日。

么办？对此也不得而知。第四，数罪并罚时，存在其他特殊从重、从轻的情节吗？如果存在，是怎样的？如果不可能存在，那为什么还要限定为"在没有其他特殊从重、从轻情节"时适用？所有这些，均难以展开实质性讨论。

综上，经过逐一检视，不难得出结论：除"自由裁量法"之外，尽管其后的各种确定方法都旨在对传统的估堆裁量法进行限定，但不得不说，其中的不少尝试过于随意，对核心问题缺乏严谨深入的论证，无异于用一种新的"不讲理"替代传统的"不讲理"。在这些确定方法背后，也看不到多少赖以支撑"酌情决定"的量刑事实评价理由。一方面，找不到支撑"自由裁量"的实质评价事由；另一方面，又要以各种"理由"在相当大的量刑跨度之间确定应当执行的刑罚。这不禁令人感到气馁与担忧。因此，一个时期以来，有研究者尝试提出"废除或者解构"限制加重原则的主张。[①]

但如后文所言，限制加重原则肯定是不应当被废除的。作为实践中适用最为广泛的数罪并罚的原则，关键问题是如何深刻领会、准确地把握。

### 三、"限制性并科法"之提倡

限制性并科法，亦称并科限制法，其实就是"法定"最高期限内并科法的简称。具体是指，根据"一罪一罚"和"罪刑相适应"的法治原则，对行为人所犯数罪，在分别定罪量刑后，按数刑的总和刑

---

[①] 参见张金龙、于逸生："限制加重原则应予废除"，载《河北法学》1993年第2期。又见房丽：《数罪并罚限制加重原则之解构》，吉林大学博士学位论文（2012年），"论文摘要"部分。

期作为决定执行的刑期,但不能超过法定最高刑的限制(数个有期徒刑之罪的并罚,根据总和刑的不同,最高不得超过20年或者25年)。[①]倡导这一方法的理由如下:

**(一)这是刑罚公正思想的集中体现**

限制加重原则,亦称限制并科原则,又称限制相加原则,顾名思义,其精神实质就是数罪相加、数罪相并,只不过要受法定最高刑的限制,不能无限相加、绝对并科。换言之,它与相加原则或并科原则的根本区别仅在于它是相对并科,而非绝对并科而已。

之所以如此判断,实质根据在于,"一罪一罚、数罪数罚"是刑罚公正思想的集中体现。相反,"一罪数罚或数罪一罚"都不符合刑罚公正思想。严格来说,数罪并罚中的吸收原则与限制加重原则都不是不折不扣地对数罪实行并罚,只是不得已而为之。具体而言,之所以要确立吸收原则,是因为绝对并科原则对有些刑种不能适用。比如,无期徒刑与有期徒刑,死刑与有期徒刑同时适用时就不能绝对相加。之所以要确立限制加重原则,是因为如果在任何情形下均不加限制地并科,即使能适用,有时也会导致过分严苛。比如,在总和刑期过高,甚至达成百上千年时,不仅大大超过了罪犯的生命极限,使其无望执行完刑期,而且使形式上的有期徒刑变成实质上的无期徒刑,显然过于苛厉。

可见,从数罪并罚三原则的相互关系来看,相加原则与吸收原则、限制加重原则并非一种并列关系,而是一种"主从"关系或者"本体与补充"的关系。限制加重原则与吸收原则一样,都仅仅是为

---

① 参见曾观发:"浅析我国数罪并罚制度的弊端及对策",载《人民检察》1999年第12期。

了矫正或弥补绝对相加或绝对并科原则可能产生的弊端而存在的。既然只有当绝对相加过于严苛时,才有必要予以限制其最高刑,那么从反面推论,在绝对相加并不过于严苛时,法律不仅不应限制其相加,相反,为最大限度地体现刑罚公正思想,贯彻罪刑相适应原则,必然应当相加。只有这样,才能既不过于严苛,又不违背公正原则。比如,甲犯有二罪,分别被判处有期徒刑5年和8年,那就应当合并执行13年。一则,这充分体现了数罪数罚的刑罚公正理念;再则,这也不至于过于严苛,因而不应当予以干涉。相反,如果乙犯四个罪,分别被判处有期徒刑10年、8年、9年和11年,总和刑达到38年,则只能合并执行25年。因为在现行立法看来,有期徒刑之罪的并罚一旦超过25年,将过于严苛,故只能在25年之内"最大化地"进行数罪数罚,即合并执行有期徒刑25年。

### (二)与《刑法》第69条第1款的规定并非不兼容

为提倡"限制性并科法",尤其要论及对《刑法》第69条第1款的再解读。其核心是,对"应当在总和刑期以下,数刑中最高刑期以上,酌情决定执行的刑期"这一规定究竟如何理解。学界对此认识不一,争点主要集中在两个问题上:一是如何理解"酌情"?即所"酌"之"情"究竟指什么?有观点认为"理所应当包括案件中的从宽或从严情节,否则,酌情决定便无所依凭,就可能成为擅断的借口";[1] 反对者则指出:"把分别量刑适用的情节(如从犯、累犯、中止犯、坦白、自首等)重复适用于合并执行刑的裁量,这种认识在刑法理论上违背了同一情节禁止重复适用原则。"[2] 为此,又有

---

[1] 参见马克昌主编:《刑罚通论》,武汉大学出版社1999年版,第477页。
[2] 参见何立荣:"论限制加重原则的适用范围与合并刑的裁量",载《当代法学》2003年第9期。

论者修正道：酌情的因素只能是在对个罪量刑时未考虑到的因素，比如，数罪之具体罪数、各罪之间的关联、各罪之间的间隔等，这样才符合禁止重复评价原则的要求。[1] 二是这里的"以上""以下"是否包括本数？换言之，能否仅按数刑中最高刑或仅按总和刑期处刑。一种观点认为，根据《刑法》第99条关于"本法所称以上、以下、以内，包括本数"的规定，应当包括；[2] 另一种观点认为，如果这样理解，势必导致限制加重原则与吸收原则、并科原则的混淆，故不应包括。[3]

关于第一个方面的问题，首先应当肯定，这里的所"酌"之"情"不包括在对个罪分别量刑时已适用过的情节，否则就是重复评价。其次，在个罪分别量刑时已经适用过的情节以外，还"有没有"以及"应不应当有"为"数罪"留下的专属于它的情节呢？本书认为，在对个罪分别量刑时要为数罪留下专属于它的情节这一思路是不明智的。如后文所言，这里的"酌情"并没有什么实际内容，严格来说是无"情"可酌的。这意味着，不能仅从《刑法》第69条"酌情决定"一语当然地推导出"法官在数刑中最高刑以上、总和刑期以下有自由裁量空间"的结论来，更不能以"酌情决定"一语逆推出"'并科限制法'不能体现法官的自由裁量，因而肯定不合理"的判断。

关于第二个方面的问题，首先应对"数刑中最高刑期以上"这一立法规定重新解读，明确其真正的功能所在，然后再分析相

---

[1] 参见任江海："数罪并罚之限制加重原则的适用及立法完善"，载《湘潭大学社会科学学报》2002年第3期。
[2] 参见林准主编：《中国刑法教程》，人民法院出版社1994年版，第196页。
[3] 参见赵秉志主编：《刑罚总论问题探索》，法律出版社2002年版，第476页。

关争论。

长期以来的误区是,认为我国的限制加重原则有三重限制,即法定最高刑、总和刑期、数刑中最高刑均对合并裁量进行着限定。于是又进一步误认为,在数刑中最高刑与总和刑期(有时是法定最高刑)之间有一个相当大的区间或幅度,供法官酌情裁量。

然而,刑罚公正理念告诉我们,除非存在不能适用相加原则的情形,否则就应当禁止仅以重刑吸收轻刑。换言之,在数个有期徒刑之罪的情形下,不可能仅处一罪之刑,也不可能仅按数刑中最高刑期处刑。例如,甲犯A、B两罪,分别被判处有期徒刑8年、5年,试想一下,即使甲仅犯A罪,处刑也是8年,怎么可能在犯数罪的情况下仍处8年呢?必然要比8年高。因此,"数刑中最高刑期以上"显然只是一个注意性或提示性的规定,加之"酌情"一词也没有实际意义(因为严格来说已无其他量刑情节可酌),因此,就"应当在总和刑期以下、数刑中最高刑期以上,酌情决定执行的刑期"这一立法规定而言,真正的核心就只剩下"应当在总和刑期以下"这一部分了。"以下"当然包括本数,否则,就违背了刑法解释应遵循的"用语同一性原则"。如果总和刑期超过法定最高限时,则不按本数,而只能是本数以下,即以"法定最高期限"为标准。另外,在总和刑期小于法定最高期限时,似乎该"总和刑期以下"也包括比总和刑期低的情况。但结合限制加重原则的精神实质,并根据刑罚公正性及罪刑相适应原则的内在要求,只能将其作缩小解释为:仅指本数,不包括低于总和刑的情形。

总之,正是基于这种新解读,本书认为,"限制性并科法"与现行《刑法》第69条第1款之规定并非无法兼容。

## 四、"限制性并科"再释疑

### (一)"限制加重"阶段已经没有"可酌之情"

既然按照全面评价原则,在对各个犯罪分别量刑时,已经对相关的量刑情节进行了评价,就不应当将其在限制加重之时再次评价,否则就违背了禁止重复评价原则。[①]故在主张限制加重时还存在其他"可酌之情"的学者看来,也只剩下这样几个方面的"情形":一是考察罪与罪之间的关联性;二是数罪刑期之和;三是犯罪频率;四是罪数。

之所以把罪与罪之间的关联性作为此时的"情节"之一,是因为在其看来,数罪之间若没有关联,犯数罪就说明犯罪分子有较重的人身危险性,应从重处罚;数罪之间若存在着密切关系,比如为了掩饰前一个犯罪而实施后一个犯罪,所体现的人身危险性就轻一些。之所以把总和刑期作为"情节"之一,是因为论者认为,数额高低的不同,体现了犯罪分子不同的人身危险性。总和刑期越高,

---

[①] 但有论者对此持有异议:再次考虑时与前次考虑的角度不同,作用也不同。法官最初在对每一具体犯罪进行量刑时,对量刑情节的考虑是具体的,量刑情节对量刑轻重所起的作用也是直接的。但数罪并罚决定执行的刑期时再次考虑这些量刑情节,则是笼统的,每一量刑情节对决定执行的刑期所起的作用也是间接的。因此,法官在数罪并罚决定执行的刑期时,重复考虑量刑情节,是正确的、必要的。参见侯国云:"数罪并罚具体方法的错误与矫正",载《中国政法大学学报》2008年第4期。亦有论者指出,数罪并罚的决定刑裁量过程在形式上存在重复评价的可能,但考虑到司法人员是从与个罪宣告刑不同的层面整体评价被告人的人身危险性,在实质上没有导致被告人的罪刑失衡,因而不属于重复评价的禁止范围。该论者补充道,波斯纳大法官为我们提供了一个模糊但却合理,了然于心却又不可言状的分析进路,即:当一个决定要取决于数个因素时,运用直觉,而不是分别评估各个因素,然后将之结合形成一个最终结论,也许更好。参见巴卓:《数罪并罚制度适用研究》,吉林大学博士学位论文(2019年),第54页。

其人身危险性越高，量刑就应该偏重。之所以把犯罪频率作为此处的"情节"之一，是因为论者认为，即便犯罪相同、刑期相同，不同的犯罪频率也会体现犯罪分子不同的人身危险性。比如，甲和乙均犯了盗窃罪和抢夺罪，两罪的刑期均为 7 年和 11 年，数罪并罚应判处 11 年至 18 年有期徒刑。但是，甲在短短 1 个月之内犯二罪，乙则是在犯抢夺罪 2 年后又犯盗窃罪。时间上的差别，体现了甲比乙具有更严重的社会危害性和人身危险性，对甲量刑应当重于对乙。之所以把罪数也作为"情节"之一，是因为罪数越多，说明犯罪频次越高，人身危险性越大。比如，甲犯抢劫罪，依法判处 8 年有期徒刑，犯故意伤害罪判处 5 年有期徒刑，依据限制加重原则应判处 8—13 年有期徒刑。乙犯盗窃罪，依法判处 8 年有期徒刑，犯赌博罪被判处 3 年有期徒刑，犯伪证罪被判处 2 年有期徒刑，依照限制加重原则，同样应判处 8—13 年有期徒刑，但乙的罪数比甲多，当然应当更加从重。

本书认为，这些理由均不成立。

首先，尽管有论者辩称，限制加重时再次考虑有关量刑情节，与对每一具体犯罪进行量刑时对量刑情节的考虑，角度不同、作用也不同，因而不违反禁止重复评价原则，但这是站不住脚的。因为，无论是对数罪分别量刑还是在并罚时的裁量，只要是适用这些量刑情节，就是在发挥每一量刑情节的作用，没有实质性区别，重复适用肯定违反了禁止重复评价原则。换言之，但凡在个罪分别定罪量刑时已经考虑过的量刑情节，不应当在数罪并罚时再重复考虑。至于认为借助"直觉"、运用模糊方式可以形成结论，那就完全与量刑的规范化、精准化之路背道而驰了，更与科学决策理论截然对立，因此，这类观点不应当被认可。

其次，所谓"罪与罪之间的关联性"也不应当被作为限制加重时考虑的"酌定情节"。因为，存在关联性，不外乎就是原因与结果、手段与目的等的关联，而这恰恰是牵连犯所要解决的问题。如果按照传统观点，对牵连犯应当从一重处断或者从一重从重处断，这意味着对数罪之间的关联性问题，在对个罪逐一量刑时已经适用过了，不应当再重复评价。如果按照日渐强劲的主张，即对牵连犯数罪并罚的话，那么，对具有牵连关系的数罪，分别量刑时也应当考虑其"出于一个概括的故意或客观上的联系性"加以适当区别对待。不可能等到数罪并罚时再额外考量，尤其是不应当将其作为对"在数刑中最高刑以上、总和刑之下决定应当执行的刑罚"起支配作用的情节。退一步讲，即便在个罪的量刑时酌情适用，它的影响力也是相当有限的，远不及其他法定量刑情节。如果把它摆放到对"在数刑中最高刑以上、总和刑之下决定应当执行的刑罚"起支配作用的地位，那显然是不成立的。

再次，至于"犯罪频率"和"罪数"，就更不应当被视为对"在数刑中最高刑以上、总和刑之下决定应当执行的刑罚"起支配作用的"情节"。因为，犯罪频率或罪数是否当然体现犯罪分子不同的人身危险性，不可一概而论。即便犯罪分子的人身危险性很大，他所实施的犯罪的频率也不见得很高。从犯罪学的角度分析，尤其是一些狡猾的犯罪分子，为了逃避制裁，往往要对作案的时机精心选择，如果他认为时机不成熟，便不会频频作案。反过来，情境性犯罪则与特定的"情境"关联，只要出现特定的犯罪情境，就有可能诱发犯罪。比如，顺手牵羊型的盗窃，激情犯罪中的伤害，以及特定环境下的性犯罪等，即便行为人甲在2日内作案3起，也不见得就比老谋深算的乙在2年内作案3起更严重。同理，甲犯5个一般性财产犯罪,乙犯2个严重的暴力性犯罪,如果各自的总和刑都是10年,也不见得乙犯因为次数少,其人身危险性就小。比如,在论者所举的前述例证中,甲犯抢劫罪和故意伤害罪,分别被判处8年和5年的有期徒刑,依据限制加重原则应判处8—13年有期徒刑。乙犯盗窃罪、赌博罪和伪证罪三罪,分别被判处8年、3年和2年的有期徒刑,依照限制加重原则,同样应判处8—13年有期徒刑。尽管乙犯的罪数多(3个罪)而甲犯的罪数少(2个罪),但甲犯是暴力性犯罪,乙犯是一般的财产性犯罪、非暴力犯罪,故不能想当然地认为,甲犯的人身危险性比乙犯小。

其实,真正能够揭示限制加重时犯罪的社会危害性程度及犯罪人的人身危险性大小的,就是每一个所犯之罪的危害性。当然,在数罪并罚时会集中体现为"总和刑期"。既然数罪并罚时每一个罪的量刑情节,都经过了全面、充分的评价,只要不超过法定的最高限制(超过时意味着并罚的无意义或过于严苛、不人道),将总和刑期完完全全、不折不扣地加以执行,就是最精准的评价。所以,"限制性并科"就是对"总和刑期"这个唯一性决定因素的最充分的重视。

最后,虽然限制加重原则是世界各国通行的数罪并罚原则之一,但加重单一刑主义和加重综合刑主义有着重大区别。在德、日等国所采用的加重单一刑主义模式下,供法官自由裁量权行使的区间(低线是数罪中最重之罪的法定最高刑,高线是对该法定最高刑加重一定比例后形成的加重刑)是一个处断刑,这个区间的形成并没有考虑各个犯罪的量刑情节,因此,在这个区间内的自由裁量的确需要借助各种量刑情节进行判断,这并不存在禁止重复评价的问题。但我国采用的是加重综合刑主义,与加重单一刑主义截然不同,故不可以将德、日刑法学者对限制加重原则的观点简单照搬。

遗憾的是，国内相关研究中经常可见援引德国著名学者有关限制加重的观点。

比如，有论者指出，在德国学者罗克辛教授看来，限制加重时的"酌情"根据来自个罪的情节，只是在不同方向对该情节进行考量，故个罪中的判断与从整体上判断行为人之再犯可能性并不相同。行为人的人身与经济的关系，行为人先前的经历等，这些在确定单独刑罚中应当考虑的情节，在形成总和刑时也有重要意义。它们有时在单独构成行为中得到考虑，有时又在其构成行为的整体中被综合考虑。这种对同一量刑事实进行的多重但不同种的评价，必须被看作是允许的。但阿尔布莱希特教授则认为，在量刑的第二步骤即总和刑的形成中，应当考虑犯罪行为的数量和严重程度、事实上成瘾犯属性或者对法律的敌对态度、行为人个人情况、总体过错及其对刑罚的敏感度。而金泽威尔教授认为，对犯有数罪的行为人量刑时，要对行为人的人格和具体犯罪作出综合权衡；如果存在时间、事件或者情况上的紧密联系，则不应过分提高个别刑。[①] 无疑，如果以这些德国学者的观点为权威依据，无疑就是将加重单一刑主义模式下的限制加重观念简单移植到加重综和刑主义模式下限制加重问题的思考中。

总之，既然在数罪并罚的第一级量刑阶段，所有应当考虑的量刑事实都已经被全面、充分地评价了，在第二级量刑阶段，已没有可供评价的其余量刑事实，这时候不能"为赋新词强说愁"，非要找一些所谓的"其他情节"来"酌情"不可。其实，从目前一些研究者推

---

① 参见巴卓：《数罪并罚制度适用研究》，吉林大学博士学位论文（2019年），第52页。

崇的"可酌之情"来看，它们既不是法定量刑情节，也不是酌定量刑情节。要对这样一些事实赋权，使之具有对量刑产生宽严影响的功能，缺乏根据。

退一步讲，即便认为某些因素可以适当地予以考虑，也绝不应当将其作为在"数刑中的最高刑期以上、总和刑期以下"选择应当执行的刑罚的根据。因为，数罪并罚的情况相当复杂，有时候，"数刑中的最高刑期以上、总和刑期以下"会形成一个很大的幅度。比如，行为人犯 5 个罪，分别被判处 7 年、7 年、7 年、7 年和 8 年的有期徒刑，那就会形成一个"8 年以上、25 年以下"的处罚幅度，其跨度长达 17 年。在这样一个幅度内，由所谓的"罪与罪之间的关联性""犯罪频率"或"罪数"等未必能真正体现行为社会危害性和行为人人身危险性的因素决定应当执行的刑罚，无疑太过任性、轻率了。

由此看来，量刑事实的评价原则，因单独犯罪的量刑和数罪并罚的量刑而有所不同。全面评价原则和禁止重复评价原则，是单个犯罪的量刑原则，是数罪并罚时第一级量刑时的原则，但在数罪并罚的第二级量刑（实质是进行限制加重的并罚）时，应当提炼出一个新原则，不妨称之为"事实评价阙如原则"。这个原则是全面评价原则和禁止重复评价原则的自然延伸：既然所有的量刑事实都已经被全面充分地评价，既然应当禁止重复评价，那就已经没有可供评价的其他事实，就不应当再重复评价。只要不超过法定的最高限，按照刑罚公正理念，就应当进行这种有限度的"并科"。

（二）限制加重原则与并科原则之辨

提倡"限制性并科法"，不能不对我国刑法学界颇为盛行的一种似是而非的观点加以剖析。

这种观点认为，以总和刑期作为决定执行的刑期，无异于适用并科原则，这种合并处罚的结果，从根本上违背了我国刑法对有期自由刑适用限制加重原则进行并罚的原则规定。对数个有期自由刑合并处罚时决定执行的刑期，既要体现"加重"又要体现对加重有所"限制"的精神，核心就是不应包括总和刑期和数刑中最高刑期的本数在内，应在二者之间"酌情"决定执行的刑期。①

这种观点之所以错误，就在于误读了限制加重原则中的"限制"一词，即错误地认为，若是遵循限制加重原则，就意味着在任何情况下，应当执行的刑罚都应比总和刑期低，绝对不应当出现数刑相加的情形。按照这种理解，只要是数刑相加，那就是在适用相加原则。在其看来，限制加重原则既然是有别于相加原则的另一个原则，那么，限制加重原则的适用结果当然就不可能是数刑的相加；无论在何种情况下，只要是适用限制加重原则，决定执行的刑罚就只能比总和刑期低。比如，有学者认为："限制加重原则是与并科原则和吸收原则并存的量刑原则，从理论上讲，上限应低于数刑之和，因为如果达到数刑之和就等于是并科原则。"② 然而，限制加重，又叫"限制"相加、"限制"并科，它的出现并不是为了排斥任何情形下的相加，而仅仅是为了防止超过法定最高刑期限的相加，"限制"的含义在于此。在此期限内的"相加"不仅无弊反而有利，应大力推崇，以弘扬刑罚公正思想，彰显罪刑相适应原则。基于此，应当要反问的是：既然在法定最高刑期限内的数刑相加，实乃有利无弊的两全

---

① 参见赵秉志主编：《刑罚总论问题探索》，法律出版社 2002 年版，第 476 页。
② 参见任江海："数罪并罚之限制加重原则的适用及立法完善"，载《湘潭大学社会科学学报》2002 年第 3 期。

其美之策,我们为什么要拒之于千里之外?

(三)人格责任主义与加重综合刑主义不兼容

尽管我国台湾地区的"刑法"也采用加重综合刑主义模式下的限制加重原则,不过,在台湾地区的学者看来,一人犯数罪时,对于个罪分别科刑虽然较为自然,但在考量该行为人的责任轻重时,必须同时考量同一行为人之素质与所处环境,从而概括处理同一行为人所犯之数罪。[1]这意味着,在概括处理行为人所犯数罪、决定最终应当执行的刑罚时,也是有"可酌之情"的,即"行为人之素质与所处环境"。在本书看来,这种认识有待澄清。

一方面,这一观点与加重综合刑主义的立法理念相背离。加重综合刑主义贯彻的是"一罪一刑"的公正刑罚理念,加重单一刑主义体现的是"数罪一刑"或"一人一刑"的人格主义刑法观念。既然加重综合刑主义立法采用的是"一罪一刑"观念,却又基于"一人一刑"的人格主义主张支撑数罪并罚的具体裁量,显然是背离立法精神的。

另一方面,如果认同"数罪是在同一个反社会人格的支配下实施的,就应当概括地评价、概括地处理"的话,会导致与罪刑相适应原则的背离。举两例说明。例一,甲入户抢劫,实施抢劫之后,发现室内有一熟睡女子,遂心生歹念将其强奸,构成抢劫罪与强奸罪;例二,乙入户抢劫,之后被抓捕,依法定罪判刑。刑罚执行完毕后的第10年,乙又实施强奸行为,被司法机关以强奸罪定罪判刑。对这两个行为人,即便从反社会的人格角度,也很难作出孰重孰轻的简单

---

[1] 参见陈子平:《刑法总论》,中国人民大学出版社2008年版,第473页。

判断。如果对甲的行为要考虑是在一个人格支配下从轻，而对乙的行为因分别判处且先后执行，不是基于"一个人格"的支配而不考虑从宽，缺乏足够的说服力。

　　再者，人格责任论发端于"二战"前德国刑法学家麦兹格的行为责任论和鲍凯尔曼的生活决定责任论。"二战"之后，日本刑法学家安平政吉、团藤重光、不破武夫、平野龙一等对行为责任论、生活决定责任论加以发挥，提出了人格责任论。人格责任论认为，人尽管受其素质和环境的制约，但在这种制约下依然有行为的自由。即，人能够依靠自身努力，并依其自由意思对素质及环境的影响予以控制、支配。人格分为由素质、环境"宿命地"形成的部分，以及由行为人"有责地"形成的部分。只能就后一部分对行为人人格进行非难。人格责任论为常习犯的加重处罚提供了根据。因为，常习犯人在人格上具有常习性的特性，规范意识钝化，属于不能进行正常意识活动的人。刑法之所以对他们从重处罚，就是因为，常习犯因其怠惰的生活态度形成了具有常习性特性的人格，应当受到非难。但在量刑实践中，人格责任论存在着致命的缺陷。根本问题在于，现实中难以高效、规范、科学地区分"宿命地形成的人格"与"行为人有责地形成的人格"。尤其是，提出有关犯罪人的生活全部经历的证据，不仅在诉讼程序上不可能，而且，如此全面、深度地介入个人生活也极为不妥当。此外，追溯人格形成的全过程，对于社会的弱势群体而言，只会导致更加不利的后果，对促进社会的公正与和谐，只会适得其反。

# 第五章　量刑情节构成论

　　量刑情节有广义和狭义之分。根据"两高"发布的《关于常见犯罪的量刑指导意见(试行)》，量刑情节与量刑起点事实、基准点事实是并列的，此即狭义的量刑情节。但在教科书中，依然习惯于将犯罪构成事实之外的、能够反映犯罪的社会危害性程度及行为人的主观恶性或人身危险性大小的事实情况，都统称为量刑情节，即广义量刑情节。[①] 为了从总体上揭示量刑事实与犯罪构成事实的区别，本章立足于广义视角，依次从量刑情节的积极构成要件、量刑情节的消极构成要件，及其与量刑情节功能的关系等方面，对量刑情节的构成问题展开论述。[②]

---

① 参见《刑法学》编写组：《刑法学》(上册·总论)，高等教育出版社2023年版，第331—335页。
② 作为经过法律评价(即特定事实与构成要件的符合性认定)之后的事实，量刑事实(含量刑情节)属于法律事实。因此，量刑事实的判断，其前置条件是各种法定(或学理性)的构成要件。量刑事实涉及各种类型，各自的构成要件亦有别。从量刑规范化的实践需要来看，不应当笼而统之地把握，确有必要进一步细分。但鉴于各种量刑事实长期以来都被视为"量刑情节"，就对量刑的轻重会产生影响这一功能而言具有共性，故作为初步研究，仅从广义的视角进行探讨，以揭示其共性问题。

## 第一节　量刑情节的积极构成要件

### 一、犯罪构成要件论引发的思考

（一）为什么要研究量刑情节共通的构成要件

在我国刑法学界，一言及"构成要件"，人们立马联想到的是犯罪的构成要件，量刑情节的构成要件则鲜有人论及。究其原因是长期以来，量刑情节仅仅被界定成各种影响量刑的"主客观事实"，既然属于"事实"，值得关注的当然是"存在与否"，或者"情况究竟怎样"，讨论其"构成要件"似乎多此一举。再者，不论在学术界还是实务部门，重视法定量刑情节而轻视甚至忽视酌定量刑情节的倾向由来已久。就不少重要且复杂的法定量刑情节来说，其"构成要件"大多是按照"特征"来表述的。要么已在犯罪总论中有了详尽论述（如"未遂犯""防卫过当"等）；要么已在刑罚总论中作了充分研究（如"自首""累犯"等）；其余未作专论的，基本上是因其内容过于简单、不值得深入探讨的问题（如"未成年人"，就是指犯罪时不满18周岁的人，难以再展开）。至于酌定量刑情节，既然缺乏立法的明文规定，那么，究竟有哪些、要件是怎样的，讨论起来言人人殊、缺乏评判依据，不讨论也罢。此外，既然量刑情节各不相同，各自的构成要件也当然有差异，因此，要探讨其构成要件的话，必然要结合具体的量刑情节类型分别进行，似乎没有必要提出抽象的"量刑情节的构成要件"加以研究。

正因为此，学界对量刑情节的研究，基本上是针对一些具有明文规定且相对复杂的类型具体展开的。比如,像预备犯、未遂犯、中止犯、防卫过当、避险过当、累犯、自首及立功等诸多情节,学界对之进行的研究从未中断过,发表的论文或公开出版的著作堪称连篇累牍。其实,这些论著所探讨的核心问题,就在于该情节的构成要件应当怎样界定。至于对其他法定量刑情节,尤其是大量的酌定量刑情节,其构成要件究竟是怎样的,该如何界定,则显得门庭冷落、论者寥寥,更遑论从宏观层面对各种量刑情节共通的构成要件专门进行探讨了。①

本书认为,量刑情节固然属于"事实"范畴,但不能据此认为

---

① 比如,有研究者在关于量刑情节问题的论著中,在"量刑情节的基本范畴"一节下,专门列出了"量刑情节的构成"这一条目予以研讨。该论者明确指出:量刑情节的构成是指量刑情节由哪几部分所组成。并认为,量刑情节包括三部分,即主客观事实情况、效力及功能。详言之,首先,量刑情节必须是由刑法和刑事政策规定或认可的主客观事实情况;其次,量刑情节必须具有一定的法律效力;最后,量刑情节必须具有一定的功能,即,在法定刑范围内决定宣告刑的功能、突破法定刑的功能和决定免于刑罚处罚的功能。参见蒋明:《量刑情节研究》,中国方正出版社 2004 年版,第 19—29 页。但在本书看来,这种认识不恰当。因为,一个事物的构成要件(或构成要素)与该事物所具有的功能是两个密切联系但又不同的方面,正如同犯罪的构成要件,它所要解决的是犯罪构成由哪几部分组成的问题,而不是说犯罪构成有什么功能。故在犯罪构成的诸要件中,不必论及它的效力与功能(如决定罪与非罪、此罪与彼罪乃至特定的法定刑),更不应当将它们混为一谈。比如,对于什么叫预备犯、未遂犯、中止犯,其构成要件如何,人们一致认为,关键的要件是:第一,是否已经着手实行犯罪,这是区分预备犯与未遂犯的核心要件;第二,是否因己意自动中止犯罪并防止犯罪结果发生,此即区分未遂犯与中止犯的核心要件;第三,是否犯罪未得逞,这是将预备犯、未遂犯及中止犯等未完成形态与既遂犯相区别的核心要件。显然,这些犯罪未完成形态的从宽功能,并非探讨其构成要件时关注的问题。再者,将量刑情节的法律效力与功能并列也显得不妥当。理由在于,量刑情节是具有特定法律意义的主客观事实,某一情节之所以是量刑情节并进而具有某种从宽或者从严量刑的功能,本身就是法律赋予的,即,或者是基于法律的明确规定,或者是司法实践所认可的结果。离开了法律的规定或认可,离开了法律的效力,所谓量刑情节的功能就无从谈起。

无须研究量刑情节的构成要件。这与犯罪论中有关犯罪与其构成要件的关系颇为相似：犯罪也属于一定的事实，但是，欲准确界定犯罪，却离不开犯罪的构成要件。以此类推，要准确界定量刑情节，当然也离不开对量刑情节构成要件的研究。其实，无论刑法学上的"犯罪"还是"量刑情节"，都是人们根据一定标准所择定的事实。简言之，是经过法律对那些"裸的事实"进行评价而呈现出的事实。离开了一定的评价标准，这些事实是难以被人们准确把握的。这个标准其实就是构成要件。如所周知，刑法学属于规范性学科，作为刑法学中"量刑情节"的研究，核心当然不是该"事实"本身存在与否，而是应不应当将其评价为某种符合从宽从严条件的量刑事实，关注的是"构成要件的符合性"。

如同任何犯罪构成都是共性与个性的统一一样，但凡量刑情节的构成，也都是共性与个性的统一。对分则中个罪的构成要件之研究，并不能取代总则中对各种犯罪共同具有的构成要件的理论研究。而且，犯罪构成理论博大精深，也充分体现在犯罪总论的构成要件体系中。同理，尽管人们已对法定量刑情节的构成要件开展了富有价值的研讨，但从宏观上对各种量刑情节共通的构成要件的研究却极为缺乏，故显得十分迫切。一则，这有助于从总体上对各种量刑情节的构成要件形成起码的共识，尽可能避免各自为政，导致碎片化及不必要的相互冲突；二则，聚焦量刑情节构成要件的共性问题，也有助于节约学术资源，尽可能避免在各个量刑情节构成要件研究中出现不必要的重复。

（二）量刑情节构成要件与犯罪构成要件之比较

第一，量刑情节与定罪事实都是客观存在的事实，也同时都是经过法律评价的事实，这种评价，意味着赋予各自不同的功能。量刑情节是对刑罚裁量的宽与严产生影响的事实,定罪事实则是决定某一行为是否足以构成犯罪的事实。既然两者的功能明显不同,那么,作为判断这两类事实的标准,各自的构成要件肯定也不同。

具体而言,一旦犯罪成立,就意味着要被刑事追责,要接受最为严厉的法律制裁。所以,从法律属性来说,犯罪的构成要件事实,必然是对行为人不利的事实(当然,区分此罪与彼罪的构成要件事实,如果涉及轻罪与重罪的选择,对行为人具有双面性,但总体来说,只要构成犯罪,对行为人就是不利的)。而且,为了防止主观归罪或客观归罪,刑事责任的承担必须坚持主客观相统一,所以,犯罪的构成要件,必然是一系列主客观要件的统一,是立体的、综合性的。而量刑情节,从总体上讲其功能具有双面性。其中,从严量刑情节是对行为人不利的情节,而从宽情节则是对行为人有利的情节。因此,量刑情节的构成要件设计不能像犯罪构成要件那样搞一刀切,都限定为必须是主客观的统一体,而是要区别对待。即,对加大责任的从严量刑情节必须坚持主客观的统一,对减缓责任的从宽量刑情节则只要具备一个方面的条件即可。这意味着,即便从总则角度来看,也不存在统一的量刑情节构成要件。①

第二,犯罪构成要件是判断定罪事实的标准,定罪事实在整个刑事追责事实的体系中处于基础性、框架性、支撑性地位,类似于一个建筑物的"四梁八柱",因此,每个犯罪的构成要件,如果按照传统的构成要件体系,起码要符合四个大的方面,包括若干要素,但都是主客观的统一体,是一个立体化的构造。而量刑情节作为定罪基础之上决定刑罚宽严程度或刑量大小的事实,只是对整个案件的样

---

① 基于此,下文将对从严量刑情节和从宽量刑情节的构成要件分别论述。

态起一定的"修饰""装潢"作用。可能简单也可能复杂；可能是立体的也可能是碎片化的。犹如生物，有的是多细胞生物，有的是单细胞生物，后者就非常简单，没有什么复杂的构造，几乎无法进一步"分解"。

第三，犯罪的构成要件，由于事关重大，按照罪刑法定原则，必须要由法律明文规定。所以，但凡犯罪的构成要件，都是有法律根据的。而且，作为犯罪的构成要件，解决的是有罪还是无罪以及此罪还是彼罪等定性分析问题，相对而言不像定量分析那样复杂，应当而且也完全可以做到"明文规定"。量刑情节的构成要件则不然。量刑情节涉及的是定量分析问题，非常繁杂，不可能完全通过立法明文规定。除了法定量刑情节之外，无论世界上的哪个国家，都可能存在纷繁多样的酌定量刑情节。不可能以"法无明文规定"为由对之简单否定。当然，这也为量刑情节构成要件的提炼带来了更大的难题。

## 二、从严量刑情节的积极构成要件

究竟如何把握从严量刑情节的共通的构成要件？长期以来，关于犯罪构成要件的研讨为我们提供了可资借鉴的思路。这就是，犯罪构成与犯罪概念联系紧密："犯罪概念是犯罪构成的基础，犯罪构成是犯罪概念的具体化。"[1] 循此思路，既然人们已对广义的量刑情节概念形成了基本的共识，即量刑情节是指根据刑法的明文规定或

---

[1] 参见高铭暄、马克昌主编：《刑法学》，北京大学出版社、高等教育出版社2022年版，第47页。

概括性规定,司法机关在量刑时所必须考虑的,能够影响行为的社会危害性程度,从而决定处刑从严或从宽的各种主客观事实情况,那就不妨从如下两方面把握从严量刑情节的共通的构成要件。

**(一)主客观要件相统一**

从严量刑情节既然是增加行为的社会危害性程度,并进而加大行为人的刑事责任程度,决定处刑从严的各种主客观事实情况,那么,按照既反对主观归责、亦反对客观归责的近现代刑事责任原则,某一事实要成为从严量刑情节,首先必须具备刑法所规定或认可的如下两方面要件:

1. 客观方面的要件

这是指客观存在且不以行为人意志为转移的,能够加大行为社会危害性程度的事实情况。它可以表现为一定行为的结果、实施行为的手段或时空条件、行为的对象、行为人的某种行为表现以及行为人的某种特殊身份,等等。

2. 主观方面的要件

这是指说明行为人主观恶性程度增加的事实情况。它主要表现为责任能力的程度、意志努力程度、认识状况、犯罪目的及动机等。换言之,这属于主观事实的范畴。之所以说它们是"事实情况",是因为这些属于行为人主观方面的情况,尽管对行为者本身而言属于其主观领域,但在司法活动中是一种不以司法者主观意志为转移的"客观"存在,不能凭其主观意志随意判定,而必须要结合客观方面的表现加以把握。

诚如论者所言,欲将危害结果与其他客观事实作为从重量刑情节,必须强调的是,这些结果与事实只能是可以归责的结果与事实。故值得强调以下几点:行为人没有罪过的结果,即便是由犯罪行为造成,也不能作为从严量刑情节;同理,因认识错误导致的结果,如果行为人没有相应的罪过,也不能作为从严量刑情节。比如,行为人以为是一幅普通的画而窃取,但事实上该幅画价值连城,达到了数额特别巨大的起点,行为人主观上没有认识到的价值不能作为量刑情节考虑。①

### (二)从严量刑情节积极构成要件的展开

在"两高"发布的《关于常见犯罪的量刑指导意见(试行)》中,共列举了18种常见的狭义量刑情节。其中,从严量刑情节共四个,即累犯、前科、以弱势人员为犯罪对象及在灾害期间故意犯罪。在这里,只有累犯属于法定的量刑情节,其余三个既不是法定从严量刑情节,也不是酌定从严量刑情节,不妨划归为"司法解释规定的量刑情节"。

1. 累犯

累犯分为一般累犯和特殊累犯。一般累犯的积极构成要件涉及前后罪、罪质、刑度、间隔期四个方面。即,必须是犯前罪之后又犯新罪,属于广义的"再犯"之一;前后罪必须都是故意犯罪;都属于应当判处有期徒刑以上刑罚的;后罪必须是在前罪执行完毕或者赦免之后5年之内实施的。特殊累犯的积极构成要件简单,指实施危害国家安全犯罪、恐怖活动犯罪、黑社会性质的组织犯罪的犯罪

---

① 参见张明楷:《刑罚裁量与人权保障》,载《云南大学学报(法学版)》2005年第2期。有论者认为,对于以盗窃数额达较大、巨大或者特别巨大起点作为基本犯罪构成事实确定量刑起点的,超出盗窃数额较大、巨大或者特别巨大起点的部分,"一般应当"作为增加刑罚量的犯罪事实。参见南英主编:《量刑规范化实务手册》,法律出版社2014年版,第182页。这里的所谓"一般",在解释论上就应当排除行为人没有认识到的价值。这是根据从严量刑情节构成要件的主客观相统一原理能够得出的结论。

分子，在刑罚执行完毕或者赦免以后，再犯上述任一类罪的情形。这些要件，似乎都是客观要件，对其如何贯彻主客观相统一的原则鲜有人研究。

在本书看来，无论是一般累犯还是特殊累犯，都涉及前后罪，而前后罪又都是故意犯罪，所以，累犯这一从严量刑情节的构成要件，当然贯彻了主客观相统一。至于间隔期，虽然是一般累犯的构成要件，但其实只是从重处罚的"限定条件"。在1979年刑法时代，累犯的从重处罚范围限定在"前罪执行完毕或者赦免之后3年之内再犯罪"的区间，1997年刑法为了体现对累犯的从严政策，将之扩展到5年之内。因此，这是一个没必要强调由行为人认识的因素。至于"刑度"，也是一个限定从重处罚范围的条件，无须行为人的主观认识。更何况，某一犯罪是否应当被判处有期徒刑以上刑罚，有时候属于一个相当专业的判断，不可能要求行为人作出判断。当然，由一些犯罪的严重性质所决定，行为人实施这些故意犯罪时，其实是有认识的。比如，像故意杀人、抢劫等罪，根本无须讨论行为人是否意识到所犯之罪是应当被判处有期徒刑以上刑罚的犯罪。

2. 前科

这里的前科，专指犯罪前科，即曾经因为犯罪受过刑事处罚这一事实。与前科密切相关的一个概念是"再犯"。再犯更加强调的是"一犯再犯"这一事实，至于前罪是否已经被刑事追责，似乎不是重点，而前科则突出强调"已经受过刑事处罚"。严格来说，两者并不完全等同，再犯大于前科并包含前科。因为但凡受过刑事处罚的，必然意味着之前犯过罪；而"一犯再犯"的，未必已经实际受过刑事处罚。不过，仔细分析起来，这种区别的意义并不大。如果行为人属于"一犯再犯"但却尚未受过刑事处罚的，其前罪如果没有超过追诉时效,那就要分别定罪量刑,依照一定的原则数罪并罚。如前所述,此时不会特别考虑"一犯再犯"的问题。如果前罪已经超过追诉时效,就不应当因前罪与后罪属于事实上的数罪而并罚。这时,能否基于"前罪"这一事实将实施犯罪者评价为再犯并进而考虑从重,值得进一步研究。[①] 从实务来看,因"一犯再犯"而考虑从重处罚的,主要是有"前科"的情形。即,虽然因为犯罪已经受到过刑事处罚,但仍然不思悔改,再次犯罪,当然就应当从重处罚。

需要特别强调的是,累犯虽然是前科的一种,但是,构成累犯的条件很严格,前后罪必须是故意犯罪,且前后罪均应当被判处有期徒刑以上刑罚。而构成前科之罪,其刑度不受限制。固然,这里的前后罪都是客观要件,但也不缺少主观要件:前后罪既然都是犯罪,就都有罪过,对有前科者从重,绝对不是单纯的客观归责。

3. 针对弱势人员进行犯罪

在这里,弱势人员指的是未成年人、老年人、残疾人、孕妇等。之所以将侵害这些弱势人员的行为作为从重处罚情节,是出于对这些弱势人员的特殊保护。如所周知,未成年人、老年人、残疾人、孕妇等处于现实中的弱势地位,其实现权利、维护权利的能力往往受到限制。为此,国家先后出台了有关未成年人保护、残疾人保障、妇女权益保障及老年人权益保障等方面的法律,对侵犯这些弱势人员的犯罪行为予以从重处罚。这里的"等"字意味着,弱势人员包括但不限于未成年人、老年人、残疾人、孕妇。比如,还可能包括患重

---

[①] 在本书看来,如果认为对再犯的从重处罚根据是行为人的人身危险性,犯前罪者在经过追诉时效后实际上并未改恶从善,一犯再犯,那就有理由评价为"再犯"从重处罚。不能因为"前罪"已经不能作为犯罪事实而定罪,就否定其在判断"人身危险性"或"应受谴责性"(即"一犯再犯、屡教不改")时的基本属性。

病之人,受重伤之人,处于险境之人等。只要因为特殊情况或身体状态致其实现权利、维护权利的能力受到严重限制,行为人利用此状态实施犯罪的,就足以表明其更大的主观恶性,就应当从重处罚。比如,对重病患者实施强奸、抢劫的犯罪时有发生,对此就应当从重处罚。

在这里,一方面要强调"弱势人员"这一对象的客观存在性;另一方面,要注重把握行为人的主观方面,即认识到或者应当认识到其行为所针对的是"弱势人员"。一般来说,这一判断并不困难,但在特殊情况下需要甄别。比如,未成年人有明确的年龄界限,如果行为人的确难以判断对方是否属于未成年人,也没有利用未成年人的弱势地位实施犯罪,则缺乏按照这一情节从重处罚的根据。当然,这里的"认识"或"明知",并不局限于"确知",也包括"可能认识"或者"具有认识的可能性"。实践中,应当根据一般人的认知能力,设身处地进行判断。

需要特别强调的是,这里的"犯罪"应当考虑其类型。比如,交通肇事等过失犯罪的发生,与犯罪对象的弱势性联系不大,特定的犯罪对象是否为弱势人员,对行为危害性程度的影响不大。有论者认为,甲犯交通肇事罪,如果致一个临近分娩的孕妇死亡的,其社会危害性要大于致一个普通妇女死亡,可按照这一情节从重处罚。[①]本书对作者所持的从重处罚的结论持赞成态度,但认为其论证不成立。这里的从重,不应当是基于"孕妇"这一特定对象,而是基于严重的危害结果——不仅致孕妇身亡,也导致婴儿胎死腹中或受到严重侵害。简言之,不应当将这一特定对象之量刑从严情节与严重的

---

① 参见南英主编:《量刑规范化实务手册》,法律出版社2014年版,第98页。

危害结果合二为一。因为,过失犯罪的行为人,既然不是追求或者放任危害结果的发生,那就不可能是专门针对特定的被害人有选择地实施犯罪,特定对象对于犯罪行为的社会危险性评价不具有特别的意义,要关注的是行为人所造成的危害结果。

4. 灾害期间犯罪

所谓灾害期间犯罪,是指在重大自然灾害及预防、控制突发传染病等灾害期间,由于自然环境或社会环境的突然改变,可能会大量滋生或诱发某些犯罪。为了稳定和尽快恢复灾区的生产、生活秩序,应当对犯罪人从重处罚。但是,就这一从严量刑情节的构成要件而言,一方面,犯罪行为必须发生在灾害期间,另一方面,在此期间所发生的犯罪,其性质和类型应当与灾害的性质和程度等存在联系。而且,犯罪分子必须是有意识地利用这一特殊期间的自然、社会环境,而不仅仅是时间上的巧合。同时,作为从严量刑情节,必须考虑犯罪的原因。比如,为了借灾发财而实施盗窃、哄抢的,才应当从重处罚。如果是因灾后生活极端困难导致的财产犯罪,恰恰应当考虑从轻量刑。①

在此,尤其要强调对疫情防控期间故意犯罪的从重处罚。比如,一些不法商家假借防"非典"或防"新冠"之名,生产、销售假冒伪劣的传染病防治防护用品,制造、销售假药劣药或者不符合标准的医用器材、防护用品等,非法牟取暴利,严重破坏社会主义市场经济秩序,损害人民群众的生命健康。只有依法从严惩治,才能确保传染病防治工作的顺利进行,才能维护人民群众的生命财产安全和社会的安宁与稳定。

至于在事故灾难和突发公共事件中出现的犯罪,则要区分情

---

① 在此意义上讲,"灾害期间犯罪"这一情节具有两重性,是个"双向性"的情节,未必一定属于单一的从严量刑情节。

况。对利用突发公共事件而实施的犯罪,例如,利用人们对恐怖分子的恐惧心理实施强奸、抢劫和敲诈勒索的,以及在处理突发公共事件过程中,趁机造谣生事、激化群众与警方对立情绪、煽动群众暴力抗法的,尤其应当重点打击。

这一从严量刑情节,主客观相统一的特征相当明显。客观上,必须是发生在各种灾害期间;主观上,必须是行为人利用灾害期间的突然变故借机实施犯罪,或者在灾害期间过失渎职、严重不负责任,等等。

5. 关于"犯罪的结果"

"犯罪的结果"历来是公认的量刑情节之一。但是,作为量刑情节的"犯罪的结果",其构成要件是怎样的,深究此问题者似乎不多。也许是在不少人看来,这一情节的认定实在是过于简单,无须大费周折。

可是,如所周知,"犯罪的结果"这一事实,在刑法中的含义不尽相同。有时,它是犯罪构成的要件(比如在有关责任事故类犯罪中);有时,它只是判定犯罪既遂与否的标志(比如在杀人罪中);有时,它是加重犯罪构成的要件(比如在结果加重犯中);有时,它只是我们所讨论的广义量刑情节之一(在狭义上,则属于"增加基准刑的量刑事实")。既然如此,对作为量刑情节之一的"犯罪的结果"之认定,就必须探讨其构成要件问题。

其实,基于学界及实务部门在此问题上存在诸多不合理的认识,有论者对之进行了颇富学术价值的探讨。[①] 比如,作为量刑情节

---

[①] 参见张明楷:《结果与量刑——结果责任、双重评价、间接处罚之禁止》,载《清华大学学报》2004年第6期。

之"犯罪的结果":其一,应当是可归责的结果;其二,应当是法定刑基础之外的结果;其三,应当是具体罪刑规范欲阻止的结果;其四,应当包括该犯罪行为对行为人自身造成的损害。

对论者提出的有关"犯罪的结果"这一量刑情节的构成要件,在本书看来,其中的第一、第二方面应予肯定。因为,第一方面要件其实就是将客观方面要件与主观方面要件关联考察的当然结论,属于积极的构成要件范畴;第二方面要件则明显属于消极的构成要件,待后文展开。对其所提出的第三方面要件,即间接处罚禁止问题,已在前述有关部分进行讨论,否定理由不再赘述。就论者提出的第四方面要件来说,其核心理由在于:量刑时要考虑犯罪预防的需要,要考虑反映行为人人身危险性之大小的因素。但是,人身危险性的判断是对行为人主体特征的判断,并非对某一犯罪结果本身的考量。或许,在论者看来,如果行为人实施爆炸等犯罪行为,不仅导致他人受到伤害,也自食其果,致自身严重受伤,则其人身危险性便大大降低,可以从宽量刑。但问题是,对一个咎由自取的后果,如果还要给予同情并从宽量刑的话,则与刑罚裁量的正当观念难以兼容。即便出于人道主义的考量予以适当从宽,这也不应当是危害结果本身的原因所致。而且,根据量刑规范化的理论与实践,危害结果超出基本构成要件或加重构成要件事实的部分,是用以增加基准刑刑罚量的根据。基准刑是在起刑点基础上增加而成的,不存在减轻问题。

### (三)"酌定从重"量刑情节的再证立

如所周知,在我国现行《刑法》第 61 条的规定中,[①] 对"情节"

---

[①] 即"对于犯罪分子决定刑罚的时候,应当根据犯罪的事实、犯罪的性质、情节和对于社会的危害程度,依照本法的有关规定判处"。

一词未加限制。但有论者指出,此处的"情节"应当专指从轻情节。质言之,在其看来,所谓"酌定从重"的量刑情节没有法律的明确规定,违背了"法无明文规定不处罚"这一罪刑法定原则。[①]

这种主张看似颇有道理,但实际上犯了一个原则性错误:将量刑简单等同于定罪。定罪是定性分析,立法上当然可以也应当做到相对明确——在一般人或者法官看来,该犯罪的构成要件是清晰明确的。量刑属于定量分析,出于个别化的需要,考虑的事项之多、个案情况差异之大,绝不是犯罪构成要件可比的,故不可能"将一切酌定量刑情节法定化"。因此,不能以立法对"某一酌定从重量刑情节没有明文规定"为由得出"有违罪刑法定"原则的结论来。

如前文所述,有关量刑原则的规定,德国刑法只是概括地指出:"法庭在量刑时,应权衡对行为人有利和不利的情况。"这里"不利的情况"显然类似于我国的酌定从重量刑情节。《日本改正刑法草案》第48条第2款规定:"适用刑罚时,应当考虑犯罪人的年龄、性格、经历与环境、犯罪的动机、方法、结果与社会影响、犯罪人在犯罪后的态度以及其他情节,并应当以有利于抑制犯罪和促进犯罪人的改善更生为目的。"可见,在德、日等国的立法中,对于"刑的明确性",要么通过对同一犯罪的罪状进行细分,并针对不同罪状配置不同的刑罚来实现;要么通过把性质上相同的行为规定为不同的犯罪,并配置不同的刑罚来实现;并非对所有的从重、从轻量刑情节都分别逐一明确规定。

---

① 参见苏永生:"'酌定从重处罚情节'之否定:一个罪刑法定主义的当然逻辑",载《政法论坛》2016年第6期。

在我国现行的法律实践中，像前科、针对弱势人员的犯罪及灾害期间实施的犯罪等"司法解释规定的酌定量刑情节"，追溯它的前世今生，本来就脱胎于"酌定从重量刑情节"。[①] 所以，如果仅凭想象，简单地将量刑问题等同于定罪，并推演出"酌定从重量刑节"有违罪刑法定原则因而应当被否定的结论来，是不符合量刑教义学应有立场的。

## 三、从宽量刑情节的积极构成要件

### （一）从宽量刑情节的属性及其构成特征

与犯罪构成要件事实和从严量刑情节不同的是，从宽量刑情节是对行为人有利的事实。从学理上讲，之所以对行为人从宽量刑，理由是多方面的，并不限于行为人的责任减轻。可能的从宽根据有：第一，行为人真诚悔过，放弃犯罪或中止犯罪，尽力挽回损失，如中止犯等。第二，出于"矜老恤幼"的人伦价值传承和未成年人特殊保护的需要，如对老年人、未成年人犯罪的从宽。第三，出于功利主义的刑事政策考量，如自首、坦白、立功及认罪认罚等。第四，出于客观上行为的危害较小或者人身危险性、主观恶性不大等原因，比如，预备犯、未遂犯、从犯、胁从犯等。

因此，从宽量刑情节的构成要件大多呈现出碎片化、单面性的显著特征，未必是主客观的统一体，也不见得是多因素的集合。有

---

[①] 如果把量刑情节仅仅区分为法定量刑情节和酌定量刑情节，那么，人们会理所当然地认为，《量刑指导意见（试行）》也是将侵害弱势人员的情节作为酌定从重处罚情节的。参见南英主编：《量刑规范化实务手册》，法律出版社2014年版，第97页。

时候仅仅是一个年龄,一个客观方面的特征,或者一个主观方面的表现。比如,老年人或未成年人所实施的犯罪,之所以从宽量刑,就是基于"矜老恤幼"的人伦价值传承,这个情节的要件简单到近乎不值得描述:犯罪的时候不满18周岁,或者审判的时候已满75周岁。又如,退赃、退赔情节,就是将犯罪所得的赃款赃物退还被害人或者上缴司法机关,或者采用折价方式直接赔偿损失或上缴司法机关。当然,有时候则表现为主客观的统一,具有立体性、集合性的特点。比如,构成中止犯这一法定从宽量刑情节,必须具备时间性、自动性、客观性、有效性。就酌定从宽量刑情节而言,如下文所述,激情犯罪的构造就是其适例之一。

**(二)酌定从宽量刑情节构成要件的展开:以激情犯罪为例**

激情犯罪是行为人在受到刺激后因激情冲动而导致的犯罪。既然如此,从理论上讲,构成激情犯罪,首先就要有某种刺激因素。其次,行为人还必须因该刺激产生了相当强度的激愤情绪,并在这种情绪的支配下实施了犯罪。就世界各国对激情犯罪构成条件的规定而言,虽然文字表述有异,但在这两个方面都是一致的。[①] 当然,如果对上述两方面的内容作进一步分析,则不难发现,各国立法尚有许多明显的不同。比如,作为激情犯罪刺激因素的范围如何,这些因素应否含有道德性,怎样判断激愤情绪的必要强度等,这些方

---

① 比如,对相当强度的激愤情绪,美国模范刑法典描述成"极度的精神和情绪紊乱",巴西刑法称作"由极度激动支配下",印度刑法典规定为"致失却自制力",蒙古国刑法称作"强烈的精神激动",罗马尼亚刑法称作"激愤与感情强烈压制状态"。对激情犯罪发生的时空条件,苏联刑法称作"在突发的强烈精神激动的状态中",意大利刑法表述为"于激烈之兴奋状态下",西班牙刑法称作"立即",德国刑法表述为"当场"等。

面均存在差异。

（1）刺激因素的范围。对此，世界各国刑法立法所采取的态度大体分为两类：不加任何限制和加以限制。（2）关于刺激因素应否含有道德性的问题，因与前一问题相关联，分为肯定派和否定派。（3）刺激因素的"关联性"问题，即因自身以外的其他人受到挑衅而引发的激愤情绪能否作为认定激情犯罪的条件。换言之，是否认可间接传来的刺激因素？比如，被告的父母遭打、妻女受害等引起被告激愤的，法律应否考虑？对此问题各国规定不一。（4）引起被告激愤情绪的事件是否必须真实存在？换言之，虚假传闻或认识错误能否构成激情犯罪的刺激因素？与此关联的另一个问题是，激情犯罪所侵害的对象是否必须是引发被告激愤情绪的肇事者本人？对此也有两种态度。（5）激愤情绪应达到的"相当"强度的判断标准问题。换言之，根据什么来推断行为人的激愤情绪已达到"忍无可忍"的强度？各国立法所持的标准可分为三类：一是主观标准，即以被告本人的实际反应为依据；二是客观标准，即以普通人在类似情况下的反应为标准；三是折中标准，即先按客观标准加以衡量，然后在此基础上充分考虑被告的主观特性加以综合认定。[①]

所有这些问题，其实就是"激情犯罪"这一量刑情节的构成要件应当涉及的内容。尽管人们不时会说到这一量刑情节，但截至目前，还很难说在学界已经就这些方面形成了统一认识。

### （三）"无名"从宽量刑情节及其构成要件

酌定量刑情节本身是一个开放的体系。如果说，在酌定从严量刑情节的适用问题上，人们因为对"刑之法定"的理解存在分歧而

---

[①] 参见陈航：《对激情犯罪立法的比较研究》，载《法学评论》1995年第6期。

倍加谨慎的话,由于酌定从宽量刑情节是对行为人有利的情节,故争议相对较小。实践中,除了选择适用传统理论上早已认可的"有名"情节外,还存在"无名"情节。[①] 在此,仅以"亲友帮助犯罪人立功"为例加以说明。

在司法实践中,有的犯罪分子为了立功赎罪,主动请求其亲友协助司法机关抓获有关犯罪嫌疑人;有的犯罪分子的亲友为了争取对犯了罪的亲属的宽大处理,积极提供线索或协助司法机关抓获其他犯罪嫌疑人。但对此类情形能否被认定为立功,不仅在理论界认识不一,各地实务部门的做法也是五花八门。

肯定论者认为:这不仅有利于公安机关侦破案件,也有利于促进犯罪分子进行改造,当然应当认定为立功。否则,其亲友也不会积极地帮助其实施检举行为。否定论者反驳道:立功是指犯罪人的立功,犯罪分子亲友的具体协助行为是由犯罪分子的亲友作出的,不能算作犯罪分子本人的行为,不符合立功的主体条件。如果立功可以由他人代劳,并认定为犯罪分子本人的行为而依法从宽处罚,会使立功标准失之过宽,有可能损及刑罚适用的公正性和平等性,不利于对犯罪分子的改造。[②]

在本书看来,既然我国《刑法》第68条明文规定,"犯罪分子有……等立功表现的,可以从轻或者减轻处罚",故立功情节必须满足其主体要件,即由犯罪者本人实施,而非其亲友代为实施。但是,

---

[①] 本书在此提出"有名"与"无名"酌定量刑情节之分类,是受民法理论中合同分类标准的启示。尽管刑法学界对量刑情节的分类鲜有这一称谓,但有必要强调,这是由酌定量刑情节的开放性特点所决定的。

[②] 参见贾建平:"从立功的本质看帮助犯罪分子立功的认定",载《辽宁警专学报》2009年第2期。又见赵志华:"立功制度的法律适用",载《国家检察官学院学报》2003年第4期。

犯罪分子的亲友为了争取对其亲属的宽大处理而主动实施的立功行为必须给予足够激励。所以，在司法实践中，这类"亲友帮助犯罪人立功"的"代为立功"行为，当然符合酌定从宽量刑情节的设立根据，应当在量刑时给予充分评价。这可以归入"无名"的酌定从宽量刑情节之列，当然，不妨称其为"亲友代为立功"量刑情节。①

## 第二节　量刑情节的消极构成要件

研究量刑情节的消极构成要件，与犯罪成立要件论的启示密切相关。如所周知，阶层论的犯罪成立要件体系中含有消极要件。在认定犯罪的过程中，一方面要从正面确认符合构成要件的行为，这是积极的构成要件；另一方面也必须考虑是否存在阻却犯罪成立的相关事由，此即违法阻却事由和责任阻却事由，也就是犯罪成立要件中的消极构成要件。在阶层论体系下，违法性和有责性的判断是从反向（即是否存在相应的阻却事由）进行的，与通行的四大要件体系相比较，这也是阶层论的特色所在。

我国刑法虽然明文规定，正当防卫、紧急避险和意外事件不构成犯罪，在学理上也较为一致地认为，除上述这些"法定的排除犯罪事由"外，还存在诸多"超法规的排除犯罪事由"，但毕竟，这些内容与犯罪成立体系相分离，不利于正确认定和理解这些要件的性质，不利于实现刑法"惩罚犯罪、保护法益"的基本目标。故有不少

---

① 参见田立文：《立功制度研究》，中国人民公安大学出版社2014年版，第226页。

学者主张,借鉴两大法系犯罪论体系所具有的动态层次性的合理之处,并把消极要件纳入犯罪构成理论体系之中。[1]

其实,在量刑情节的适用中尤其应当突出强调消极构成要件。一则,量刑情节是在定罪之后适用的,按照禁止重复评价的原则,犯罪的构成要件事实不应当再作为量刑情节,故属于应当被排除的事实,这是为所有量刑情节所必备的消极构成要件,简称通用的消极构成要件;二则,有些特定的量刑情节,根据法律规定,必须排除某些情形,这属于特定情节的消极构成要件。

## 一、通用的消极构成要件:不属于犯罪构成要件事实

在所有量刑情节的构成要件中都存在的消极构成要件,属于量刑情节通用的消极构成要件。量刑情节是在定罪之后才予以考虑的事实。根据禁止重复评价原则,能够称为量刑情节的事实必定不是在定罪阶段已经充分考虑过,并已对刑事责任发生了影响的事实。对此,既可以从"任何人不因同一犯罪再度受罚"这一刑法格言中找到立论根据,也可以从德国等国关于"属于法定犯罪构成事实要素之情况,毋庸再加斟酌"之类似规定中得到佐证,无须赘述。

对这里的"犯罪构成事实",需要注意三个方面的问题。第一,既包括基本的犯罪构成事实,也包括(派生的)加重犯罪构成事实及减轻犯罪构成事实。第二,仅仅是指决定该事实对应的法定刑所要求的最低限度的事实,而那些剩余的、尚未进行法律评价的事实

---

[1] 参见郑丽萍:"构建我国犯罪论体系之思考",载《中国刑事法杂志》2007年第1期。

则应当转化为（广义的）量刑情节（即狭义的用以增加刑罚量的量刑基准事实），否则，就难以做到充分评价。比如，假若某一犯罪的加重构成要件是"具备如下（严重）情节之一的"，那么，只要具有其中一个情节，就足以适用该加重的法定刑幅度了，当类似加重性质的情节不止一个时，其他情节就变成了量刑情节，否则，就不可能对之进行充分评价。第三，应当是决定该法定刑幅度的惯常性、类型化的事实。这是因为，立法者在设定犯罪构成要件时，只能按抽象的、一般的情况进行设计，不可能考虑到可能会出现的种种复杂情况，否则，法定刑的上限与下限将变得过于宽泛。这意味着，但凡属于该犯罪的一般性情况，立法上在设定其法定刑时已经作了考虑，不得再按量刑情节对待。

比如，根据"两高"《关于办理盗窃刑事案件适用法律若干问题的解释》第二条规定，盗窃公私财物，具有下列情形之一的，"数额较大"的标准可以按照前条规定标准的50%确定：一是曾因盗窃受过刑事处罚的；二是一年内曾因盗窃受过行政处罚的；三是组织、控制未成年人盗窃的；四是自然灾害、事故灾害、社会安全事件等突发事件期间，在事件发生地盗窃的；五是盗窃残疾人、孤寡老人、丧失劳动能力人的财物的；六是在医院盗窃病人或者其亲友财物的；七是盗窃救灾、抢险、防汛、优抚、扶贫、移民、救济款物的；八是因盗窃造成严重后果的。如果甲在自然灾害期间，教唆16岁的未成年人乙盗窃孤寡老人的财物，只达到一般情况下"数额较大"的60%，在此情况下显然构成盗窃罪。那么，甲的从重量刑情节是什么？必须进一步判断，司法机关是根据哪一项认定其构成犯罪的。如果是以其盗窃"孤寡老人"这一弱势人员为依据认定的，"针对弱势人员犯罪"就不应当再被视为从重量刑情节。不过，既然"自然灾害期间犯罪""教唆未成年人犯罪"等从重量刑情节并未得到评价,故应当将之作为从重量刑情节对待。

## 二、特定情节的消极构成要件

### （一）"一般累犯"消极构成要件的立法意旨

根据我国现行刑法规定,构成一般累犯,除了具备前后罪均为应当判处有期徒刑以上刑罚之罪,前后罪的间隔期在5年之内等积极要件外,还必须不是"过失犯罪"及"未成年人犯罪"。换言之,这两个要件就是一般累犯的消极构成要件。其中,"过失犯罪"这一消极要件是1997年刑法增加的,《刑法修正案（八）》又增加了"未成年人犯罪"这一消极要件。应当说,与其他法定量刑情节相比,一般累犯的消极构成要件呈现扩大趋势,这一立法动向引人注目。其原因何在？

从世界各国和地区的规定来看,对于累犯的主观条件如何规定,存在不同立法例。一是明文规定前后罪主观上均为故意。如罗马尼亚、泰国、俄罗斯、我国澳门地区及德国刑法,均有类似规定。二是对前后罪的主观罪过不作限制。如巴西、法国、瑞士、西班牙、日本、韩国等国的刑法,对累犯的主观罪过均未作规定,即前后罪的主观罪过无论是过失还是故意,均不影响累犯的成立。意大利刑法虽然对普通累犯的主观罪过也不作限制,但对常习累犯则限定为前后罪必须是"非过失犯罪"。三是明确规定,前罪为故意,后罪不限制。如《越南刑法典》规定,行为人因故意犯罪被判处有期徒刑后,又过失犯重罪或故意犯较重罪,符合其他条件的,构成累犯。

我国刑法对一般累犯的前后之罪,主观方面均要求是故意。只要前后罪中存在过失犯罪，就不构成累犯。这是为了限制累犯的成立范围，以便加大对累犯的打击力度。在我国，以惩治故意犯罪为原则，以处罚过失犯罪为例外。故现行刑法分则所规定的犯罪绝大多数是故意犯罪，而且，严重犯罪都毫无例外地属于故意犯罪。显然，以遏制犯罪人再次犯罪为目的的累犯制度，必然以防止故意犯罪为应有的出发点和归宿。再者，故意犯罪的行为人，要么希望犯罪发生，要么对危害结果的发生听之任之，因而，其再次犯罪的可能性极大，绝不能与过失犯罪的行为人相类比。

未成年人作为一个特殊群体，各国均予以特殊保护，并在刑事实体法和诉讼程序法上作了不少特殊规定。我国也不例外。一方面，严厉打击以未成年人为犯罪对象或犯罪工具的犯罪，如，对强迫未成年人吸食毒品的，从重处罚；对利用、教唆未成年人走私、贩卖、运输、制造毒品的，从重处罚。另一方面，对未成年人实施犯罪的，则明文规定，应当从宽处罚。比如，《刑法》第17条第4款规定："对依照前三款规定追究刑事责任的不满十八周岁的人，应当从轻或者减轻处罚。"显然，如果不将未成年人从累犯中予以排除，就会出现悖论：一方面，对累犯应当从重处罚；另一方面，对未成年人应当从宽处罚。此时，面对一个前罪执行完毕后五年之内又犯故意之罪，且均应判处有期徒刑以上刑罚的未成年人，究竟是从重还是从轻，就令人陷入两难。

从总体情况看，未成年人的是非辨别和自我控制能力明显低于成年人，其思想不够稳定，容易出现反复。即便再次犯罪，也未必是因为主观恶性或人身危险性较大，对之若按照累犯应当从重的原则予以处罚，与对累犯从重的立法意旨相悖。再者，为了体现对累犯从重、对未成年人犯罪从宽的精神，刑法有一系列配套性规定，比如关于缓刑的适用制度,一方面明确规定,对于累犯不适用缓刑;另一方面又特别强调,对于不满十八周岁的被判处拘役、三年以下有期徒刑的犯罪分子,符合缓刑条件的,应当宣告缓刑。显然,一个未成年人犯罪,如果同时还可能构成累犯,将导致难以克服的矛盾。这就是我国刑法对一般累犯专设消极构成要件的原因所在。

其实,将未成年人身份作为累犯的消极构成要件,已为诸多国家所实际采纳。具体有两种情况:其一,前罪发生时犯罪人未成年的,不构成累犯。例如俄罗斯刑法典规定:"一个人在年满18岁之前实施犯罪的前科,以及其前科依照本法典第86条规定的程序被撤销时,在认定累犯时不得计算在内。"其二,无论前后罪发生于何时,未成年人根本不构成累犯。比如,埃及、英国等国的刑法规定即是如此。

**(二)"特殊累犯"及"毒品再犯"的消极构成要件辨析**

关于累犯的消极构成要件,尚存争论的问题之一是,未成年人是否同样属于特殊累犯和毒品再犯的消极构成要件。

概括起来有三种立场。第一种认为,《刑法修正案(八)》只规定了未成年人犯罪不构成累犯,对特殊累犯和毒品再犯没有做相应修改,故应当认为,未成年人可构成特殊累犯和再犯。第二种认为,《刑法修正案(八)》对于累犯的修改是立足于保护未成年人的,从刑法修正目的及刑法谦抑原则出发,应当认为,未成年人也不构成特殊累犯和毒品再犯。第三种认为,未成年人虽然不构成特殊累犯,但可构成毒品再犯。

本书认为,未成年人不能构成特殊累犯。理由在于,《刑法》第65条和第66条都属于总则中累犯制度的有机组成部分。其中,前者是一般规定,是对"刑罚执行完毕或者赦免以后,在五年以内再犯应当判处有期徒刑以上刑罚之罪的"规定,而后者是补充性的特别规定:"危害国家安全犯罪、恐怖活动犯罪、黑社会性质的组织犯罪的犯罪分子,在刑罚执行完毕或者赦免以后,在任何时候再犯上述任一类罪的",强调也要"以累犯论处"。两者的这种递进关系表明,既然前者以"但书"的方式把未成年人排除在累犯之外,后者则承接了这一"但书"规定,也把未成年人排除在外。如果不这样理解,而是例外地认为"未成年人可以构成特殊累犯",将带来新的矛盾:一方面在保护未成年人,另一方面又在从严惩处未成年人。而且,在1997年刑法中,特殊累犯的构成范围极为狭窄,前后罪仅限于"危害国家安全罪",为了加大对特殊累犯的惩治,《刑法修正案(八)》将特殊累犯的构成范围进一步扩展到"恐怖活动犯罪、黑社会性质的组织犯罪"之中。如果认为未成年人可以构成特殊累犯,岂不是意味着《刑法修正案(八)》同时也在加大对未成年人的惩治?这显然难以成立。更何况,特殊累犯也是累犯,一旦错误地认为未成年人能构成特殊累犯,那么,是否意味着对其就不能适用缓刑?如果不能适用,必然与"对未成年人,符合条件的,应当适用缓刑"之规定相悖。

至于毒品再犯,未成年人同样难以构成。理由在于:累犯是再犯的特殊情形,立法者从前后罪的罪质、罪过、间隔期、应判刑等方面对再犯进行了限缩,进而形成累犯,使累犯成为最严重的再犯类型。毒品再犯是再犯的下位概念,是一种特别再犯。从人身危险性角度来看,累犯的特殊预防必要性肯定大于再犯,当然也就大于毒品再犯;从构成要件层面讲,累犯的成立条件严于再犯;从法律后果来看,累犯的不利后果要重于再犯,当然也重于毒品再犯。既然未成年人不能构成累犯,不能因为被认定为累犯而从重处罚,那么,就更不应当因为毒品再犯而从重处罚。这是在增加刑罚量问题上根据"举重以明轻"原理得出的当然解释结论。诚如论者所言，既然刑法能够容忍未成年人达到累犯程度这一最严重的"再犯"行为，那么，就更不应当在毒品犯罪的一般再犯问题上对未成年犯罪人难以释怀。[①]

也许，有人会提出反诘：构成累犯的要件严格，构成一般再犯没有什么限制，因此，从构成要件的符合性角度看，即便未成年人不能构成累犯，但也未必就达不到一般再犯及毒品再犯的构成要求，故不应当按照"当然解释"来推论。

本书在此需要强调的是，量刑情节的构成要件是特定功能的载体，不能离开其功能抽象地考察其构成要件。既然累犯的量刑功能是从重处罚，而刑法明文禁止对未成年人因累犯而从重处罚，那么，更不能因为未成年人的犯罪可能"符合"再犯的形式条件（即"一犯再犯"）就对之从重处罚。应当进行反向思考：既然不可能因为行为人在外观上满足累犯的积极构成要件（如罪质、刑度、间隔期等）就对之从重处罚，那就更没有理由以其构成较轻的一般再犯为根据对之从重处罚。这才符合"举重以明轻"的"当然解释"要求。

**（三）未成年人"是否初犯"的量刑评价意义之辨**

虽然未成年人不能构成累犯、再犯，但是，未成年人的犯罪记录并非对量刑评价没有意义。这同"亲友代为立功"的行为不能被视为犯罪人的立功，但对犯罪人的从宽量刑依然会产生一定的影响，其道理是相通的。核心问题在于，各种"有名"的量刑情节均

---

[①] 参见王思维："论未成年人不应构成毒品再犯"，载《青少年犯罪问题》2017年第4期。

有着独特的构成要件,如果不符合该构成要件,当然就不成立该量刑情节。但是,量刑评价的全面性原则又意味着,应当尽可能充分、全面评价,从而实现量刑的个别化。而天底下毕竟没有一个完全相同的案子,这就可能导致一些虽然不能被视为某一法定或酌定量刑情节,但其实却以"无名"情节发挥其作用的情形。比如,根据"两高"《关于常见犯罪的量刑指导意见(试行)》的规定,对未成年人犯罪的,应当综合考虑未成年人对犯罪的认识能力、实施犯罪行为的动机和目的、犯罪时的年龄、是否初犯、偶犯、悔罪表现、个人成长经历及一贯表现等情况,予以从宽处罚。从表面上看,这里并没有涉及"再犯、前科",因为,根据该《意见》的明文规定,未成年人不能构成前科或再犯。但是,既然要求考虑"是否初犯",其实就意味着要考虑是不是"再犯"。因为,初犯与再犯是一个相对而言的概念,是初犯就不是再犯,是再犯就不可能是初犯。换言之,一旦界定为"不是初犯",就意味着同时肯定了"再犯"事实。只不过,这里的"再犯"事实之认定,不是作为一个独立的量刑情节来考量的,而是作为未成年人犯罪中对基准刑"减轻幅度"产生不利影响的因素而存在的。实质上,就是将"再犯事实"因素包容在未成年人犯罪这一从宽量刑情节中予以评价,使之发挥应有功能而已。

在量刑实践中,不少案件将初犯、偶犯作为从宽量刑情节对待,将再犯、前科视为从重量刑情节。这里会引发一个问题:初犯与再犯是相对而言的,非此即彼,没有例外。而量刑情节之全面评价原则,是量刑评价的必要性之体现。质言之,该情节不是犯罪的"常态"。如果是常态,那就不应当作为量刑情节对待(除非有法律的特别考量——如交通肇事罪中的"肇事后逃逸")。既然在初犯和再犯之间不可能有中间形态,那么就要追问:何者是常态?为什么对"常态"还要作为量刑情节对待？在本书看来，初犯当然是常态，故不应当作为从宽情节对待。

不过，初犯不等于是偶犯。初犯即初次犯罪、第一次犯罪。初犯是与"有前科的犯罪"相反，与再犯水火不容，是非此即彼的关系。一方面，只要是第一次犯罪，无论被告人犯下任何性质的犯罪都是初犯。偶犯属于偶然的犯罪、偶发的犯罪，即本来可以避免，但由于一些偶然因素促成了犯罪的发生。如许霆"恰好"碰上了ATM机出错而偶然"失足"；如表现一向良好的甲碰巧看到被害人装有一万元的钱包掉在地上，捡拾后贪心顿起，经被害人索要拒不归还。如果对甲以侵占罪追究刑事责任，就属于偶犯。另一方面，并非所有的犯罪都能成为偶犯。蓄谋已久的犯罪是在罪犯精心策划下实施的犯罪，其发生并不具有偶然性，对之肯定不应当从宽量刑。因此，偶犯仅仅是"初犯的特殊形态"，不仅是第一次犯罪，而且该犯罪与特定的情境有关，这些特殊情境并非犯罪发生时的常态，但对犯罪的发生起了关键作用，从一个侧面反映出行为人主观恶性不大的特征，故应当按照从宽情节予以评价。

### （四）"法域条件"是否为累犯与再犯的消极构成要件

随着经济全球化的不断加深及各国之间交往的日益频繁，国际间的人员往来愈发自由便利。如果行为人在他国犯罪并受他国的刑之宣告或执行后，又在本国实施犯罪的，是否构成累犯呢？换言之，本国是否得把其在他国犯罪并受到刑罚处罚的事实作为构成累犯之前罪呢？这就是累犯的法域条件。

世界各国或不同地区的立法对此规定不尽相同。有的持肯定态度。比如，根据巴西刑法的规定，无论犯罪人在领域内还是领域外犯罪，只要已经被实际处刑，均可与后罪一起而构成累犯。有的持否定态度。比如,根据德国刑法的规定,除根据本国法律所裁决的犯罪以外,行为人在其他国家法律效力之下被判处刑罚的前罪,不能与其在本国所犯之后罪构成累犯。有的则予以折中。比如,根据我国澳门地区刑法的规定,虽然前罪不是澳门司法组织作出的判决,但只要根据澳门刑法,该行为同样构成犯罪的,可以与后罪构成累犯。

我国《刑法》第10条规定:"凡在中华人民共和国领域外犯罪,依照本法应当负刑事责任的,虽然经过外国审判,仍然可以依照本法追究,但是在外国已经受过刑罚处罚的,可以免除或者减轻处罚。"这就意味着,我国《刑法》对外国法院的判决采取消极承认态度。

与此相关联的是,对于曾因犯罪受外国法院判决并执行刑罚后又在我国犯罪的,能否构成累犯,形成了三种不同观点:第一种认为,既然消极承认的前提是考虑到行为人受过刑罚处罚的事实而免除或者减轻处罚,因此,当行为人在我国再犯新罪时,我国法院也应考虑到行为人在外国受过刑罚处罚的事实,如果符合我国刑法中累犯的构成条件,就应以累犯论处。第二种认为,《刑法》第65条规定的"刑罚执行完毕"是指在我国的有罪判决和刑罚执行,故受过外国刑罚的处罚并执行,不能作为构成累犯的前提条件。第三种主张区别对待:如果行为人在国外实施的行为,并未触犯我国刑法,那么,即使受到外国法院的审判并执行了刑罚,也不能作为我国刑法规定的构成累犯的前提条件。如果行为人受外国法院审判并执行刑罚,依照我国刑法也应当追究刑事责任,则我们可以承认其已受过刑罚执行,也可以依照我国的刑法再次进行处理。如果我们承认外国法院所作判决的效力,该犯罪人在我国再犯罪的,符合我国累犯条件的,便可构成累犯。如果我们不承认外国法院判决的效力,在犯罪人回国后又进行了处理,那么,受外国法院判决且已经执行刑罚处罚的,就不能作为构成累犯的前提条件。

本书认为,折中说是可取的。既不应简单地全部肯定,也不应简单地一概否定。具体来讲,即便因在他国犯罪并被执行刑罚,如果我国刑法不认为该行为是犯罪或者虽然也认为是犯罪,但依照我国刑法不可能被判处有期徒刑以上刑罚的,就不能与后罪构成累犯。相反,如果被外国判处刑罚并被实际执行的犯罪,在我国也被认为是犯罪并应当被判处有期徒刑以上刑罚,那么,外国的既有判决与刑罚执行完毕的事实,可以与后罪构成累犯。

## 第三节 量刑情节的功能与量刑情节的构成要件

事物的功能是一事物区别于他事物的标志和属性之一。因此,认识事物的功能实质上就是认识事物本身,或者说,认识事物的本质也有助于揭示、把握事物的功能。量刑情节的功能与量刑情节的构成要件具有内在的相互制约关系。但迄今为止,不仅对量刑情节的构成要件缺乏应有的基础性研究,而且对量刑情节功能的研究也亟待加强。

### 一、"功能"问题界说

(一)两种不同的功能观评析

在现代汉语中,"功能"一词最一般的涵义有两层:一是指"事物或方法所发挥的有利的作用";二是指"效能"。[①]其大致意思是指"功效和作用",主要是针对器官或部件而言的,像"肝功能""钢管的功能"等表述,莫不如是。在英语中,"功能"(function)一词则被解释成:功能主体在进行某项活动或采取某种行动过程中所发挥的作用或履行的职责。

如所周知,"功能"一词被广泛地使用于各学科领域,如生理学、语言学、建筑学及系统科学等,但各自使用的"功能"涵义不尽相同。比如,生理学中的"功能"主要揭示的是生命机体结构与生命过程之间的关联性、延续性问题;在语言学中,则主要从认知、表达方面揭示其提供信息、显示心境及施加影响方面的诸种表现;至于系统科学,其所谓"功能"则体现为两个方面:一是外部环境中的物质、能量和信息对系统的输入;二是系统的输出对外部介质产生的作用。

对"功能"涵义的界说,总体而言有一个共同特征,即:都在于描述功能主体和对象之间的相互作用关系,都把重心放在功能主体运行后所产生的结果(即"作用"或"效能")之上。因此,这充其量是一种描述性的功能观,重心落在了实证分析和观察描述上。

与此不同的是,在社会学的功能主义观念中,"功能"并非一个描述性概念,其所谓"功能"是一种方法论,即在一个既定结构内对特定现象的互动与调适所进行的系统分析。因为,其所谓的"功能"不是社会生活中的个别表现,而是人类社会生活中最为普遍的现象之一。比如,制度、角色及规范等,都有一定功能,都服务于一定目

---

[①] 中国社会科学院语言研究所词典编辑室编:《现代汉语词典》(第5版),商务印书馆2005年版,第475页。

的,都是社会存在与发展所不可缺少的。而且,它们之间是相互联系、相互作用的。

因此,在功能主义者看来,尽管"功能"一词的本原只是生理学中的一个术语,但将它运用于社会科学领域时,有必要建立起生物有机体与社会系统之间的类别关系。拿动物来说,尽管生命有机体是细胞和间质液体的结合,但这些细胞和间质液体之间不是作为一个集合而是作为一个生命整体联系在一体的,这种联系体就是有机结构。有机体本身并非结构,它只是一个由各个单元(细胞或分子)依照结构排列而成的聚合体。每个机体都有一个结构,而把该机体结构的延续过程叫作生命。如果说生命过程是由有机体构成单元、细胞、器官的各种活动,以及这些单元之间的互动所形成的,那么,一个有机体的生命不妨看作是它的结构的运转;而生命过程中的某些环节(如呼吸、消化等)的"功能",就是指各自在整个生命有机体过程中所起的作用,或"对生命有机体所作的贡献"。质言之,就是生命有机体的结构与有机体的需求之间的"合拍",就是一种"关系"。

基于此种认识,社会学视野中的"功能"亦被定义为该社会单元与社会结构的"关系",即,该社会单元对社会结构(即"社会各单元之间的诸种关系之总和")的存续所作出的贡献。

在此基础上,功能主义者认为,对社会现象的分析必须关注三类问题。第一是功能结构体系的形态问题;第二是社会结构功能的运行机制及发生机理问题;第三是社会结构体系及其功能的发展、进化问题。如果说其中的前两类主要是对功能结构体系的静态分析的话,第三类则立足于对功能结构的动态把握。

本书认为,首先,对"功能"问题的研究离不开描述性的界定,但仅仅囿于描述性层面的界定,则是远远不够的。拿量刑情节的功能来说,如果仅仅对其功能表现进行罗列或描述,充其量只能回答其功能是什么,至于该功能究竟为什么会产生,怎样产生,为何表现为"这般"而非"那般",对这一系列问题,则难以作出令人信服的说明。其次,自然的生命有机体运动过程与社会发展进程有着重大区别。前者主要是简单地对外界刺激作出反应、被动适应环境,而后者则介入了有意识的社会活动主体——人。描述性的功能观与其说是对功能的研究,不如说是一种对客观功能表现的统计;只有社会学意义上的功能观才为功能问题的深入研究开辟了道路,才有助于从总体上进行全方位的科学分析,因而对重新界定量刑情节的功能产生重要价值。

可见,对"功能"的研究其实包含着对特定社会现象的存在、发展及其变化规律的系统研究。通过这种研究,人们才能更加系统全面地对作为功能主体的各种社会现象的外在环境与内部结构,对其存在、发展和变化的规律等问题加深认识。[1]

**(二)关于"功能"的若干分类**

1. 显性功能与隐性功能

这是美国社会学家默顿(Merton)提出的一种分类。在其看来,人们很容易犯的一种错误就是把动机视为功能。其实,前者属于主观范畴,后者恰恰相反,而显性功能与隐性功能的区分有助于对此作出说明。"显性功能是有助于系统的调整和适应的客观后果,这种调整和适应是系统中参与者所预料、所认可的;反之,隐性

---

[1] 参见张爱球:《论现代社会中的诉讼功能》,南京师范大学博士学位论文(2004年),第12—17页。

功能是没有被预料、没有被认可的。"[1] 由此表明,显性功能与隐性功能是根据某一事物对所在系统产生的客观后果是否与预设目标相符而从功能层次上进行的分类。这意味着,某事物对其所在系统产生的客观后果可能是在预设目标之内的、应当认可的,也可能是超出既定目标的,甚至是与该目标背道而驰的。

2. 正功能、反功能与非功能

这是根据一定事物对所在系统引起效应的不同情形进行的分类,亦由默顿首先提出。正功能亦被称为积极功能,简即"功能",是指有助于激发体系活力并为人们观察到的效果;反功能亦谓之消极功能,是指造成系统内部关系紧张、降低系统活力的"功能";非功能是指该事物的存在对所属系统而言既无积极影响,亦无消极影响,处于"可有可无"状态的情形。正功能与反功能之划分的意义在于,它告诉我们,"功能"一词体现了某一事物通过其运行而对其他事物发生影响的客观能力,是中性的,其本身无所谓是积极的或消极的。只是在功能发挥的过程中,即事物影响外在环境时,人们从主体的角度观察分出积极影响或消极影响。[2] 据此看来,把"功能"仅仅界定为"有利的作用",其实是不够严谨的,因为,它既包括积极作用也包括消极作用,甚至可以说,它本无所谓积极与消极。既然消极功能也是一种客观存在,因此,必须在努力追求积极功能的同时尽可能避免消极功能的影响,但切不可掩耳盗铃、无视它的存在。至于"非功能"的提出,旨在提醒人们,就主体所欲达到的目标而言,该事物或方法也许无能为力,虽说它没有消极作用,但也没

---

[1] 参见付子堂:《社会学视野中的法律功能问题》,载《郑州大学学报》1999年第5期。
[2] 同上。

有什么积极影响。

(三)与若干相近范畴的关系

近年来,"功能"一词似乎有用得过滥之嫌,以至于有学者批评道:"它没有像科学术语那样应该用来帮助人们区分事物,却被用来把那些本应该加以区分的事物搅浑在一起。例如,它经常被用来代替'用途''目的'和'意义'等日常词汇。在我看来,与其通称斧子、掘土棍、词、立法都有其功能,倒不如称斧子或掘土棍有它的用途,词有它的含义,立法有它的目的,这后一种用法不仅更方便、更明确,而且还更有学术味。"[①] 显然,对与"功能"相近的一些范畴若不加以适当区分,就不利于准确界定功能。

1. 功能与价值

按照关系价值论的观点,"所谓价值,就是在人的实践-认识活动中建立起来的,以主体尺度为尺度的一种客观的主、客体关系,是客体的存在、性质及运动是否与主体本性、目的和需要等相一致、相适应、相接近的关系"[②]。简言之,价值就是存在于主客体之间的需要与满足关系。而功能则是对这种需要的满足。换言之,价值一旦被设定,当该事物满足了这种需要时,就认为其实现了预设的功能。这表明,价值体现着一种主观的需求倾向,强调的是"应当是什么",而功能体现的主要是一种客观的状态,强调的是"实际上有什么或是什么";前者是动态的,后者是静态的;同样的价值,可以由不同事物功能的发挥来实现;而同样的功能,也可以服务于不同

---

① 〔英〕A.R. 拉德克利夫-布朗:《原始社会的结构与功能》,潘蛟等译,中央民族大学出版社 1999 年版,第 224—225 页。转引自张爱球:《论现代社会中的诉讼功能》,南京师范大学博士学位论文(2004 年),第 13 页。

② 孙伟平:《事实与价值》,中国社会科学出版社 2000 年版,第 99 页。

的价值需求。

2. 功能与作用

在现代汉语中,名词意义上的"作用",是指对事物产生的影响、效果、效用。"功能"与"作用"极为相似,都可以泛指效用、效果或影响。但是,就词性而言,"功能"仅仅是从名词意义上使用的,而"作用"还可以作动词用。即便仅就名词意义上的使用而言,也存在细微差别:"功能"一词侧重于强调事物本身客观上具有的某种(潜在的)影响力,也许由于各种原因,这种能力尚未能充分发挥出来,但这并不影响它的存在。"作用"一词强调的则是该功能在事物相互影响中的表现。如果说没有该种表现,就很难说某一事物在"起作用"。质言之,没有起作用,并不能否认其功能的存在。或者说,由事物自身结构所决定的"(潜在的或内在的)功能"是事物在相互影响中发挥、展示其"(外观的)作用"的内在根据。

在中外法学界,人们对法的功能与法的作用之间的关系,尚存在诸多不同认识。从这里可以折射出人们对功能和作用的不同认识。在不少学者的论述中,要么将两者视为同一或相通的概念,要么将两者仅仅视为同一概念的不同用词而已。有论者指出,这种将形同而质异的事物混为一谈的状况,既不能从理论上走向彻底,也难以阐述两者自身,因此,有必要廓清各自的界域:法的功能乃法所固有的可能对社会生活发生影响的功用与性能,是法这一事物内在的能量与潜力,也是法同其他事物相区别的一个标志和属性;法的作用则是指法对社会主体和社会关系所发生的实然的影响,体现的是法同外部世界所发生的关系。一方面,法的功能需要转化为法的作用,否则,其功用和效能难以真实显现;另一方面,作为法的功能的物化或实在的体现,对法切不可奢求其发挥超越功能范围和价值范围的作用,否则,无异于"为不可为之事"。这意味着,不仅要认清法的功能应当是怎样的,而且需要关注:实现这些功能应具备哪些条件,如何最大限度地使法的潜在功能在实际中转变为现实。[1]

在本书看来,词义作为语言的要素之一,其涵义具有两重性:从静态角度看,在特定时空条件下它具有约定俗成性,不是通过重新界定就能轻易改变的;从动态角度看,它是不断发展变化的。区分"功能"的固有、潜在品质与显现形态,关注两者的相互关系及转化条件,具有重大意义。

基于此种认识,不妨把人们在习惯上使用的、含"作用"在内的"功能"称为广义的功能观,将不含"作用"在内的"功能"称为狭义的功能观。为实现从描述性功能观向"方法论"功能观的现代转型,尤其是为强调对功能的实现条件及其形态的特别关注,有必要在界分狭义的"功能"与"作用"的基础之上把握"功能"的内涵。

此外,从学者关于"法的功能是事物的固有属性,只能充分尊重、善于发掘而不能擅自增减、肆意改变,而法的作用不是天然的,是被创设亦即被赋予和设定的"等论述中,我们似乎应当得出结论说,事物的功能不具有预设性。但是,"正如桌子不具备唱歌的功能,人们便不能拍着桌子要求它发挥唱出美妙歌曲的作用一样","嗓子天生不佳的人,不适宜硬是立志要做帕瓦罗蒂那样的人物"。[2]不过,这样的例证只适用于说明生物有机体或作为一种物理性存在

---

[1] 参见周旺生:《法的功能和法的作用辨异》,载《政法论坛》2006年第5期。
[2] 同上。

物的功能与作用之别,不具有普适性。拿法的功能、量刑情节的功能等问题来说,法律也罢,量刑情节也罢,既然它们都是一种制度性的存在,而制度本身毕竟是人们出于特定目的而预设的,这就注定了该制度性存在之"物"的功能也具有预设性,而且也会随着制度的变迁而发生变化。当然,该制度一旦确立,那么这一制度性事实所特有的功能也就随之被固化了。

3. 功能与目的

"一种社会事实的功能应该永远到它与某一社会目的的关系之中去寻找。"[1] 对制度性事实的功能而言,由于它具有预设性,而这种预设是受特定目的支配的,故对功能问题的研究,尤其是在衡量功能的实现效果时,肯定离不开对目的的把握与探寻。换言之,目的是衡量功能及其实现状态的参照物。但是,功能与目的毕竟不同:前者是一种客观的存在,要么处于一种潜在的状态,要么业已实现;后者属于主体的意向,属于理想层面的范畴。有时,功能实现的效果与人们的主观目的相符,有时也可能相悖。不可想当然地认为有什么样的目的就有什么样的功能,恰恰相反,对特定目的的设定,不能超越事物可能具有的功能之外。否则,这样的目的注定要落空。

## 二、量刑情节功能观述评

### (一)研究状况概述

迄今为止,鲜见以"量刑情节的功能"为题的专论或著作,在

---

[1] 〔法〕E.迪尔凯姆:《社会学方法的准则》,狄玉明译,商务印书馆1995年版,第125页。转引自付子堂:《社会学视野中的法律功能问题》,载《郑州大学学报》1999年第5期。

"量刑情节研究"或"量刑情节适用"等类似标题下,虽说也有研究者用一定篇幅专就"量刑情节的功能"问题予以论述,但总体而言,主要限于"量刑情节的功能"的定义和表现两个方面。对于前者,认为量刑情节的功能指量刑情节在量刑过程中所发挥的有利作用、效能,具体来说,是对刑罚的最后确定具有决定性作用;对于后者,较为一致的认识是,量刑情节的功能主要表现在决定宣告刑上:要么是在法定刑范围内决定宣告刑的功能;要么是变更法定刑的功能。或者直截了当地说,量刑情节的功能在于决定处刑的从严从宽或者免除处罚。[①]

(二)评析

在本书看来,那些以"量刑情节的功能"为题的显性研究,无论从深度上还是从广度上讲,均难以令人满意。一则,这种研究基本上游离于"功能"及"法的功能"的已有基础性研究成果之外,缺乏基本的学术对话或互动交流。不少研究者仍将量刑情节的功能归结为"积极的作用",过于简单化。受这种研究范式的制约,对量刑情节功能的认识流于表面:把量刑情节功能的研究等同于描述"量刑情节的功能有哪些",对具有实质意义的内容,即量刑情节的功能究竟是由什么决定的,它与量刑情节本身究竟是什么关系,为什么对同样的情节,不同的人会对其功能有截然相反的判定等,却视而不见;而且,就其对量刑情节功能的描述而言,基本上属于无须特别加以描述的内容,缺乏应有的理论价值,偏离了研究量刑情节功能的基本方向。

---

① 参见陈兴良、莫开勤:《论量刑情节》,载《法律科学》1995年第2期;王晨:《量刑情节论》,载《法学评论》1991年第3期。

这些关于量刑情节功能问题的研究，既不是在对"功能"问题进行系统思考的基础上展开的，也不是自觉地以"功能"问题的已有研究成果为指导，因而带有一定的偏狭性和盲目性，缺乏应有的深度。而且，受研究视域所限，偏重于就司法适用论量刑情节的适用，难以为量刑情节功能问题的刑事立法完善提供理论支撑。

### 三、量刑情节功能的再界定

基于前述分析，量刑情节的功能可界定为，经过制度性设定，由特定构成要素所决定的，为量刑情节自身所固有的、对刑量能够产生宽严影响的性能及其外化形态的总体。

首先，量刑情节的功能是特定事实具有的功能：它不是量刑情节构成要件的功能，而是符合量刑情节构成要件的事实的功能，因而它首先是一种客观状态。这意味着，量刑情节功能的有无及其属性如何，均具有一定的客观实在性，并非完全由设定者的主观意志所决定。

其次，量刑情节毕竟不是"裸的"事实，它作为一种法律事实，有别于纯天然的客观事实。量刑情节的功能是客观实在性与主观设定性的统一体。对量刑情节功能的把握，不能仅仅局限于实证观察和描述，而应结合量刑情节及其功能的生成机理，借助刑罚目的理论或刑罚根据论，尤其是要借助犯罪本质理论加以甄别。

再次，量刑情节的功能不同于定罪情节和行刑情节的功能。量刑情节只对刑量的宽或严产生影响，而不对是否构成犯罪、构成此罪还是彼罪，以及究竟是构成基本刑、轻罪还是重罪产生影响；更不可能对行刑结果直接发生作用。否则，就与定罪情节或者行刑情节混为一谈了。这意味着,某一情节(如"手段恶劣"或"立功")究竟是否属于量刑情节,应当考察它的功能是什么(比如,是仅仅影响定罪还是影响量刑或行刑);同时,一旦将某一情节设定为量刑情节,那么,它就应当对量刑活动产生相应影响。这要求司法实践中能够对其进行准确的界定、识别,应具有可操作性。

最后,学理上的量刑情节功能属于应然层面的范畴。从实然的角度看,有些情节或事实(比如"外国人身份""少数民族身份")虽然曾经对决定量刑的宽严发挥过作用,换言之,这些情节曾一度发挥过量刑情节的功能,但是,从应然的立场上看,立法中有无必要对这些情节赋予量刑情节的功能,或者说,究竟是否把现实中存在的这些功能予以正当化,需要根据量刑情节功能的相关原理进行探究。否则,就变成了对特定事实的简单描述或纯粹观察,失去了理论研究的应有意义。

总之,量刑情节不是一种纯客观事实,而是一种法律事实。这意味着,它是人们根据相关法律规定或者法律共同体所遵循的有关法律信条从客观事实中筛选出来的。进行这种筛选,既取决于被筛选对象即特定事实本身具有的客观属性,也取决于筛选者为该对象预设的价值目标。也就是说,与主体的价值趋向密不可分。毫无疑问,量刑情节是服务于量刑活动的。尽管量刑活动离不开法官自由裁量权的充分行使,但从实质上讲,一切量刑规范的设定,无一不是旨在防止该权力的滥用。可见,量刑情节及其功能之所以能够生成,与其说是为法官行使自由裁量权创造条件,还不如说是为限制其自由裁量权的行使设置界限。正是量刑情节及其功能之生成的这一目的性,使得量刑情节的功能具有了主观设定性。

由此便不难理解一个现实:同样的情节或事实,在不同国家、不同的时代,乃至于在不同的主体看来,即便同属于量刑情节,但其功能究竟若何,也许会有截然不同的结论。

## 四、量刑情节功能与量刑情节构成要件的制约关系

一般认为,事物的构造决定着事物的功能,因此,功能不同的事物其构造必定有异。比如,我们之所以具有视觉功能,会把某种颜色均看成是红色,是由于我们具有相同的视网膜构造;桌子之所以不能像人那样放声歌唱,在于桌子的材质与人类的肌肉组织体不同;即便同属于歌手,男中音和花腔女高音发出的歌声也会迥然有别;等等。显然,这是对自然物或者人造物等物理性的事物而言的。对于法律制度等制度性人工物而言,不能简单套用这一结论。

### (一)量刑情节的构成要件相同但功能有别

考察一些国家的刑事立法,我们会发现这样的事例:量刑情节的构成要件几乎完全相同,但不同国家为其设定的功能却明显有异。比如,未遂犯是世界大多数国家立法中均明文规定的对量刑产生从宽影响的情节。关于未遂犯的构成要件,在各国立法规定及理论认识上并无多少实质性区别。比如,仅限于故意犯罪之中;行为人已经开始了犯罪的实行行为;犯罪未得逞;犯罪未得逞是由于犯罪人意志以外的原因。但是,各国对这种具有相同构成要件的情节所赋予的从宽功能却大不相同。有的规定,其从宽功能是"确然性"的(即属于"应当"从宽),有的规定,其从宽功能是"或然性"的(即属于"可以"从宽);有的赋予其单一功能(即只能"减轻"处罚),有的赋予其复数功能(除"减轻"外,还包括"从轻")。即便均为"减轻"这种单一性质的功能,其涵义也不尽相同,有的是形成

处断刑的根据,有的是生成宣告刑的情节。而且,某些国家的刑法规定,对未遂犯和既遂犯同样处刑,不予从宽。

再如,对累犯情节,绝大多数国家均将之作为从严量刑情节,而且,其构成要件也大致相同:作为一种特定的再次犯罪的事实,涉及"罪质""刑度""间隔期"三个方面的要件。但对其从严功能的设定却极不一致。有的规定,只能在法定刑内从重处罚,这意味着不能突破法定刑的最高限;有的规定,对累犯应当加重处罚。如前所述,即便均为"加重",其涵义也因是否作为处断刑根据而不尽相同,故对其能否突破法定刑的最高限难以作出绝对判断。

不容否认的是,构成要件大致相同的量刑情节,从总体方向上讲,其功能是基本相同的。比如,无论如何,绝大多数国家对构成要件大致相同的情节(如未遂犯、累犯)均赋予了相同的趋宽或者趋严方向。质言之,未遂犯之所以具有从宽功能而累犯之所以具有从严功能,关键就在于各自的构成要件迥然不同。这明白无误地揭示了"事物的构造决定着事物的功能"这一基本原理。这意味着,任何关于量刑情节功能的立法设定,虽不见得天经地义、难以更改,但对量刑情节构成要件与功能之间相互关系的判定还是有迹可循的。

**(二)量刑情节功能与量刑情节构成要件的关系**

1. 立法层面

法定量刑情节的构成要件及功能固然都是由立法者予以择定并赋予的,从立法层面讲,整个量刑情节制度都是以量刑情节功能的设定为出发点并以其功能的最终实现为归宿的。对此问题的理解,可借用有关学者在回应"责任由哪些要素构成"这一刑法问题时的反思:"不可能纯事实地、只可能功能地回答'责任由哪些要素构成'的问题。人们需要'责任'发挥怎样的功能,人们就会赋予

'责任'怎样的内容并配置相应的构成因素。简言之,'责任'不是自然生发的,而是符合目的地制造出来的。'责任'的内容和构成因素,是由'责任'在刑法学中的功能所确定的。"[1]

其实,之所以在立法上规定或认可某些量刑情节,就是因为要对这些有别于常态的情形在量刑上予以从宽或者从严处罚;而一旦在立法上确立了量刑情节制度,就要借助量刑情节之规定为准确判断是否应当从宽或者从严处罚,以及如何从宽或从严处罚服务。因此,从立法路径上考察,量刑情节功能的设定问题在先,量刑情节构成要件的选择在后,量刑情节功能的设定问题决定着量刑情节构成要件的选择。这意味着,假如为某量刑情节设定了从宽或从严影响刑量的功能,其构成要件就要从反映行为社会危害性减弱或增强的主客观要素或政策性考量中予以提炼;因此,从宽或从严功能的确定性程度越高,其构成要件要素就应越明晰,"弹性"就应越小。

2. 司法层面

就司法层面的具体适用而言,则是先从构成要件方面对该量刑情节的成立与否进行判断,然后再确定该量刑情节的具体功能。从这个意义上说,量刑情节的构成问题在先,量刑情节的功能问题在后,量刑情节的构成要件决定着量刑情节的功能。就量刑情节的具体认定来说,会涉及法律规定(大前提)、具体事实(小前提)及结论(该量刑情节的判断是否成立)这三个方面问题。其中,对大前提的确定过程往往是对量刑情节构成要件的解释过程,换言之,量刑情节构成要件的确定其实是个法律解释问题。

---

[1] 参见冯军:"刑法中的责任原则",载梁根林主编《当代刑法思潮论坛(第一卷):刑法体系与犯罪构造》,北京大学出版社2016年版。

量刑情节问题的落脚点在于实现量刑情节的功能,该功能对量刑情节构成要件的确定具有反向制约关系。在我国学界,对不少或然性情节或者多功能从宽量刑情节的构成要件,之所以解释得相当宽泛,就与此不无关系。比如,拿自首来说,之所以认为包括各种情况,其根据就在于:自首是"可以"从宽,即便自首成立,也不见得必然要从轻、减轻或者免除处罚,不至于放纵罪犯,尤其是不至于让一些罪大恶极的犯罪人逃避应有的制裁。可是,当人们从这个角度解释自首的构成要件时,自首成立之日,便是自首应有的功能荡然无存之时。

可见,无论从实然还是从应然的角度看,量刑情节的构成要件与量刑情节的功能设定之间均具有互动性:量刑情节的功能定位越明确,量刑情节的构成要件设置也应越清晰;反之,量刑情节的构成要件弹性越大,量刑情节的功能也就越不确定。

这正如同犯罪构成要件与法定刑幅度的关系:构成某一犯罪的范围越大,其所反映的行为之社会危害性程度的差距亦越大,与此相适应,法定刑上限与下限之间的距离必然拉大。问题是,犯罪构成毕竟解决的只是"罪质"问题,而量刑情节的功能是要最终决定"刑量"问题。最终宣告的刑量既然是个确定之数,那么,量刑情节的功能设定自然应当尽可能地确定。这也意味着,量刑情节的构成要件也必须尽可能明确。从这一角度讲,我国现行刑法关于量刑情节功能问题的规定值得反思。

**(三)德国刑法删除累犯加重条款的启示**

言及累犯制度,德国刑法的相关立法变化颇引人瞩目。早在1871年的《德意志帝国刑法典》中,就根据1851年的《普鲁士刑法典》规定了特别累犯制度,对累犯的加重处罚仅限于特定的几个犯罪,即"累犯盗窃、强盗或赃物罪,加重其刑"。这标志着近代德国累犯制度的正式确立。1871年的《德意志帝国刑法典》是以古典刑事学派的思想为指引的。进入19世纪后期,随着社会矛盾的不断激化,各国犯罪数量急剧增加,刑事古典学派的思想难以回应社会的现实需求。在反思、批判刑事古典学派理论基础之上形成的刑事实证学派开始走上历史舞台。受其影响,各国刑法中行为中心主义的累犯制度开始转向行为人中心主义的累犯制度,即:累犯必须具备危险性格这一实质条件,日渐成为立法的倾向性选择。于是,德国刑法也开始对累犯制度进行修改,1927年的德国刑法草案不仅以"习惯犯"代替"累犯",而且将犯罪人的心理特征作为加重处罚的首要考量因素。并规定,对习惯犯除加重处罚外,并得宣告为期3年的保安处分。1933年通过的《习惯犯法案》进一步巩固了这一做法。不仅增设了危险的习惯犯以对之加重处罚,而且为其特设了"保安及改善处分"专章,要求在认定习惯犯时,必须关注两大方面:在客观上,多次发生故意犯罪;在主观上,行为人基于内在性格产生了犯罪倾向。随着"二战"的爆发,《反对暴力犯罪的命令》等相关立法将累犯制度的行为人中心主义推向了极端。

"二战"之后,德国各界对战争期间纳粹分子滥用危险的习惯犯处罚政策的惨痛教训开始进行反省,并果断放弃行为人中心主义立场,重新回到新古典主义学派的立场上来。于是在立法上删除了原刑法中处罚危险的习惯犯的规定。1969年,德国刑法增设了普通累犯加重处罚的规定,即,行为人以前至少两次因故意犯罪而受刑罚处罚,且因一次或数次犯罪被判处三个月以上自由刑,现在又故意犯罪,并根据其犯罪种类及情况,认为如果以前所判处的刑罚对其未起警诫作用,最低自由刑为6个月。[①]

显然,类似规定与大多数国家的累犯构成要件颇为相似:都涉及前后罪、罪质(故意犯罪)、刑度(应处有期徒刑以上)等。依据这一规定,与该立法相符合的事实都可能对行为人产生不利影响,成为增加其刑事责任的根据。但在1986年,德国通过了刑法第23条修正案,删除了刑法第48条的这一规定。其理由是:第一,不能简单地从重新犯罪的事实推论行为人的顽固的反规范性,重新犯罪的原因可能是多样的,比如因单纯的意志薄弱或受第三者的影响等。第二,对累犯加重处罚,与德国刑法规定的量刑原则相冲突。第三,删除此规定后,对符合一定条件的再犯,可根据"改善与保安处分"之规定,并处刑罚与保安处分。[②]

从德国刑法典删除累犯条款的立法变迁,可以得出几点启示:

首先,即便是符合类似构成要件的客观事实(如行为人前罪执行完毕后又犯罪,且都是应处有期徒刑以上的故意犯罪),不同国家或者同一国家的不同时期,也完全可以赋予其不同的功能。也就是说,虽然构成要件相同,但功能未必相同。这是因为,量刑事实作为法律事实,是一个经法律评价后形成的"制度性人工物",其功能不是天然具有的或不变的,而是可变的,是由立法者或司法者所赋予的。

其次,对同样的"累犯"事实,无论立法者是否删除其"加重"

---

[①] 参见劳佳琦:《累犯制度:规范与事实之间》,中国人民公安大学出版社、群众出版社2018年版,第40—49页。
[②] 参见季理华:《累犯制度研究》,中国人民公安大学出版社2010年版,第6页。

功能，都不可对这一"客观事实"视若无睹。比如，德国刑法虽然删除了一般累犯的加重处罚条款，但却在"改善与保安处分"一节规定，对符合一定条件的"再犯"并处刑罚和保安处分。如所周知，累犯是再犯的一种。对"累犯"处以保安处分意味着什么？尽管保安处分在德国不属于刑罚，被处保安监督者比普通的囚犯的确也有更多权利，但不可否认的是，其所谓保安监督与有期徒刑一样，在本质上都是剥夺自由的措施，在具体执行上也不存在本质区别。由于保安处分的目的是预防犯罪，加之其在1988年刑法典修订之后取消了"行为人首次保安监督期限不超过10年"的限制，实际上变成了无限期关押，所以，如果从实质主义的立场来看，保安监督与有期徒刑相比，只是名称不同而已，其严厉性大概有过之而无不及。更何况，德国法院在量刑时奉行责任主义原则，受到实体法与程序法的严格限制，但对于保安处分的适用，由于旨在预防犯罪，其适用显然就会宽松得多。所以，不难看出，德国的累犯政策并没有出现实质上的轻缓化。[①]

再次，除德国之外，世界上绝大多数的国家或者地区，继续保留刑法对累犯从严惩处的规定，而不是紧跟德国刑法修改动向。这足以表明，无论国内外，对德国这一立法修改均有着清醒认识。当然，自2013年以来，在欧洲人权法院的压力下，德国议会对其刑法中的保安监督制度进行了修改，试图强化保安监督的预防性质而非惩罚性。这也正被世界各国密切关注着。

复次，我国刑法学界向来颇为关注德国刑法的学术动向及立法

---

① 参见劳佳琦：《累犯制度：规范与事实之间》，中国人民公安大学出版社、群众出版社2018年版，第53页。

变化，但对德国刑法删除累犯的加重处罚这一做法，鲜有人进行正面评价，主要停留在介绍层面。一方面，说明我国绝大多数学者和其他各国或地区的研究者一样，对累犯这一量刑事实具有的从严惩处属性深信不疑；另一方面，我国刑法与德国刑法典有一个重大不同，即不存在体系化的保安处分制度。[①] 所以，德国刑法对累犯问题的处置方略，对我国缺乏借鉴价值。

最后，一般认为，我国设立累犯制度的目的，主要在于对那些主观恶性深、人身危险性大的再犯之人，通过较为严厉的打击，预防其再次犯罪。但有论者指出，实证研究表明，累犯群体从整体上看比非累犯群体的人身危险性大，但这是从"人均值"上看到的，中位数或众位数的均值是有限的。因为，极少数累犯对整个累犯群体的人身危险性程度起了极大拉升作用。从累犯制度的实行效果来看，我国现行累犯威慑机制的实际预防效果远远低于立法预期。欲有效实现犯罪控制的目标，有必要借鉴国外经验，重视采用和增强刑罚确定性等相关措施。[②]

贝卡利亚早就断言：刑罚的威力不在于严酷，而在于其不可避免。但就累犯的功能而言，这并非意味着要步德国刑法之后尘，即删除累犯的从严处罚功能。如前文所言，制刑、量刑、行刑的共同目的，当然是最大限度地预防犯罪。但是，制刑阶段的核心是做到罪刑配比的科学化，罪刑相称，实现一般预防，为司法实践中的定罪量

---

[①] 尽管对于我国刑法中的"从业禁止""禁止令"及"特别没收"等制度，在法律属性上一般也认为属于散在的"保安措施"，但毕竟保安处分制度或保安措施制度在我国刑法中的地位与德国不可同日而语，不具有可比性。

[②] 参见劳佳琦：《累犯制度：规范与事实之间》，中国人民公安大学出版社、群众出版社2018年版，第372—378页。

刑提供指南。量刑阶段的核心是将法定刑转换为具体个案的宣告刑,实现量刑的个别化,做到司法公正。既然累犯之人在经过刑罚惩处之后仍不悔改,又重蹈覆辙,当然应当从重处罚。这就是累犯从重处罚功能的生成根据之所在。至于对累犯从重处罚之后,是否足以抑制行为人的再犯罪,以及是否能够以儆效尤,防止初犯之人成为再犯,仅从犯罪发生学的角度看,这受制于太多的因素,不是仅靠累犯制度就足以达成的目标。

# 第六章　量刑事实的定性评价

## 第一节　量刑情节的定性问题之辨

定性评价的核心在于：某一事实能否被评价为量刑事实？在这一问题上，存在诸多争议。鉴于对"轻微伤应否成为增加刑罚量的事实""碎尸行为是否应当从重""羁押期间的表现是否属于量刑情节"以及"索贿是否应当成为从重量刑情节"等问题，前文已有论述，在此不赘。本节仅就如下问题展开探讨。

### 一、"获得被害人谅解"是否属于量刑情节

有论者持否定态度，核心理由是："获得被害人谅解"不是犯罪事实的组成部分，将之作为量刑情节没有法律依据，它不能反映犯罪行为的社会危害性和犯罪人的人身危险性，尽管对被害方的谅解行为值得褒奖，但不能以此作为对犯罪人从宽量刑的情节。[①]

---

[①] 参见刘兵："被害方谅解能否成为量刑情节"，载《检察日报》2008年8月5日。

具体来说：第一，被害人的谅解，既无法改变其所犯罪行的性质和轻重，也无从证明犯罪人犯罪时的主观恶性的减轻。第二，如果说犯罪人得到被害人谅解的前提通常是犯罪人的真诚悔罪，而真诚悔罪意味着犯罪人的人身危险性的降低和特殊预防必要性的减小，故而有必要将被害人谅解作为从宽量刑情节的话，那么为何不将被告人悔罪直接作为酌定量刑情节？何况，现实中的犯罪人真诚悔罪与被害人的谅解也未必一致，即便犯罪人真诚悔罪，但没有得到受害人的谅解怎么办？第三，就一般预防的需要而言，量刑的一般预防问题是与某类犯罪发生概率的高低密切关联的，被害人是否谅解与一般预防没有必然关系，对某类案件基于被害人谅解而从轻或减轻处罚，并不能够使这类犯罪减少。第四，被害人谅解的原因多种多样。有的是基于行为人可原谅的动机，或因行为人系初犯、年龄小、危害轻、实施犯罪后有明显的悔罪表现，或由于行为人的特殊且令人同情的经历，引起了被害人和社会公众的同情，这时法院往往会考虑量刑时从宽。但这种从宽，并非直接源于"被害人的谅解"，而是基于对行为人人身危险性的判断：对其进行特殊预防的必要性小，不必重判。并不是说，受害人谅解了犯罪人，犯罪人的人身危险性就降低了。第五，恢复性司法是关涉全新价值理念的一种实践，所追求的是全面的平衡，即通过赔偿物质损害、治疗心理创伤，使被害人一方的财产利益和精神利益恢复原有的平衡；通过向被害人和社会承认过错并承担责任，使加害人在确保社会安全的前提下交出不当利益并重新融入社会；对社会而言，受到破坏的社会关系得以修复，从而保持社会关系的稳定与平衡。尽管被害人谅解在其享有的处分权范围内是能够影响案件处理的因素，但如果因过度强调恢复性司法，致使酌定事由与犯罪及犯罪人的关联性过低，不仅会极大地增强刑事判决的不确定性,而且会使酌定量刑情节乃至整个量刑活动成为实现某种功利目的的随机工具。第六,如果脱离刑罚根据理论,为追求案结事了而将被害人谅解作为量刑情节加以规定和适用,会滋生许多弊端。比如,刑罚适用会因人而异,因案不同;会因犯罪人财富占有的多寡而不同。将犯罪人之外的人(亲属)的表现与犯罪人的量刑捆绑在一起,也为不公正交易开了口子,易导致量刑情节判断的形式化,影响正义的实现,等等。[1]

但有论者认为,应当肯定这一情节。第一,刑事案件中的被害人应当具有一定的处分权。犯罪行为造成的损害首先是对被害人的侵害,被害人的谅解意味着刑罚对被害人的安抚功能已经实现,因此,量刑上应当予以体现。第二,如果"获得被害人谅解"能被作为影响被告人量刑的情节,肯定有利于被告人努力改过自新;对被害人来说,在一定程度上弥合了犯罪带来的伤害;对于国家来说,缓和了激烈的社会矛盾,修复了被破坏的社会关系,有利于形成和谐、稳定的社会环境。第三,从本质上看,自诉案件与有被害人的公诉案件并没有根本的区别。既然自诉案件中,被害人的谅解行为能影响诉讼程序的启动和犯罪的成立以及被告人量刑的轻重,那么公诉案件中,被害一方也应当有权对被告人的定罪量刑发表自己的看法,并为司法机关对被告人定罪量刑提供重要参考。第四,违反治安管理的行为与犯罪行为没有本质上的不同。既然被害人谅解行为能作为治安管理处罚法中的减轻或不予处罚的重要事由,它当然也能作为刑法中影响被告人量刑的重要情节。要言之,将"获得被

---

[1] 参见王瑞君:"刑事被害人谅解不应成为酌定量刑情节",载《法学》2012年第7期。

害人谅解"作为量刑情节,主要是基于犯罪行为的危害性、犯罪人的人身危险性以及各方关系的修复等根据。[1]

本书认为,"获得被害人谅解"应当作为从宽量刑情节。的确,被害人是否谅解,与犯罪行为所导致的社会危险性是否减小,与犯罪的一般预防及特殊预防的减小都没有直接和必然的关系。而且,"获得被害人谅解"往往建立在行为人一方的赔偿及真诚悔罪基础之上。但不能据此认为,"获得被害人谅解"缺乏作为从宽量刑情节对待的根据。

从量刑情节的构成理论来看,只要在任一方面具有应当从宽的理由,就足以作为从宽量刑情节对待。尽管学界总是从"刑罚的正当化根据也就是量刑的正当化根据"这一思路对量刑情节的成立根据进行论证分析,但是,刑罚的正当化根据,主要是从犯罪的应受惩罚性以及有责性这一犯罪的成立要件角度立论的。简言之,做的是"加法"。但量刑的根据不应当与刑罚的根据简单等同。因为,量刑情节是双面的,不仅涉及对行为人不利的情节,也涉及有利的情节。而从形成机理上讲,对行为人有利的量刑情节,即从宽情节,往往可能是从激励的角度设计的。比如,立功、自首等情节,未必能表明报应刑的减小或预防刑的降低,但为了鼓励行为人实施这类有利于提高司法效率、有益于社会的行为,当然也会将其作为从宽量刑情节对待。更何况,刑罚的根据和刑罚的功能具有密切的关系。一旦刑罚的某一特定功能已经实现,那么,再以此为据追求所欲达到的目的,就成为无本之木。

---

[1] 参见张少林:"浅谈被害人谅解行为制度的建构",载《江西公安专科学校学报》2009年第1期。

如所周知,刑罚具有安抚被害人的功能。被害人既然已经对行为人谅解了,说明这一功能已经实现,没有必要为此投入特定量的刑罚。相反,应当对有助于达成谅解的努力给予鼓励——在量刑上从宽。而且,虽说在实践中,被害人谅解的达成往往离不开行为人的积极赔偿、真诚悔过等条件,但不能简单地以赔偿及悔过等情节替代"获得被害人谅解"。积极赔偿、真诚悔过等,只是达成谅解的必要条件而非充分条件。在不少案件中,即便行为人一方积极赔偿、真诚悔过,也不可能得到被害人及其家属的谅解。这意味着,"获得被害人谅解"具有相对独立性,不能被赔偿、悔罪等情节当然地吸收。在未达成"谅解"的情况下,恢复性司法所欲追求的效果肯定难以实现。相反,如果将"获得被害人谅解"作为从宽情节,势必有助于调动行为人及其亲友的积极性,促使行为人尽可能地积极赔偿、真诚悔罪,最大限度地安抚被害人一方,实现社会关系的最大程度修复。

的确,实践中行为人一方的积极赔偿大多是行为人的亲友所为,未必和行为人本人有直接联系,更何况行为人及其亲友的经济状况千差万别,以"获得被害人谅解"为从宽量刑情节会导致实质上的司法不公正等,应当承认此类问题的存在,但不能因噎废食。仅就积极赔偿这个情节来说,司法实践中不少的赔偿是行为人的亲友代为完成的,而每个人及其亲友的经济状况可能差别颇大,难道因此将积极赔偿也排斥于从宽量刑情节之外?若如此,被害人的损失将如何得以充分弥补?其实,按照否定者的逻辑,立功情节也不应当成立,因为每个人所掌握的信息、资源,以及所具有的能力都是天然不平等的,立功情节岂不是在不适当地扩大这种不平等?

恰恰相反,根据"两高"《关于常见犯罪的量刑指导意见(试行）》的规定,对于积极赔偿被害人经济损失并取得谅解的,或者虽积极赔偿但没有取得谅解的,以及尽管没有赔偿但取得谅解的,都可以从宽量刑,只不过幅度不同而已。尽管最主要的是积极赔偿,其次才是被害人的谅解,但被害人谅解具有相对独立性,即便没有赔偿但取得被害人谅解的,也应当作为从宽量刑情节对待。这无疑是值得肯定的。

## 二、"被告人亲属支持司法机关工作"是否属于量刑情节

最高人民法院2010年2月8日发布的《关于贯彻宽严相济刑事政策的若干意见》(以下简称《意见》)第17条第2款规定:"对于亲属以不同形式送被告人归案或协助司法机关抓获被告人而认定为自首的,原则上都应当依法从宽处罚;有的虽然不能认定为自首,但考虑到被告人亲属支持司法机关工作,促使被告人到案、认罪、悔罪,在决定对被告人具体处罚时,也应当予以充分考虑。"

有论者认为,被告人亲属支持司法机关工作,要么表现为促成被告人到案、自首、认罪、悔罪;要么是直接协助司法机关侦破案件。对于前者,已经通过认定被告人构成自首、悔罪等从宽量刑情节予以体现;对于后者,因与被告人的从宽量刑根据没有直接的关联性,只可以通过感谢或者奖励等形式对被告人亲属的行为予以鼓励,但不适合将其作为对被告人从宽量刑的情节对待。[①]

本书认为,从上述《意见》看,对被告人亲属支持司法机关工作

---

① 参见王瑞君:《量刑情节的规范识别和适用研究》,知识产权出版社2016年版,第90页。

的，如果涉案行为人的行为能够认定为自首的，自然就会按照自首对行为人从宽，不会再将被告人亲属支持司法机关的行为单独予以"充分考虑"。而所谓充分考虑，显然是指该行为人的行为不构成自首时，对行为人也需要从宽量刑的问题。故在此就后一种情况进行讨论。

不可否认，被告人亲属的这种"协助工作"并非行为人本人所为，与行为人没有直接关系。但是，这种"协助工作"对节约司法工作中的宝贵资源，对案件的高效、准确办理具有非常大的价值，值得激励。不过，仅"通过感谢或者奖励等形式对被告人亲属的行为予以鼓励"，能否达到预期的激励效果，则值得怀疑。因为，实践中，被告人的亲属顶着巨大压力，协助司法机关侦破案件，目的很明显，就是为了能够有利于对作为其亲属的被告人的定罪量刑。如果不能对被告人产生实质性的从宽影响，而仅仅是自己被奖励或者感谢，有时候带来的效果甚至适得其反，也许会严重挫伤被告人亲属协助司法机关工作的积极性和热情。因此，根据司法解释，亲属协助立功的场合，即便不符合行为人立功的认定，但对其亲属的协助行为也应在对行为人量刑时作为从宽量刑情节充分考虑，理由即在于此。应当说，这种对被告人亲属支持司法机关工作的实质性评价，在实践中起到了良好效果。

[案例8.李飞故意杀人案]李飞因犯盗窃罪被判处有期徒刑二年，于2008年1月2日刑满释放。2008年4月，李飞与徐某建立恋爱关系，但二人因经常吵架而分手。李飞的单位得知李飞被判刑一事后停止了李飞的工作，李飞却因此迁怒于徐某。双方为此多次争吵后，2008年9月12日23时许，李飞破门进入徐在其设计室的卧室，持室内的铁锤击打徐的头部20余下，并击打王某（徐某室友）

的头部、双手等部位数下,后又持铁锤再次击打了徐、王的头部,致徐某当场死亡、王某轻伤。当月23日22时许,李飞到其姑母家中,委托其姑母转告其母亲梁某送钱。梁某得知此情后,及时将情况报告给公安机关,并于次日晚协助公安机关将前来姑母家取钱的李飞抓获。

哈尔滨市中级人民法院认为,被告人李飞故意剥夺他人生命,致一人死亡、一人轻伤,其行为构成故意杀人罪。李飞没有与其亲属商量投案之事,而是在去其姑母家取钱时被抓获,其行为不构成自首。李飞杀人手段特别残忍,后果特别严重,又系累犯,其亲属虽能协助公安机关将其抓获,但不足以对李飞从轻处罚。故依法宣告李飞犯故意杀人罪,判处死刑,剥夺政治权利终身。

李飞以原审判决定罪不准,被害人有过错,其亲属代为投案,可从轻处罚为由,向黑龙江省高级人民法院提起上诉。黑龙江省高级人民法院经二审公开审理,驳回上诉,维持原判,并依法报请最高人民法院核准。

最高人民法院经复核认为,被告人李飞的行为构成故意杀人罪,且应依法从重处罚。但本案系民间纠纷引发,李飞的母亲积极协助公安机关将李飞抓获归案,李飞认罪态度较好,对李飞可不判处死刑立即执行,故裁定不予核准,并撤销黑龙江省高级人民法院维持第一审以故意杀人罪判处被告人李飞死刑、剥夺政治权利终身的刑事裁定,发回黑龙江省高级人民法院重新审判。

黑龙江省高级人民法院经重新审理认为,李飞杀人手段特别残忍,后果特别严重,又系累犯,应依法从重处罚。但本案系民间矛盾引发,李飞的母亲积极协助公安机关将李飞抓获归案,李飞的认罪态度较好,对李飞可不判处死刑立即执行。根据李飞的犯罪情节及主观恶性、人身危险性等情况,应依法对其限制减刑。故依法宣告,李飞犯故意杀人罪,判处死刑,缓期二年执行,剥夺政治权利终身;对李飞限制减刑。

此案被收录在《刑事审判参考》2011 年第 6 辑中,从中提炼出的主题是"对民间矛盾激化引发的故意杀人案件如何适用死缓限制减刑"。选编者在"裁判理由"中指出,此案之所以适用死缓,在于李飞具有多个从宽处罚情节:一是在起因和性质上,此案属于民间矛盾激化引发的犯罪,对此类故意杀人案件的处理应与严重危害社会治安的故意杀人案件有所区别;二是李飞的母亲积极协助公安机关将李飞抓获归案,虽不能认定为自首,但考虑其支持司法机关工作,促使被告人到案、认罪、悔罪,故在决定对被告人具体处罚时,对其亲属的正义之举应当予以充分考虑。李飞在公安机关对其进行抓捕时没有任何反抗行为,并在归案后始终如实供述自己的犯罪事实,认罪态度较好。三是李飞的母亲积极代为赔偿被害方的经济损失。李飞母亲对被害人亲属表示同情和歉意,愿意代李飞赔偿经济损失,其在每月只有 200 多元低保、经济十分拮据的情况下,积极向亲友借钱,筹措了现金人民币 4 万元交到法院,用于赔偿被害人亲属。虽然未完全达到被害方的赔偿要求,但也体现了较大的悔罪诚意。综合这些从宽处罚情节,对李飞判处死刑,可不立即执行。①

显然,李飞母亲的行为,无论是协助司法机关抓捕还是积极赔偿,既不是李飞本人的悔罪表现,也不能证明李飞行为的社会危害性有所减小。但这种行为的确是值得鼓励、值得倡导的。试想,对

---

① 参见"[第 737 号]李飞故意杀人案——对民间矛盾激化引发的故意杀人案件如何适用死缓限制减刑",载《刑事审判参考》2011 年第 6 辑(总第 83 辑)。

这种行为,因其不是行为人本人所为且与该行为人本人的处罚根据没有直接关联,就不作为从宽量刑情节对待的话,李飞的母亲还有动力如此努力吗?社会上千千万万个这样的母亲(或者父亲、夫妻、兄弟姊妹)会实施这样的行为吗?这是值得深思的问题。其实,此案的实际意义,恰恰就在于通过最高司法机关的把关,经过发回重审,树立了一个鲜活的模板:被告人亲属支持司法机关的工作,即便对被告人而言难以认定行为人成立自首、立功等法定从宽量刑情节,也可适当考虑从宽量刑,从而产生极大感召力。将死刑立即执行变更为死缓,按照坊间的说法无异于"保住了一条命",这是任何其他形式的"表扬"或"奖励"都无可比拟的。

## 三、"毒品未流入社会"是否属于量刑情节

在此问题上存在三种观点。肯定说认为,犯罪的客观方面是量刑时必须考虑的因素,而案发时的毒品状况(如"是否流入社会"等)作为犯罪客观方面的内容,在量刑时当然应予考虑。尽管贩卖毒品罪系行为犯,其侵犯的法益是国家对毒品的管理制度,至于该行为是否给人民群众的身心健康造成了实质危害并不影响定罪,但是,不能因此否定该客观方面内容作为量刑情节的合理性。因为,惩治毒品犯罪的目的之一,就是要防止毒品流入社会而危害公共健康,而毒品流入社会所造成的危害显然重于未流入社会的情形。从刑法理论上看,无论什么犯罪,犯罪结果都是反映法益侵害程度的事实,都会对量刑产生影响作用。就毒品犯罪而言,毒品未流入社会的情形造成的危害明显低于已经流入的情形。对于"毒品未流入社会"情形予以酌情从轻处罚,做到区别对待,是确保罪刑相适应

原则有效适用的当然要求。

否定说的主要理由是：第一，毒品犯罪保护的客体具有复合性，既侵害了国家的毒品管理秩序，危害人民群众的身心健康，同时还影响到社会治安的稳定，社会危害性极大。认为毒品未流入社会的危害性小的说法，实际上只认识到毒品犯罪对具体个人没有造成实际危害，却忽视了毒品交易行为对整个社会已经造成了严重危害。第二，刑法将毒品犯罪规定为行为犯，其深层含义在于提前预防，即用刑罚这个特别方法阻止毒品危害进一步向下游发展。但对于行为犯，量刑的主要依据应在于行为本身的危害性，而非行为所造成的实际社会损害。第三，毒品犯罪特别是贩卖毒品的犯罪，属于无被害人的犯罪，涉案人员往往会极力隐蔽犯罪行为。如果将毒品是否流入社会认定为量刑情节，势必导致侦查机关要想方设法通过相关下线或吸毒人员调查取证，进而导致取证困难，不利于保持对毒品犯罪的打击力度。第四，对何谓"流入社会"实践中不好把握，易引发争议。这可能使得一些司法人员利用该情节与毒贩从事权力寻租，以"毒品未流入社会，未造成损害"为借口，帮助部分重刑犯甚至死刑犯开脱罪责。

折中说则认为，毒品犯罪的危害性和现状决定了必须坚持"严打"方针，但在实际贯彻中，仍应结合宽严相济刑事政策。对毒品是否流入社会这一情节，应当根据个案的具体情况慎重适用：对于主观恶性深、人身危险性大，危害严重的毒枭、职业毒贩、惯犯、再犯等毒品犯罪分子，可以考虑不适用该情节；对于那些数量刚刚达到可判处刑罚的标准，主观恶性并非特别恶劣的初犯、偶犯，以及认罪悔罪态度好的从犯等，则可以考虑适用该情节，以减少适用刑罚可能产生的对立面和对立情绪，争取较好的法律效果和社会效果。①

显然,肯定说和折中说都认为,"毒品未流入社会"是可以作为从宽量刑情节的,但折中说的理由明显不成立。因为,如果把"毒品未流入社会"作为从宽量刑情节,其根据只能是在客观危害方面。而毒枭、毒品犯罪的惯犯等作为从重量刑情节,是着眼于行为人的人身危险性及主观恶性的。不能因为主观恶性深或人身危险性大,就得出结论说客观危害性必然也大,或者干脆否定其客观危害性小的结论。因此,折中说所谓的具体问题具体分析,其实是一种模棱两可的主张,真正的思想交锋还是在否定说和肯定说的对立上。

本书认为,尽管各方都在争论是否应当将"毒品未流入社会"作为从宽量刑情节,但其实,对如何判断"毒品未流入社会"首先就存在争议。而否定说的理由之一,就在于"毒品未流入社会"不好把握,容易引发争议甚至形成新的权力寻租空间、诱发司法腐败。显然,在评析是否应当把"毒品未流入社会"作为从宽量刑情节之前,就应当明确:"毒品未流入社会"能否被准确把握?应当如何把握?

对此,回答是肯定的。在实务界,关于如何判断"毒品未流入社会",存在三种不同理解。②第一种观点认为,任何交易活动都是一种社会现象,本身就具有社会属性。毒品交易过程本身就是毒品在社会上流通的过程,并非还没有流入社会。因此,应当将贩卖毒品当事人完成交易并交付毒品的时间节点视为毒品已流入社会。第二种观点认为,社会是一个集合性质的概念,应采用社会扩散说,

---

① 参见李强、李革明:"'毒品未流入社会'不宜作为酌定从轻量刑情节",载《人民检察》2015年第12期。
② 同上。

将"贩卖给两人以上或经过两个销售环节以上"视为已经流入社会。如此理解,与量刑指导意见中对"向多人贩毒或者多次贩毒的"从重处理的理念相吻合。第三种观点认为,之所以将毒品未流入社会的情形作为酌定从宽量刑情节,是为了防止毒品流入消费市场,给群众身心健康造成实质性危害。既然毒品只有在被自然人吸食后才能够产生实质性危害,那么,如果毒品尚未进入消费市场,而只是在贩毒者手中层层中转,虽然已经违反了国家毒品管理制度,但是仍然没有给社会公众健康造成实质上的危害。故不应该对"毒品流入社会"这个情节进行宽泛性的解释与认定,而应严格限定在毒品已流入消费者手中、发生实质危害的情形。

在本书看来,毒品是否流入社会,的确与毒品犯罪尤其是最为典型的贩卖毒品罪的既遂不是对应关系。不过,在贩卖毒品罪既遂的情况下,毒品是否流入社会依然对贩卖毒品罪的社会危害性具有重要的认识论价值,应当在量刑上区别对待。既然如此,就应当在既遂与否的标准之外,寻找新的区分标准。而从毒品是否已经流入消费者手中来判断,无疑具有实际意义。因此,应当以"尚未进入消费市场"来作为判断"毒品未流入社会"的依据。

在此基础上,应当充分肯定将"毒品未流入社会"作为酌定从宽量刑情节的价值。固然,贩毒行为如果只处于预备阶段,或者虽然已经着手但未遂,那就意味着毒品肯定未流入社会。此时,只要按照预备犯或者未遂犯予以从宽,就对该事实进行充分评价了,这并非需要探讨的实质问题。但是,即便毒品犯罪既遂,行为的社会危害性仍会有所不同,需要在量刑上区别对待。否则,未必足以实现个别化评价。虽说"毒品未流入社会"这一事实,往往是行为人缺乏认知和难以控制的行为及结果,不过,只要该客观事实表明,它比毒品已经流入社会的情形产生的社会危害性小，那就应当成为从宽量刑的情节。因为，从宽量刑情节未必就是行为人主观意图的体现。刑法明确规定对犯罪未遂可以从宽处罚，就是立法适例。诚如论者所言，只要某一客观事实使不法程度降低或者减少的，即使行为人对此没有认识，或者不是基于自己的意志而减少了不法程度，也成为从宽量刑情节。①

总之，与从宽处罚未遂犯这一情节的原理相通，即使毒品未流入社会是基于贩卖人意志以外的原因，不是行为人自愿上缴，也非主动去防止危害结果的进一步发生，因而也就无从体现出嫌疑人、被告人主观恶性低或人身危险性逐步减弱的特征，但是，与其客观不法的程度对应的刑罚，恰恰体现的是罪刑相适应原则。因为行为的不法内涵反映的是法益的侵害程度，这既是决定该行为是否入罪的决定因素，也是决定处罚力度的重要因素。②按照全面评价原则，就不应当置之不理，否则判处的刑罚难以与犯罪人的罪责相适应。③

## 四、"性贿赂"是否应当成为酌定从重量刑情节

"性贿赂"是一种通俗说法，其准确表达是"提供婚外性服务以谋取不正当利益"。实践中的"性贿赂"主要分为三类：一是行为人为谋取非法利益，以财物雇佣他人对国家工作人员进行"性

---

① 参见张明楷："论影响责任刑的情节"，载《清华法学》2015年第2期。
② 参见王利荣、马党库："'毒品未流入社会'的从轻依据"，载《法律适用》2016年第12期。
③ 参见林亚刚、袁雪："酌定量刑情节若干问题研究"，载《法学评论》2008年第6期。

贿赂"；二是行为人作为性提供者为谋取利益自愿提供"性贿赂"；三是行为人与性提供者合谋，为获得共同的非法利益而提供"性贿赂"。

在以往的研究中，对"性贿赂"的关注点在于："性贿赂"是否应当入罪。肯定者的主要理由是：第一，"性贿赂"无疑是诸多腐败案件中的高发事件，对社会的公平正义造成严重威胁，具有严重的社会危害性。第二，对腐败官员只用道德和党纪约束，其作用十分有限；若仅用"生活作风"来定性，则更难遏制腐败官员追逐美色、背弃职责的行为。因此，性贿赂入罪与刑法的谦抑精神没有冲突。第三，从不少国家的立法实践看，"性贿赂"入罪是大势所趋，国外立法有不少可资借鉴的经验。比如，日本、德国的刑法均认为贿赂是指能够满足人的需要的一切"利益"，当然包括性贿赂。

在我国，"性贿赂"之所以迟迟未能入罪，其原因是多方面的。从法理上讲，主要是认为"性贿赂"的内涵不确定，缺乏可操作性，定罪量刑存在困难：第一，主观故意难以确定。具体来说，行为人主观上究竟是出于获取利益还是真情实感或其他原因，在实务中难以举证和认定。第二，客观方面调查取证难。性行为本身具有隐秘性，不易留有痕迹，证据本身的客观实在性也极容易丧失。如果无人愿意作证，将使取证难度大增，容易导致司法资源的极大浪费，效果不佳。第三，存在伦理障碍。将性行为纳入贿赂罪的犯罪对象，有将女性视为财物或性工具的嫌疑，在伦理上存在隐忧。若在量刑中对性行为的情节进行衡量，将次数、人次等价于财物，无异于人格上的侮辱。第四，存在人权障碍。若对"性贿赂"追究刑事责任，办案中必然要对案件进行彻底调查，行为人正当的性行为也不可避免地会被触及，容易造成对公民权利的侵犯及公权力的滥用。

面对这种左右为难的局面,有论者提出主张,将"性贿赂"作为酌定量刑情节对待。[①]主要理由是:"性贿赂"符合酌定量刑情节的特征。"酌定"的字面意思应为"斟酌情况而后决定"。"性贿赂"因人而异,因案不同,作为酌定量刑情节,可针对个案特殊情况酌情予以考虑。再者,将"性贿赂"作为酌定从重量刑情节适用,对克服因法律的滞后性、不合目的性等带来的惩罚不能的尴尬局面,进而防止行为人逍遥法外,实现司法公正,尤其是保证案件量刑的个别化,具有重要价值。

不过,考虑到"性贿赂"的具体情形不同,该论者亦提出可以区别对待。即,如果行为人为谋取非法利益,以财物雇佣他人对国家工作人员进行"性贿赂",此时的性行为是可以用金钱衡量的确定性利益,可以直接归入贿赂的财物范畴;对其他两类"性贿赂",即性提供者为谋取利益自愿提供"性贿赂"的,以及行为人与性提供者合谋,为获得共同的非法利益而提供"性贿赂"的,则可以分别处理:第一,涉及财产利益输送的"性贿赂",只要所输送的财产性利益达到刑法入罪标准,此时的"性贿赂"可作为其酌定量刑情节,在量刑方面从重处罚。第二,对于没有财产性利益输送或者数额没有达到刑法入罪标准的"性贿赂",如果接受"性贿赂"者对国家和社会造成重大损失与恶劣影响,因而构成滥用职权罪或玩忽职守罪等渎职犯罪的,则将"性贿赂"作为该渎职罪的从重量刑情节对待。第三,对没有财产性利益输送或输送数额不够刑法贿赂犯罪标准,且对国家和社会没有造成重大损失或恶劣影响的"性贿赂"情形,

---

① 参见陈灿平、苗兰兰:"性贿赂的定位与作为酌定量刑情节的性贿赂",载天津市社会科学界学术年会论文集《天津学术文库(下)》,天津人民出版社2017年版,第940—945页。

因不构成犯罪,当然也就无酌定从重量刑情节可言,对接受"性贿赂"者,只能通过党纪政纪处分或予以道德谴责。

本书认为,那种主张"酌定量刑情节不具有约束力,是可以斟酌情况予以取舍"的观点,是对酌定量刑情节的误解。酌定量刑情节的约束力不是来自立法,也不是来自司法解释,而是来自于学术共同体、法律共同体的共识。一旦学界及实务部门公认某一事实是酌定量刑情节,那么,在司法实践中就要对这一情节进行充分评价,而不是任由办案人员酌情决定。否则,某一情节是否应当成为酌定量刑情节就失去了应有标准。

就"性贿赂"而言,的确存在客观方面调查取证难,主观故意难以确定,隐秘性强,容易导致司法资源的极大浪费且效果不佳等问题。但不能据此否定"性贿赂"的从重量刑情节属性。一方面,刑事司法中的待证事实比比皆是,取证困难也是司空见惯的问题。一般而言,"性贿赂"存在难取证的问题,但不等于说,所有的案件都难以证明。在高压反腐过程中,媒体报道的"生活腐败堕落,大搞权钱权色交易"的案件并不罕见,这足以表明,不少案子是完全能够客观查证、明辨曲直的,不能因噎废食。

另一方面,"性贿赂"作为从重量刑情节可能存在伦理隐忧、人权障碍的问题,应该予以辩证分析。在"性贿赂"案件中,有的行贿人就是在将自身作为犯罪工具利用。这些人为了一己私利,将自己做人的尊严抛到九霄云外。对这样的行为进行从严评价,一则是违法者咎由自取;二则也是由量刑评价的全面充分原则所决定的。其实,关于人格方面引发的问题,与间接正犯之认定存在相通之处。将(利用不具有刑事责任能力的人或不知情者的)成年犯罪人按照正犯依法追责,对被利用者不追责(因为只是充当了"工具"),并不等于在法律上就否定了被利用者的人格。至于所谓的人权障碍,则未免过于杞人忧天了。比如,对于性犯罪、涉及商业秘密的案件,办案中涉及当事人的隐私是难免的,但不可能因此而对这些犯罪放任自流。可行的办法,应当是在加强隐私保护方面下功夫。

总之,将"性贿赂"作为从重量刑情节对待,最主要的原因就在于,"性贿赂"无疑是诸多腐败案件中的高发事件,具有严重的社会危害性。由于法律的滞后性,对此类行为尚难以单独入罪,为防止行为人逍遥法外,实现司法公正,尤其是保证案件量刑的个别化,在接受"性贿赂"者已经构成犯罪(如构成受贿罪、渎职犯罪)时,完全有必要对之按照从重量刑情节进行评价。

### 五、对"民愤能否作为量刑依据"的再反思

在 20 世纪 80 年代末之前,"民愤极大"被人们视为当然的从重量刑情节。自进入 20 世纪 90 年代后,人们的观念逐渐发生变化。[①]尤其是自 1997 年刑法颁行以来,众口一词的观点是:"民愤极大"不宜作为从重量刑情节。不过,时代的发展进步和人们认识的不断深化,为重新审视"民愤极大"究竟应否作为从重量刑情节提供了新的契机和反思空间。

迄今为止,人们之所以否定"民愤极大"作为量刑情节,梳理其主要理由大致包括:

第一,国家只能要求行为人对自己的犯罪行为或犯罪事实承担

---

① 伍柳村、左振声在三十多年前发表的文章"民愤能否作为量刑的依据"(载《法学研究》1989 年第 4 期)对转变长期以来的观念产生了重要影响。梳理发现,学界现在有关"民愤极大"不宜作为量刑情节的观点基本建立在此论基础之上。

刑事责任,没有理由要求行为人对其行为以外的情况承担责任。而"民愤论"不仅要犯罪者对自己的犯罪行为本身承担刑事责任,还要犯罪者对自己行为以外的情况或事实——民愤的大小承担刑事责任,这就违反了罪责刑相适应原则。

第二,所谓民愤,无非是公众对某一犯罪行为或者犯罪人的憎恶或愤恨的心理状态的表露,本质上是一种感情。定罪量刑的依据只能是客观事实。犯罪的社会危害性及其程度,只能是客观犯罪事实本身所固有的、所反映的社会危害性及其程度,而不是指犯罪事实以外的情况——如民愤的大小。如果承认民愤的大小能够作为量刑的重要依据之一的话,这无异于承认感情可以成为量刑的依据。而且,民愤的有无及大小,往往与"愤慨者"自身利益的局限密切相关。人们的利益要求不尽一致,思想感情及认识事物的立场、观点就不可能相同。因此,对某种犯罪行为或同样的犯罪案件,不同的地方或不同的群众,其民愤大小不可能一样,民愤的大小未必反映犯罪的社会危害性大小。

第三,民愤是一个模糊而抽象的概念,既没有法律规定,也无司法解释,甚至没有学理解释。究竟应以什么标准、尺度来衡量民愤的有无和大小,很难有一个客观的判断,只能凭审判机关和审判人员根据自己的认识、理解来确认。这将助长司法擅断,造成法律适用上的不公。

第四,民愤属于感性认识,在现代社会中容易受到媒体的影响甚至误导,往往是情绪化、非理性的宣泄,未必是理性、冷静的表达。当前各种媒体对社会的影响日渐扩大,已成为人们获得信息的主要方式。然而媒体的报道并不是完全客观的:对于一些易激发大众情绪的案件,媒体往往加大力度进行报道,反之则较少关注;加之媒体及相关从业人员良莠不齐,存在不少报道失实的情况。再者,民愤极大的案件往往是自然犯,如杀人、强奸等,而走私、偷税等行政犯一般不易激起民愤,至于因涉密而不公开审理的严重危害国家安全的案件则不为民众所知。因此,民愤并不必然代表犯罪的社会危害性和犯罪人的人身危险性大小。以"民愤极大"为从重量刑情节,势必会受到媒体左右,导致处罚不公正。[①]

应当说,从这些理由提出的时代背景来看,是具有相当合理性的。尤其是在20世纪80年代"严打"期间,动辄以"民愤极大"为根据,对犯罪人从严惩处,的确有违罪刑相适应原则。但是,随着时代的发展与进步,有必要重新审视这些理由及其条件,并对"民愤极大"是否应当作为量刑情节进行与时俱进的再评估。

首先,以"民愤极大"作为从重量刑情节,是否违背罪刑相适应原则?这里要重新讨论一个问题:民愤"仅仅是"公众的某种感情的流露与表达吗?回答是否定的。固然,民愤是一种情感的表达,但绝不能说民愤仅仅是情感而不是一定的"法律事实"。

众所周知,犯罪的后果分为两种:一种是物质性的,如财产损失、人员伤亡等;另一种是非物质性的,如犯罪造成的恶劣的社会影响。在我国刑法中,以恶劣的社会影响为犯罪加重构成要件的并不罕见。如第292条规定,有下列情形之一的,对首要分子和其他积极参加的,处三年以上十年以下有期徒刑:……(二)聚众斗殴人数多,规模大,社会影响恶劣的。而《最高人民检察院关于渎职侵

---

[①] 参见伍柳村、左振声:"民愤能否作为量刑的依据",载《法学研究》1989年第4期;杜邈:"酌定量刑情节若干问题研究",载《河南省政法管理干部学院学报》2006年第2期;张明楷:《责任刑与预防刑》,北京大学出版社2015年版,第298—302页。

权犯罪案件立案标准的规定》和《最高人民法院、最高人民检察院关于办理渎职刑事案件适用法律若干问题的解释（一）》，均将"造成恶劣社会影响"规定为相关渎职罪的危害结果形式之一。在聚众扰乱社会秩序罪，侵害英雄烈士名誉、荣誉罪等众多"情节犯"中，学理上一般认为，"造成不良的影响"或者"造成恶劣的社会影响"均为"情节严重"的表现之一。[①] 那么，何谓恶劣社会影响？当然是指违法犯罪行为被社会公众所感知，对社会公众的思想或周围事物发生作用，引起群众强烈不满，严重损害国家机关的形象，破坏一定地区的社会稳定和秩序等情形。[②] 显然，"民愤极大"就是"引起群众强烈不满"的简洁表达，是一种恶劣的社会影响，是犯罪行为导致的非物质性的后果，这当然是一种法律事实。根据这一事实来从重量刑，不应当被视为违背罪刑相适应原则。

其次，在现代社会，民愤的确容易受到媒体的影响甚至误导。但并不能据此认为，所有的民愤都是感性的、情绪化的宣泄，或者都是被媒体"误导"了。更不能说，媒体的监督报道就是在误导民众。如果说因为在某个时期，个别媒体报道的确出现过误导公众的情形（将来也不能完全排除这种误导），就对"民愤"视若无物，那就大错特错了。尤其要强调的是，随着网络时代尤其是自媒体时代的到来，加之国家对编造、故意传播虚假信息的违法犯罪的打击和防范力度不断加大，公众对各种传媒信息的鉴别力、判断力水平正在不断提高，"民愤"被随意误导或左右的情形将越来越少。

---

[①] 参见高铭暄、马克昌主编：《刑法学》，北京大学出版社、高等教育出版社2022年版，第544—546页、第558页。

[②] 参见商凤廷："渎职罪中'造成恶劣社会影响'的司法认定"，载《国家检察官学院学报》2016年第4期。

而今，越来越多的网民或受众，在看到某一报道时，未必会随意下结论，而是更倾向于"让子弹飞一会儿"，更愿意接受国家机关的公开、权威报道。何况，随着信息时代的飞速发展，大多数引发公愤的案件，绝不再是仅凭道听途说或一面之词，而往往是"有图有真相"，①都有着很强的既视感、画面感，令人仿佛身临其境。因此，尽管民愤在很大程度上表现为对人心理、情绪上的影响，但其根本属性仍然是一种客观存在。对此，可以通过调查相关事件牵涉人群的证人证言，查看网络上关于该事件的点击率、评论情况等确保其客观性和公允性。当然，还可以尝试引入民意调查机制，如借助网络平台的监督作用引入民意调查机制，在各大知名网站设立专门平台，及时将有关此类案情公布，在规定的时间内广泛收集民意，等等。②总之，对之进行客观、理性判断的方法已经有了极大的改观。

再次，犯罪行为不仅侵害被害人的人身、财产和名誉，而且往往导致被害人及其亲友、社会公众的心理失衡，使他们感到痛苦、恐惧、愤怒、仇恨，甚至陷入惶惶不可终日的状态。"民愤极大"正是这种社会心理失衡的典型表现之一。如果国家不能及时对犯罪分子依法严惩，就难以树立起国家法律的公平正义和惩恶扬善的形象，就会使被害人及其亲友、社会公众感到失望、沮丧、缺乏安全感。如所周知，刑罚具有安抚功能。所谓安抚，是在心理、情绪等精神方面予以慰藉，以减轻心理创伤带来的痛苦、平复不良的情绪。刑法上的安抚，意味着使被害者尽快从犯罪所造成的痛苦中解脱出

---

① 当然，也不能完全排除恶意剪裁、拼图制作甚至"表演"的情形。但这一旦查实，是要承担法律责任的，绝大多数人不会以身试法，故而并不常见。

② 参见奚根宝：《渎职罪非物质性损害结果认定的困境与对策》，载《江西警察学院学报》2015 年第 4 期。

来，并消除其激愤情绪，恢复被犯罪行为破坏了的社会心理，满足社会公正的要求。创伤心理得到及时、充分的安抚，是受害者（包括直接的和潜在的）的一种最基本的心理需求。[①]而刑罚具有的安抚功能，就是平抑被害人及其亲友的情绪、消除其痛苦、平息民愤、恢复被犯罪行为破坏了的社会心理的积极作用。其中，平息民愤的功能，则是对除了被害人及其亲友之外的其他社会公众所发挥的功能。显然，民愤越大，客观上对安抚的需求也越大，依法从重处罚犯罪的必要性也就越大。

如前所述，被害人的谅解之所以成为一个从宽量刑情节，其中一个根据就在于，既然被害人一方已经谅解，说明安抚的需要不大了，可以从宽量刑。"民愤极大"则恰恰相反，这一事实意味着，安抚的需要相当大，故需要作为从重量刑情节对待。尤其是在当代中国法治进程中，既然把"努力让人民群众在每一个司法案件中感受到公平正义"作为公正司法的实质标志，那么，"民愤极大"就应当成为从重量刑情节加以考量。否则，很难让群众对此类案件的判决感受到公平正义。

复次，由于"民愤极大"的案件往往是因媒体报道而引发，而媒体报道与否，的确具有一定的偶然性、随机性。以这种偶然性的、行为人不能控制或支配的事实作为对其从重处罚的根据，会不会导致变相的客观归罪，会不会使行为人沦为安抚社会公众严重失衡心理的工具，这是长期以来否定将"民愤极大"作为从重量刑情节的重要理由之一。

---

[①] 参见胡志军：《刑罚功能新论》，山东大学博士学位论文（2011年），第51—52页。

本书认为,尽管"民愤极大"的案件被媒体关注与否的确有偶然性,但是,这类案件之所以招致"民愤极大",本质上是因为行为人手段残忍、动机卑劣、造成后果严重等案件事实。行为人应当深知,其所实施的犯罪行为一旦公之于众,必然招致天怒人怨,但其还是铤而走险,冒天下之大不韪,践踏人之为人的最基本底线。既然行为人对行为会导致"民愤极大"心知肚明,依然我行我素,那就意味着,对其行为可能产生的"民愤极大"这一非物质性后果(恶劣社会影响)存在概括故意,让其为此后果承担更重的刑事责任,就绝不是什么客观归罪,而是符合从重量刑情节的主客观相统一原理。

同时,"民愤极大"作为犯罪行为导致的一种非物质性后果,对其产生的偶然性问题,可以类比物质性结果的偶然性,并不难理解其可罚性。在刑法中的因果关系中,即便某一结果是偶然发生的(并不具有必然性),但只要在特定条件下发生了,就应当肯定其因果关系。因此,不能因为"民愤极大"之诱因的偶然性,就否定这一事实本身。此外,对行为人的行为因"民愤极大"而从重处罚,也不是将行为人视作安抚民愤的"工具"。恰恰相反,按照罪刑相适应原则,行为人应当对自己行为所导致的后果(当然包括非物质性后果)承担刑事责任。

最后,回到禁止重复评价的问题。如所周知,但凡"民愤极大"的案件都是有原因的,比如,犯罪手段极为残忍、犯罪动机十分卑劣、犯罪后果严重,等等。既然犯罪手段、犯罪动机、犯罪后果等都属于(广义的)量刑情节,在按照这些情节从重的情形下,再以"民愤极大"为由从重处罚,是否属于重复评价?回答是否定的。"民愤极大"尽管因犯罪手段极为残忍、犯罪动机十分卑劣、犯罪后果严重等而产生，但"民愤极大"也有其相对独立性。换言之，即便犯罪手段极为残忍、犯罪动机十分卑劣、犯罪后果严重，但只要没有被媒体关注或广泛关注，也可能不会产生极大的民愤。这就如同被害人谅解与赔偿、悔罪等情节一样，不可以相互替代。在聚众斗殴犯罪中，"人数多，规模大"与"社会影响恶劣"就是一种递进式的并列关系，而不是相互包容或替代关系。

总之，手段残忍、动机卑劣、后果严重是造成"民愤极大"的基础性原因，但具备这些因素，未必一定导致"民愤极大"；如同赔偿、悔罪是形成谅解的基础，但赔偿、悔罪未必一定能够得到被害人的谅解。因此，"民愤极大"与"被害人谅解"均具有独立性。既然"被害人谅解"对于修复社会关系具有独立价值，值得独立评价，那么，对严重破坏社会的法感情的"民愤极大"，理应作为从重量刑的情节重新考量。其实，当一个案件引发"民愤极大"时，无论是否承认其在刑法上的独立评价价值，有一点是不容否定的：这一非物质性的结果是一种独立于"后果严重、手段残忍"等物质性结果之外的因素，不可能再按照一般的、尚未导致"民愤极大"的类似案件进行评价。为什么司法机关面对社会高度关注且"民愤极大"的案件，会在量刑时极为慎重，会充分回应社会关切，竭力安抚社会公众的愤恨情绪，原因即在于此。

## 第二节　阶层论视野下量刑事实的再审视

某些量刑事实的构成要件，兼具犯罪构成与量刑情节构成的双重属性。对此类情形，从阶层论视野下对该事实进行再审视，可能会有一番别样的"景致"。鉴于学界对防卫过当的研究相对深入，仅以之为例论述如下。

## 一、质疑防卫过当"故意论"

防卫过当作为从宽量刑情节，其构成要件中包括主观方面的内容。问题是，"故意论"成立吗？

防卫过当本身既不是具体罪名也不是犯罪的构成要件，因此，对防卫过当的判断，必须首先廓清其可能对应的具体犯罪及相应的构成要件类型。按照我国刑法学界先前较为流行的见解，因防卫过当构成的罪名可能包括过失致死罪、过失重伤罪、故意杀人罪、故意伤害罪、故意毁坏财物罪等。[①] 在此，仅以故意伤害罪的问题展开探讨。

核心问题是，面对一起重伤害案件，如果认定为故意伤害的话，还能否同时认定为防卫过当？换言之，防卫过当行为能否构成故意伤害罪？有观点认为，能构成，但仅限于间接故意伤害罪。主要理由是，间接故意犯罪不存在犯罪目的，与防卫过当之起因（目的）条件——"为保护合法权益免受不法侵犯而实施"并不冲突，完全可以兼容，但防卫目的与犯罪目的不可能并存，故不可能构成直接故意犯罪。[②] 但近年来，也有不少论者认为，防卫意识与犯罪的故意完全可能并存。并举例说，面对他人实施盗窃行为时，防卫人明知只要将对方造成轻伤即可制止不法侵害，却故意以造成重伤的防卫行

---

[①] 参见高铭暄、马克昌主编：《刑法学》，北京大学出版社、高等教育出版社2022年版，第135页。

[②] 参见上书，第134页。

为保护财产法益。此时就应认定为故意的防卫过当。① 有论者亦明确指出，防卫过当的罪过形式不仅包含过失，而且包含直接故意和间接故意。② 就司法实践情况来看，因防卫过当构成故意伤害犯罪的判例比比皆是，而且并未特意强调究竟是否限于间接故意。

对上述肯定防卫过当可以构成故意伤害罪的观点，如果从阶层论视野予以审视，则起码存在两大方面的问题：

其一，违反了构成要件符合性判断独立于违法性判断的原则。认定故意伤害罪，其构成要件当然包括"轻伤害"以上的一切危害结果。既然构成要件符合性的判断是先于违法性问题进行且不以违法性的有无为转移的，那么，在行为人主观故意状态下导致的轻伤害以上之结果，都可以认为是符合故意伤害罪构成要件的行为。易言之，致害行为造成的伤害，无论是轻伤还是重伤，都不影响犯罪的成立与否，而只是影响量刑或追诉方式（公诉还是自诉）的因素。

可是，根据我国刑法关于正当防卫的规定，如果造成的结果尚未达到"重大损害的"，则仍然属于正当防卫的范畴。因此，如果认为防卫过当的罪过可以是故意的话，那就意味着，即使在防卫过程中故意致人伤害，只要尚未达到重伤以上程度的，依然不属于防卫过当，当然也就不构成故意伤害罪。但这岂不是说，违法性与否的判断能够改变构成要件符合性的判断（即在防卫过当时，只有重伤害才构成故意伤害罪；在非防卫过当时，只要是轻伤以上就可以构成故意伤害罪）？这是三阶层理论不可接受的。因为这直接与罪刑法定原则相背离。众所周知，构成要件符合性的判断，必须

---

① 参见张明楷：《刑法学》（上），法律出版社 2016 年版，第 214 页。
② 参见陈璇：" 论防卫过当与犯罪故意的兼容——兼从比较法的角度重构正当防卫的主观要件"，载《法学》2011 年第 1 期。

278

坚持法定原则，排斥超法规事由的存在。而违法性的判断，则既有法定的事由，也包括超法规的事由，这与构成要件符合性的判断不可相提并论，更不可混淆。其实，先判断构成要件的符合性，在此基础上再判断违法性，顺位关系不容颠倒，其中所蕴含的意义正在于此。

其二，违背了禁止重复评价原则。也许有人会说，构成要件符合性判断在先，是为了贯彻罪刑法定原则，但既然罪刑法定的实质是有利被告，而违法性的判断如果是限缩构成要件的范围（如将轻伤害以上的结果限缩为重伤害结果），则只会有利被告，与罪刑法定没有实质冲突。的确，当行为人的反击行为已经明显超过必要限度且故意造成他人重伤时，要么根本不构成防卫过当，直接按故意伤害罪认定；要么在认定其构成故意伤害罪的同时按防卫过当论处。无疑，按后者论处将对被告人有利，这似乎与罪刑法定的精神实质并不存在什么背离之处。但是，应当强调的是，有利被告与否的抉择，实质上是一种法律评价。而法律评价的基本准则是，既要全面充分又不能重复评价。因此，不能说但凡有利被告的选择就一定是合理的，更未必就是符合罪刑法定精神实质的。罪刑法定在强调有利被告的同时，必须强调实质合理性。而违法性的判断，作为一种法律评价，应当坚持禁止重复评价原则。如果置这一原则于不顾，对行为人"自首"的行为，就同时还应当评价为"坦白"及"犯罪后的态度好"等，因为这岂不更加"有利被告"？由此观之，如果在行为人具有故意罪过的情况下，一方面因反击不法侵害这一事实，而将故意伤害罪的犯罪圈限缩到"重伤"之狭小空间，另一方面，又同时基于反击不法侵害这一事实，将其评价为防卫过当，在量刑时减轻或者免除处罚，这岂不是对"防卫过当"事实的重复评价？

因此，尽管实务中对防卫过当的致人重伤行为按故意伤害罪论处的判例司空见惯，理论界也为此尝试提出了各种论证理由，但本书认为，防卫过当的罪过形态只能是过失。只有这样，在进行构成要件符合性的评判时，才不致因防卫过当的判断改变构成要件，才能满足阶层论的基本要求。比如，过失致人重伤行为，无论是否因防卫过当所致，构成要件都是一样的，并未因防卫过当这一违法性的判断而增减，也就是说，并未因导致防卫过当的"反击不法侵害"这一事实而在定罪阶段作额外的评价，这里的过失致人重伤，可以说就是"裸的"过失罪过和致人重伤结果的主客观统一体。因此，在量刑时，额外考虑其"反击不法侵害"这一特定起因，再给予减轻或者免除刑罚的从宽处遇，就既是全面充分评价，又无重复评价之嫌。

其实，如果防卫过当行为真的可以由故意（尤其是直接故意）罪过所导致的话，那么，因防卫过当致人死亡的案件中，就不可能排除故意杀人罪的存在；而且，即便是因防卫过当致人重伤的案件，也应当存在故意杀人罪（未遂）的情形。推而广之，即使没有导致伤亡结果，对防卫人基于杀人的故意而攻击对方的，也应当构成故意杀人罪（未遂）才合理。但如所周知，在防卫过程中，不要说对没有导致任何伤亡结果的，从未有过按故意杀人（未遂）论处的情形（这岂不是又一因违法性判断而改变构成要件的实例？即一般情况下，在故意罪过支配下意图杀人，即使未造成伤亡后果的，也要按故意杀人罪论处，但只要面临不法侵害时做出，则不构成犯罪未遂），即使导致死亡结果的，最多也只是按故意伤害（致死）罪认定而已。虽然有论者认为，故意伤害罪，无论是重伤还是轻伤，由于意志以外的原因未造成伤害的，只要存在具体的危险、情节严重的，就应当按故意伤害罪(未遂)论处。[①] 因为,我国刑法和日本等国不同,没有规定暴行罪,如果对常见多发性、严重的故意伤害犯罪不处罚未遂,无异于一而再、再而三地放纵恶行,变相鼓励其最终达到既遂。但是,在本书看来,既然构成防卫过当要求"造成重大损害",那么,如果认为防卫过当可由(直接)故意导致,岂不是因防卫过当这一违法性问题的判断,彻底割裂了因防卫过当导致的故意伤害罪与因其他原因导致的故意伤害罪之构成要件(前者在未遂时无罪,后者在未遂时有罪)? 只不过,实践中鲜有追究故意(重)伤害罪未遂犯刑事责任的成例而已。

但这不禁让人疑窦丛生:为什么司法实务界会接受防卫过当引起的故意伤害罪而不接受因防卫过当导致的所谓故意杀人罪? 如果认为防卫过当都可以由"故意"(含直接故意与间接故意)罪过导致,为什么实践中对故意(重)伤害罪的未遂并未追究刑事责任?

关于前者,原因不外乎是,将"故意"罪过与防卫过当结合,的确经不起严格论证,在这样的情况下,一方面要认定行为人的行为是防卫过当,另一方面又要说其触犯故意杀人罪(尤其是要论证构成故意杀人罪的"未遂"),实在是底气不足。而在防卫过当的情况下,若以故意伤害罪认定,就有了更大的刑罚适用空间(故意伤害罪的法定刑,重伤情况下的跨度为3—10年有期徒刑;过失致人重伤罪只为3年以下有期徒刑或拘役),司法人员就可以利用这一幅度所蕴含的"资源"在加害人和被害者之间"摆平"不少问题(核心之一是解决损害赔偿问题)。基于此,防卫过当可以构成故意伤害

---

[①] 参见张明楷:"身体法益的刑法保护",载《政治与法律》2022年第6期。

罪的理论观点在实践中不胫而走,而司法实务中的积极响应又反过来进一步强化了理论倡导者们的学术底气。至于实践中鲜有处罚故意(重)伤害罪未遂的问题,则是因为,在故意伤害罪中,重伤害这一结果作为加重结果,不仅决定着法定刑的升格,也决定着刑事诉讼中自诉与公诉的抉择等重大问题。如果最终没有造成严重后果,却要以故意(重)伤害罪的未遂来启动相关诉讼程序并追究刑事责任的话,在证据固定、裁判说理方面司法人员可能觉得底气不足。于是,干脆便宜行事,有什么样的结果就定什么样的罪。这也反映了"结果责任"在司法实践中依然或多或少隐性存在的状况。

## 二、防卫过当的主体要件及量刑情节属性之辨

根据我国《刑法》第 20 条第 2 款之规定,防卫过当"应当负刑事责任,但是应当减轻或者免除处罚"。而既然"负刑事责任",就说明业已成立犯罪。[1] 基于此,有论者明确指出,与一般犯罪主体一样,防卫过当的主体也应当是达到法定刑事责任年龄并具备刑事责任能力的自然人;而且,已满 14 周岁未满 16 周岁的人,不能成为过失致人死亡、过失重伤罪的防卫过当之主体,但能成为(间接)故意杀人罪、故意伤害罪(重伤)的防卫过当之主体。[2] 这就是说,防卫

---

[1] 如果按照传统的四要件理论分析,就意味着已经满足了犯罪客体、犯罪客观方面、犯罪主体及犯罪主观方面的要件。比如,从防卫过当行为人的主体条件来说,就肯定是已经具备刑事责任年龄的人。按照三阶层体系,成立犯罪,就说明已经是符合构成要件的、违法并有责的行为,而满足有责性的条件之一,就是达到刑事责任年龄、具有刑事责任能力。

[2] 参见朱超、陈海林:"试论防卫过当的构成条件",载《南京大学法律评论》1995 年秋季号。

过当之主体不仅要具备责任年龄,而且其责任年龄还各不相同。如果一个人没有达到相应的年龄,就不可能构成防卫过当。

但是,这种判断与防卫权理论严重冲突。作为人的自然、本能反应,防卫是人类面对一切企图毁灭或干扰自己自由的东西时所采取的反抗性行为。因此,在启蒙思想家们看来,这种基于人性(自卫本能)而衍生的权利(自卫权或防卫权)属于天赋人权,是每个人与生俱来的。不过,从法律制度的发展史来看,防卫权是在国家产生以后,由于主权者开始垄断惩罚权的行使,私人的反击行为逐渐蜕变成触及国家统治神经的行为,国家才通过正当防卫制度(核心是侵害的紧迫性、防卫的必要性、手段的相当性、目的的正当性以及防卫的适度性等)对防卫本能进行限制,遂确立了实定法意义上的防卫权。只有满足了这些要件的行为,才是正当的防卫行为。可见,防卫权因其所具有的保护合法权益免遭急迫之不法侵害的使命,必然具有救济性。

法谚云,有权利必有救济。既然生命权、健康权、财产权、自由权等各种权利属于基本人权,那么,作为对这些基本权利进行救济的防卫权当然具有派生的、基本人权的性质。可以肯定地说,没有人身性防卫权和财产性防卫权,公民的生命权、健康权、自由权、财产权等基本权利就不能得到充分有效的保护。既然生命权、健康权、财产权等基本权利不以人的年龄大小为转移,那么,防卫权的享有也当然如此。因此,任何公民,在本人、他人、国家或者公共利益遭受正在进行的急迫的不法侵害时,都有权进行正当防卫,而不应当考虑防卫人的年龄大小及精神状态正常与否。同样,既然无论老幼,在法律上都享有防卫权,而防卫权的行使的确有可能明显超过必要限度造成重大损害,那就都有可能构成防卫过当。也就是说,从法理上讲,有防卫权的行使,就有"过当"的可能。因为"防卫过当与正当防卫,二者之间是量变与质变的关系",[①] 防卫过当与正当防卫,在其他所有条件上都是相同的,只有在限度条件上截然不同。而正当防卫的限度条件就在于将正当防卫与防卫过当准确地区分开来。正因为此,正当防卫与防卫过当的范围往往是此消彼长的关系。防卫过当的构成门槛越高,构成正当防卫的可能性就越大;反之,防卫过当的风险就越大。正是因为防卫权与防卫过当的这种关系,但凡有防卫权的人就都可能构成防卫过当,这与年龄大小没有必然关系,对构成防卫过当者附加刑事责任年龄的限制也没有根据。

问题是,为何存在观点误区?显然是对违法性与有责性未加区分、混为一谈所致。如果按阶层论方式思考此问题,其实并不难理清。因为,在阶层论的视野里,构成要件该当性和违法性共同构成不法要件。[②] 其中,构成要件该当性是从正面确证不法的存在,而违法性则是从反面确证不法的存在。而不法与责任之间的关系,则表现为前者为因后者为果。一方面,只有在不法的前提下,才可能对不法承担责任,换言之,责任对不法具有依附性。另一方面,不法是独立于责任而存在的,不法的存在与否不以是否存在责任为转移。

---

① 参见陈兴良:《正当防卫论》,中国人民大学出版社2006年版,第40页。
② 正因为此,有的教科书采用"不法和责任"之二阶层体系。即便如此,论者亦认为,其采用的这种"形式上的两阶层实际上也可谓三阶层体系"。参见张明楷:《刑法学》(上),法律出版社2021年版,第134—136页。因为,不法是指符合构成要件且违法,但构成要件是积极的判断,其描述的内容是禁止性的,违法性是消极的判断,即阻却违法性问题,其所描述的内容并非禁止性的。因此,必须先判断构成要件符合性,在得出肯定结论之后,再判断是否存在违法阻却事由。要言之,构成要件与违法性(在其体系中)虽然处于同一阶层,但其前后关系不得颠倒。

也就是说，即使没有责任，不法也仍然存在。[1]

就防卫过当而言，如果说正当防卫之判断是从违法阻却事由角度对构成要件符合性的一种"否定"的话，那么，防卫过当之判定则是对正当防卫的"否定"，也就是对构成要件符合性的"否定之否定"——再肯定而已。换言之，一旦成立防卫过当，意味着又回到了思维的起点：构成要件符合性的判断再次被确立。这时候尚未涉及有责性的判断，不应当把刑事责任年龄问题牵扯进来。否则，无形中等于在违法性判断阶段就已经越俎代庖，试图将有责性问题"打包"一并解决。应当说，类似思考方式在耦合式的犯罪构成理论中不足为怪，但在阶层论体系下是没有立足之地的。

其实，如果我们仔细分析阶层论理论体系的故乡——德国的刑法中有关正当防卫（又译为"紧急防卫"）及防卫过当的规定，就不难发现，其相关立法根本没有"防卫过当应当承担刑事责任"的类似规定。[2] 也许有人会说，既然其第33条规定，"由于慌乱、恐惧、惊吓而防卫过当的，不负刑事责任"，那岂不意味着，其他性质的防卫过当要负刑事责任？本书认为，不能作这种推论。而之所以并未明确规定防卫过当行为应当负刑事责任，是有深层原因的，即：防卫过当只是违法性的判断，违法性的存在并不必然导致有责性的成立；只有当既违法又有责时，才应当追究其刑事责任。

也许有人会提出诘问：《日本刑法典》第36条第2款规定，"超

---

[1] 参见陈兴良："刑法阶层理论：三阶层与四要件的对比性考察"，载《社会科学文摘》2017年第11期。

[2] "第32条（正当防卫）（1）正当防卫不违法。（2）为使自己或他人免受正在发生的不法侵害而实施的必要的防卫行为，是正当防卫。第33条（防卫过当）防卫人由于慌乱、恐惧、惊吓而防卫过当的，不负刑事责任。"参见徐久生译：《德国刑法典》，北京大学出版社2019年版，第14页。

出防卫限度的行为，可以根据情节减轻或者免除处罚"，既然是"减轻或者免除处罚"，其前提条件岂不是"应当处罚"，岂不是"违法并且有责"——已经成立犯罪？而且，从其刑法教科书中通行的观点来看，对防卫过当减免处罚的根据，恰恰不是单纯的"违法减少说"，而是，要么主张"违法性·责任减少说"，① 要么是"责任减少说"，② 总之，都共同涉及有责性问题。而这些教科书，无一例外的都是用三阶层理论进行分析的。这岂不意味着，即便采用三阶层理论，对防卫过当问题的思考也会牵扯有责性问题的分析，或者说，是将违法性与有责性合二为一的？③

　　本书认为，答案是否定的。因为，日本刑法规定的"超出防卫限度的行为，可以根据情节减轻或者免除处罚"，只是"可以"减免处罚。既然按照通说，防卫过当的违法性与责任均减少了（起码责任减少了），为什么只是"可以"而非"应当"减免处罚呢？合理的解释是，"防卫过当是承接正当防卫所作的规定"，④ 正当防卫是违法阻却事由，防卫过当则是对正当防卫的再否定，即违法肯定事由，但是，并不能由防卫过当行为本身绝对地得出结论说：防卫过当意味着成立犯罪。其实，正如德国刑法规定的那样，"防卫人由于慌乱、恐惧、惊吓而防卫过当的，不负刑事责任"。日本现行刑法虽然尚未有这样一款规定，但其学说和《日本改正刑法草案》也持这一立

---

① 参见〔日〕大谷实：《刑法总论》，黎宏译，法律出版社2003年版，第221页。
② 参见〔日〕西田典之：《日本刑法总论》，刘明祥、王昭武译，中国人民大学出版社2007年版，第133—134页。
③ 参见陈子平：《刑法总论》，中国人民大学出版社2009年版，第181—182页。
④ 参见〔日〕西田典之：《日本刑法总论》，刘明祥、王昭武译，中国人民大学出版社2007年版，第133页。

第六章　量刑事实的定性评价

场。① 换言之,即便构成防卫过当,也未必就要承担刑事责任。因此,很难见到德、日学者们持类似的立场:构成防卫过当,必须达到相应刑事责任年龄。毕竟,责任年龄属于判断责任能力有无的范畴,而责任能力又属于有责性的范畴,这些问题不可能在违法性阶段进行界定,也不会以违法性的有无为转移。

再者,在我国刑法语境下,当判断类似"15岁的人能否构成防卫过当"等问题时,如果按通行观点(如防卫过当的罪过心理包括"过失"和"间接故意")将违法性与有责性混为一谈,就会得出这样的结论:如果出于过失,就不能;如果出于故意,就能。因为,已满14周岁不满16周岁的人可以构成严重的故意犯罪(故意致人重伤、故意杀人等),但不可构成过失犯罪。问题是,按照阶层论的观点,违法是客观的,责任是主观的。既然防卫过当是承接正当防卫这一违法阻却事由作的规定,本质上属于违法性的范畴,怎么可能因"有责性"(责任年龄的大小)问题而转移呢?

正是基于违法性与有责性的关系,根据防卫权的法理,有必要对我国《刑法》第20条第2款之规定重新作出解释,这就是:防卫人明显超过必要限度造成重大损害,"构成犯罪的",应当负刑事责任,但是应当减轻或者免除处罚。这意味着,防卫权人人都享有,若行使防卫权就都有可能构成过当;但是,即便构成防卫过当,不见得一定成立犯罪;只有当同时满足有责性要件(如达到刑事责任年龄,具有期待可能性等)时,才成立犯罪,才应当依法追究刑事责任。反之,即便防卫过当,但未达到刑事责任年龄的,或

---

① 《日本改正刑法草案》第14条第3款规定:"前项情形(即"防卫过当"——引者)下,其行为出于恐怖、惊愕、兴奋或者狼狈,因而不能非难行为人的,不处罚。"

者因慌乱、恐惧、惊吓而防卫过当,因而缺乏期待可能性的,则不成立犯罪。

由此可见,防卫权是基本人权,无论年龄大小,每个人当然都具有。有防卫就有可能过当,对于不具备刑事责任能力的人来说,其过当防卫固然是违法的,但却不应当承担刑事责任。既然如此,这种意义上的防卫过当只不过是对"违法阻却事由"的否定而已,但并不意味着犯罪,而量刑情节显然是在构成犯罪的前提下才成立,因此,防卫过当未必被评价为量刑情节。

需要附带说明的是,一些法律事实横跨民刑行诸多法域。防卫过当就是其中之一。它不仅涉及刑事责任的承担与从宽量刑,还涉及民事责任的适当承担(是否涉及行政违法责任,值得进一步研究)。但从外观上看,《民法典》第181条第2款与《刑法》第20条第2款关于"防卫过当"的要件似乎并不相同,因而,学界向来存在民刑法防卫过当的一元论与二元论之争。但在类似的"避险过当"判断问题上却似乎没有什么纷争。在这里,就提出了如何通过不同部门法的比较进一步深化对防卫过当这一量刑事实认识的问题。也许,在这一论争背后所隐藏着的一些重大基础理论研究方面的观念裂痕,短期内未必能弥合。比如,新刑法相对于旧刑法关于防卫过当的不同规定是否属于"注意性规定",究竟如何理解注意性规定?作为两大违法阻却事由的紧急权问题,对正当防卫与紧急避险往往相提并论,但如果立法者并未对之同步修正,是否意味着隐含理论上的"玄机"?民刑法在价值考量和功能取向上存在差异,这对于理解防卫过当又意味着什么?民事司法中不乏因防卫人造成不法侵害人轻伤乃至轻微伤而被判防卫过当的案例,这又意味着什么,究竟应当如何看待这一问题?从刑法与行政法的关系角度看,可否推论出"防卫过当"领域也应当存在违法与犯罪的划分?等等。[①] 考虑到这些论题在整个量刑事实的评价体系中辐射力有限,在此不赘。

## 三、应当重视对量刑情节阶层性构造的探究

在防卫过当成立相应犯罪的情况下,对该过当行为应当减免处罚,此时,防卫过当毫无争议地属于从宽量刑情节。同时,防卫过当是承接正当防卫所作的规定,既然正当防卫之判断直接与犯罪的成立与否相关,那么,作为对构成要件符合性的"否定之否定"判断的防卫过当问题,当然和犯罪成立要件紧密相关。但凡防卫过当,总是在特定类型的构成要件符合性判断基础之上,以违法阻却事由的对立面而示人的;同时,防卫过当之刑罚减免功能的发挥,也必然是在行为人具备有责性,进而其行为成立犯罪的前提下才变为现实。所以,防卫过当的判断,往往是集量刑情节构成与犯罪成立要件于一身。

作为量刑情节的防卫过当之成立要件,当然需要关注其阶层性问题:首先是符合刑法分则中特定类型的构成要件(过失致人重伤罪、过失致人死亡罪)。这里的构成要件符合性,既包括客观结果(如伤亡结果),也包括心理因素(对该结果的过失态度)。其次,具有违法性。也就是说该伤亡结果为法律所不容,对法益构成

---

[①] 参见陈航:"阶层论视角下的防卫过当问题再审视",载钱叶六主编:《出罪事由的理论与实践》,法律出版社2019年版;又见陈航、范春:"'民刑法防卫过当标准之争'背后的深层理论问题探究",载《辽宁公安司法管理干部学院学报》2022年第2期。

实质的侵犯。如果虽然有严重的伤亡结果,但系防卫所需,并未明显超过必要限度(如在行使特别防卫权或进行"无过当防卫"时),就不具有违法性。最后,具有有责性,即,该过当行为是由达到刑事责任年龄、具有刑事责任能力的人所实施,且并非不具有期待可能性。反之,如果行为人未达到刑事责任年龄,或在防卫中因惊恐、慌乱等导致过当的,应当排除在减免刑事责任的量刑情节之外。因为,这里根本不存在追究刑事责任的问题,没有减免刑罚事由存在的前提。

在阶层论视野下,需要强调的是,防卫过当本身只是一种违法性评价,在其行为人不具备有责性时,该防卫过当并非量刑情节。因此,作为量刑情节的防卫过当之构成要件与防卫过当的要件不可简单等同。防卫过当之所以具有违法性并受到否定的评价,是因为其对合法权益造成了不应有的损害;作为量刑情节的防卫过当,之所以被减免处罚,理由则是因其违法性及有责性减轻了。在这里,既强调防卫过当具有违法性又论证其违法性减轻了,似乎有重复之嫌。其实不然,皆是因参照系不同所致。前者参照的是正当防卫,说明的是,为什么在彼时不能按正当防卫给予其积极、正面的评价;后者比照的是成立犯罪时的其他类似情形(如非因防卫过当导致的故意重伤罪、过失致人死亡罪),强调的是,为什么基于防卫过当成立的犯罪要比非基于防卫过当导致的犯罪处罚较轻。

最后要强调的是,对作为量刑情节的防卫过当进行判断时要运用阶层论的思考方式,但此思考方式并非对所有的量刑情节都适用。量刑情节的情况各不相同。"犯罪的动机""犯罪后的态度"等非行为类的量刑情节,主要是根据主观心理因素加以把握的。而未遂犯、教唆犯、避险过当、未成年人等与构成要件、违法性、有责性相关联的情节,则不能忽视阶层论的思考。拿未遂犯来说,其构成要件只是表明:虽说其并不符合基本的构成要件,但却符合修正的构成要件,如是而已。至于符合修正的构成要件的行为是否成立犯罪,则必须进行违法性、有责性的判断。只有在符合修正的构成要件、违法并且有责的基础之上,才能肯定地说,该未遂犯是量刑情节,属于得减事由。在不少国家(或地区)的刑法中,对未遂犯是否要追究刑事责任,要根据刑法分则的具体规定加以把握。如果只是符合修正的构成要件,但刑法分则并未对之规定处罚的话,就不具备可罚的违法性,当然也不具备有责性,就不成立犯罪。顺理成章的推论是:既然不成立犯罪,那就没有"减轻处罚"的前提,就不可能成为量刑情节。

当然,除这些属于构成要件修正形态的量刑情节外,累犯情节的构成,其实也会涉及阶层论的判断,只是暗含在前后罪要件之中隐而不彰:构成累犯,必然要求前后两个犯罪都成立故意犯罪;而犯罪的成立,按照三阶层论的主张,当然要接受构成要件符合性、违法性及有责性的检验。

## 第三节　量刑情节的单复数界定

### 一、界定量刑情节单复数的意义及方法论

与罪数论在刑法学中的显赫地位相比,量刑情节的单复数问题似乎微不足道,鲜有人专门论及。但是,根据量刑规范化要求,司法者必须对每个刑案的量刑情节数量了然于胸,能够精准把握和交

代。① 因此，如果人们对量刑情节个数的把握一直处在"宏大叙事"阶段，或者说，只热衷于对其进行笼统概括、抽象统计，② 那就肯定无助于司法实践中对量刑情节单复数的确定。

量刑情节总是与一定的犯罪相关联。由其自身属性所决定，过失犯罪不可能存在主犯、累犯、教唆犯、从犯、胁从犯、犯罪预备、犯罪未遂、犯罪中止、犯罪动机、犯罪目的、激情犯罪、"大义灭亲"、预谋犯罪等量刑情节。在故意犯罪中，一般说来，智能型犯罪不可能存在防卫过当、手段残忍等量刑情节；在由单个人构成的犯罪中，不可能有主犯、从犯、胁从犯等量刑情节；单纯侵犯他人生命、健康的犯罪中不存在财产数额大小、是否急用、属辛苦挣得还是非法所得，以及被害人经济状况如何等量刑情节；在以特定的犯罪时间、犯罪地点为构成要件的犯罪中，犯罪的时间、地点就不再成为量刑情节；在所谓"无被害人犯罪"的案件中，就不存在被害者是否为老弱病残，行为人是否与被害人之间有某种关系（如师生关系、朋友关系、养父养女关系、上下级关系）等量刑情节；等等。

因此，在现实的量刑活动中，具体个案的量刑情节个数究竟是多少，受各具体犯罪性质的制约。如果离开具体犯罪来抽象地讨论量刑情节的单复数问题，其意义极为有限。

应当说，个案中的量刑情节数量到底是多少，必须结合该案的

---

① 根据最高人民法院、最高人民检察院、公安部、国家安全部、司法部颁行的《关于规范量刑程序若干问题的意见（试行）》，"在法庭调查过程中，人民法院应当查明……从重、从轻、减轻或免除处罚的法定或者酌定量刑情节"，"人民法院的刑事裁判文书中应当说明量刑理由。量刑理由主要包括：（一）已经查明的量刑事实……"。

② 表现之一就是，诸如"法定量刑情节有主犯、累犯、未遂犯、已满14周岁未满18周岁的人犯罪、正当防卫、防卫过当等；酌定量刑情节有犯罪的目的、犯罪的动机、犯罪对象、犯罪的时间、地点等"之类的表述，在教科书、有关论著中比比皆是。

犯罪构成要件及量刑情节构成要件的性质加以判定。这不仅涉及禁止重复评价问题,也涉及如何准确理解相关量刑情节的立法;从更深层次上讲,还涉及对学界的一些传统观念如何重新认识。

当然,量刑情节的单复数判断首先是量刑情节的界定。在量刑情节中,除一些法定量刑情节的要件较为明确外,酌定量刑情节的种类及其构成要件似乎并不是那么明确,因此,量刑情节单复数的认定要比罪数问题显得更加复杂。

## 二、量刑情节的相互关系及其单复数问题

### (一)量刑情节的结合关系

在罪数论中有结合犯,对之应按所结合之罪独立论处,不实行数罪并罚。问题是,依我国现行刑法,在量刑情节的单复数问题上是否也存在结合型的情节呢?答案是肯定的。[1]

最为典型的就是认罪认罚从宽情节。曾经有一个时期,学界对认罪认罚从宽是否属于独立的量刑情节存在争议。比如,有论者认为,认罪认罚包含于自首、坦白等法定认罪情节之中,它们之间是从

---

[1] 在《刑法修正案(八)》之前,《刑法》第68条第2款规定:"犯罪后自首又有重大立功表现的,应当减轻或者免除处罚。"这意味着,当行为人既有自首情节又有重大立功情节时,不是分别按照自首情节的功能(即"可以从轻或者减轻处罚。其中,犯罪较轻的,可以免除处罚")和重大立功情节的功能(即"可以减轻或者免除处罚")适用这两个情节,而是把它们结合起来,进行一次性评价,即"应当减轻或者免除处罚"。这种做法与罪数论中结合犯的思路一脉相承:其一,自首和(重大)立功是刑法中独立的两个法定量刑情节;其二,因立法的明文规定结合在一起,不作分别评价;其三,将两者结合后,刑法作出了既不同于自首,也不同于(重大)立功的功能设定。因此,这实际上就是最早的"结合型情节"。只不过,随着《刑法修正案(八)》对这一条款的废除,这一结合型情节已不复存在。

宽处罚的重叠关系，被追诉人向办案机关承认已被掌握或者尚未掌握的罪行，都应以坦白或自首论处，依照法定认罪情节从宽处罚即可。①但随着2021年"两高"《关于常见犯罪的量刑指导意见（试行）》的发布，这一争论基本结束。该决定将"认罪认罚从宽"作为"常见量刑情节"之一明确列举，并规定，被告人认罪认罚的，可以综合考虑犯罪的性质、罪行的轻重、认罪认罚的阶段、程度、价值、悔罪表现等情况，分别减少基准刑的30%以下、60%以下、60%以上甚至依法免除处罚。同时指出：认罪认罚与自首、坦白、当庭自愿认罪、退赃退赔、赔偿谅解、刑事和解、羁押期间表现好等量刑情节不作重复评价。现在，人们已达成共识，"应当将认罪认罚区别于自首、坦白，明确其为独立的量刑情节"。②

作为一个独立的量刑情节，认罪认罚从宽情节有自己独特的构造和功能。③但是，这个量刑情节不是平地起高楼，只是将多种量刑情节"结合"而成的产物。之所以认为此情节是一个结合型情节，理由在于：第一，构成"认罪"，意味着同时构成坦白或自首等。第二，构成"认罚"，则可能包含接受制裁、退赃退赔、达成刑事和解等诸多可能。因此，这一结合型情节，其具体的结合方式尽管在个案中表现不一，但肯定是某几种原有的量刑情节的"结合"，比如，坦白+退赃退赔，自首+退赃退赔，等等。第三，这一独立情节一旦成立，就有了自己独特的称谓"认罪认罚从宽"，其他被结合的法定

---

① 参见周光权："论刑法与认罪认罚从宽制度的衔接"，载《清华法学》2019年第3期。

② 参见陈实："论认罪认罚案件量刑从宽的刑事一体化实现"，载《法学家》2021年第5期。

③ 基于此问题的重要性与复杂性，本书将在第八章"准量刑决策及其认罪认罚从宽评价"中详加展开，在此不赘。

或酌定的量刑情节将因此而不具有独立存在的价值。第四，这一独立情节有独特的功能——从宽量刑。这是有别于传统法定从宽量刑情节的"抽象性"功能。由于它是由诸多从宽量刑情节结合而来的，相对而言，从宽力度当然较其他单独的法定或酌定从宽量刑情节都要大得多。

强调结合型量刑情节的意义在于，结合型量刑情节是刑法特别规定的产物。此时，如果再按照结合前两个独立的量刑情节分别加以适用，就不符合依法量刑的原则。如果没有这种刑事立法上的特别规定，就不应当按照一个情节对待。比如，对犯罪后自首，又有一般立功表现的，就应当按照两个量刑情节对待，分别加以适用。

**（二）量刑情节的吸收关系**

正如在罪数论中存在吸收犯一样，在我国有关量刑情节的刑事立法中，也曾存在过吸收型的法定量刑情节。[①] 而今，在酌定量刑情节的判断上，这一情形还不同程度地存在着。

比如，在我国现阶段，激情犯罪只是酌定从宽量刑情节之一，被害人的情况（如有无过错，是否年幼体弱、孤立无援等）也是从宽量刑情节之一。当两者同时出现在案件中时，是作为两个不同的情节加以认定还是进行吸收性评价？这与对激情犯罪的构成条件如何把握密切相关：激情犯罪所侵害的对象是否必须是引发被告激愤

---

[①] 比如，尽管立功行为属于值得肯定和褒奖的行为，但在1979年刑法第63条中，却只是规定："犯罪以后自首的，可以从轻处罚。其中犯罪较轻的，可以减轻或者免除处罚；犯罪较重的，如果有立功表现，也可以减轻或者免除处罚。"可见，当时并未将立功情节视为一种独立的法定量刑情节，只是作为较重犯罪中自首情节可以从宽的一种条件罢了。这意味着，从量刑情节的单复数角度看，立功情节被自首情节所吸收，还不具有独立考虑的价值。随着1997年刑法的颁行，立法上的这种倾向终于消失了。

情绪的肇事者本人？如果持肯定态度，"被害人的过错"就不应再独立评价；反之，则是一个应当单独考虑的从宽量刑情节。应当说，在这方面有着截然不同的立法例和学术态度。①

量刑情节的吸收关系，除了与人们对量刑情节构成条件的把握密切相关外，还与人们自觉不自觉地"将酌定量刑情节作为某类法定量刑情节之附庸"的思维定式不无关系。

例如，在论及预备犯这一"可以型"法定从宽量刑情节的适用时，论者会指出："在一般情况下，对预备犯得比照既遂犯从轻、减轻或者免除处罚；在特殊情况下，如行为人准备实行特别重大的犯罪，手段特别恶劣时（如恐怖主义组织的犯罪预备行为），可以不予从轻、减轻或者免除处罚。"② 可以说，在刑法教科书中，此类表述司空见惯："对极少数危害严重、情节特别恶劣的预备犯，如少数劫机、爆炸犯罪的预备犯，也可以不从宽处罚。"这里，我们不禁要问：既然在量刑情节的分类中认为"犯罪的手段"是酌定量刑情节之一，既然"手段特别恶劣"这一酌定情节已在决定预备犯是否"可以"从宽处罚时发挥了其功能，怎能再独立地重复适用（重复评价）？但是，如果不能让其独立发挥其功能，岂不是说该酌定量刑情节成了"可以型"从宽量刑情节的附庸？或者说被其吸收了？

再如，在论及未遂犯这一"可以型"量刑情节时，论者也同样指出："对未遂犯确定是否可因犯罪未遂而从轻、减轻处罚时，应把未遂情节置于全案情节中统筹考虑。"③ 这里的"全案情节"肯定包括

---

① 参见陈航："对激情犯罪立法的比较研究"，载《法学评论》1995年第6期。
② 参见张明楷：《刑法学》（上），法律出版社2021年版，第435页。
③ 参见高铭暄、马克昌主编：《刑法学》（第10版），北京大学出版社、高等教育出版社2022年版，第155—156页。

酌定量刑情节,这意味着该酌定量刑情节是用以实现"可以型"量刑情节的工具,自身没有独立性。换言之,依然被"可以型"量刑节吸收了。

为什么要被吸收?以未遂犯为例,论者提出的理由是:"影响案件社会危害性程度的有多种情节而非未遂一种情节,而且,未遂情节是与全案的其他情节一起影响、决定案件危害程度的。如果从全案来看,未遂的危害性比既遂较轻或显著较轻且未遂情节在全部情节中居于举足轻重的地位,从而影响甚至是显著影响案件的危害程度时,就可以决定对行为人基于或主要是基于其犯罪未遂而予以从轻或减轻处罚,反之则不因是未遂而从宽处罚。"[1]可见,论者所理解的从轻或减轻,是案件终局量刑意义上的从轻或者减轻处理。但如所周知,量刑情节的"从重"或者"从轻"分别是指比没有该从重或者从轻情节的类似案情处以较重或者较轻的刑罚,并不是说,有从重情节的量刑终局结果就一定重;也不是说,有从轻情节的,终局量刑结果就一定轻。这种意义上的"重"或"轻",与终局意义上的量刑结果之轻重不可简单等同。其实,持前述主张的研究者们,也完全认同这种观点。[2]遗憾的是,在论及"可以型"情节及多功能情节的适用时,又自觉不自觉地从案件终局量刑结果上理解从轻乃至减轻处罚的含义了。

尽管以这种思路处理法定量刑情节与酌定量刑情节的关系的确欠妥,而在量刑情节单复数问题上按吸收关系处置的方式也没有

---

[1] 高铭暄、马克昌主编:《刑法学》(第10版),北京大学出版社、高等教育出版社2022年版,第155—156页。
[2] 参见张明楷:《刑法学》(上),法律出版社2021年版,第751页。

理论根据，但其潜移默化带来的影响却不可小觑。比如，根据"两高"发布的《关于常见犯罪的量刑指导意见（试行）》，"对于未成年犯罪，综合考虑未成年人对犯罪的认识能力、实施犯罪行为的动机和目的、犯罪时的年龄、是否初犯、偶犯、悔罪表现、个人成长经历和一贯表现等情况，应当予以从宽处理。（1）已满十二周岁不满十六周岁的未成年人犯罪，减少基准刑的30%—60%；（2）已满十六周岁不满十八周岁的未成年人犯罪，减少基准刑的10%—50%"。显然，"未成年人犯罪"是一个法定从宽量刑情节，而"犯罪的动机和目的、初犯、悔罪表现"等则是公认的酌定量刑情节，既然后者已被视为前者涵盖的要素加以"综合考虑"过了，就不应当再作为独立的量刑情节加以重复计算。

**（三）量刑情节的竞合关系**

在"两高"发布的《关于常见犯罪的量刑指导意见（试行）》中，常见的量刑情节已将"退赃、退赔的""积极赔偿被害人经济损失的""当庭自愿认罪的"等囊括在内，而且对于"未成年犯罪""自首"以及"取得被害人或其家属谅解"等量刑情节，要求在适用时考虑行为人的"悔罪表现"或者"认罪悔罪的程度"。那么，"退赃、退赔的""积极赔偿被害人经济损失的"及"当庭自愿认罪的"等，它们与"悔罪表现"是什么关系？是不是一种"竞合"？如果是竞合关系，就意味着被吸收在"未成年人犯罪""自首"以及"取得被害人或其家属谅解"等量刑情节中，失去了独立考量的价值。反之，才按照数个量刑情节来对待。因为，正如在犯罪竞合的情况下只能认定为构成一罪那样，如果一个与量刑有关的事实同时符合数个量刑情节的构成要件，那也只能被评价为一个量刑情节。

在本书看来，大多数情况下，"退赃、退赔的""积极赔偿被害人经济损失的"及"当庭自愿认罪的",应当被认为是行为人的一种"悔罪表现",它们之间是具体与抽象的表里关系。由于对有些量刑情节的规定是概括而抽象的,对有些量刑情节的把握却较为具体,才导致了这种竞合现象。当然,"退赃、退赔的""积极赔偿被害人经济损失的"及"当庭自愿认罪的",也未必一定表明行为人对自己的罪行有悔过之意,它们之间毕竟不应简单等同,需要结合案件情况审慎判断。

## 三、罪之个数与量刑情节的单复数问题

人们对量刑情节单复数的考量主要是针对行为人犯一罪的情形预设的,但在行为人犯数罪的情况下,会出现一些特殊问题。

情形之一,甲于2001年6月因犯故意伤害罪被判有期徒刑6年,2007年6月刑满释放,但2009年8月发现甲于2008年5月、2008年12月及2009年4月又先后犯盗窃罪、抢劫罪和绑架罪等三个罪行,分别应处有期徒刑以上刑罚,那么,对甲实施数罪并罚时,究竟是存在三个累犯量刑情节,还是只有一个累犯量刑情节?

情形之二,如果甲在实施了上述三个犯罪后又检举揭发了司法机关尚未掌握的他人的严重犯罪事实,构成了立功,那么,究竟是存在三个立功情节还是只有一个立功情节?

情形之三,假若甲犯有抢劫、绑架和故意伤害罪等三个罪行,但犯罪时均不满18周岁,那么,在数罪并罚时,究竟是考虑三次"不满18周岁的犯罪"这一从宽量刑情节呢,还是仅仅考虑一次?

情形之四,假如甲在犯罪后自首,主动交代了上述三个犯罪事实,或者说虽然是被动归案,但在交代上述犯罪事实时认罪态度好,究竟是存在三个自首或者三个认罪态度好的量刑情节还是只有一个?

可以认为,在情形之一下存在三个累犯情节。主要理由是,从广义上讲,累犯毕竟属于再犯的一种,其重心在于再次犯罪、屡教不改。如果只按一个累犯情节对待,充其量只是评价了其中一组前后罪关系,而对另外两组前后罪关系未能充分评价,有失偏颇。那么,将一个前罪(如故意伤害罪)和数个后罪(如盗窃罪、抢劫罪和绑架罪)反复组合起来多次评价为数个累犯,对该前罪来说是不是意味着重复评价?回答是否定的。因为,累犯尽管涉及前后罪关系,但前罪只是表明行为人因一定的犯罪事实受过刑罚处罚并已执行完毕或者被赦免这一事实而已,不可能再对前罪处罚。从本质上讲,作为累犯情节,从重处罚的落脚点在于后罪,评价的重心当然也在于后罪,故不应当视为对前罪重复评价。

同样,在情形之三、之四下,也存在相应的三个"不满18周岁的犯罪"情节和自首情节(或犯罪后认罪态度好情节)。因为,对这三个犯罪来说,要么行为人犯罪时的确都是未满18周岁,理应在分别定罪量刑时有别于成年人犯罪,从宽予以处罚;要么都是主动投案、如实交代自己的犯罪事实或者虽然是被动归案,但对所犯数罪都能坦白承认、有悔过表现。相反,如果只对其中一罪认定为自首或者认罪态度好,就未能作出充分、恰当的评价,就与行为人在主动投案或者被动归案后只就其中一罪如实交代或者坦白没什么区别了。

不过,在情形之二下,则只存在一个立功情节。这是因为,之所以把立功设定为从宽量刑情节,与所犯之罪没什么关系,[①]而在

---

[①] 这与情形之一、之三和之四明显不同:情形之一中的"前罪"是和所有的"后罪"均构成前后罪之累犯关系的,情形之三中的"未满18周岁之人"是所有三个罪的犯罪主体,情形之四中的自首就是交代了所犯的各个罪,总之都与所犯数罪等案内事实有着割舍不断的内在联系,而立功情节只与案外事实相关联。

于立功本身节省了国家的司法资源,保证了诉讼的效益或效率,是有益于社会的,值得褒奖。如果对数个犯罪分别定罪量刑时都按立功情节从宽处罚,显然就是对同一个有益于社会的事实进行了重复评价。

需要进一步考虑的问题是,既然只能作一次性评价,究竟是对数罪中哪一罪量刑时作为量刑情节予以考虑呢?从时间上讲,应当是距立功时最近的所犯之罪。例如,前述行为人在依次实施了盗窃罪、抢劫罪和绑架罪之后,被司法机关抓获,羁押期间主动揭发他人的重大犯罪事实,查证属实,构成了立功。此时,对犯罪人分别定罪量刑时,仅应当在对绑架罪的量刑中考虑立功情节,而非随机性地任选一个罪加以考虑。因为,在数罪中,只有此罪与立功的关系最为密切。在大多数情况下,立功情节也表明行为人将功折罪的"赎罪"态度,而这一心理肯定不是在犯盗窃或者抢劫罪之后产生的,否则,就不会有后续的绑架罪了,只能说,这一心理应当是产生于绑架罪之后的。[①]

再者,作为一次性评价,能否考虑在对数罪分别定罪量刑后、按数罪并罚的原则决定应当执行的刑期之时适用立功情节呢?这是否意味着既可以避免重复评价,也无需为选择仅对哪一个罪从宽量刑而劳神费心?本书的回答是否定的。因为,对数罪分别定罪量刑后、按数罪并罚的原则决定应当执行的刑期之时,除适用吸收原

---

[①] 立功情节的成立与行为人是否悔罪没有必然联系,但在先后犯A、B、C罪之后,主动揭发他人犯罪事实的,无疑表明该立功与C罪联系最为密切,否则殊难想象,行为人一边立功一边又在为后续犯罪作准备。何况,此处的立功情节是犯罪人的立功情节,若其罪行不暴露,不可能认定这一情节(可能混同于一般的检举揭发),而一旦暴露,尤其是行为人被采取强制措施后,就意味着犯罪的终结而非继续犯罪。

则的情形之外，该刑罚幅度实际上是数个犯罪的社会危害性共同作用综合而成的刑罚量，在此基础上适用立功情节，无异于是让立功情节对各个犯罪的刑罚量同时起到从宽的作用，立足于禁止重复评价的视角而论，这实际要比将立功情节分别适用于数个犯罪的量刑有过之而无不及。

最后，无论是从宽还是从严量刑情节，都是在法定刑的基础之上，以特定的量刑基准为参照发挥各自功能，并最终决定该罪宣告刑的。数罪并罚时，如果已经对各罪分别定罪量刑了，然后再以按一定原则（如限制加重原则）形成的刑罚为适用立功情节的基准，显然有悖于上述共识。因为，如果上述三罪分别被处以6年、8年和12年有期徒刑的话，就应当在12年以上20年以下决定执行的刑期，立功情节的从宽作用也应当是在此基础上发挥作用，但是，"12年以上20年以下"显然不是这三个罪中任何一个罪的法定刑，更不是宣告刑，因而，那种对数罪分别定罪量刑后、按数罪并罚的原则决定应当执行的刑期之时适用立功情节的主张，当然不能成立。

# 第七章 量刑事实定量评价的赋值机理

从一定意义上讲,"量刑本身就是一个数学问题"。[①] 因此,只有将量刑事实对刑量具有的宽严影响力体现为一定的数值,才有可能在这一转换中发挥现实的作用。否则,究竟从宽多少、从严几何,就是一笔无人能说清楚的糊涂账。量刑事实的赋值,是指将量刑事实对刑量的宽严影响力予以数值化、计量化。而量刑事实评价中的定量评价,实质就是对量刑事实如何赋值,这是一个无法绕开的"硬"问题,但却属于"软"度量范畴。

## 第一节 软度量的基础理论问题

量刑事实赋值属于社会度量学的范畴。社会度量,通俗地讲就是"软"度量。这是量刑事实赋值的基本原理之所系。迄今为止,软度量理论的研究大多是作为管理科学的一个分支而呈现的,其复杂的数学运算模型不仅令不少法律人望而生畏,更让普通公众一脸懵懂、不知所云。所以,长期以来,量刑领域的研究者们对其敬而远之,鲜有人涉足。对此,有必要结合我国量刑决策的特点进行梳理。

---

[①] 参见马克昌主编:《刑罚通论》,武汉大学出版社1999年版,第314页。

## 一、软度量及其意义

根据度量学理论,对任一个物品进行度量的过程,其实都是用一个作为标准件的同类物品与之进行比较的过程。对于一切自然物的量度皆具有一个比较原理。软度量与硬度量的核心区别在于度量方法的不同,前者是基于特定方法,后者是基于仪器。[①]

拿体育竞技比赛的量度来说,短跑、跳高等项目,裁判对运动员的成绩评定是借助秒表和量尺等判断的,这些用来衡量速度或高度的标准件,客观精准,其量度结论就显得真实可靠。但体操、跳水等项目的度量,很难找到一个客观精准的标准件,只能根据裁判们在长期实践中对该动作标准的抽象把握,通过各自的直接观察得出结论,这样,每个裁判的评分可能会打上个人偏好的深深烙印。

应当说,软度量虽然是一种度量,但由于其从直接和间接来说都不能或不完全能依赖仪器工具进行,其比较的结论就天然地可能失准。软度量与硬度量的另一个突出区别是度量对象不同,前者是事物(复杂系统),后者是实物(简单系统)。基于此,所谓项目评价、能力测评、行为测量、心理测试、系统分析、决策预测、状态描述、社会效益评判等一系列社会活动,无一不属于社会度量范畴。

从度量学上看,任何计量标准和计量实践都具有误差,问题只在于误差的大小或精度的大小不同。如前所述,作为"软"度量,社会

---

[①] 这里的"仪器"与"方法"之分具有相对性。因为,使用仪器来度量也是一种方法,仍然需要遵循一种程序和操作过程。故这里的所谓"方法",其实是指完全不使用或不完全能使用仪器等实物性工具来进行度量,而只依靠一套行为的规范程序去完成任务。简言之,软度量(社会度量)可以被定义为,"从直接和间接来说都不能或不完全能依赖仪器工具进行的度量"。参见高隆昌:《社会度量学原理》,西南交通大学出版社 2000 年版,第 3—4 页。

度量不是用器具而是用方法作度量的。器具有性能指标,对量值能立即作出鉴定,软度量却没有。软度量的对象的抽象性也使得这一问题更为突出。现阶段主要采用的软度量方法,一是理论证明,看其逻辑基础是否严格;二是进行实用检验,看其实用意义的大小如何。

需要强调的是,软度量存在先天"缺陷"或不足,但不能据此对软度量予以排斥或简单否定。因为,社会生活的丰富多彩和人们需求的多种多样决定了软度量对象的广泛存在,我们不得不对之进行度量。拿量刑决策活动来说,既然宣告刑必须是一个确定的值(一些国家或地区对特定犯罪实施不定期刑的除外),那就必须进行量度。而其前提,就是要对各种从严或者从宽的量刑情节进行赋值。对这种赋值,肯定不能用硬度量的思维去考量,更不能对相关探索简单否定。但晚近以来,针对有关学者对不同量刑情节设定的不同积分,有论者就质疑道:这些 10 分、20 分的积分之确定有客观依据和法律标准吗?恐怕是一种主观臆断吧?既然通过这种方法计算出来的最终刑罚量实质上也是一种主观臆断,仍然摆脱不了主观随意性,那就与传统的估堆式量刑没有什么实质区别。[①] 类似的质疑在最高人民法院推动的量刑规范化改革中也不时有人提出,其核心观点之一,就是最高人民法院的量刑指导意见及各地高级人民法院的实施细则所确定的各种量刑情节的赋值比例缺乏客观依据。无疑,这是在用传统的硬度量思维考察量刑问题。量刑活动既然是一种软度量,就很难找到客观的测量工具,但是,对之进行的"度量"还得继续下去。关键的问题在于,这些探索是否符合软度量的基本要求。

---

① 参见臧冬斌:《量刑的合理性与量刑方法的科学性》,中国人民公安大学出版社 2008 年版,第 215 页。

## 二、软度量的若干原理

按照软度量理论,度量"精准"与否,其实是如何根据用户的"满意度"进行评价的问题。

### (一)满意原理

所谓满意原理,又叫鲁棒(Robustness)原理,其机理与鲁棒控制相通。鲁棒控制,意即稳定(或强力)控制,其设计思想是以一些最差的情况为基础的。这种设计旨在追求实际环境中为确保安全所必须满足的最小要求。因为,系统并非一直工作在最优状态。以往,由于对控制对象大多是以"应用精确值"为标准进行的,因而总是不满足,嫌它有误差。但在鲁棒控制看来,既然一个系统常常存在一个为实践所容许的误差领域,那么,只要该系统状态落入此领域即为正常(满意),没必要为达到"应用精确值"而追加更多投入。其实,从本质上讲,所谓满意,不外乎是一种心理平衡状态,而这一状态,作为一种主观判断标准是因人而异的。经验表明,人们会在利益面前产生一个满意领域(而非一个精确的点),该领域的大小与人的欲望成反比。当最后的获益值落入其满意领域内时就感到满意,否则由于内心不平衡就感到不满意。尽管这个"领域"在社会生活中广泛存在,但却没有一个客观的量度标准和量度方法,更谈不上量度的精确。这就在不同主体之间产生了冲突。当各自的满意领域间可能产生不协调时,如何进行协调呢?这就要借助契约原理(或博弈原理)来解决。

### (二)契约原理

契约原理的要旨是,受各方利益驱使,彼此之间会进行协商,并尝试在各自的成本阈值界点内放宽其满意领域。经过几度博弈后,若能使彼此的满意领域产生交集,那就成为双方可接受的方案——其实就是互相达成的"契约"。

契约原理在社会交往中之所以相当普遍地被适用,原因在于彼此都无法事先量度出,特别是较为精确地量度出对方的满意领域或满意度,只能在实践中彼此摸索,以试探对方的满意领域。更为重要的是,社会事物中很少存在客观的、准确的标准值,其往往是相对地存在于各自内心。即便存在于各自内心的值,最多也只有上下界限。

契约原理不仅在两人之间适用,也存在于多人之间。为避免不确定现象,在多元间的契约中往往通过少数服从多数、大众服从专家、一般专家服从权威专家的方式实现。当然,不论哪一种方式,肯定不能与道德、法律准则相悖。

专家量度属于专家决策范畴。相对于量度任务来说,专家有经验、有能力完成该量度。但是专家同样具有缺陷,同样需要尽可能避免其缺陷,即防止个人偏好和偏激。而利用专家群则是防避个人缺陷的方法之一,可在统计意义上防止干扰。基于此,专家群被视为复合式的"特殊量度仪器"。但专家群也可能天生带有专业偏激倾向:只看重所从事的领域,对别的问题则可能有意或无意地淡化;当量度对象超过其专业范畴时,就可能偏离准心。再者,群体量度结论的获得,常用的基本原理是少数服从多数,这并非总是正确。因为"真理有时掌握在少数人手里"。此外,既然是群体,就意味着每个人的责任心未必都一样强,可能有各种各样的私心杂念渗入,这会使量度值的精度失去意义。显然,一个有能力却责任心不强的专家群反而不如责任心强的单个或少数专家度量得更精准。因此,组建专家群时必须考虑对量度专家的条件要求。比如应当侧重理论型专家还是经验型专家,专家的专业水平如何,与本任务的利害关系怎样,以及专家的知识面、责任心及性格特征,等等。只有经过严密设计和严格选拔而组建成的"专家量度群",才可称为一部"精密的"软度量仪器。

### (三)德尔菲法与商议量度法

就专家群量度而言,既要防止相互间的不当干扰,又要尽可能地统一各个专家对有关指标的内涵认识和权重界定。

对前一方面,主要通过德尔菲法;对后一方面,主要借助商议量度法。德尔菲法的优点是,各成员不受他人的权威、权势、资历、口才及现场气氛、压力等的影响,能充分发挥独立的个人量度特征。使用的方法主要有通讯量度、间接调查、即兴评判等。其中,间接调查是指当所调查的问题太暴露时,只对这些问题的"前提"或"再前提"问题进行调查。即兴评判法,是指量度群体虽然在同一场所,但不允许对话和交流,也不容许通讯和反馈,而是要求各自一次性完成量度。当然,为了避免偏袒分和偏激分,往往采用同时去掉一个最高分和一个最低分的方法。商议量度法与前者不同,它要求专家们聚集开会协商议定。包括量度前的面议、协商、讨论、交换意见甚至辩论等,以达成统一认识。

考虑到软度量之间的同一性较差,一般认为不宜僵硬地用同一个方法去量度,而需要作灵活处理,综合施策。

## 三、对"精准"量刑的启示

### (一)善待既定的量化评价方案

软度量的实现方法表明,确保量刑"精准"的核心在于由谁、通过什么样的方式进行量化评价,其权威性、可行性在既定的现有条件下是否达到了最佳。

就我国近十多年来进行的量刑规范化改革来说,作为由最高人民法院所主导并推动的一项宏大工程,从2004年着手起草《量刑指南》,到2010年10月在全国范围全面试行《人民法院量刑指导意见(试行)》,再到2014年1月在全国法院正式实施《关于常见犯罪的量刑指导意见》,以及如今由"两高"联合发布的《关于常见犯罪的量刑指导意见(试行)》,是充分借助了高端专家群的专业经验和知识,经过长期调研、广泛征求意见、反复论证、不断修改、逐渐试点完善、历经十余稿甚至更多稿才最终定型的产物。尽管对这一产物,必然还会存在不少质疑和批评,但在我国现有条件下,相对而言是具有高度权威性和可行性的方案。迄今为止,无论是反对者还是质疑者,尚难提出一个能够取代它的、更加权威、更加可行的替代性方案。也许在将来的某一天,会出现更加符合人们对量刑"精准"要求的方案,但那是后话。

**(二)量刑"精准"化不可能简单移植德、日等国的经验**

由于量刑活动的软度量属性,量刑偏差问题在所难免且较为突出,这似乎早已成为世界性难题。既然是软度量,按理说,破解此问题也应当从软度量理论入手。但是,放眼德、日等对我国刑事法研究影响至深的国家,在诸多刑法学论著中,不要说对量刑论,即便是对整个刑罚论的研究比重,显然也要比犯罪论小得多。而且,其刑罚论的重心,主要在于刑罚根据论的论争。就量刑问题而言,争论的焦点主要是作为"量刑基准"确立根据的"点-幅之争",尚未见到从软度量角度对量刑机理进行的探讨。

分析更深层原因,如所周知,量刑亦谓"刑之酌科",这意味着,量刑活动总是和司法者的自由裁量权密不可分。一则,量刑作为事关刑事责任的一种定量分析,考量的问题相当复杂,立法者不可能事无巨细地预先明文规定,只能交由法官自由裁量;二则,在德、日等国,为了对法官的自由裁量权进行有效监督与制约,从法官的培养、遴选、任用、惩戒等各个方面都有较为严密的规范,从而形成了一个具有高信誉度的同质化法官职业共同体。基于此,对法官量刑活动的监督,并不是通过详尽的量刑规则(指导意见)加以规范的。至于量刑"精准"与否,似乎更是一个由法官运用之妙、存乎一心的问题。

  以德国为例,为了能使法官根据自己的社会职业特征所形成的价值观进行量刑,认为法官需要一个较大幅度的量刑范围,以根据自己的认识选择合理的刑罚。因此,"幅"的理论被认为是其刑法实务和理论界主流的量刑学说。从理论上讲,先将责任程度量化为刑罚幅度,然后,再在此幅度内考虑罪前情节、罪后情节,确定宣告刑。但是,其所谓"幅"的确定缺乏具体标准,故法官的量刑活动仍然是"黑匣子模式"。法官在法定刑之内决定具体案件的量刑时,所考虑的具体情况,如罪过程度、后果严重性及再犯可能性等,往往是凭直觉作出的。就实务来看,判例并不要求法官确定具体责任的刑罚幅度,整个量刑活动取决于法官最后作出的、所谓与犯罪人责任相适应且适当考量预防目的的刑罚结果。换言之,并不采取步骤量刑,而是一种整体量刑。[①] 我国已经推行了法官员额制,但由于幅员辽阔,各地发展不平衡,法官的素质依然参差不齐。尤其是在加

---

① 参见〔德〕弗兰茨·施特伦:"德国量刑理论的基本问题与最新进展",陈学勇、罗灿编译,载《人民法院报》2014年6月6日。

大司法腐败惩治力度、全面推进政法队伍教育整顿的过程中,寄希望于简单移植德国的"整体量刑"模式来实现量刑的公正合理,显然会"水土不服",不符合我国国情。

当然,目前的规范化量刑实践,只是向精准化量刑迈进的第一步,尽管还不能完全满足人们的期待,但不能简单地引用德、日学说对之进行批判。关键在于提出一个个更加确实可行的方案,并在实践中不断总结经验,不断完善。考虑到量刑问题的复杂性及量刑理论研究的相对薄弱,有理由认为,量刑的"精准"化肯定是一个不断试错、不断接近的过程,切不可奢求一劳永逸。

**(三)量刑"精准"的实质难点在于"说理"**

截至目前,学界对量刑"精准"问题的关注或争论点,主要集中在认罪认罚从宽案件中检察机关量刑建议的"精准"与否上。量刑建议被区分为幅度刑量刑建议和确定刑量刑建议,而以"精准"之名倡导的量刑建议指的就是后者——确定刑量刑建议。[①] 换言之,在不少研究者的潜意识里,"确定刑量刑建议"似乎就是"精准量刑建议"。

本书认为,如果检察机关提出的量刑建议是幅度刑,那自然达不到精准的要求。但是,即便提出了确定刑的量刑建议,也未必就是"精准"的。在此,仅以如下案例展开说明。

[案例9.李某驾驶未年检车辆肇事案] 2011年某日凌晨,被告人李某驾驶未年检且灯光亮度不合格的农用运输车(内乘黄某、孟某)在某市区一道路上由西向东超速行驶,适逢李某阳、李某斌、丁

---

[①] 参见徐贞庆:"认罪认罚案件中量刑建议的精准化",载《人民检察》2019年第17期。

某三人并排行走在同方向车道上,该农用运输车前部将李某阳、李某斌撞倒,致李某阳当场死亡,李某斌受重伤。事故发生后,孟某打电话报警,李某在现场等候处理。经交通部门认定,李某对该事故负全责。

一审法院经审理认定,李某违反交通运输管理法规,驾驶机动车造成一人死亡、一人重伤的重大交通事故,负事故全部责任,其行为已构成交通肇事罪。鉴于其到案后如实供述自己所犯罪行,且当庭认罪悔罪,依法可对其从轻处罚。至于"李某具有自首情节"的公诉意见及辩护意见,因无证据证明李某向公安机关报告或自动投案的事实,依法不应认定为自首。故判决被告人李某犯交通肇事罪,判处有期徒刑二年零六个月。被告人李某不服,提出上诉,认为其构成自首,原判过重。

二审法院经审理认为,案发后李某明知他人报案而在现场等待,抓捕时无拒捕行为,应视为自动投案,且其到案后能如实供述犯罪事实,系自首情节,上诉理由经查证属实,予以采纳。故对一审量刑部分予以改判。被告人李某犯交通肇事罪,判处有期徒刑二年。[①]

显然,两个判决都是非常确定的,但不能认为都"精准",只能是二者取其一,甚至二者都未必"精准"。关键的问题,就在于该结论是否经得起检验,该"说理"是否充分。

二审法院的量刑过程及论证理由是:第一,被告人李某驾驶未年检且灯光亮度不合格的农用运输车,造成李某阳死亡、李某斌重伤,且负事故全部责任。依照《量刑指导意见》及当地实施细则的

---

① 参见南英主编:《量刑规范化实务手册》,法律出版社2014年版,第119—120页。

规定,交通肇事"死亡一人或重伤三人,负事故全部责任的,在一年至二年有期徒刑幅度内确定量刑起点"。鉴于被告人李某交通肇事"致一人死亡,负全部责任",依法确定李某的量刑起点为有期徒刑二年。第二,被告人李某在造成李某阳死亡的同时,还造成李某斌受重伤,依据《量刑指导意见》的规定,应在量刑起点基础上,根据致人重伤的人数及其他影响犯罪构成的犯罪事实增加刑罚量,确定基准刑。当地实施细则规定:"负事故全部或者主要责任的,在量刑起点的基础上,每增加一人重伤,可以增加四个月至六个月的刑期",考虑到李某交通肇事致一人死亡、一人重伤,危害后果严重,且负事故全部责任,故在实施细则规定的范围内增加六个月刑期。据此,李某的基准刑为有期徒刑二年六个月(30个月)。第三,被告人李某在事故发生后,明知孟某打电话报警,仍在现场等候处理,其自动投案意图明显,且在归案后如实供述犯罪事实,可以认定为自首。根据《量刑指导意见》及当地实施细则的规定,对于自首情节,综合考虑投案的动机、时间、方式、罪行轻重、如实供述罪行的程度以及悔罪表现等,可以减少基准刑的40%以下;犯罪较轻的,可以减少基准刑的40%以上或者依法免除处罚。但本案是交通肇事罪的自首,交通肇事后,肇事司机依法负有抢救伤者的义务,自首从宽的幅度相较其他犯罪,不能过大,故调节比例为20%较适宜。据此,宣告刑为30×(1-20%)=24个月。这一宣告刑与被告人李某的罪责相适应,故依法改判李某有期徒刑二年。①

应当说,一、二审不同量刑结局的原因并非在量刑起点的选

---

① 参见南英主编:《量刑规范化实务手册》,法律出版社2014年版,第120—121页。

择和基准刑的确定上，就这两大步骤而言，两级法院均是严格按照《量刑指导意见》及当地实施细则规范操作的，具有足够的权威性和可信度。差异在于最后一步：一审不认可李某构成自首，但考虑了"李某明知自己所开车辆未进行年检，仍超速行驶"这个情节；二审则相反，认可了自首情节，但对"所驾车辆未年检且超速行驶"的情节未予考量。从论证角度看，二审认定李某构成自首更加具有说服力，但一审对"所驾车辆未年检且超速行驶"这一情节也进行评价显得更全面充分。因此，一、二审的判决结论都在一定程度上有违"全面、客观评价量刑情节"的原则要求，都经不住人们的质疑和追问。

有论者认为，二审法院在认定自首情节的基础上，没有必要再重复评价车辆没有年检并超速行驶的情节。因为，其在对自首情节基准刑调节比例的把握上（20%）就已经考虑了，并据此调节基准刑得出拟宣告刑（24个月）。而其调节结果符合罪责刑相适应原则，故该判决于法有据，量刑适当。①

本书对这一观点持质疑态度：交通肇事罪中自首的调节比例之确定，考虑的是投案的动机、时间、方式、罪行轻重、如实供述罪行的程度以及悔罪表现等，而且，鉴于肇事司机依法负有抢救伤者的义务，对自首情节不宜从宽过大，但并非包括案件的其他情节。在自首情节之外，全面考量其他量刑情节，当然是公正量刑的应有之义，不仅不属于重复评价，反而是全面评价原则的基本要求。何况，二审判处二年有期徒刑时，显然未予考虑本应该评价的从严情节（所驾车辆未年检且超速行驶），何谈量刑公正？至于所谓"调节结

---

① 参见南英主编：《量刑规范化实务手册》，法律出版社2014年版，第121页。

果符合罪责刑相适应原则"的结论,也不知是缘何得出的。可见,尽管其量刑结论是"确定"的,但尚难以令人信服,故也就无"精准"可言。

从理论上讲,正如刑法"精确性"的实质在于反对罪刑擅断一样,"精准"量刑的实质在于反对量刑擅断。虽说量刑活动与法官自由裁量权的行使不可分离,但法官在量刑中行使自由裁量权,必须受到约束。其中最核心的要求就是必须履行论证责任。无疑,刑法论证是为最终确定刑法问题的答案提供最后一道防线,是实现量刑"精准化"的终局性技术保障。只要能够使当事人、社会公众及法律职业共同体信服或者接受该量刑结论,该量刑结论就是"精准"的。[①] 当然,不同时代、不同时期的人们会对该论证的深度和广度提出不同的要求,因此,"精准"与否的标准也就会水涨船高。但关键在于其进行的量刑论证说理是否充分、可信,这一点不会改变。

---

[①] 根据最高人民法院《关于实施量刑规范化工作的通知》,裁判文书要充分说明量刑理由,但不将具体量刑步骤、量刑建议以及量刑情节的调节幅度和调节过程在裁判文书中表述。只是针对控辩双方所提量刑情节采纳与否及从重、从轻处罚的理由进行阐述。这大概有待商榷。因为,量刑结论的生成过程,主要体现在对"具体量刑步骤、量刑建议以及量刑情节的调节幅度和调节过程"的说理中,如果这些实质问题不能在裁判文书中体现,案件当事人、社会公众就无法对法官的量刑活动进行有效监督,该量刑过程的说理就会大打折扣,不足以充分发挥"努力让人民群众在每一个司法案件中感受到公平正义"的积极作用。相反,既然司法人员已经充分地对案件进行了量刑说理和论证,"有理走遍天下",就应当把这个过程充分展示出来,否则,无异于浪费宝贵的论证资源和司法人员付出的心血。当然,充分展示论证过程和说理,会大幅度增加裁判文书的篇幅。但是,判决书就在于以理服人,"贵在讲理"。我国长期以来的裁判文书过于简单,在大力推进法治中国建设的今天,增加裁判文书篇幅带来的"不适"与强化判决说理带来的"利好"相比,是微不足道的。

## 第二节　量刑情节的赋值模式

### 一、应当提倡"基准刑配比赋值法"

"基准刑配比赋值法"包括两大方面内容：其一，量刑情节的赋值是对基准刑进行调整时所产生的宽严影响力，而不再是针对泛泛的法定刑幅度起作用；在分步量刑模式下，也不是对起刑点进行调节（基准刑事实对起刑点的调节只有增加而无减少，且是绝对量的增加而非比例）。① 其二，量刑情节的赋值只表现为一定比例，而不是一个固定的数值。因此，即便是同样的一个量刑情节，其赋值相同，但它可能会因为不同的基准刑产生影响力宽严不一的实际效果。比如，假设对某一罪行所适用的法定刑幅度为 7 年以上 15 年以下的有期徒刑，根据其基本的犯罪构成事实，量刑基准确定为 8 年。如果行为人系累犯，对其赋值为从重 25%，那就意味着据此将其刑量调整为 10 年（ 8 + 8 × 25% = 10 ）；如果其量刑基准被确定为 10 年，则将其刑量调整为 12.5 年（ 10 + 10 × 25% = 12.5 ）。尽管赋值相同（均为 25%），但在量刑基准为 10 年时，发挥了 2.5 年的从重影响力；在量刑基准为 8 年时，仅具有 2 年的从重影响力。

提倡这一方法的主要理由在于：

第一，量刑的核心任务在于将一定幅度的法定刑转化为具体明

---

① 基准刑事实本质上是构成要件事实，其对起刑点的调节，依然是在宽泛的法定刑幅度内寻找从宽从严的坐标系，本身有别于（狭义）量刑情节的适用。

确的宣告刑,而要完成这一使命,离不开量刑情节的运用。如所周知,运用量刑情节的前提是在法定刑幅度中找到一个切入"点",即具体的刑罚量,或者说是量刑情节未适用之前的拟判刑。所以,对量刑情节的所赋之值仅仅是影响这一具体刑罚量的数值。

第二,之所以将这种"赋值"设定成"比例"而非具体的刑罚量,是因为:一则,量刑情节的赋值必须明确、具体,便于适用,而比例本身就是一个确定的数;二则,考虑到同一量刑情节在轻重不同的案件中作用不一,量刑情节的赋值必须随量刑基准的变化而变化,有必要使之具有相应的张力而非将其固化,将其赋值设定为比例恰能满足这一要求。比如,如果把累犯这一量刑情节的赋值设定为25%,当量刑基准为10年时,其从重影响力为2.5年;当量刑基准为8年时,其从重影响力为2年。这样,既达到了明确性的要求,又符合灵活性的需要,可谓一箭双雕,两全其美。

第三,正因为配比制具有上述优点,一些国家的刑事立法中体现着比例制的思想。比如,意大利刑法第99条(累犯)规定:"犯罪被科刑后,再犯他罪者,加重其刑至六分之一。"日本刑法第68条第(4)项规定:"罚金减刑时,将其最高数额和最低数额减去二分之一。"土耳其刑法第59条规定:"除法定的减刑情节外,法院还可考虑对犯罪人有利的各种酌定减刑的情节,……其他刑可减至六分之一以下。"泰国刑法第78条第1款规定:"犯罪有可减轻之情况者,无论本法或其他法律有无加减之规定,法院于认为适当时得减轻其刑至二分之一。"尽管这些国家立法中的"加重""减轻"之含义与我国刑法中量刑情节对刑量的宽严影响并不一致,但这些立法中所体现出的配比制思想值得我们借鉴。

## 二、量刑情节赋值问题的探索实践评析

为了统一法律适用标准,准确裁量刑罚,实现公平正义,促进社会和谐,早在新千年伊始,我国一些地方法院就开始借助学术界的已有理论成果,率先对量刑情节的赋值问题进行探索。之后,最高人民法院根据中央关于深化司法体制和工作机制改革的总体部署,在部分地方法院进行较长时期的试点后,进一步总结经验、逐步推向全国,遂使这一实践探索变成我国司法改革中备受关注、意义深远的一项长期工作任务。[①]

在此,不妨以江苏省姜堰市人民法院、泰州市中级人民法院、江苏省高级人民法院及最高人民法院的探索历程为例进行回顾与评析。[②]

江苏省姜堰市人民法院在其《规范量刑指导意见》第一章第四节"量刑要素的细化"中,用大量篇幅对总则中一些主要的法定量刑情节之赋值进行了较为详尽的规定。比如,又聋又哑的人或者盲人犯罪的,轻处30%;故意利用其残疾身份犯罪的,轻处10%。又如,对累犯,在刑罚执行完毕或赦免以后一年内又犯罪的,重处40%;在刑罚执行完毕或赦免以后三年内又犯罪的,重处30%。江

---

[①] 以2003年初姜堰市人民法院审判委员会通过的《江苏省姜堰市人民法院规范量刑指导意见》为起始标志,历经部分省市县法院的初步试点,再到全国法院的全面试点、全面试行及在全国范围内全面实行,目前,我国量刑规范化的内容主要以"两高"联合发布的《关于常见犯罪的量刑指导意见(试行)》为载体。经过近二十年的不断摸索与反复实践,一套行之有效的量刑规范化制度在我国已基本确立。

[②] "两高"于2021年联合下发了《关于常见犯罪的量刑指导意见(试行)》,从此结束了由最高人民法院单独主导量刑规范化实践的历史。不过,除增加了认罪认罚从宽等新的量刑情节外,这一新的《指导意见(试行)》与之前最高法单独发布的历次《意见》一脉相承,故不予特别论及。

苏省泰州市中级人民法院的《刑事审判量刑指导意见》也明确指出："量刑活动应当在量刑基准基础上,根据个罪的量刑要素,决定被告人应受的刑罚。"但在"量刑要素"一节中仅就其分类进行了概括。而"量刑要素的适用规则"一节,除了对从犯、不完全刑事责任能力人犯罪、未遂犯、预备犯、中止犯、防卫过当及自首或立功等多幅度量刑情节的幅度选择作出了规定外,并未对量刑要素的赋值予以明示。比如规定:自首或立功的,一般选择从轻处罚,过失犯罪或社会危害性不大的,可以选择减轻处罚;准自首的,一般考虑从轻处罚。但对从轻多少却没有明示。

与此不同的是,江苏省高级人民法院在其《量刑指导规则(试行)》中规定,"一般情况下,可采用分格刑的方法对量刑要素进行定量分析";而"从轻、从重的单个量刑要素所影响的刑罚量,一般情况下为一个刑格。减轻的量刑要素所影响的刑罚量,一般情况下是下一个法定刑幅度上限的一格。特殊情况不受此限"。其所谓分格刑,是指在较大幅度的法定刑中,围绕量刑基准对法定刑所作的二次分格,即将法定刑划分为若干幅度较小的刑格。具体而言,法定刑为有期徒刑三年以上的,以二年左右为一格;法定刑为有期徒刑五年以下的,以一年左右为一格;法定刑为有期徒刑三年以下的,以半年左右为一格;法定刑有不同刑种的,在对有期徒刑进行分格后,再将其他刑种列为一格。

最高人民法院在2010年9月13日颁行了《人民法院量刑指导意见(试行)》,不仅明确规定应当"根据其他影响犯罪构成的犯罪数额、犯罪次数、犯罪后果等犯罪事实,在量刑起点的基础上增加刑罚量确定基准刑",而且对司法实践中常见量刑情节的具体调节比例(实际上就是赋值)作了原则性规定。比如,对于未遂犯,综合考虑犯罪行为的实行程度、造成损害的大小、犯罪未得逞的原因等情况，可以比照既遂犯减少基准刑的50%以下；对于有前科劣迹的，综合考虑前科劣迹的性质、时间间隔长短、次数、处罚轻重等情况，可以增加基准刑的10%以下；对于取得被害人或其家属谅解的，综合考虑犯罪的性质、罪行轻重、谅解的原因以及认罪悔罪的程度等情况，可以减少基准刑的20%以下；等等。此后，这一思路基本延续到"两高"联合发布的《关于常见犯罪的量刑指导意见（试行）》之中。

　　对此如何评价？本书认为，既然认为"量刑活动应当在量刑基准基础上，根据个罪的量刑要素，决定被告人应受的刑罚"，那就应当对量刑要素的赋值予以明示。否则，如何从重从轻的问题就变成了"半拉子工程"。由此观之，泰州市中级人民法院的《刑事审判量刑指导意见》在此问题上具有不彻底性，回避了一个关键性难题。相反，无论是姜堰市人民法院、江苏省高院还是最高人民法院，都直面问题，积极探索，值得充分肯定。更重要的是，这些探索都程度不同地体现了配比制的思想：姜堰市人民法院对量刑要素所影响的刑罚量本来就是按百分比明确设定的，江苏省高院虽然采了按分格刑计量的办法，但由于其分格刑的"刑格"因法定刑幅度的大小而不同，即法定刑幅度越大，刑格越大；反之亦然。因而，同一量刑情节，在不同的犯罪中，其所影响的刑罚量也大小不一。而最高人民法院的《人民法院量刑指导意见（试行）》，也无疑是配比制思想更具影响力的体现。

　　总体而言，类似姜堰市人民法院、最高人民法院的探索更显出科学性。一则，它是直接按量刑情节本身所具有的刑量影响力大小而设定的，不需要通过刑格的转换；二则，它所设定的各个从轻、从重量刑要素所影响的刑罚量不是固定为"一格"，而是各有不同。

这不仅对于不同的犯罪,因各自的法定刑不同而高低不一,各个从轻、从重量刑情节有异而对其所产生的刑罚量不同;即便同样的犯罪构成,同样的法定刑,不同的量刑情节也会产生高低不同的刑量影响力。因此,坚持了因罪而异、因情节而异的区别对待原则。所有这些,不妨看作是对"基准刑配比赋值法"的充分肯定与实践。

相反,江苏省高院采取的按分格刑计量的办法,尽管也体现了因罪而异、区别对待的思想,但它把各种情节的从重、从轻影响力设定为一个刑格(尽管只是限定在"一般情况下"),这在一定程度上影响了对各个情节进行区别对待。因为,"一般情况"意味着大多数情况,各从重情节之间或从轻情节之间实际上存在较大区别,怎么能统一地上浮一格或统一地下降一格呢?

### 三、量刑情节的具体赋值

#### (一)反思学界对赋值问题的质疑

鉴于学界呼吁定量赋值者"众",而身体力行者"寡"这一严峻现实,有研究者呕心沥血,对之进行了精心探讨。[①] 但如前所述,有的研究者对此显得疑虑重重,认为这些积分的确定缺乏客观依据和法律标准,实质上也是一种主观臆断,只是看似精确罢了,与传统的估堆式量刑方法并没有什么实质上的区别。

本书认为,面对这种质疑,我们不妨换个角度思考一个类似问题:是不是刑法中为各个具体犯罪规定的法定刑(也是一些数值)

---

① 参见赵廷光:《量刑公正实证研究》,武汉大学出版社 2005 年版,第 73—78 页、第 483—484 页。

都具有客观依据？比如，抢劫罪基本罪的法定刑是"3年以上10年以下有期徒刑，并处罚金"，强奸罪基本罪的法定刑是"3年以上10年以下有期徒刑"，过失致人死亡罪的基本罪法定刑是"3年以上7年以下有期徒刑"，谁能说清上述3年、7年及10年的"客观根据"是什么？它们究竟是如何形成的？其实，尽管长期以来对此同样难以说清道明，我们却并不质疑它们的相对合理性。这从一个侧面表明，在法规范领域，即便不能确切证明某些数值的客观根据，只要它源自于足够的权威机构（专家度量群），也并不意味着这些数值就必定难以被人们所接受。作为一种对行为社会危害性的否定性价值判断，这里的"数值"只是关于行为人责任的主流社会意识和道德意识的一种现实反映而已。

学界中之所以常常有人反对在量刑中引入数量概念，其理由在于：不存在精确测量犯罪人行为社会危害性的技术和工具。但是，如前所述，对量刑情节进行数量表示，本质上属于一个实践性的工程问题。而作为工程测量，通常只需要将其精度控制在能满足实践需要的范围内即可。所以，对量刑情节的数量只要其所表示的误差不让一般人产生非正义感即可。[①] 基于此，在本书看来，对量刑赋值的上述质疑观点看似言之凿凿，但只是一种强人所难的苛求。至于区分为五级的划分方法，考虑到习惯上人们对事物的评价既有二分法（如，好与坏），也有三分法（如，上、中、下），而刑法中对量刑情节功能的最大设定为三分法（即，从宽情节最多为从轻、减轻或者免除处罚三种情形；而从严情节仅限于从重一种情形），显然，五分法旨在满

---

① 参见黎其武、徐玮："量刑情节适用的若干问题研究"，载《中国刑事法杂志》2005年第3期。

足人们日益严格地对量刑情节从严、从宽影响力区别对待的要求。

需要强调指出,就量刑情节的赋值问题而言,与其坐而论道,不如躬身践行。上述赋值方案的提出意味着:从仅仅强调赋值问题的重要性向尝试可操作性迈出了实质性步伐。这里,不妨借用研究者在评价美国学者赫希的观点时所说的,"这种'即使不完善也应当具有可操作性'的思想充满了令人钦佩的学术勇气、学者的责任感和自信心"。[1]

**(二)值得注意的问题**

第一,所谓赋值,是把某一个数值赋予某个变量的过程,实质是进行评价。既然在事物的各种矛盾中有主要矛盾与次要矛盾之分,抓住了主要矛盾就抓住了事物的根本,那么,根据某一量刑情节在相关类型的量刑情节中所处的地位考虑其应有的赋值,就是值得肯定的。比如,行为人基于义愤而杀人或伤害的案件,往往也伴有手段残忍、后果严重等从重情节,而基于义愤的行为本身又属于从宽情节,在这里,哪个情节是主要的呢?换言之,对哪个情节的赋值应当更高、以决定案件的宽严主导方向呢?无疑应当是从宽情节。因为,如果没有被害人本身的严重过错,就不可能引起行为人的强烈义愤;而没有这一强烈义愤导致的冲动,行为人就不可能采取极端的手段并导致严重的后果。可以说,正是这些情节之间引起与被引起的内在关系,决定了在评价问题上的主次之别。再者,根据具体问题具体分析的原理,即便是同一量刑情节,也应按照其具体情况的不同予以区别对待。所以,在同一情节内部,按照其轻重不同的情况再进一步区分,也应当予以充分肯定。比如,同属于累犯,在前后罪的严重程度

---

[1] 参见白建军:《罪刑均衡实证研究》,法律出版社2004年版,第129页。

及间隔期的长短等问题上会有不同,可能需要区别对待。

第二,从理论上讲,量刑情节的赋值只是反映现实生活中有关行为人所应承担的责任的数值而已。因此,这些数值应当来自司法实践并经受社会各阶层"公正观念"的检验。考虑到程序的原初性和实体的继受性,即"实体是程序的产物、程序是第一性的"这一特点,有必要把关注的重心首先放在程序问题上,用程序的合理性保障实体的公正性。本书认为,在"两高"联合发布的《关于常见犯罪的量刑指导意见(试行)》中,除了原则性地就该赋值的最高限和最低限进行设定外,实际上是授权各地高级人民法院结合审判实际真正细化、落实。因此,各地高级人民法院可以会同有关方面专家,组织一些业务水平高的人员,就辖区内刑事审判中遇到的量刑情节,进行量化评价调研,然后参照其平均值,在扣除一些非正常要素后予以初步确定。经过一段时间的司法适用后,结合反馈的信息再加以调整,最终形成本辖区内较为稳定的赋值比例。最高人民法院对各地高院确定的具体比例统筹分析、评价后,再逐步确定全国范围内统一适用且相对稳定的量刑情节的赋值比例。

第三,在我国现行刑法中,最复杂的量刑情节当属多幅度情节(或多功能情节)。此类量刑情节均同时属于从宽情节和"可以"情节,其从宽幅度最多达三种,即从轻、减轻和免除处罚。此类量刑情节的赋值要满足多种可能的需要:"可以"还是"不可以"从宽?如果是"可以",应当选择从轻、减轻还是免除处罚?如选择减轻,该减轻几许?如选择从轻,应从轻多少?尽管法律对之有明文规定,"从轻处罚是指在法定刑的限度以内判处刑罚,减轻处罚是在法定刑以下判处刑罚",但若要落实到操作层面,依然有不少难题。不妨以"又聋又哑的人或者盲人犯罪的"情节为例说明。刑法规定,"又聋又哑的人或者盲人犯罪的,可以从轻、减轻或者免除处罚"。显然,若要满足"不可以"从宽的情形,意味着要将其量刑情节的从宽赋值比例"归零";若要满足"免除处罚"的从宽情形,意味着要将其量刑情节的从宽赋值比例"封顶"——设为100%;若要满足"减轻处罚"的从宽情形,意味着要将其量刑情节的从宽赋值比例设为高于某种比例,以使其突破法定刑的最低限;若要满足"从轻处罚"的从宽情形,意味着要将其量刑情节的从宽赋值比例设定为小于某种比例,防止其突破法定最低刑。但是,对于靠近法定刑上限的量刑基准而言,即便赋值比例相当高(如60%以上),也依然突破不了下限,依然是在法定刑幅度之内处刑;对于靠近法定刑下限的量刑基准而言,即便一个从轻量刑情节的赋值较低(如5%或10%),也有可能突破法定刑的最低限,从而变成实质上的减刑。如果设定的赋值比例虽然较小,但因为量刑基准靠近法定刑下限,其适用的结果反而突破了法定刑下限,则很难认为这是为减轻功能设定的比例。同理,如果设定的赋值比例相当大,但却因为量刑基准靠近法定刑上限,其适用的结果并没有突破法定刑下限,也很难认为这是为从轻功能设定的比例。

究其深层原因,在于现行刑法关于量刑情节功能的设定模式是在制定1979年刑法时成型的(后来刑法虽然历经多次修正,但这部分内容可谓是只字未动),而彼时的量刑正是我们熟知的"估堆"式、一步到位式量刑,立法者对量刑情节从轻、减轻、免除处罚的创设思路恰恰是这种量刑实践的反映。[1]因此,现阶段对量刑情节的赋值必须用量刑规范化改革的视野重新审视:一个刑事案件中的量刑

---

[1] 参见陈航:"取消多幅度情节立法的思考",载《兰州商学院学报》1999年第1期。

情节往往是众多的,一个量刑情节的赋值不可能孤立决定量刑的终局结果——在法定刑之内、之外或直接免除处罚。不能把一个孤立的量刑情节之赋值和量刑的终局结果直接挂钩。对量刑情节的赋值只应当根据自身构成要素所反映的可非难性程度加以确定。

第四,决定一个犯罪的社会危害性及其刑事责任大小的最基本事实,是犯罪构成要件事实而非量刑情节。因此,量刑情节对刑罚量的调整只是对基准刑的二次调整,是一种"微调"。这意味着,赋予量刑情节对刑量的宽严影响力不应太大,否则就有喧宾夺主之嫌。从这个意义上讲,为一些量刑情节设定高达70%乃至80%的影响力,还需要打个问号。因为,既然立法上已将符合某一犯罪构成事实的行为设定为犯罪,就意味着该行为在基本事实层面已具有应受刑罚惩罚的属性,不能因某一个从宽量刑情节而否定这一基本的判断。换言之,不应为某单个量刑情节设定"免除处罚"的功能。尽管现行刑法的确为某些情节赋予了免除处罚的功能,但它不应具有太大的导向性。应当谨记,现行刑法有关量刑规范的产生背景是:量刑规范化改革方案尚未出台,"量刑的公正合理化"几乎被"正确定罪"所掩盖。故在今天看来,不应把估堆式量刑时代形成的粗放式量刑思维奉为圭臬。

## 四、量刑情节的赋值与刑罚的"去量纲化"

所谓量纲,就是计量单位。测量对象的类别不同,计量单位往往有异,简单地将使用不同计量单位的事物予以统一量化处理显然存在问题。"去量纲化"的目标就是将单位各异因而不可比的各种事物,剥离掉不可比因素,抽出共有的属性加以比对,使其获得可比性。① 为此,人们根据转换原理,利用事物之间的系统关联和逻辑联系,把某种测量对象转换到相关的事物上,然后通过测量相关事物,间接地测量目标事物,此即映射方法。"曹冲称象"的故事家喻户晓,可谓转换原理的经典例证。在日常生活中,经常可见的例证莫过于杆秤、温度计的使用了。通过前者,人们把一定的重量变成了秤砣与支点间的可视距离;通过后者,人们把一定的温度转换成了水银体积变化的读数。②

量刑情节赋值所欲解决的问题是,如何通过量刑情节使法定刑具体化为宣告刑。而法定刑是一个幅度,在该幅度内,既可能只是单一的刑种,也可能是多刑种并存,为了统一计量,较为准确地反映某一量刑情节对不同刑种的影响力,就有必要使不同的刑种尽可能地具有可比性,此即对不同的刑种如何"去量纲化"的问题。有研究者曾经指出:应当以有期徒刑作为其他各种主刑之"刑量"的新量纲。具体来说,将拘役的期限虚拟为有期徒刑的期限;将管制的期限虚拟为有期徒刑的二分之一期限;将无期徒刑虚拟为15年至20年有期徒刑;将死刑虚拟为20年至25年有期徒刑。③

应当说,以有期徒刑作为其他各种主刑之"刑量"的新量纲,并将拘役的期限虚拟为有期徒刑的期限,将管制的期限虚拟为有期徒刑的二分之一期限,在刑法修正案(九)颁行之前,是有较强说服力的。因为,第一,有期徒刑在我国刑罚体系中居于中心地位;第二,

---

① 参见白建军:《罪刑均衡实证研究》,法律出版社2004年版,第107页。
② 参见高隆昌:《社会度量学原理》,西安交通大学出版社2000年版,第100—103页。
③ 参见赵廷光:《量刑公正实证研究》,武汉大学出版社2005年版,第192—193页。

刑法已明文规定,无论是判处有期徒刑还是拘役,判决前先行羁押的,羁押一日,均同样折抵拘役或有期徒刑一日,这说明两者在一定程度上"可以等同视之";第三,之所以将管制的期限虚拟为有期徒刑的二分之一期限,理由相似,即判决前先行羁押的,羁押一日折抵管制刑期二日。但是,随着刑法修正案(九)的颁行,已明文规定有期徒刑、拘役及管制等不同的自由刑在数罪并罚时不能折抵,而只能吸收(即有期徒刑吸收拘役)或者并科(即有期徒刑与管制并科、拘役与管制并科)。如果再按照以有期徒刑为主的折算思路进行"量纲化",就有违量刑教义学的基本立场。

不过,现行刑法分别在第 41 条、第 44 条及第 47 条规定了有关管制刑、拘役刑和有期徒刑刑期的计算与折抵办法,即判决执行以前先行羁押的,羁押一日折抵管制两日、折抵拘役一日、折抵有期徒刑一日。这些条款的相应规定,自 1979 年刑法以来一直没有改变。这说明,在立法者看来,管制、拘役与有期徒刑,虽然刑种不同、性质各异,但还是存在最大"公约数"的,即均为对自由的限制或剥夺。不论哪一种限制或剥夺,都和"羁押"一样,无论是判处有期徒刑一日还是判处拘役一日,都相当于被羁押一日;而管制两日,则相当于"羁押"一日。所以,对不同的有期自由刑而言,共同的"量纲"就是"羁押"日期。

至于不同的刑种之间,尤其是罚金刑与自由刑之间,能否易科,一直存在争论。否定论者认为,罚金刑原本是为了克服自由刑,特别是短期自由刑的弊端而设立的,如果判处罚金刑后又易科自由刑,就与设立罚金刑的本来旨趣相矛盾;如果罚金刑易科,则会使无能力缴纳罚金的受刑人认为是因无钱而易科,进而对抗教育和改造,影响刑罚功能的发挥。而且,不能完全缴纳罚金者大多是穷人,如果罚金刑易科,就会产生有钱人缴纳罚金后不进监狱、无钱的人因交不起罚金而进监狱的不公平现象。

不过,世界大多数国家或地区都正式确立了刑罚易科制度。比较分析后,学界倾向性的观点还是持肯定态度的。因为,从世界各国的立法来看,罚金刑易科自由刑是针对有能力缴纳而故意不缴纳罚金之人的这种抗法的主观恶性而言的,这与罚金刑的本来旨趣并不矛盾。何况,适当的区别对待是维护或实现公正所必需的,法律并不绝对排斥区别对待,而是为区别对待提供标准和界线。对不能缴纳罚金者易科尽管也是一种区别对待,但只要按照法律的规定恰当区别对待,就足以保证其平等性。就金钱的功能而言,具有"凝固化的或是具体化的自由"之谓,因此,罚金刑实非单纯缴纳一定数额金钱的财产刑,而是剥夺一种特殊形态的"自由",具有剥夺自由的本质。罚金刑易科是财产权与自由权的交换,而财产权和自由权都是犯罪人所拥有的,罚金刑易科只是刑罚执行手段而已,并没有加重受刑人的刑罚,并不意味着"以刑代罚"。[①]因此,关键的问题是如何"折算",这最终取决于实践中的不断探索和经验积累。

## 第三节 调节比例的确定方略

### 一、宽严相济政策与调节比例的确定

作为我国长期坚持的惩办与宽大相结合刑事政策在新时代的

---

[①] 参见魏东、罗志红:"论罚金刑易科制度的正当根据与制度设计",载《贵州民族学院学报(哲学社会科学版)》2003年第6期。

具体化和进一步拓展,宽严相济的具体含义是指,惩治违法犯罪应当有的放矢,该宽则宽,当严则严,宽严适度,宽严协调;实质是做到区别对待,因时、因地、因人而异地辩证把握。比如,对于那些较为轻微的犯罪,处以较宽缓之刑;对那些性质恶劣、后果严重的犯罪,一定要从严惩处。宽严相济之"济",即为救济、协调与结合之意,强调宽与严之间的平衡、相互衔接和良性互动。

放眼世界,自20世纪以来风靡全球的"轻轻重重"刑事政策,对我们把握宽严相济的实质意义具有重要的参考价值。

"二战"以来,世界各国的刑事政策呈现出"轻轻重重"的两极化发展趋向。"重重"主要体现为,对于主观恶性较大的行为予以犯罪化;对主观恶性深的犯罪(如预谋或严重故意犯罪、惯犯、累犯)及客观危害严重的犯罪(如严重的暴力犯罪、跨国境犯罪、恐怖主义犯罪、黑社会犯罪、危及公众安全的犯罪等)采取重刑化的政策;在刑事诉讼程序上取消对当事人的某些权利保障;在行刑上强化监禁刑的适用;在监禁上予以高度警备并规定禁止缓刑和假释。"轻轻"主要体现在,对非故意之罪、轻伤害、无被害人犯罪、初犯、偶犯、过失犯及未成年犯或老年犯等主观恶性较轻的犯罪,采取轻缓化处理。

这一政策的提出有其复杂背景。其中,犯罪态势严峻和刑罚资源不足是各国选择"轻轻重重"刑事政策的主要动因。以美国为例,一方面,因国内治安形势严峻、监狱改造效果不佳,迫切需要将微罪之人送返社区,以减轻司法机关的压力,缓解监狱人满为患的负担。另一方面,随着犯罪浪潮的滚滚来袭,民众对犯罪的恐惧感日益加深,社会安全感和幸福感不断下降,迫切需要对重罪犯、惯犯、累犯等适用长期监禁,对有组织犯罪、恐怖犯罪和毒品犯罪等从严惩治。正是犯罪态势的严峻和刑罚资源相对不足的压力,使其刑事立法司法活动陷入窘境,其刑事政策不得不思变、创新。

而今,对犯罪本质和刑罚功能的重新认识,早已成为各国制定具体犯罪对策的共同趋向。西方各国早期的刑事政策深受客观主义的影响,对犯罪的设定和刑罚的分配,主要围绕着行为人的行为在客观上的社会危害性大小来进行,而这种法益侵害的犯罪观并没有抓住"犯罪人"这个最根本问题。时过境迁,随着主观主义的影响不断扩大,行为人是否具有为社会所不容的反社会意识,逐渐成为西方各国制定刑事政策时决定犯罪惩治导向的重要因素。行为人的反社会意识之强弱,成为决定法定刑设置、量刑及行刑制度的重要指标。在美国,对第一次犯轻罪的罪犯可能相当宽容,但对第二次犯罪,即便其所犯的是轻罪,也会因人身危险性较高而判更重刑罚。如果行为人第三次犯罪,则可能依照"三振出局"直接判处终身监禁。[1]

诚如论者所言,惩办与宽大相结合政策的精神实质,其实就是对严重的罪犯施以更严重的处罚,对轻微的罪犯给予更轻微的处罚,即轻其轻者、重其重者,简言之,"轻轻重重"。[2] 显然,无论是之前的惩办与宽大相结合,还是新时代的宽严相济,都与"轻轻重重"毫不违和。基于此,在量刑规范化实践中,对量刑情节"调节比例"的确定,就其方略而言,当然要贯彻"重罪重判、轻罪轻判"的量刑原则。[3] 其核心是:对从宽量刑情节的适用,一定要体现"犯罪越严重,从宽幅度越小;犯罪越轻微,从宽幅度越大"的反向调节原则。

---

[1] 参见张武举、牛克乾:"欧美轻轻重重的刑事政策概述及借鉴",载《法律适用》2012年第6期。

[2] 参见侯宏林:《刑事政策的价值分析》,中国政法大学出版社2005年版,第301—308页。

[3] 参见南英主编:《量刑规范化实务手册》,法律出版社2014年版,第49页。

比如，对严重暴力犯罪、毒品犯罪等，在确定从宽的幅度时，一定要从严掌握，以便有力打击严重刑事犯罪；相反，对未成年人犯罪，对初犯、偶犯、过失犯罪等，则要更大程度地从宽，尽可能地适用轻缓之刑，甚至减免处罚。

## 二、"可以型"量刑情节与调节比例的确定

大多数法定从宽量刑情节，都属于"可以型"情节。司法解释规定的量刑情节及酌定量刑情节，则被当然地视为"可以型"情节。"两高"在量刑指导意见中，对这类情节的调节比例，无论增减，都会注明"可以"，以示与"应当型"量刑情节相区别。但是，就调节比例本身的确定而言，并不能反映出本质性区别。由于"可以"之规定，尽管看似具有自由裁量的性质，但它却是带有倾向性的规定，即"一般情况下应当如此，除非例外"。显然，如果没有例外，其实就是按"应当"情节一样对待。就"两高"在量刑指导意见中列举的常见量刑情节而言，仅就自首情节指明了例外，即：自首情节虽然是可以从宽的量刑情节，但"恶意利用自首规避法律制裁等不足以从宽处理的除外"。

不过，在本书看来，只要是量刑情节，就应当发挥其应有的功能，至于怎样发挥，那是"赋值比例多少"的问题。在综合考量、全面恰当评价所有的量刑情节之后，一切就尽在其中了。对"可以型"情节适用中的"担心"大可不必。在此，不妨以未遂犯罪这一"可以型"法定从宽量刑情节为例说明。

我国《刑法》第23条第2款规定："对于未遂犯，可以比照既遂犯从轻或者减轻处罚。"显然，未遂犯是"可以型"情节之一。那么，

立法者为什么要设定这种"可以型"量刑情节呢？起因于这样一种担心：实践中情况异常复杂，如果不加区别地一律规定某情节为"应当"从宽或"应当"从严，就有可能导致轻纵犯罪或过于严厉。拿未遂犯来说，立法者就是考虑到："未遂犯同既遂犯相比，其行为的客观危害相对说来较小，因此应予减轻处罚；但是，由于犯罪人主观恶性及犯罪未遂的实际情况不同，如果一概减轻处罚，恐有轻纵犯罪之嫌。因此，对未遂犯应否减轻处罚，应由审判机关自由裁量，而不宜在法律上作硬性规定。"[①] 有论者亦指出，我国刑法关于未遂犯"可以比照既遂犯从轻或者减轻处罚"的这一授权性规定，是指通常情况下，法对于未遂犯"应当"比照既遂犯从轻或者减轻处罚，但对那些主观恶性较大者也可以不从轻或者减轻处罚，这显示了刑法主观主义的一面。[②]

其实，这种担心没有必要。因为，根据《刑法》第 61 条规定的量刑原则，量刑时必须综合考虑全案的所有情节。而未遂犯（或其他任何一种"可以型"情节）只是刑案中的量刑情节之一。就案件的终局量刑结果而言，不可能单由未遂犯或其他任何一种"可以型"情节来决定。只要整个案情性质严重，适用未遂犯从宽，终局量刑结果仍然会重，不至于"轻纵犯罪"。这正如对累犯"应当从重"一样，只要整个案情性质较轻，即便适用累犯从重，终局量刑结果仍然会相对较轻，也不至于"过于严厉"。当然，实践中也许会出现这样的情况，即整个案情性质严重，适用未遂犯从宽造成了轻纵罪犯的不良后果。不过，只要详加分析就不难发现，这种不良后果的产生，要么是置其他从严量刑情节于不顾，要么是由于以未遂犯从宽来排

---

① 参见马克昌主编：《犯罪通论》，武汉大学出版社 1991 年版，第 435—436 页。
② 参见张永江："论未遂犯的处罚根据"，载《河北法学》2006 年第 10 期。

斥其他从严情节的不当处理所致,不能把这种现象归因于对未遂犯比照既遂犯减轻处罚的判定上。

应当指出,设立"可以型"情节在刑法立法上是存在矛盾的。《刑法》第62条规定:"犯罪分子具有本法规定的从重、从轻处罚情节的,应当在法定刑的限度以内判处刑罚。"究竟怎么判呢?众所周知,有从重处罚情节、从轻处罚情节的,是在法定刑的限度内比没有这个情节相对要重些或轻些。这意味着,对未遂犯处刑从宽仅仅是比其他情节相类似的既遂犯从宽。既然如此,对未遂犯比照既遂犯从宽处罚,就不存在"可以"与否的问题,而是理所当然的。因为,未遂犯同既遂犯相比,两者都具有相同的主观恶性,唯一区别就在于是否存在符合构成要件的危害后果。既然未遂犯的客观危害性相对来说较小,就应予减轻处罚。然而,现行刑法对未遂犯的规定却是"可以"比照既遂犯从轻或者减轻处罚。这样就在立法上陷入了自相矛盾的境地:既认为,凡"从轻"处罚只是指在法定刑的限度内比没有这个情节的类似情况要相对轻些;又认为,有些"从轻"情节是"可以"从轻,有些则是"不可以"从轻的。

另外,司法方面在这一问题的判断上也显得矛盾重重。因为,对于审判实践中如何判断"可以"的问题,代表性的观点是:应当把未遂情节放到全案情节中考察其意义。具体而言:"如果综合全部案情看,案件的社会危害性并不比既遂轻,未遂情节在全部案情中居于无足轻重的地位,不影响或基本不影响案件危害程度时就可以对未遂犯不从轻、减轻处罚。"反之,则从轻、减轻处罚。这种观点,初看起来言之成理,仔细推敲则不免令人疑窦丛生。一方面,未遂与既遂的比较,只能在实施相同的罪行且其他量刑情节相同或者基本相同的基础上进行,否则就没有可比性。因此,对具有可比性的案件而言,未遂的社会危害性不可能不比既遂更轻——前者是犯罪未得逞,后者是犯罪已得逞。另一方面,如果认为对未遂犯的处罚问题的确定取决于其他量刑情节的情况,而"其他量刑情节"的情况又不外乎分三类:一类是法定的"应当"情节或"可以"情节;一类是酌定量刑情节;一类是司法解释所规定的量刑情节。仅以"可以型"情节为例:既然凡是"可以型"情节,其具体应用都取决于其他情节的情况,那么"可以型"情节与"可以型"情节之间到底由谁来决定谁? 这无异于要办案人员从未知中求未知。[1]

就量刑指导意见提及的自首之"例外情形"而论,其实,只要将"恶意利用自首规避法律制裁"这一事实作为从重量刑情节评价,就足以抵消因考虑自首从宽而带来的罪刑不相适应的问题。同时,也避免了"既成立自首(自首的成立要件与行为人的自首动机没有关系)又不按自首从宽"的悖论。尤其是,在大多数极为严重的犯罪案件(如极端恶劣、严重的杀人案)中,对行为人即便判处死刑立即执行,也是其罪有应得,其试图通过自首避免被判死刑立即执行的幻想肯定不会得逞。因为,该犯罪很严重,自首的从宽调节比例应当很低,而且,行为人存在诸多从严量刑的情节,如手段残忍、后果严重,动机卑劣等,含自首在内的诸多宽严情节共同作用的结果,肯定不会改变其应当被判处死刑立即执行的结局。

## 三、多功能情节与调节比例的确定

在我国现行刑法中,多功能情节极为广泛。因为,但凡"可以

---

[1] 参见陈航:"试论'可以'情节的取消",载《现代法学》1995年第4期。

型"情节、趋轻情节,几乎同时都是多幅度情节。[①]这与国外立法相比显得颇具特色,值得特别关注。

首先,所谓"多功能",其实就是法定从宽量刑情节的"从轻、减轻或者免除处罚"功能。就量刑情节赋值的调节比例之确定而言,不涉及"免除处罚"功能。因为,免除处罚的结局,肯定是综合整个案情得出的结论,不可能由一个量刑情节所决定。根据量刑指导意见,在适用具有免除处罚功能的量刑情节时,以定性分析为主,总体上要符合"犯罪情节轻微不需要判处刑罚"的条件。若多个量刑情节与免除处罚情节并存,不能简单决定免除处罚,而应当综合考虑全案情况具体分析,决定是否免除处罚。如果是中止犯,没有造成损害的,应当免除处罚。

其次,量刑情节赋值的调节比例之确定,也不会单独涉及"减轻"功能。减轻处罚,意味着要突破法定最低刑,这不是一个量刑情节所能决定的。根据"两高"发布的量刑指导意见,量刑情节对基准刑的调节结果在法定最低刑以下时,具有法定减轻处罚情节且罪责刑相适应的,可以直接确定为宣告刑。只具有从轻处罚情节的,根据案件特殊情况,经最高人民法院核准,才可以在法定刑以下判处刑罚。

最后,对于多功能量刑情节,可以先通过定性分析确定适用何种功能,以此为导向决定合适的调节比例。若决定适用从轻处罚功能的,调节比例可以相对小一些;若确定适用减轻处罚功能的,调节

---

[①] 坦白情节,总体上讲是个多功能情节,但针对具体情况看,却是单功能情节。即,如实供述自己罪行的,可以从轻处罚;因其如实供述自己罪行,避免特别严重后果发生的,可以减轻处罚。中止犯亦如此:没有造成损害的,应当免除处罚;造成损害的,应当减轻处罚。

比例可以相对大一些。对全案确定适用免除处罚功能的,直接免除处罚。

其实,在本书看来,正如同设立"可以型"情节没有必要一样,设立多幅度情节亦无必要。

众所周知,立法中之所以设立多幅度情节,是出于这样一种担心:有些情节情况复杂,如果不设置多个处罚幅度,就难以保证罪与刑的相适应。比如,就未遂犯而论,是杀人未遂还是抢劫未遂,未遂行为是否已造成某种危害结果及其大小如何,行为是否实行终了,未遂的具体原因,未遂行为实施的时间、地点和方式,以及未遂后行为人的心理状态怎样,等等,这些不同情况会使未遂犯所反映的社会危害性程度差异很大。因而人们总是疑虑重重,如果对之不设置多个处罚幅度,怎能体现量刑的宽严之别?

但是,这些担心实无必要。因为在未遂犯罪中,未遂行为造成的危害结果,未遂行为实施的时间、地点、方法,未遂的具体原因,以及未遂后行为人的心理状态等,不正是(未遂)犯罪的时间、地点、方法、危害结果以及行为人的心理态度等情况吗?而这些不正是具有独立意义的一个个量刑情节吗?既然根据《刑法》第61条,量刑时必须综合考虑全案的所有情节,那么未遂犯罪的终局量刑结果当然应是对所有这些情节综合考虑后才能得出的结论。只要整个案情总体性质重,终局量刑结果就会重;反之亦然。无论如何,终局结果绝不可能仅由作为量刑情节之一的未遂犯来单独支配,当然,也就更不可能因未遂犯这一情节所具有的处罚幅度的多寡而转移。换言之,任何犯罪均与未遂犯罪一样,体现其不同情况下量刑的宽严之别与某一个情节处罚幅度的多寡并无必然联系。

有观点认为,对量刑情节的多功能的选择,恰恰不是一个情节能决定的,而是取决于"情节自身的具体情况和具体案件的危害程度"两个因素。[①] 拿未遂犯来说,就是要考察犯罪性质、未遂状态距离既遂的远近程度、未遂行为的不同类型、是否造成实际危害后果,以及结果的轻重、犯罪意志的坚决程度等情况。也就是说,多幅度情节的选择及应用取决于"其他量刑情节",那起码存在如下问题:如果说根据这些情节确定的未遂犯的处罚幅度是"减轻处罚",那么,颇为棘手的问题是,如果这些情节中也有多幅度情节,或者说几个多幅度情节相遇,谁决定谁呢?可能又会陷入估堆论、模糊判断的泥沼之中。

从学理上讲,多幅度情节和"可以型"量刑情节的理论源于认识上的偏见和片面,即对某些情节的孤立观察,乃至于对这种情节的量刑作用的过分扩张。具体而言,是人们自觉不自觉地过分看重法定量刑情节,并以之为轴心,而将酌定量刑情节只作为其附庸的结果。比如,在未遂犯罪中,一方面,唯恐对与"未遂犯"这一情节有关的方方面面考虑不周,导致量刑失当。因而,尽可能地把与"未遂犯"这一情节并存的情况吸收,只作为"未遂犯"这一"量刑情节的自身情况"来对待。另一方面,在犯罪未遂中只盯着"未遂犯"这一个情节,而对与之共存的其他情节视而不见。这种片面认识与量刑情节的定义不符。因为在刑法理论上,对犯罪分子量刑时必须考虑的,能够影响行为的社会危害性程度或者行为人的人身危险性程度,从而决定处刑从宽从严的各种主客观事实情况,均应称之为量刑情节,而不应按某个量刑情节的"自身情况"来看待。此其一。其二,这种认识上的偏见更与"未遂犯"这一情节的固有含

---

[①] 参见樊凤林主编:《刑罚通论》,中国政法大学出版社1994年版,第420页。

义相悖。众所周知,"未遂犯"这一情节仅仅意味着一种与既遂犯相对,同时又异于中止犯、预备犯的情况,至于犯罪的时间、地点、手段、结果等情况,不是"未遂犯"这个概念所能揭示的内容,也不应把它们搅在一起。

从立法论上讲,应重构现行刑法关于"从重""从轻""加重""减轻"及"免除处罚"的规定。即,将所有趋轻的多幅度情节统统变成"减轻"处罚这一单幅度情节;至于所有趋重的多幅度情节,则均变成"加重"处罚这一单幅度情节。当然,应同时对"减轻""加重"的含义重新界定:在量刑情节的基准点(或基础刑、基本刑期)之下和之上处刑。若用学界流行的话来说,现行刑法的所谓"从重"或"从轻",就是对基础刑的"适当的增减",就是在确定的基本刑期上作"上下浮动"。既然量刑情节对刑量影响的"重"和"轻"都是相对的,并且仅仅是也只能是对基准刑量的增加或减少、上浮或下移,舍此无他,那么,不如将"从重"和"从轻"的现行规定直截了当地表述为"加重"和"减轻"。一则可避免不必要的歧义,二则也是还其本来面目。[①]

## 四、"一般人"视角下的"调节比例"及其限制

确定量刑基准的"调节比例",本质上是一种量化评价过程。既然是评价,当然就涉及评价主体的定位。对此,必须根据一般人标准进行判断。

---

[①] 参见陈航:"取消多幅度情节立法的思考——兼论'从重''从轻''加重''减轻'及'免除处罚'规定的重构",载《兰州商学院学报》1999年第1期。

一般人标准的实质,是一般人应有的"知识与态度",也就是被类型化、领域化的"常识、常情及常理"。这里的"领域",首先应当区分专业领域与一般生活领域;这里的"类型",就是要在不同领域根据不同的时空条件进行再划分。而"常识、常情、常理",既涉及事实层面,也涉及法律层面。就前者而言,是有无的问题;就后者来说,可能涉及评价。

比如在"许霆案"中,当ATM机出现故障时,在事实层面,当事人意识到取款机多吐出的钱并不属于自己(因为自己的账户里只有一百多元),但从法律性质上看,他认为反正是ATM机出错了,自己一没偷二没抢,面对"天上掉下的馅儿饼"不拿白不拿。这样的认识,是否影响其法律性质的评价呢?或者说,对于这种行为态度,是否引入一般人标准,就成为一个重要问题。无论如何,仅有"知识"层面的判断是不够的,还必须考量"态度"问题。因为,知识毕竟只是工具而已,人们是否会借助这些工具去预见事态的发展变化并设定应对之策,最终要看其是否采取了对一般人而言所应有的足够谨慎的态度。

从逻辑层面讲,一般人标准只是判断标准罢了,必须将之与判断主体、判断对象及判断要素区别开来。既然在一般人标准的确定和运用过程中,法官仅仅是判断主体,那么,法官就不能用自己的标准代替一般人标准,更不应当将自己对相关事实及法律问题的认识和态度凌驾于一般人之上。由于在实践中,对所谓"一般人"的判断,实际上是由司法人员进行的,这就要求法官们自觉地以标准人的心态、立场、感受对案件事实进行判断。尽管不能简单地认为,网络舆论倾向就反映着常情常理,但是,法官们以自己的个体经验代替公众经验的倾向也必须加以防范。比如,在南京"彭宇案"中,针

## 第七章　量刑事实定量评价的赋值机理

对被告彭宇关于"不是自己撞伤原告,而是为了做好事主动将原告扶起并送医院救治"的辩解,一审法官"依据'常理推断',被告不可能是做好事",遂判令彭宇赔偿原告损失。此判一出,舆论一片哗然,造成的负面影响不容小觑。①

问题是,面对海量案件,司法机关不可能针对每个案件都进行大规模问卷调查,不可能事事都向社会公众或团体征询意见,否则,司法机关将不堪重负。因此,一般人标准实际上是个方法论问题,即司法者应当自觉地以标准人的心态、立场、感受对案件事实进行判断。同时,一般人标准也是对论证责任的分配要求。在司法过程中,司法者对自己是否基于标准人心态、立场、感受进行判断,必须进行充分的论证。绝不能简单地以一句"依据常理推断"草草了事。对公众反响强烈的案件,尤其应当履行这种论证责任。②

"一般人"作为一种假定的判断基准,贯穿着大数法则。大数法则属于统计学的概念,是通过平均人的行为和多数人的行为所表现出的持续性状态或稳定性倾向的规则性集合系统。统计数据表明,大多数人的行为具有相似性与稳定性。由于多数人的行为往往表现为平均人的行为,故平均人亦指正常人、一般人。既然多数人可做的就是正常的或者应当的,那么,一个人的行为越是与多数人

---

① 张继成:"小案件大影响——对南京'彭宇案'一审判决的法逻辑分析",载《中国政法大学学报》2008年第2期。
② 比如网民中大多数人的言论未必一定能代表"一般人"的立场。但如果对大多数网民的立场持否定态度,就必须进行令人信服的论证。既不能置之不理,更不应简单否定。同样,即便是符合大多数网民所持的立场,也不应不加论证地直接采信。换言之,不能用"描述"代替论证,在此情况下,也要对少数人的立场进行适度的分析,从而说明把大多数网民的立场视为"一般人"立场的实质理由,使自己的主张立于不败之地。如果否定大多数网民的立场而支持少数人的主张,尤其要充分说理,详加辨析。

行为相似或接近,其行为就越会受到人们的肯定,至少不会受到人们的贬斥。基于此,量刑事实的定量评价必须基于一般人立场进行。尤其是作为"调节比例"作用对象的"基准刑"及罪之轻重,不能不考虑公众的朴素认知。

对于"许霆案",即便不考虑是否构成犯罪的激烈争论,仅从盗窃罪定性角度考虑,也不可能仅仅因为盗窃数额"特别巨大"就按照无期徒刑来设定基准刑。因为,即便算是盗窃,这种盗窃和一般的盗窃也存在着"天壤之别",对许霆偶然遇见的这种"天上掉下的馅儿饼",可能是一般人很难抵制的诱惑。正因为许霆身上所表现出来的人性弱点,是大多数人未必能有效抗拒的,故有不少人主张不应当对许霆追责。[①] 即便主张对许霆追究刑事责任的研究者,在量刑问题上,绝大多数也主张应对之从宽量刑,核心理由在于,在ATM机出现类似故障的情况下,基于人性的弱点,行为人的控制能力已经大大减弱。[②] 同样,对于杀人后的碎尸行为,如果不作为从重量刑情节予以评价,很难说是站在一般人的立场上作出的评判。

再如,犯罪后返还盗赃物的,原则上应当予以从宽。但是,从一般人的立场看,持刀抢劫20元并致人重伤,这一抢劫数额相对于重伤的犯罪后果而言显然可以忽略不计,因此,不能因为行为人退赃(20元),就将之作为从宽量刑情节。当然,在行为人持刀抢劫2万元并致人重伤的情况下,对所抢劫财物的退赃行为应当受到从宽评价。但是,该抢劫行为毕竟是对被害人的人身安全和财

---

[①] 周安平:"许霆案的民意:按照大数法则的分析",载《中外法学》2009年第1期。

[②] 参见陈航:"民刑法中的一般人观念及判断基准",载《法学家》2020年第3期。

产安全造成了双重侵害的行为,与抢劫致人重伤的严重性相比,退赃 2 万元的意义有限。考虑到该情节发生在抢劫这类严重危害社会治安的犯罪中,加之行为人的主观恶性和人身危险性比一般的单纯侵财类犯罪要大得多,故其从宽量刑的"调节比例"只能是较小的。

如上所述,对于从宽量刑情节,根据"轻轻重重"的量刑原则,应依据犯罪的轻重进行"反向调节":犯罪越重,从宽幅度越小;犯罪越轻,从宽幅度越大。但对于从严量刑情节,则涉及一个限制问题。因为,在比例制或者"配比制"下,同样的比例,对量刑的实际影响取决于其基准刑期的长短。犯罪越重,从严量刑力度越大,这符合"重重"的要求。但犯罪越轻,则从严力度实际上也会相当有限。比如,累犯这一从重量刑情节,反映出行为人的严重的人身危险性或者主观恶性,当然应当从严。但是,即便从严 40%,如果甲犯 A 罪,基础刑为 10 年,则因累犯从重而增加 4 年的刑罚量;如果乙犯 B 罪,基础刑为有期徒刑 6 个月,则因累犯从重而增加的刑罚量仅为 2.4 个月,若四舍五入就是两个月。为了解决这一问题,"两高"在量刑指导意见中规定,对累犯的从重处罚,一般不得低于 3 个月。

## 第四节 逆向调节比例的处置问题

"调节比例"不仅涉及幅度大小,而且涉及方向问题。在大多数案件中,宽严情节总是并存的,因此,逆向调节比例如何处置,也即量刑情节的冲突如何处置,就成为争论不休的话题。

## 一、逆向调节比例的传统解决思路

对此问题的处理共有六种观点，即：整体综合判断说，绝对抵销说，抵销及排斥结合说，相对抵销说，优势情节适用说，以及分别综合判断说。

整体综合判断说即传统意义上的量刑的"估堆法"。此说认为，在轻重情节并存的情况下，要全面考虑案件的各种情节，通过综合分析来决定刑罚的轻重。至于怎样分析、如何综合判断，则不得而知。不过有一点是明确的：不能一对一相互抵销。并且认为，对于法定情节和酌定情节都要进行全面审度，综合平衡。既有从重情节又有从轻情节，既有加重情节又有减轻情节，都应当予以考虑。从重情节和从轻情节，加重情节和减轻情节，应予平衡，但也不能一对一相互抵销。

绝对抵销说认为，趋重趋轻情节同时具备的，应根据各情节所表示的轻重系数进行折抵。如果各情节所表示的系数相等时，则相抵销，不增不减；如果所表示的系数不等时，则将两者相抵后剩余的部分作为适用结果。举例来说，如果轻重情节与量刑的系数分别为-1和+1时，两种冲突情节可相互抵销，表明社会危害程度不增不减；如果分别为-3和+1或-1与+3时，那就分别按-2或+2适用刑罚。此说不因量刑情节有优劣主从之分而分先后顺序适用。

抵销及排斥结合说认为，当冲突的两个情节与量刑轻重的系数对等时，两冲突情节可互相抵销；当冲突的两个情节与量刑轻重的系数非对等时，将两者相抵后剩余的部分作为适用结果。而且主张，当由于某一情节的存在而使另一形式上与之冲突的情节变得无甚实际意义时，可采取排斥的方法。

相对抵销说认为，只有在量刑情节的功能完全对应并且无明显的主从优劣之分时，才能抵销。比如，从重对从轻、加重对减轻等。如果各种冲突的量刑情节对量刑的作用有主从优劣之分，则应按先后顺序进行。

优势情节适用说认为，当一案中轻重情节兼具时，应按应当情节优于可以情节，罪中情节优于罪前情节或罪后情节，应当的从宽情节优于应当的从严情节，以及法定量刑情节优于酌定量刑情节的原则处理。至于这种"优于"是指适用顺序上的优先，还是指适用上的排斥，难辨其详。

分别综合判断说认为，在从宽处罚情节与从严处罚情节并存的情况下，采取相互抵销的办法行不通。应采取的方法是，首先综合考虑从严处罚的所有情节，并据此确定一个拟判的刑罚，然后在此基础上，再综合考虑各种从宽处罚的情节，将拟判的刑罚适当往下降一些，以作为最后对犯罪人判处的刑罚。如此这般，既体现了从严处罚，又体现了从宽处罚。这样综合全案情况，按照先从严、后从宽的顺序考虑适用刑罚的诸种情节，可以避免顾此失彼，最后对犯罪人处以适当的刑罚。

对这些方案，本书作者曾进行过评判。[①] 第一，整体综合判断说主张在轻重情节并存时，"要全面考虑案件的各种情节，通过综合分析来决定刑罚的轻重"，这本身并没什么错。但对"怎样分析"及"如何综合"没有明示，因此实践中缺乏可操作性。这样的论述，似乎全面得体，实际上却是不着边际的空话、套话。

第二，对量刑情节的绝对抵销说，之前每每受到的诘问是：既

---

① 参见陈航："量刑情节的冲突问题研究"，载《法学研究》1995年第5期。

然冲突的各量刑情节已存在,理所当然就应发挥各自的功能,怎么能因折抵而不复存在了呢？既存在又不存在岂不相互矛盾？这种诘问,的确是出自如下误解,即误认为量刑情节一旦发挥各自的功能,刑度的终局结果也就必然要呈现出变化;误认为量刑情节进行了折抵,就意味着各自没有发挥其功能。

其实,如果各量刑情节根本不对量刑产生影响,既定量刑幅度的"指针"当然不会变。但是,各情节功能充分发挥作用的结果,也同样能够导致刑度终局结果保持原状。比如,某案量刑情节的基准刑设为7年,若有两个相互冲突的量刑情节,分别趋重+1年和趋轻-1年,那么,很明显,两情节适用的终局结果仍然是刑度保持原状——7年。不过,从理论上来讲,这两种"不动"的内涵却大相径庭：前者是量刑情节没有发生任何作用的本来状态;后者却反映的是各情节对量刑发生了影响、变化作用之后的状态——"不变"而已。因为,若趋重情节不发生作用,结果就会成为6年,若趋轻情节未发挥功能,结果就会成为8年。正是因为两情节均发挥了各自的功能,刑量才既未成6年也未成8年,而成为7年。因此,不能因与原来的结果相同就认为两个量刑情节均未发挥各自的作用。否则,就无异于说,投入战斗后同归于尽的敌对双方将士根本未发挥各自的战斗力。

人们对绝对抵销说还有这样的疑虑：同样是趋宽或趋严情节,但它们各自所反映的实质内容不同。比如,有的从重是由于一般预防的需要而从重,有的从轻却是由于特殊预防的需要而从轻;有的从重是因行为人主观恶性深而从重,有的从轻则是因行为人造成的客观危害结果较小而从轻。如果说从一般预防角度考虑从重0.3年（用"+0.3"表示）,从特殊预防角度考虑从轻0.3年（用"-0.3"表示),因而+0.3和-0.3可以进行抵销的话,岂不是说,一般预防的需要可以和特殊预防的需要相抵销,或者说一般预防的需要小也意味着特殊预防的需要小(反之亦然)吗?这样看来,似乎不宜把各种不同质的趋重和趋轻情节用抽象的、无差别的正负数值表示。即使表示了,也不能用来相加减。

对此,本书秉持的主张是:各种从轻、从重情节确有各自不同质的内容,但这并不妨碍我们在量刑时将其用统一的正负数值表示出来。因为,纵使趋重趋轻的原因各不相同,但它们所要达到的最直接的功用——对刑量的影响——却是一致的。适用量刑情节的直接目的本来就只是要实现它对刑量的影响功能,而非硬要得出一个什么别的结论来。再者,我们知道,对判处15年有期徒刑的杀人罪和判处15年有期徒刑的盗窃罪来说,罪质截然不同,刑量却完全一样。既然从刑量的相同数值中不能逆推出其罪质也相同的结论来,那也不妨把各种不同质的趋重和趋轻功能用统一的正负数值加以表示,这并不会使人产生误解,即,认为这些数值所反映的趋重趋轻情节的质亦相同。

第三,抵销及排斥结合说和绝对抵销说并无实质区别。因为,总的来说,它主张对冲突采取抵销的方式,只是认为"当由于某一情节的存在而使另一形式上与之冲突的情节变得无甚实际意义时,可采取排斥的方法"。其实,由于这种情况而使某一"形式上与之冲突的情节变得无甚实际意义时",这一情节对刑量的影响系数不就趋于"0"了吗?这时采取抵销的方法与采取排斥的方法,充其量只是名称的不同,结果却一样。但如果表述为"采取排斥的方法",无形中就与量刑时应全面考虑所有量刑情节的原则相左,因此,与其采取此说,还不如采取"绝对抵销说"。

第四，关于相对抵销说，首先应当承认，在众多的量刑情节中，的确存在着主次优劣之别。因此，人们不约而同地认识到，在适用量刑情节之前，要先分析考察所有情节……分别比较，确定主要从宽情节或主要从严情节，并在从宽情节与从严情节的比较中，确定最后决定的刑罚宽严的主要倾向。相对抵销说之所以提出在量刑情节有优劣之分时先按主从顺序适用，然后再就功能完全相对的情节进行折抵的方案，就是要达到这一目的。然而，且不说其提出的应当情节优于可以情节、法定情节优于酌定情节的诸观点并不足取，退一步讲，即使这种主从关系成立，要按其主从顺序排列后再依次适用，也会因实际情况的极其复杂带来操作上的极大困难。

其实，要在量刑中体现主导性情节的作用，不见得非走"分主从，先后适用"的路子不可。因为，绝对抵销说不仅不妨碍主导性情节作用的充分发挥，而且具有操作简便、易于为办案人员所掌握等优点。问题的关键在于对量刑情节如何赋值。如果给主导性量刑情节和从属性量刑情节分别赋予与各自主从作用相适应的轻重系数，那么，"将两者相抵后剩余的部分作为适用结果"，则不仅符合"刑罚应接近最主要的情节所规定的限度"这一原则，而且也避免了因排列适用顺序所带来的一系列问题。比如，按绝对抵销说，若基础刑为 7 年，给主导性量刑情节赋值从重 1.5 年（+1.5 年），给从属性量刑情节赋值从轻 0.5 年（-0.5 年），适用结果则为 8 年，同样体现了主要量刑情节所反映的趋严这一主要倾向。

第五，优势情节适用说所主张的"应当情节优于可以情节""法定量刑情节优于酌定量刑情节"经不起推敲，不予赘述。此说的"优于"语义不清。如果此说所谓的"优于"是指"排斥"，那么，就违反了量刑时应考虑全部量刑情节的原则；如果此说所谓的

"优于"是指"优先",那就犯了相对抵销说中按主次排列适用量刑情节的同样错误;如果此说所谓的"优于"仅仅意味着在处理冲突问题时要突出主要情节的作用,那么,绝对抵销说就足以解决,无须作出这种令人费解的表述。

第六,分别综合判断说不足采的主要理由是,作为综合判断说的一种,此说尽管提出应对从严情节和从宽情节分别判断,但毕竟只是"综合判断"而已,至于怎样综合,如何分析,仍然不得而知,因此最终归入"估堆法"门下。其次,此说之所以否定抵销说,主要是担心"可以"情节与"应当"情节不能折抵,以及多功能(幅度)情节与单功能情节不能折抵等问题。其实,这些担心确属不必。再次,此说认为应首先考虑从严处罚的所有情节,那就是说,在任何情况下,趋严的情节都是优先的主要情节,而趋宽的情节则相反。这显然在理论上行不通,实践中也不利于公正合理地量刑。案情千差万别,情节多种多样,有时从重的情节为主要情节,有时却恰好相反。比如,一起杀人案,既属于"大义灭亲"性的,同时又具有杀人手段残忍这一情节。无疑,前者虽然是趋轻情节,但也应该是举足轻重的情节,后者则反之。但按分别综合判断说,却会轻重倒置。

基于上述原因,不论是前述的国外立法规定还是国内学者的观点,在量刑规范化的探索实践中,一直采用从严量刑赋值与从宽量刑赋值等量抵销的方法。只不过,根据"两高"发布的量刑指导意见,对于具有未成年人犯罪、老年人犯罪、限制行为能力的精神病人犯罪、又聋又哑的人或者盲人犯罪,防卫过当、避险过当、犯罪预备、犯罪未遂、犯罪中止,从犯、胁从犯和教唆犯等量刑情节的,先适用该量刑情节对基准刑进行调节,在此基础上,再适用其他量刑情节进行调节。也就是说,部分采取了优势情节适用说。但这些所谓被优先适用的情节,既包括从严情节,也包括从宽情节,既涉及可以型情节,也涉及应当型情节,并非是简单的"应当情节优于可以情节""法定量刑情节优于酌定量刑情节"。至于为什么这样"分步调节",尚未见到深入论证,只有寥寥数语说明,即"实践证明,采取上述方法能最大限度地实现罪责刑相适应和量刑均衡"。①

## 二、传统解决思路之争"烽烟"再起与立场重申

尽管在量刑规范化研究的早期,人们已经就量刑情节的冲突处理方案与量刑情节的性质问题有过交锋,但是,这一纷争并未画上句号。

### (一)对"同向相加、逆向相减"方法的论争再起

随着量刑规范化工作在全国大范围推广,相关的论争"烽烟"再起,其中的一个重要批评,就是因量刑指导意见有关"具有多个量刑情节的,一般根据各个量刑情节的调节比例,采用同向相加、逆向相减的方法调节基准刑"的规定引发的。批评者们认为,量刑中必须贯彻责任主义原则,而责任主义原则是消极意义上的责任主义,即"没有责任就没有刑罚"而非"有责任就有刑罚"。这意味着,责任只是决定刑罚的最高限,至于判处的刑罚究竟应当在高线以下的什么"点"(或"区间"),取决于预防犯罪的需要,核心是特殊预防的需要。因此,量刑情节必须被区分为责任刑情节和预防刑情节。这两类情节不是等价关系,其功能不同,不可简单折抵。在其看来,应当先根据责任刑情节确定拟判刑的最高限,在这个界限

---

① 参见南英主编:《量刑规范化实务手册》,法律出版社2014年版,第34页。

之下，再根据预防刑情节确定最终应当宣告的刑罚。反观《关于常见犯罪的量刑指导意见（试行）》，却无视责任主义原则，没有将量刑情节区分为责任刑情节和预防刑情节，只是不加区分地简单赋值，并等价地赋予各种情节影响量刑宽严的抽象数值，然后进行折抵。这既违背责任主义原理，也不符合预防犯罪这一刑罚适用的根本目的。[①]

**（二）"逆向调节比例"问题的处理方案之重申**

1."消极"责任主义在量刑论中的误区有待澄清

在定罪论上，强调"有责性"是犯罪成立必不可少的一大要件，故"没有责任就没有刑罚"是对这一责任主义的经典表达。

但在量刑论上，与之有所不同。量刑活动是在定罪的基础上进行的，既然已经确定有罪，量刑意义上的所谓"责任"就是终极意义上的责任，此时，不再限于阶层论中的"有责性"，而已经是"违法性与有责性的乘积"。这意味着，量刑中贯彻责任主义，核心是如何把立法者为抽象的类型化犯罪所确定的宽泛的法定刑转换成为宣告刑，把立法形态的罪责刑相适应在个案中变成现实。

因此，"刑罚裁量应当以责任为基础"成为量刑的基本原则。而且，从解释论上讲，无论如何，都不可能把仅仅因责任要素决定的刑罚量当成是应判刑的"上限"。否则，就如同把"地基"说成是"天花板"。何况，已如前述，量刑活动作为司法活动，其决策目标是实现"公平正义"的最大化，是根据"公正"的需要而非立足于"预防"（尽管会尽可能兼顾预防犯罪）的需要决定应判刑。否则，

---

[①] 参见郝川、左智鸣："冲突量刑情节适用原则的反思"，载《法学杂志》2020年第4期。

就与"以责任为基础"的量刑原则背道而驰了。

2. 责任刑情节与预防刑情节的划分应予否定

如前所述,将量刑情节划分为责任刑情节与预防刑情节不具有合理性。一则,会造成"子项不穷尽";二则,又导致"子项相容";再则,其分类标准不科学,即便采用"并合说",也难以仅仅局限在责任与预防两个方面论证所有量刑情节得以成立的根据。比如,认罪认罚从宽情节本质上是一种功利性、政策性的量刑情节。换言之,只要认罪认罚的,就应当从宽对待,以鼓励犯罪人尽可能早地认罪认罚,简化诉讼程序,节省有限的司法资源。最后,这种分类难以避免量刑情节的重复评价。从根本上讲,这种分类错误的原因在于不当的方法论,即不是从量刑情节的实际情况(尤其是构成要件要素反映的根据)出发,用准确明了的标准对量刑情节进行划分,而是以自我设定的量刑情节分类"标准"强行分类,犯了削足适履的错误。[①]

3. 刑法中刑罚量"等价性"的立法意蕴不应被无视

不仅从宽从严量刑情节会导致刑罚量的增减,不同的犯罪,不同的羁押措施,也会影响并生成一定的"刑罚量"。比如,甲因涉嫌故意伤害罪被依法逮捕,后来发现,行为人还在近3年内犯有盗窃罪、交通肇事罪等两个罪。于是,对三个罪分别定罪量刑,判处其有期徒刑6年、5年、4年。对其数罪并罚,在6年以上15年以下,最终宣告执行12年有期徒刑。但鉴于犯罪人之前已经被羁押6个月,实际上将再执行11年零6个月刑期。显然,如果仔细分析,甲所犯

---

① 详见本书第三章第四节之"四、对'责任刑情节与预防刑情节'分类的质疑",在此不赘。

第七章　量刑事实定量评价的赋值机理

的盗窃罪、交通肇事罪、故意伤害罪，各自所反映的责任刑、预防刑不尽相同，但是立法者却将它们"简单"地相加形成一个总和刑整数"15年"，然后在6年以上（此6年仅为故意伤害罪的刑罚量，与盗窃罪、交通肇事罪的责任及预防均无关系）15年以下为行为人量身定制了12年的执行刑。这12年本来是三罪数罪并罚的结果，但却把因故意伤害罪而羁押的6个月从中"扣减"（实质就是折抵）掉了。试问，立法者区分不同犯罪不同的责任刑及预防需要了吗？显然没有。为什么？因为既没有必要，也没有办法区分。如前所述，既定的量刑事实本身既是决定责任的事实也同时是影响预防的事实，它们本来就不是截然可分的，不能想当然地强行去划分。

也许可以打个比方：量刑事实如果是财物、劳动、技术等不同种类的有价之"物"，那么，一定的"刑罚"量就是可兑换的"货币"。不同的财物用途不同，生产方式、获取方式不同；作为劳动，有简单劳动，也有复杂劳动；作为技术，有普通技术，也有独门绝技。但它们都可以换来"报酬"——挣到钱。不能因为财物、劳动、技术不同，就认为某种特定的"货币"有别。货币，作为商品的等价物，当然可以购买商品，可以简单比较并折算。

4."奥卡姆剃刀"原理值得谨记

如前所述，"奥卡姆剃刀"原理告诉人们，决策时要把握事物的本质，要着力解决最根本的问题。但是，正如简单与复杂定律所揭示的那样：把事情变复杂很简单，把事情变简单很复杂。因为，简单处置的背后是对事物本质、规律的准确把握。而这不能一蹴而就，有时候要缴不少的"学费"。"逆向调节比例"问题的解决方案，之所以存在这样那样的纷争，也与我们的认识论有关：量刑问题的根本是什么？是要实现对犯罪的预防还是司法公正？显然，量刑作为司法活动的重要内容,应当以让人民群众感受到公平正义为目标。量刑既然是一种决策活动,就必须强调决策的可行性和可监督性,因此,应当尽可能地将复杂问题简单化而非相反。对于量刑情节冲突解决之"同向相加、逆向相减"方案,如果按照质疑者所主张的那样,一定要强行划分责任刑情节和预防刑情节,并先由责任刑确定刑罚最高限,再由预防刑情节主导具体宣告刑的确定,不仅缺乏根据,而且势必使问题变得异常复杂,难以自拔。

相反,实践证明,"同向相加、逆向相减"方案,是处置"逆向调节比例"问题的简单好用、经得起检验的方案,值得用心呵护。

# 第八章　准量刑决策及其认罪认罚从宽评价

在当代中国的量刑实践版图上,对认罪认罚从宽案件的量刑早已超过半壁江山。[①] 这种量刑,既有别于传统的法官量刑,也与公诉机关早期的"量刑建议"有质的不同;既不可混同于国外的准司法,也不宜称之为"中国版的检察官司法"。确切地讲,宜将其定性为"准量刑"。[②] 准量刑当然具有量刑的决策属性,而且,其中的事实类型具有特殊性和复杂性。对这类事实进行量刑评价,无论是定性研判还是定量分析,都值得特别关注。

---

[①] 2022年,认罪认罚从宽制度在检察环节的适用率已超过90%,检察机关的量刑建议采纳率达到98.3%,一审服判率达到97%。参见张军在第十四届全国人民代表大会第一次会议上所作的《2023年最高人民检察院工作报告》(2023年3月7日)。

[②] 参见陈航、何新云:"论'准量刑权'配置及其对量刑规范化的影响",载《广西警察学院学报》2021年第2期。

## 第一节　从量刑建议到准量刑决策

### 一、量刑建议制度的发展演变

**（一）量刑建议制度溯源**

"量刑建议"（sentencing recommendation）一词虽源自西方国家，但其早期的刑事诉讼中并不存在量刑建议。彼时，被告人属于诉讼客体，根本无权利可言，故没有量刑建议赖以产生的土壤。随着近代西方启蒙主义思想家"天赋人权"观念的提出，刑事诉讼才逐步强调对人权的保障问题，"量刑建议"一词也开始在刑事诉讼法学理论及实务中被频频提及。但作为一项制度，其形成和发展是较为晚近的事，且在英美法系和大陆法系国家表现出不同特点。

在英美法系国家早期的判例法和成文法中，并无量刑建议的明确规定，这一制度是随着科刑前的调查制度及辩诉交易制度的出现而形成的。在美国，1945 年起草的《联邦刑事诉讼规则》第 32 条规定了科刑前的调查制度，同时也规定了量刑建议制度。20 世纪 70 年代，辩诉交易得到美国联邦最高法院的认同，于是在判例法上被合法化，随之而来的是，辩诉交易中的量刑建议也被合法化。美国的量刑建议发生在有罪答辩并经审判确定有罪之后的量刑程序之中。有权提出量刑建议的主体较多，检察官是最常见的主体。在美国的辩诉交易中，为了获取被告人的有罪答辩，检察官往往以提出较轻量刑的建议（lighter sentence recommendation）或作出替代量刑的承诺（promise of sentencing alternatives）作为交换。为了促成辩诉交易，法官在量刑时也乐于采纳检察官的量刑建议。同时，缓刑官也是提出量刑建议的主体。在美国，以维护具体正义为宗旨的科刑前调查制度是由缓刑官执行的。缓刑官在完成该调查后，向量刑法官提供有关犯罪人危险性程度的资料，并提出量刑建议。通常来说，只有在缓刑官提出缓刑建议及缓刑实施计划时，量刑法官才可能作出缓刑判决。再者，在死刑案件中陪审团也可以提出量刑建议。具体来说，对已经被定罪的被告人，究竟是执行死刑还是接受替代刑罚（通常为终身监禁刑），需要控辩双方向陪审团提供大量证据，并由陪审团作出决定。在此类案件中，陪审团必须向量刑法官建议某种量刑，并由法官宣布实际的量刑。

在英国，并不存在像大陆法系国家那样的检察制度。英国根据《1985年犯罪起诉法》建立了王室检察院，原来的公诉长官成为王室检察院的总检察长，取代原来的出庭律师亲自进行公诉、参与量刑程序。但在量刑程序中，只可以提示法官关于量刑的法律规定和高等法院的判例指导，并不能提出具体的量刑建议。因为彼时，量刑被视为法官的专有职权。受美国的影响，英国虽然在20世纪60年代也开始实行辩诉交易，在辩诉交易之后的量刑程序中，控辩双方可以与法官就被告人的量刑问题进行沟通和讨论，辩护律师也可以发表关于被告人量刑的意见，但控方不能这样，尤其是不能提出具体的量刑建议。不过，英国也实行科刑前的调查制度，该调查同样由缓刑官实施。在其完成调查后提交的调查报告中，可对被告人的危险性程度进行评定，同时向法院建议对罪犯的刑罚选择。换言之，在科刑前的调查制度中，英国的缓刑官也可以提出量刑建议。

在不少大陆法系国家的刑事诉讼法中，对"检察官可以提出量刑建议"均有明确或隐含的依据，提出量刑建议也是大陆法系国家传统上比较普遍的做法。[①]

在法国,检察官被视为"公众当事人"或"社会利益的维护者"。基于维护社会利益或公共利益的职责,检察官在法庭上可以发表关于被告人有罪、无罪及量刑轻重的各种意见。对于一审法院作出的量刑决断,检察机关有权以原告身份提起上诉,而且,如果认为一审法院的量刑过轻,甚至有权要求上诉法院宣告更重的刑罚。可见,只要合乎社会利益或公共利益,检察官可以提出任何形式、任何内容的量刑建议,既可以是概括的量刑建议,也可以是具体的量刑建议。

在德国,检察官是"法律真实的维护者"而非当事人,仅以维护法律的真实和公正为己任。基于此,检察官不仅要搜集不利于被告的资料,也需要调查有利于被告的资料。在提起公诉时,起诉书中必须写明"被诉人、对他指控的行为、实施行为的时间和地点、犯罪行为的法定特征和适用的处罚规定"。所谓"适用的处罚规定"通常以援引刑法条文的形式表现出来,但其中包含着检察机关概括的量刑建议。再者,检察官的量刑建议还体现在法庭辩论中。根据德国《刑事诉讼法》第 267 条之规定,德国法院的刑事判决书必须载明量刑理由。其中就包含检察官对于被告人的前科、人格和量刑的陈述以及辩护方的量刑观点。此外,德国检察机关还可以在处刑命令程序中提出量刑建议。该程序是指检察机关认为属于轻微案件毋庸经审判程序时,以处刑令代替判决书而引发的程序。在该程序中,检察官提出的处刑令申请"应当写明要求判处的法律处分"。

---

[①] 参见陈岚:"西方国家的量刑建议制度及其比较",载《法学评论》2008 年第 1 期。

这种"判处法律处分的要求"对管辖法院不具有约束力,属于量刑建议。但统计分析表明,该程序具有非常高的适用率,而且检察官建议适用的刑罚与法官最终判处的刑罚大都较为接近。最后,尽管德国刑事诉讼法没有规定辩诉交易制度,但司法实践中的确存在辩诉交易,且在辩诉交易时检察官往往以协议形式提出量刑建议,这种量刑建议对法院的量刑判决具有重要影响,甚至可能被认为"操纵了"法院的量刑判决。①

其他一些大陆法系国家,如意大利、荷兰、西班牙、韩国、日本等,也像法国和德国一样,允许检察官提出概括的或者具体的量刑建议。不过,有的国家则明确规定,检察官可以提出量刑建议,但不得提出具体的量刑建议。如俄罗斯、奥地利等。在意大利,为了提高效率,检察官往往提出一项较为轻缓且具体的量刑建议,以换取被告人的有罪答辩,然后共同制作书面协议提交给法官。尽管双方就量刑问题达成的协议对法官不具有约束力,但在审查协议的真实性后,法官通常会考虑检察官提出的具体量刑建议,从而作出对被告人相对较轻的量刑判决。需要强调的是,在俄罗斯,检察官是不可以提出具体量刑建议的,具体的量刑问题属于法院的职权范围,只能由法院决定。

总之,早在20世纪,两大法系的不少国家就已经出现了量刑建议制度,而且,由检察官提出该建议是这一制度的主流。检察官的量刑建议对案件的处理结果发挥着重大影响,有时甚至是决定性的。

---

① 参见陈岚:"西方国家的量刑建议制度及其比较",载《法学评论》2008年第1期。

## (二)我国量刑建议制度的产生背景和早期探索

### 1. 产生背景

尽管定罪与量刑是刑事司法中公认的两大基本环节,但长期以来,"重定罪、轻量刑"的倾向在理论研究及司法实务中相当突出。早在20世纪80年代中后期,司法实践中量刑不平衡和偏差的问题就已逐渐显现出来。为此,学界从量刑的步骤化、规范化角度开始寻找破解之道。而理论界的开拓性研究和积极探索,为后续有关法院尝试的量刑规范化改革提供了学理支持。在此背景下,有的基层法院开始将一些研究成果运用于实践,引起了最高人民法院的高度关注。其中,江苏省姜堰市人民法院和山东省淄博市淄川区人民法院的探索引人瞩目。2005年,最高人民法院在《人民法院第二个五年改革纲要(2004—2008)》中提出了"制定故意杀人……等犯罪适用死刑的指导意见……研究制定关于其他犯罪的量刑指导意见,并健全和完善相对独立的量刑程序"的总体部署。又经过几年的反复实践和探索,以及广泛深入论证,在2008年8月制定并下发了《人民法院量刑指导意见(试行)》和《人民法院量刑程序指导意见(试行)》,经过两年多的试点和反复修改完善,最终形成了《人民法院量刑指导意见(试行)(送审稿)》和"两高三部"《关于规范量刑程序若干问题的意见(试行)(送审稿)》,经讨论通过后,于2010年10月起在全国法院试行。

为了规范法院量刑自由裁量权的依法行使,确保量刑的公正合理,作为专门法律监督机关的人民检察院,也开始加大力度对量刑问题进行监督。其中,量刑建议改革就是重要的举措之一。

### 2. 早期探索

1999年8月,北京市东城区人民检察院开始了"公诉人当庭发表量刑意见"的探索,并在 2000 年初将其确定为公诉改革的课题之一。其核心是要求公诉人在发表公诉意见时提出量刑意见,并与被告一方就量刑意见展开辩论。从实际情况看,公诉人所提的量刑意见基本上为法院所采纳。

2002 年 8 月 8 日,上海市徐汇区人民法院审理一起抢劫案,被告人张某经过教育当庭认罪,然后法庭转入量刑答辩。公诉人在行使量刑建议权时表示,被告人在法庭上坦白交代了犯罪事实,考虑到这一从轻情节,应当在原建议刑期 4 年的基础上,给予从轻。辩护律师在行使量刑请求权时认为,被告人并未实施有预谋的抢劫犯罪,且系初犯,主观恶性不大,对被害人造成的伤害并不严重,而涉案手机已被被害人夺回,并未造成其实际损失,加之庭审中坦白交代了犯罪行为,请求法庭按照抢劫罪的最低限判处被告人 3 年有期徒刑。但对此辩护意见,公诉人当庭反对:被告人固然有"从轻情节",但其在闹市中心实施犯罪,影响恶劣,社会危害严重。加之被告人还存在隐瞒罪行的情况,故不适合以抢劫罪的起刑点量刑。在控辩双方进行两轮量刑辩论后,被告人也恳求法庭能接受他的悔过,从轻判处。在听取量刑答辩意见后,经休庭评议,审判长最终宣布:判处被告人有期徒刑 3 年 6 个月,并处罚金 5000 元人民币。被告人表示认罪服法,不再上诉。[①]

探索实践表明,公诉机关行使量刑建议权,辩护人、被告人行使量刑请求权,有助于法官在兼听则明的基础上行使量刑决定权。当然,公诉机关在行使量刑建议权时,不仅应在起诉书中提出量刑

---

[①] 参见徐亢美、宋瑞秋:"上海一法院改革刑审 罪犯可当庭进行量刑答辩",载《文汇报》2002 年 8 月 9 日。

建议，而且应在法庭上阐明量刑建议形成的具体理由。法官不仅要对控辩双方的量刑请求差异进行评判，而且在判决书中要阐明"从轻"或"从重"的理由。如果"轻"判，要轻得明白；若是"重"处，也要一清二楚。

不过，在初期阶段，对于检察机关的量刑建议探索是否有必要的问题，还是存在着不同认识。但大多持肯定态度，认为检察机关提出量刑建议是符合我国司法体制的。只是有鉴于相关配套制度的缺乏，认为应当谨慎为之，尚不可急于全面推行。

**（三）量刑建议制度全面推行**

经过基层检察院两年多的进一步探索，最高人民检察院在2005年出台《人民检察院量刑建议试点工作实施意见》，将量刑建议列为检察改革项目，并在全国范围内指定试点单位继续探索。2008年，《中央政法委员会关于深化司法体制和工作机制改革若干问题的意见》要求"规范自由裁量权，将量刑纳入法庭审理程序"。作为量刑规范化的重要组成部分，根据最高人民检察院的统一部署，最高人民检察院公诉厅作为承办部门，配合最高人民法院"量刑规范化和审判程序"改革项目组，积极开展量刑建议改革相关工作。截至2008年年底，全国30多个省（自治区、直辖市）的检察机关都不同程度地开展了量刑建议改革。2010年，"两高三部"《关于规范量刑程序若干问题的意见（试行）》规定："对于公诉案件，人民检察院可以提出量刑建议。量刑建议一般应当具有一定的幅度。"为了保障量刑建议的规范性和有效性，在此基础上，最高人民检察院于2010年发布《人民检察院开展量刑建议工作的指导意见（试行）》（以下简称《2010年指导意见》），开始在全国各级检察机关全面试行量刑建议。这意味着，量刑建议制度走上全面试行的快车道。

《2010年指导意见》共有23条,对量刑建议的定义、性质、原则、适用范围和条件、建议内容、量刑评估、提出时机和形式、量刑建议的调整以及二审或再审案件中的量刑建议等内容作了全面规定。

根据《2010年指导意见》,量刑建议是指人民检察院对提起公诉的被告人,依法就其适用的刑罚种类、幅度及执行方式等向人民法院提出的建议。其性质属于公诉权中的量刑请求权(求刑权)。由于检察机关的公诉权是其法律监督权的一部分,因此作为其组成部分的量刑建议权天然具有对人民法院审判活动进行监督的属性。[1]

既然量刑建议权是一种司法请求权,当然不具有终局性,对法官没有约束力。为了维护裁判的权威,检察机关应当慎重考虑对提起公诉的案件是否必须提出明确具体的建议。要准确评估量刑,并经过审批程序,慎重确定所提出的内容。同时,应注意提出的时机和形式,根据情况及时作出相应处理,以争取量刑建议的最佳效果。为此,按照"以事实为根据,以法律为准绳"的基本原则,必须依法提出,确保客观公正,贯彻宽严相济政策,当宽则宽,该严则严。

对量刑建议的适用范围,《2010年指导意见》未作任何限制。这意味着,凡是人民检察院提起公诉的案件,都可以提出量刑建议。量刑建议权是公诉权的组成部分,无论什么性质的公诉案件,享有公诉权的检察机关当然依法享有量刑建议权。不过,"可以"提出并非意味着"必须"提出。对于一些特殊案件,基于刑事政策、外交政

---

[1] 参见王军、侯亚辉、吕卫华:"《人民检察院开展量刑建议工作的指导意见(试行)》解读",载《人民检察》2010年第8期。

策、政治效果和社会效果等方面的考虑，如认为不提量刑建议更为合适的，可以不提出明确的量刑建议。即便提出量刑建议，也未必是具体的量刑建议。相反，可以是概括的建议，如仅仅提出"依法从重"或"依法从轻、减轻处罚"即可。

至于量刑建议的内容，《2010年指导意见》明确规定，应当采取以相对确定的建议为主，以绝对确定的量刑建议为辅的模式。对大多数案件，一般是在法定刑幅度内提出"具有一定幅度但又小于法定刑幅度"的量刑建议。其中，法定刑幅度小于3年（含3年）的，建议幅度一般不超过1年；法定刑幅度大于3年小于5年（含5年）的，建议幅度一般不超过2年；法定刑幅度大于5年的，建议幅度一般不超过3年。建议判处管制的，幅度一般不超过3个月；建议判处拘役的，幅度一般不超过1个月。对某些种类的案件，若经过长期起诉实践，认为犯罪与刑罚之间有明确的对应关系，量刑规律比较好掌握，提出绝对确定的量刑建议具有可行性的，则应当明确提出应判处的刑种及确定的刑罚（类似于"建议判处5年有期徒刑"等）。对于应判处无期徒刑或死刑的，量刑建议应当明确而丝毫不能模糊，但应当慎之又慎严格把握。对建议适用缓刑的，也应当明确提出。对于某些不宜提出明确具体量刑建议的案件，可以提出依法从重、从轻、减轻处罚等概括性建议。对于附加刑，量刑建议以提出适用某一刑种为宜，一般不宜提出更为具体的建议（如罚金的具体数额）。对犯有数罪的，一般情况下只就所犯各罪分别提出量刑建议，不必依照数罪并罚原则提出总的建议。如果是共同犯罪案件，则应当对每一个被告人都提出量刑建议，而不能有选择地仅对部分被告人提出量刑建议。

案件承办人提出量刑建议时，首先应对犯罪嫌疑人所犯罪行、承担的刑事责任和各种量刑情节进行综合评估。量刑因素包括从重、从轻、减轻或者免除处罚等法定情节和犯罪嫌疑人的认罪态度等酌定情节。对每个量刑情节都应当根据其作用大小进行评价。对各种正向和反向的不同作用的情节进行综合评估后，方可作出综合性的量刑判断，然后按照规定的审批程序报批。其中，对于主诉检察官决定提起公诉的一般案件，由主诉检察官决定提出量刑建议；对于主诉检察官决定提起公诉的特别重大复杂的案件、社会高度关注的敏感案件或建议减轻处罚、免除处罚的案件，以及非主诉检察官承办的案件，则由承办检察官提出量刑意见，经部门负责人审核，报检察长或者检察委员会决定。

提出量刑建议，一般应制作量刑建议书，并载明检察机关建议对被告人处以刑罚的种类、刑罚幅度、可以适用的刑罚执行方式以及提出量刑建议的依据和理由等。特殊情况下，也可以在公诉意见书中提出。但是，对于人民检察院不派员出庭的简易程序案件，一律要求以量刑建议书的形式提出量刑建议。

公诉人应当在法庭辩论阶段提出量刑建议。可以对定罪发表意见后再对量刑发表意见，也可以就定罪与量刑一并发表意见。对于检察机关未提出明确的量刑建议但辩护方提出量刑意见的，公诉人应当提出答辩意见。对于人民检察院不派员出席法庭的简易程序案件，应当将量刑建议书与起诉书一并送达人民法院。对于人民检察院派员出席法庭的案件，如果制作了专门的量刑建议书的，量刑建议书一般也应在提起公诉时与起诉书一并送达人民法院。如果在庭审中对拟定的量刑建议作出调整的，则可以在庭审后将调整后的量刑建议书提交给人民法院。对于经过法庭调查阶段后公诉人发现拟定的量刑建议不当因而需要调整的，如果主诉检察官出席法庭,则由主诉检察官自行决定并作出调整;如果主诉检察官未出席法庭,但在之前公诉人已经得到过自行决定调整的授权的,公诉人可以自行决定调整。除此之外的情形,公诉人均无权自行决定调整;若需调整,均需要报请检察长决定。对于需要报检察长决定调整量刑建议的,一般应当先依法建议法庭休庭,然后再向检察长报请。若因出现新的事实、证据需要调整量刑建议的,则可以建议法庭延期审理,以便有充裕的时间慎重决断,提出新的量刑建议。

人民检察院收到人民法院的判决、裁定后,应当进行审查。认为判决、裁定的量刑确有错误、符合抗诉条件的,经检察委员会讨论决定,依法向人民法院提出抗诉。不能单纯以量刑建议未被采纳作为提出抗诉的理由。

**(四)量刑建议的升级转型**

随着认罪认罚从宽制度改革的不断推进,量刑建议的重要性更加凸显,量刑建议逐步升级转型。

1. 提出量刑建议成为认罪认罚从宽试点中的硬性要求

开展刑事案件认罪认罚从宽制度试点,是落实党的十八届四中全会的有关改革部署的重大举措,对优化司法资源配置、依法及时有效惩罚犯罪、加强对人权的司法保障具有重要意义。

2016 年是我国认罪认罚从宽制度启动试点的重要时间节点。当年 9 月 3 日,第十二届全国人民代表大会常务委员会第二十二次会议通过了《关于授权最高人民法院、最高人民检察院在部分地区开展刑事案件认罪认罚从宽制度试点工作的决定》,同年 11 月,"两高三部"印发《关于在部分地区开展刑事案件认罪认罚从宽制度试点工作的办法》(以下简称《试点办法》),分别在第 11 条、第 20 条及第21条就"量刑建议"作出了新规定。[1]

其中的几大变化尤为引人瞩目：第一，将"对于公诉案件，人民检察院可以提出量刑建议"改为"对于认罪认罚从宽的公诉案件……人民检察院……应当……提出量刑建议"。这就是说，对检察机关提出量刑建议的要求，由"一般性"改为"义务性"。第二，对财产刑的量刑建议，由之前的"以提出适用某一刑种为宜，一般不宜提出更为具体的建议（如罚金的具体数额）"改为精准化的要求，即"一般应当提出确定的数额"。可见，量刑建议的精准化程度在不断提高。第三，对量刑建议，除存在明确列举的"除外情形"的，人民法院"一般应当采纳"。这意味着，对于认罪认罚从宽案件来说，体现在具结书中的量刑建议，因其"协议性"，对法院具有了相当程度的"拘束力"。第四，对于明显不当的量刑建议或者被告人一方提出异议的量刑建议，经人民法院建议调整后人民检察院仍不愿调整或者调整后被告人一方仍有异议的，人民法院才能依法判决。这意味着，认罪认罚从宽案件中的量刑决断，本质上是控辩双方协议的产

---

[1] 该《试点办法》第11条第1款规定："人民检察院向人民法院提起公诉的，应当在起诉书中写明被告人认罪认罚情况，提出量刑建议，并同时移送被告人的认罪认罚具结书等材料。"第2款规定："量刑建议一般应当包括主刑、附加刑，并明确刑罚执行方式。可以提出相对明确的量刑幅度，也可以根据案件具体情况，提出确定刑期的量刑建议。建议判处财产刑的，一般应当提出确定的数额。"第20条规定："对于认罪认罚案件，人民法院依法作出判决时，一般应当采纳人民检察院指控的罪名和量刑建议，但具有下列情形的除外：（一）被告人不构成犯罪或者不应当追究刑事责任的；（二）被告人违背意愿认罪认罚的；（三）被告人否认指控的犯罪事实的；（四）起诉指控的罪名与审理认定的罪名不一致的；（五）其他可能影响公正审判的情形。"第21条规定："人民法院经审理认为，人民检察院的量刑建议明显不当，或者被告人、辩护人对量刑建议提出异议的，人民法院可以建议人民检察院调整量刑建议，人民检察院不同意调整量刑建议或者调整量刑建议后被告人、辩护人仍有异议的，人民法院应当依法作出判决。"

物,既不是检察机关的独断,也不能任由法官越俎代庖。换言之,法官已不必对量刑问题事无巨细地亲力亲为,相反,其重心将转移到对检察机关量刑建议的审查监督和最后把关上来,这才是关键所在。

这昭示着,对于认罪认罚从宽案件而言,量刑建议不仅成为硬性要求,而且对其精准化要求也在逐渐提高。尤为重要的是,该建议对于人民法院具有了相当程度的约束力——实质上改变了其原本的"建议"属性。

2. 量刑建议正式入法

在经过多年试点和反复论证的基础上,我国《刑事诉讼法》于2018年进行了重大修正,首次将认罪认罚从宽制度写入法律,同时量刑建议也正式入法。

应当说,修正后的《刑事诉讼法》是对《试点办法》的肯定和进一步明确化。具体而言,其第176条第2款规定:"犯罪嫌疑人认罪认罚的,人民检察院应当就主刑、附加刑、是否适用缓刑等提出量刑建议,并随案移送认罪认罚具结书等材料。"这意味着,量刑建议是"应当"提出而非"可以"提出;量刑建议的内容,涉及"主刑、附加刑、是否适用缓刑等"各个方面。第201条第1款规定:"对于认罪认罚案件,人民法院依法作出判决时,一般应当采纳人民检察院指控的罪名和量刑建议,但有下列情形的除外:(一)被告人的行为不构成犯罪或者不应当追究其刑事责任的;(二)被告人违背意愿认罪认罚的;(三)被告人否认指控的犯罪事实的;(四)起诉指控的罪名与审理认定的罪名不一致的;(五)其他可能影响公正审判的情形。"该条第2款规定:"人民法院经审理认为量刑建议明显不当,或者被告人、辩护人对量刑建议提出异议的,人民检察院可以调整量刑建议。人民检察院不调整量刑建议或者调整量刑建议后仍然明显不当的,人民法院应当依法作出判决。"显然,除了文字表述上的个别技术性调整外,这实质上就是对《试点办法》有关量刑建议的约束力之规定及量刑建议调整之规定的直接吸纳。

3. 对量刑建议进一步明确化

《刑事诉讼法》修正后,为了促进认罪认罚从宽制度的贯彻实施,"两高三部"在2019年出台了《关于适用认罪认罚从宽制度的指导意见》(以下简称《2019年指导意见》),其第33条不惜浓墨重彩,共计用四款对"量刑建议"详加规定。① 从中不难看出进一步的变化:

首先,如果说修正后的《刑事诉讼法》对认罪认罚从宽案件中量刑的"协商性"含而不露的话,《2019年指导意见》则予以明确:检察机关提出的量刑建议,应当与辩方"尽量协商一致"。从字面上看,此处的"尽量"一词似乎暗含着例外。但是,如果不是"协商一致"的产物,犯罪嫌疑人怎会在载明该量刑建议的具结书上签字同意?这岂不成为一个悖论?当然,"协商一致"与"妥协退让"并不冲突。在认罪认罚从宽案件中,检察机关的绝对主导和独特地位,决定着这种协商一致往往和辩护一方更多的妥协退让联系在一起。

---

① 第1款:犯罪嫌疑人认罪认罚的,人民检察院应当就主刑、附加刑、是否适用缓刑等提出量刑建议。人民检察院提出量刑建议前,应充分听取犯罪嫌疑人、辩护人或者值班律师的意见,尽量协商一致。第2款:办理认罪认罚案件,人民检察院一般应当提出确定刑量刑建议。对新类型、不常见犯罪案件,量刑情节复杂的重罪案件等,也可以提出幅度刑量刑建议。提出量刑建议,应当说明理由和依据。第3款:犯罪嫌疑人认罪认罚没有其他法定量刑情节的,人民检察院可以根据犯罪的事实、性质等,在基准刑基础上适当减让提出确定刑量刑建议。有其他法定量刑情节的,人民检察院应当综合认罪认罚和其他法定量刑情节,参照相关量刑规范提出确定刑量刑建议。第4款:犯罪嫌疑人在侦查阶段认罪认罚的,主刑从宽的幅度可以在前款基础上适当放宽;被告人在审判阶段认罪认罚的,在前款基础上可以适当缩减。建议判处罚金刑的,参照主刑的从宽幅度提出确定的数额。

其次，在《试点办法》提出"建议判处财产刑的，一般应当提出确定的数额"的要求后，修正后的《刑事诉讼法》似乎并未对量刑建议的确定刑建议与幅度刑建议予以明确，但《2019年指导意见》则明确指出：办理认罪认罚案件，人民检察院一般应当提出确定刑量刑建议。只是例外性地对新类型、不常见犯罪案件，以及量刑情节复杂的重罪案件等，才可以提出幅度刑量刑建议。这无疑给辩方吃了一颗定心丸；同时，也意味着对检察机关的量刑建议提出了更高要求。

再次，尤其重要的是，要求检察机关就提出的量刑建议"说明理由和依据"。这意味着，新时代的检察官必须适应新的形势、任务与要求，在量刑理论研究及量刑实务操作方面下大力气迎头赶上，为当好"法官之前的法官"这个新角色苦练内功。

最后，值得关注的是，《2019年指导意见》也明确规定了检察机关主导认罪认罚从宽案件时的基本遵循：必须依照（或参照）量刑规范化指导意见提出量刑建议；对认罪认罚从宽情节要与其他从宽量刑情节区别对待。这意味着，无论是法官的量刑还是检察官提出量刑建议，标准都是一样的，尺度都是统一的。无疑，这种一致性为法官"一般应当采纳"该量刑建议打下了坚实基础。

于是，量刑建议因该刑事案件是否属于认罪认罚从宽案件而具有了不同属性，并因该量刑建议是否明确具体而有所不同。

## 二、量刑建议呈现多元属性

### （一）非认罪认罚从宽案件中的量刑建议属于请求权行使行为

对于犯罪嫌疑人不认罪或者不认罚的案件，尽管检察机关一般要提出量刑建议，但是，这一量刑建议的形成，系单方职权行为，是公诉机关求刑权的行使,作为一种请求行为,对人民法院没有硬性约束力。人民法院对案件的量刑依法独立进行,既可以与该量刑建议相同或相近,也可以不同,且无需征求检察机关的意见后再做决定。尤其是,当人民法院认为检察机关量刑建议不当,因而欲作出有别于检察机关量刑建议的量刑时,也无需告知检察机关重新提交量刑建议(以便据此重新量刑)。因为,在此类案件中,控辩双方截然对立,难以就量刑问题达成协议,不存在维护该协议的公信力问题。此时,量刑活动依然是由法官在控辩对立的诉讼模式下居中作出的裁断,是法官的专有职权。当然,由于我国的人民检察院既是公诉机关又是专门的法律监督机关,有权对法院的量刑活动进行监督,所以在审判实践中,检察机关的量刑建议往往会对法官的量刑结论产生重要影响。不过,这种影响,与认罪认罚从宽案件中检察机关的量刑建议所起的作用不可同日而语。

### (二)认罪认罚从宽案件中的确定刑量刑建议实质上属于准量刑决策

有观点认为,即便是确定刑量刑建议,其性质也没有变化,因为,既然是"建议",且作为公诉权行使活动的组成部分,就仅仅是一种请求权行使而已,不可能具有量刑决策的属性。更何况,对这种量刑建议,法律只是规定,"人民法院依法作出判决时,一般应当采纳",而不是说当然要采纳。对案件量刑的最终决定权依然在法官手中,而不是由检察官所执掌。何况,量刑权从来都是法院的专属性职权,不可能让渡给检察机关。加之作为专门法律监督机关的检察机关,其对量刑领域的工作并不擅长,如果将法院的这一自由裁量权让渡给检察机关行使,很难保证量刑的公正合理。尤其是,在大力推进"以审判为中心"的司法改革的当代中国,如果把量刑权让渡给检察机关,无疑与这一改革方向背道而驰。①

在本书看来,这种观点不能成立。总体原因在于,认罪认罚从宽制度的确立,使中国刑事诉讼被区分为普通刑事程序与认罪认罚从宽程序两大类。与这两大类程序对应的量刑观应有所不同。现阶段,人们一方面对认罪认罚从宽制度提升刑事司法效率给予美好预期,另一方面却仍囿于传统的刑事司法理念来考量新制度框架下的量刑建议,显然令人难以苟同。②

第一,判断某种"决断"的性质,不能仅看其称谓,而要看其实质。量刑活动是对行为人裁量决定宣告刑的活动。就认罪认罚从宽案件而言,如果检察机关已经提出了绝对确定的量刑建议,只要没有法律规定的除外情形,法院就应当采纳。从实践来看,此类绝对确定型的量刑建议被法院采纳的比例非常高(大多在90%以上,有的地方甚至是100%采纳),说明此类案件中的量刑决断工作实质上是检察机关在承担着。无论是量刑起点的确定,还是量刑基准的调控,以及量刑情节的确定及评价,直至最后拟宣告刑的生成及刑罚执行方式的选择,都是由检察机关在劳神费心地权衡决断。尤其是,还要与辩方协商或征求辩方意见,要代表国家对辩方进行承诺:这个决断是可靠的,是经得住检验的。如果认为这样的一种活动还不具有量刑决策的属性,而仅仅是一种请求或者建议,则肯定是停留在表象,尚属于浅面认识。

---

① 参见朱孝清:"论量刑建议",载《中国法学》2010年第3期;魏晓娜:"结构视角下的认罪认罚从宽制度",载《法学家》2019年第2期;张能全:"审判中心视阈中的认罪认罚从宽制度改革",载《上海公安高等专科学校学报》2019年第1期。

② 参见郭烁:"控辩主导下的'一般应当':量刑建议的效力转型",载《国家检察官学院学报》2020年第3期。

第二,固然,法官未必对检察机关的此类量刑建议"照单全收",而且在实践中,的确也存在一些被法院否定的量刑建议。但不能以此为据,从总体上否定此类量刑建议的"准量刑决策"属性。因为,严格意义上的量刑建议,应当是符合法律规定的量刑建议,如果违背法律规定,或者畸重畸轻,明显不当,肯定不应当被采纳。这就如同法院的量刑活动,尽管人们一致认为法院具有量刑决定权,但不能说,法院的任何量刑决策必然都是正确的,必然都会被上级司法机关"维持原判"。反过来讲,即便下级法院对某些案件的量刑,因事实不清、定罪不当或量刑畸重畸轻被上级法院所撤销,但依然不能因此否定下级法院在其他绝大多数案件中的量刑决策权。否则在论证方法上就属于因噎废食、以偏概全。

第三,在传统上,量刑决策的确是专属法院的职权,检察机关并不享有。但时代在变,诉讼模式更在不断演进。既然量刑实践在与时俱进地发展变化,量刑观当然不可故步自封。如前所述,从世界各国的情况看,随着协商型刑事司法的优势日渐凸显,检察机关的司法权力在不断扩张,越来越成为刑事司法中的主导力量,成为"法官之前的法官"。既然这是大势所趋,就不能抱残守缺地坚持"量刑权只能为法院所专属行使"而不敢越雷池一步。其实,既然是协商性司法,而协商过程又主要发生在审判之前,且"协议"达成的时机越早越好,那就必须要赋予检察机关"尚方宝剑",能够对自己在协商中作出的"承诺"负责。质言之,就是要在权力配置上,将一部分原来由法院所独享的量刑决断权让渡给检察机关。

第四,在我国,检察机关的性质有别于世界上大多数国家或地区,不能简单照搬其他国家或地区学者的研究结论来评论我国立法。我国的检察机关在性质上本来就属于司法机关,能够通过不起诉决定等对案件终局处置作出裁断，与人民法院相并列。现阶段，既然修改后的《刑事诉讼法》明文规定，对人民检察院就认罪认罚从宽的案件提出的量刑建议，人民法院"一般应当采纳"（其实质是，若无法定的例外情形则"应当采纳"），这就是赋予了检察机关进行量刑决断的"尚方宝剑"。这是经过认罪认罚从宽制度试点工作不断检验后被吸纳的成果，是符合我国国情的制度。作为刑法教义学的研究，关于量刑决策问题的判断应当以此为根据进行阐释。既不能因传统认识而裹足不前，也不能被域外立法及研究成果的复杂多样带偏方向、迷失自我。

第五，如果说在早些年，检察机关对量刑领域不太关注，这方面的专业化水准较低的话，随着量刑建议制度改革的不断推进与深入，尤其是随着认罪认罚从宽制度的正式确立与全面施行，检察机关在量刑领域的专业水准正在迅速提高。如今，无论是最高司法机关还是地方各级司法机关，检法两家的量刑标准都是一致的。量刑规范化的要求也是以法检两家的名义联袂制定（或者共同细化）、发布并统一遵循的。随着大数据技术的不断成熟，检察机关在提出量刑建议时，往往会对法院的同类判决进行类案量刑检索与分析，力争做到同案同判。有的检察人员在提出量刑建议之前，甚至会就把握不准的量刑问题事先咨询有关审判人员，提前沟通与交流，防止量刑不当的问题发生。① 因此，对检察机关实质性地行使量刑决

---

① 有观点认为，这种做法实质上是一种"联合办案"，会使法检之间的相互监督、制约关系被架空。但在本书看来，既然认罪认罚从宽制度是一种协商型的司法模式，是控辩双方合意的产物，就不应当用传统的对抗式的司法模式来看待检法关系。为了节省司法资源，法官对检察官的量刑监督完全可以实质性地在审判之前通过沟通、建议等方式高效完成。

策权的担心显然是杞人忧天。事实也雄辩地表明,绝大多数检察机关提出的基准性量刑建议是被法院完全认可的,并不比之前法院主导的量刑决策有丝毫的逊色。

第六,认罪认罚从宽制度是在十八届四中全会提出推进"以审判为中心"的诉讼制度改革这一大背景下提出来的,审判中心主义是认罪认罚从宽制度确立的逻辑起点。要强化以审判为中心,必须做到"简者速审"和"繁者精审"。既然对刑事案件的繁简分流是世界各国刑事司法的发展大势,而要做到这一点又必须充分发挥检察机关的主导作用,所以,必须在司法权力的配置上为检察机关发挥这一主导作用"赋权"。也就是说,检察官在审判程序之前必须有权为案件的繁简分流作出决断。这个权就是实质上的"裁判权"或"决断权"。同时,侦查机关的侦查活动尤其要按照捕诉合一的要求,在检察机关的提前介入下,从证据的搜集到强制措施的采取,兼顾公正与效率,满足法律效果、政治效果和社会效果相统一的要求,一改过去那种"侦查中心论"的办案模式,防止出现侦查机关"做什么饭"、检察机关就"端什么饭"、审判机关则"吃什么饭"的格局。这才是"以审判为中心"的精神实质所在。因此,不应当把"以审判为中心"等同于以法院或者法官为中心。认罪认罚从宽制度的确立,其动因之一就是推动"简者速审"的有效落实。这意味着,该制度的顺利推行必须保障检察官量刑建议的有效性。可见,在"以审判为中心"的司法改革与赋予检察机关量刑决断权的探索之间有着内在的必然逻辑。[①]因此,赋予检察机关实质上的量刑决断权并不

---

① 参见郭烁:"控辩主导下的'一般应当':量刑建议的效力转型",载《国家检察官学院学报》2020年第3期。

违背"以审判为中心"的司法改革精神。

### (三)认罪认罚从宽案件中的幅度刑量刑建议的量刑"决策参与"属性

对这种幅度刑量刑建议,之所以认为其具有一定的决策属性,一是因为,这种建议对法官具有硬约束性:如果不存在违法不当的情形,不属于畸重畸轻的建议,法官就应当采纳。而且,这种建议并不是泛泛的"从重或从宽量刑"建议,已经是在特定犯罪所对应的法定刑基础上的"深加工",距离最终"产品",只剩下"一步之遥"。法官后续的量刑决策理应是一个接续过程,是"接过"检察官之前量刑活动的接力棒,跑完最后的"一公里"。二是在于,这种建议毕竟还不具有量刑决策的独立属性。因为,量刑活动的终局"产品"应当是确定宣告刑,而宣告刑不应当停留在"幅度"上,必须是明确的刑种、确定的期限或财产数额。而这些,则要由法官具体衡量、判断并最终确定。换言之,此类案件的最终量刑结果,是检法先后接力、合作完成的"产品"。当然,更确切地说,是控辩双方参与协商,形成"毛坯",法官在此基础上进行"打磨",形成最终"产品"。显然,这种量刑建议与传统的量刑建议有别。针对普通的刑事诉讼程序中的案件,检察机关提出的量刑建议(无论是确定刑还是幅度刑)对法官都没有约束力,量刑活动是法官独立完成的。而在认罪认罚从宽案件中,即便是检察机关提出的幅度刑量刑建议,由于对法官的量刑具有约束力,所以本质上是一种量刑"决策参与"行为。

总之,随着认罪认罚从宽制度的确立,量刑建议的性质发生了分化,趋向于多元。其中,由于对认罪认罚从宽案件中的量刑建议,提出了全面性、普遍性、前置性、高效性、协商性、精准性等新要求,并赋予其相当程度的"拘束力",[①]绝不应仅仅按照传统的"建议"来把握其性质,应当与时俱进地将确定刑量刑建议按照"准量刑决策"加以定位。

强调这一准量刑决策属性,对于强化我国检察机关的责任意义重大。尽管世界上绝大多数国家都越来越强调检察机关的主导作用,但我国的检察主导方式和域外各国的均不相同。在我国,既不实行检警一体制度,也不承认辩诉交易的合法性,而且,检察机关的不起诉裁量权受到严格限制。但是,就量刑建议的法定性、拘束力、精准化程度及适用范围而言,与其他各国相比,都有着显著的加强与拓展,具有自己鲜明的特色。以法官对检察官量刑建议的"推定接受义务"为例,显然超越了以推行辩诉交易制度而著称的美国。在美国,法官一般接受的范围主要限于检察官指控的罪名,而且这也只是来源于司法惯例而非明确的法律规范。[②]尤其是,我国检察机关量刑建议在实践中的采纳率,最能直观体现其在刑事诉讼中的独特作用。在我国,量刑建议的采纳率高达95%以上,这在域外国家是非常罕见的。[③]因此,借助"准量刑决策"这一概念,准确揭示这种"建议"在实质效力方面的巨大变化,具有不可忽视的认识论价值。[④]

---

[①] 参见谢小剑:"认罪认罚从宽中的量刑建议:制度创新与困境破解",载《内蒙古社会科学》2020年第4期。

[②] 参见林喜芬:"论量刑建议制度的规范结构与模式",载《中国刑事法杂志》2020年第1期。

[③] 如在德国,采纳率不超过30%;在日本,采纳率不足10%。参见李哲:"认罪认罚从宽视阈下量刑建议再审视",载《湖北警官学院学报》2022年第4期。

[④] 参见陈航、何新云:"论'准量刑权'配置及其对量刑规范化的影响",载《广西警察学院学报》2021年第2期。

## 第二节　准量刑决策的特点

### 一、不可混同于准司法或"中国版的检察官司法"

量刑活动是刑事司法活动的重要组成部分。这意味着,准量刑决策与准司法具有天然的内在关系。但是,这里的准量刑决策与准司法并非同一层面的问题。

根据《布莱克法律词典》的界定,所谓准司法(quasi judicial),是指与行政或管理有关的裁决行为。之所以称之为"司法",是因为其具有一定的被动性、权威性、强制性,体现着某种程度的自由裁量,对案件的终局结果起着重要作用。之所以要冠以"准"字,是因为这种处置,毕竟不是司法机关所为,而是由具有管理职权的行政机关或有关机关作出的。概而论之,准司法兼具司法裁判和行政管理的双重属性,而准司法性制度正是介于行政制度和司法制度之间的一种多样性制度安排。[①]

在国外的刑事诉讼中,检察机关大多属于行政机关,因此,其作出的对案件的裁断(如不起诉决定)就被称为准司法行为。在其辩诉交易中,检察机关与辩方达成的有关定罪及量刑的协议,也具有准司法的性质。但在我国,所谓准司法,一般指的是司法机关以外的其他组织或机关就案件作出的处断。比如仲裁机关、工商管理

---

① 参见刘朝:"标准化过程中知识产权决策的准司法性制度安排初探",载《科技与法律》2010年第3期。

局、专利管理机构等依法作出的裁决、行政复议决定、反垄断决定及专利撤销决定等。有论者认为,由于2018年刑事诉讼立法带来的制度创新,在认罪认罚案件中赋予了检察机关对定罪量刑的决定权,所以,认罪认罚从宽制度的实质是"中国版的检察官司法"。[①]

本书不认同这一观点。因为,这误解了我国检察机关的性质。在我国,对人民检察院的基本定位是国家的法律监督机关。这决定了人民检察院具有综合属性:既具有行政机关上级领导下级的特点,也是承担广泛司法职能的机关。具体来说,是参与并依法监督所有诉讼活动的司法机关。尤其是最高人民检察院,其具有非常重要和广泛的司法解释权,是与最高人民法院并列的两大最高司法机关,共同发布量刑指导意见。因此,不能套用国外有关"准司法"的界定来理解我国人民检察院的"准量刑决策"活动。

从量刑决策主体角度看,准量刑决策是由检察机关主导的活动。既然我国的检察机关是当然的司法机关,其主导的准量刑活动当然是司法活动,不应当盲从国外学说,将之解释成"准司法活动"。至于"中国版的检察官司法"一说,其实也是在套用国外的理论,将我国检察机关的活动排斥在司法活动之外。其实,我国检察机关在认罪认罚从宽的案件中提出量刑建议,当然是一种司法活动,本不应当存在争议。所要关注的仅仅是,尽管量刑决策是刑事司法的两大环节之一,但这种实质性的量刑决策与传统意义上的法官的量刑决策有什么区别。而"准"字所强调的是,该"量刑决策"仅在一般情况下具有终局性,而非绝对地具有终局性。因为,对检

---

[①] 参见孙长永:"中国检察官司法的特点和风险——基于认罪认罚从宽制度的观察与思考",载《法学评论》2022年第4期。

察机关就认罪认罚从宽案件提出的量刑建议,法院只是"一般应当采纳"而非绝对地必须采纳。就实际情况看,尽管绝大多数量刑建议被法院所采纳,但毕竟也存在例外。而现代汉语中的"准"字,在作为前缀使用时,所要表达的就是"表示程度上虽不完全够,但可以作为某类事物看待"之意。至于英语中的"quasi"一词,作为形容词,也表达的是"类似"或"宛如"(as if;as it were)之意。应当指出,对于认罪认罚从宽案件中检察机关提出的确定刑量刑建议,从微观上看,尽管每一个量刑建议未必都具有一锤定音般的"量刑决策"属性,但从宏观上把握,尤其是结合大数据分析,其基本属性则是一目了然的——准量刑决策。因为,此类量刑建议基本上就是案件的终局量刑结论。[①] 而且,从制度的生成机理上看,只有赋予检察机关这一量刑决定权,才能确保认罪认罚从宽制度的有效实施。这是由协商型诉讼模式下量刑决策活动的内在要求所决定的。

## 二、准量刑决策并非简单等同于认罪认罚从宽

准量刑决策是认罪认罚从宽中可能的、非常重要的环节,但不是认罪认罚从宽的全部内容,也未必是认罪认罚从宽的必然组成部分。

的确,没有认罪认罚从宽制度,就没有严格意义上的准量刑决策。在认罪认罚从宽中,"认罪"与"认罚"捆绑在一起,犯罪嫌疑人、被告人既要"认罪"又要"认罚","认罪"是"认罚"的前提和基础,"认罚"的核心内涵是"同意量刑建议",即特定犯罪成立后的

---

① 基于此,有论者认为,认罪认罚从宽中的量刑建议要有终局意识,要从裁判的角度而非指控辅助的角度考虑问题,要从法官的角度考虑问题,进行终局性思考。参见刘哲:《认罪认罚50讲》,清华大学出版社2021年版,第167—168页。

处罚后果。而"从宽"则是认罪认罚从宽制度的重心所在。因为，认罪认罚从宽制度的重要功能是通过兑现宽严相济刑事政策的"从宽"方面，实现诉讼程序的从简、从快，提高司法效率。至于检察机关以"建议"之名提出的从宽量刑决断，则是其中最为重要的、实质性的从宽内容。无论是从轻、减轻还是免除处罚的量刑结果，抑或缓刑适用建议，都属于实体性从宽。如果这类建议是以确定刑方式提出的，其实就是检察机关的准量刑决策。可以说，检察机关的准量刑决策总是依附于认罪认罚从宽制度而存在的。

但是，不可把准量刑决策与认罪认罚从宽画等号。除了实体性从宽之外，认罪认罚案件中的"从宽"还包括程序性从宽。当然，目前对如何理解程序性从宽尚有不少争议。比如，程序从简是不是意味着程序从宽？强制措施宽缓化是不是意味着程序从宽？检察机关的不起诉决定是程序从宽还是实体从宽？等等。在本书看来，程序性从宽应当是一种因认罪认罚而获得的程序性优待或倾斜性的程序性关照，是相对于不认罪认罚者无法享有的程序性权利而言的。因此，被追诉人因认罪认罚而获得的对程序的协商选择权、约见值班律师权、具结从宽建议的维护权，以及较易获得轻缓性强制措施等，当然属于程序性从宽。[①]

需要强调的是，既然程序从简意味着被追诉人程序性权利的放弃或者减损，因此未必对其有利，也不能简单地认为是优待。不过，如果为了尽快摆脱诉讼之累，被追诉人选择了简易程序、速裁程序的，这种程序的选用既然对被追诉人有利，当然也应当被视为是程

---

① 参见郭华："认罪认罚从宽制度中程序从宽的误释与重述"，载《法学杂志》2021年第5期。

序性从宽。

显然,无论程序性从宽的具体范围如何界定,都不可能包括量刑方面的内容。即便有论者认为,检察机关作出的相对不起诉、附条件不起诉以及撤销案件等决定,本质上属于"实体从宽"而非"程序从宽"[①],也不可能认为其属于准量刑活动。因为,量刑活动建立在定罪基础之上,既然不起诉,就不可能被定罪,当然也就不存在后续的量刑阶段。

其实,准量刑决策并非存在于一切认罪认罚从宽案件之中。比如,检察机关对认罪认罚后没有争议,不需要判处刑罚的轻微刑事案件,可以依法作出不起诉决定。这意味着不存在定罪及后续的量刑问题。根据"两高三部"《2019年指导意见》的规定,为了确保不起诉决定的准确性,人民检察院应当对此类案件加强量刑预判,对其中可能判处免刑的轻微刑事案件,可以作出不起诉决定。这里,似乎也是预先对量刑结果进行了研判,也涉及量刑决策,但是,毕竟没有提出"量刑建议",也不可能在作出不起诉决定之后生成宣告刑及其执行方式。故应当认为,此类认罪认罚从宽案件中并不存在准量刑决策。

## 三、准量刑决策的目标

### (一)从认罪认罚从宽制度改革审视准量刑决策的目标

作为认罪认罚从宽制度的重要组成部分,准量刑决策目标的确

---

[①] 参见孙长永:"认罪认罚从宽制度的基本内涵",载《中国法学》2019年第3期。

立必须契合认罪认罚从宽制度的价值取向,而对这一价值取向的把握,又建立在对我国认罪认罚从宽制度产生背景的深刻理解之上。

众所周知,认罪认罚从宽制度与我国宽严相济的刑事政策紧密相连。自新中国成立以来,我国的刑事政策经历了四个阶段:新中国成立初期,为了维护新生的革命政权,打击和分化瓦解反革命营垒,提出了"镇压与宽大相结合"的刑事政策。"三大改造"完成后,由于社会的主要矛盾开始由阶级矛盾转变为人民内部矛盾,刑事政策也随之调整为"惩办与宽大相结合"。在十一届三中全会以后,该政策得以恢复发展。进入21世纪后,随着法治文明的不断发展,我国刑事政策逐渐转入突出"宽缓"方面的新阶段,而宽严相济刑事政策的核心要义是"根据犯罪的具体情况,实行区别对待,做到该宽则宽,当严则严,宽严相济,罚当其罪";显然,准量刑决策就是要进一步强化刑事司法的人文情怀与理性关怀,做到当宽则宽、宽严相济。

而今,强调当宽则宽、宽严相济的重要价值尤为凸显。因为,自刑法修正案(八)颁行以来,我国刑事司法领域凸显出犯罪的轻刑化倾向。随着劳动教养制度的废除,这一立法倾向更在不断强化。加之员额制法官的推行及立案登记制改革等一系列举措的出台,有限的司法资源与解决司法纠纷的社会需求之间的矛盾日趋突出。一方面,严重危害社会治安犯罪案件和暴力犯罪案件在全面下降;另一方面,轻微刑事案件的数量逐年上升,占比越来越大。在此情况下,若要从被追诉人认罪的角度寻找突破,就不能再按照传统套路加以应对,必须统筹改变审查起诉程序和审判程序,引入全新的司法理念。这当然也意味着,不应把传统的量刑观念当成金科玉律。

尤其值得注意的是,随着科技发展和网络的全面普及,出现了不少利用高科技或借助网络实施的新型犯罪。这些犯罪,作案手段更加隐蔽,侦破查处难度明显增大。在此情势下,如何发挥从宽量刑的激励作用,引导被追诉人积极认罪认罚,从而实现恢复被害人损失、惩治犯罪、维护社会安定的目的,就显得极为迫切。

同时,公正固然是法律的生命,量刑公正更是人们永恒的追求,但是,任何事物都有度。若对公正过度追求,必然会耗费大量的司法资源使诉讼效率下降,且难以取得预期的公正效果。可见,缺乏效率的公正,或者置效率于不顾的所谓"公正",实际上是对公正的背离。因此,对效率进行充分关注,并在公正与效率之间保持适当平衡,就成为衡量公正与否的一项重要标准。世界上不少国家之所以纷纷采取对案件进行繁简分流的方法,简者速审、繁者精办,从而将优势资源集中于复杂案件的处理,以确保审理质量,维护司法权威,实现对司法资源利用的最优化,其根据就在于此。

因此,作为认罪认罚从宽制度核心价值取向的"公正为本、效率优先",当然是评判准量刑决策目标达成与否的实质标准。按照这一标准,只要检察机关的准量刑决策起到了激励犯罪嫌疑人、被告人如实供认犯罪事实并接受司法机关依法处置的积极作用,从而减少司法机关大量工作,节省人力物力,使更多的司法资源能够投入到重大复杂疑难案件的办理过程中去,那就达到了预期目标,这样的量刑决策就是值得肯定的。

具体而言,只要检察机关就认罪认罚从宽案件提出的确定刑量刑建议被法院采纳,而被告人一方并没有对具结书反悔,因而没有提出上诉,那么,这一准量刑决策就达到了预期目标。同时,由于对是否应当采纳检察机关提出的确定刑量刑建议,不同的法官会有不同认识,而我国刑事诉讼法并没有因为犯罪嫌疑人或被告人签署了具结书就剥夺其上诉权,行为人当然可能基于其他种种原因就认罪认罚问题反悔。因此,也不能因为一审法官没有采纳检察机关的确定刑量刑建议,或者被告人对其认罪认罚反悔提出上诉等,就简单否定该准量刑决策的合理性。但一般而言,如果二审法院维持了一审法院有关改变检察机关量刑建议的原判,或者支持了被告人的上诉,如果没有特别充分的理由,大概也很难轻易得出结论说,该准量刑决策达到了预期目标。

**(二)对若干质疑的回应**

严格来说,学界目前还没有专门研究准量刑决策的目标问题。原因在于,长期以来,缺乏从决策学视角对量刑问题进行的探讨,更遑论"准量刑决策"问题。但是,学界对认罪认罚从宽的正当性问题,研究热度却一直不减,其主要体现在对"何以从宽"的持续追问。"何以"一词,在现代汉语中的含义有二,一是"用什么",二是"为什么"。前者也可以理解为"根据什么"。后者作为一个询问目的或原因的疑问词,如果指的是原因,那就和"根据"相通;如果是指目的,则意味着所欲达成的或者追求的效果,就和目标问题形成对接。正因为此,从有关认罪认罚从宽的正当性问题的讨论中,不难体察到人们对前述有关准量刑决策目标的质疑。

比如,有论者认为,把认罪认罚从宽制度的主要价值和功能定位在节约司法成本、提升刑事司法效率上,并具体化为对简易程序和速裁程序的适用提供正当化根据,从而在行动层面优化司法资源配置、纾解案件压力,类似的理论主张和实践举措都是对这一制度的重大误解。而有效落实对被追诉人的实体权利供给,即给予其从宽处罚的优待,才理当成为认罪认罚从宽制度的首要目标。对这一点,从"认罪认罚从宽"称谓的落脚点上就不难看出:"从宽"才是这一制度的关键词,落实被追诉人在认罪认罚情况下的从宽处罚这一实体权利供给,是这一制度的核心关怀。至于程序的效率化只是这一制度的附随效果,至多是一个从属性目标。得出这一判断的深层原因在于,长期以来,我国虽然一直奉行"坦白从宽"的刑事政策,但在实践中,嫌疑人与被告人在认罪认罚后却未得到充分有效的从宽处理。正是为了落实宽严相济刑事政策中的"从宽"方面,才把"完善刑事诉讼中认罪认罚从宽制度"作为全面推进依法治国的重大举措提了出来。固然,被追诉人认罪认罚,意味着其放弃争议性诉讼机制,国家因获得节约司法成本这一好处,用实体上的从宽处罚对其加以回报。但是,我国的刑事诉讼法具有类职权主义属性,庭审已经高度简约化与经济化,既不需要也不太可能推行更大幅度的程序效率优化改革,故不应将效率作为非常重要的目标。恰恰相反,认罪认罚从宽制度本身就存在着非效率化的面向。比如,保障被追诉人认罪认罚的自愿性、符合性和充分性的权利供给机制建设,会在一定程度上导致程序的复杂化。① 不妨将这一正当性界说称为"权利供给说"。

还有论者指出,应当根据家长模式来理解认罪认罚的从宽机理。即,之所以对认罪认罚者从宽,国家并不是为了换取程序从简从速的诉讼效率,它体现的是法律的仁慈和司法的宽容,就好比家长对家庭成员的仁爱宽容,不能视为讨价还价的交易。因为,这种从宽对被追诉人而言是"纯获利"的,是国家对个人的"恩惠"。如

---

① 参见左卫民:"认罪认罚何以从宽:误区与正解——反思效率优先的改革主张",载《法学研究》2017年第3期。

所周知,在我国的认罪认罚从宽制度中,即便证据已经完全达到定罪的证明标准,也可以通过形式上的认罪认罚获得从宽,犯罪嫌疑人不一定会有实质性的付出。而且,既然适用认罪认罚从宽的前提条件是控辩双方均认为被告人确实有罪,在此情况下程序性权利的放弃对案件处理结果不产生实质影响。在被告人放弃了该权利后,尽管检察机关减少了法庭上的不确定性,但随之而来的是,审前的工作量加大,责任也更加重大。当然,被追诉人的"获利"也是有条件的,这就是,对悔罪者方可从宽。在家长模式中,忏悔是修复社会关系、维系内部和谐的关键要素。如果犯罪嫌疑人并无悔罪之意,不愿意向被害人赔礼道歉并赔偿被害人损失,则难以实现减少社会对抗、修复社会关系的立法目的;只有犯罪之人真诚悔过,国家才能达成增进共同体内部福祉的社会控制目标。就修订后的《刑事诉讼法》而言,尽管在认罪认罚从宽规定的文义中似乎无法将认罪扩大解释为悔罪,但"两高三部"《关于适用认罪认罚从宽制度的指导意见》已经明确将"认罚"的含义解释为"真诚悔罪,愿意接受处罚",那么,对是否认罚,就应当从悔罪态度和悔罪表现方面进行考察。只不过,鉴于悔罪是被追诉人的内心活动,实践中往往难以判断,故主要根据是否退赃退赔、赔偿损失、赔礼道歉等加以把握。此说可称为"恩惠说"。

可见,与"权利供给说"不谋而合的是,在"恩惠说"看来,优化资源配置说等学说并不足以成为认罪认罚从宽制度的正当性基础,更不应当成为追求的目标。[①] 既然如此,当然就不能把是否促进

---

① 参见高童非:"契约模式抑或家长模式?",载《中国刑事法杂志》2020年第2期。

案件的繁简分流和实现诉讼效率等作为评判准量刑决策目标达成与否的标准。言下之意的评判标准是,要看社会对抗是否减少,被犯罪所破坏的社会关系是否修复。

在本书看来,这些质疑不能成立。首先,"简繁分流,提升诉讼效率"是我国设立认罪认罚从宽制度的初衷。在 2014 年认罪认罚从宽制度出台伊始,顶层设计目的就非常明确:因我国刑事犯罪高发,司法机关办案压力大增,必须实行刑事案件办理的繁简分流、难易分流。对刑事被告人认罪认罚的,应当及时简化或终止诉讼,以节约司法资源,提高司法效率。因此,在 2015 年最高人民法院的第四个五年改革纲要(2014—2018)及最高人民检察院的工作规划(2013—2017)中,都将推动完善认罪认罚从宽制度,实现案件的繁简分流、提高诉讼效率作为重要的工作部署予以抓紧落实。

回顾认罪认罚从宽制度的发展史可知,该制度的试点也是在速裁程序试点的基础上展开的,一开始就与促进繁简分流、提高司法效率紧密相连。忽视了这一点,无异于忘记了设立这一制度的初心。

其次,在随后的试点阶段及《刑事诉讼法》正式确立认罪认罚从宽制度以来,虽然对认罪认罚从宽制度的目的之表述出现了多元化、模糊化态势,但"繁简分流,提升诉讼效率"一直是不可缺少且居于首位的立法目标。[①] 因此,否定认罪认罚从宽制度的这一目标,是站不住脚的。

再次,我国的刑事诉讼法的确具有类职权主义的属性,但无论是职权主义属性还是类职权主义属性的刑事诉讼制度,并不能与

---

① 参见张泽涛:"认罪认罚从宽制度立法目的的波动化及其定位回归",载《法学杂志》2019 年第 10 期。

"诉讼效率高"简单画等号。相反,从世界不少国家的情况看,尽管其刑事诉讼制度也属于职权主义性质,但依然积极借鉴辩诉交易制度的有益成分,对案件进行繁简分流、不断提高诉讼效率。因为,当事人主义诉讼模式与职权主义诉讼模式固然对诉讼效率的高低会产生重要影响,但这种高与低只具有比较层面上的意义,是相对而言的。切不可说,但凡采用职权主义诉讼模式的国家,其刑事诉讼效率就当然高,就没有进一步提升的巨大空间。而且在我国,随着轻罪治理方式的不断推进,随着员额制法官等一系列司法改革制度的实施,案多人少的突出矛盾早已有目共睹。在此情形下,依然主张"没有必要也不应当将提高诉讼效率作为司法改革的重要目标",显然与我国的实际情况不符。

最后,如果以社会对抗是否减少、被犯罪所破坏的社会关系是否修复为评判标准,并以之来衡量准量刑决策的目标是否达成,显然太过抽象,不具有可操作性。何况这一目标的设定,本身也缺乏充分根据。按照倡导者的主张,认罪认罚者只有真诚悔罪,才能达到对其从宽的要求。但根据法律的规定,无论是"认罪"还是"认罚"并不必然包括"悔罪"的要求。立法者之所以不强调这一点,是因为"悔罪"与否,是一个主观方面的问题,很难准确把握。如果说,只要犯罪嫌疑人或者被告人积极退赃退赔、赔偿损失、赔礼道歉,就足以认定的话,这已经为"认罚"的内容所涵盖,更无必要多此一举地加以强调。至于被犯罪所破坏的社会关系的修复,这涉及犯罪人与被害方的关系问题。认罪认罚从宽的落实,固然要兼顾被害方的利益和诉求,但认罪认罚从宽毕竟体现的是控辩双方的合作意愿,并不受制于被害人一方的意志。因此,即便难以达到修复社会关系的理想效果,只要能达到实现案件繁简分流并进而节省司法资源、提高诉讼效率的目标，这一准量刑决策的目标就实现了。而且，通过准量刑决策，是否实现了案件的繁简分流、是否节省了诉讼资源，是不难作出评判的。以此为目标，符合决策学关于"决策目标的设定应当具有可操作性、可检测性"的基本要求。

## 四、准量刑决策的形成机制

### （一）参与准量刑决策的主体

传统的量刑决策是由审判机关独享的职权行为，是法官在控辩双方的攻防中居中作出的独立决断。而准量刑决策在检察机关主导下进行，检察机关是该决定的直接责任承担者，对该建议是否符合法律规定、是否以事实为依据、是否客观全面地评价了各种量刑情节、是否符合量刑规范化要求或与该要求的精神相一致、是否符合量刑公正等担负司法公信职责。

同时，这一决策活动也有别于检察机关在非认罪认罚案件中提出的量刑建议。非认罪认罚案件量刑建议是控诉一方的单方意思表示，其生成主体即为检察机关。而准量刑决策的生成主体为控辩双方，主要发生在审查起诉阶段。

再者，我国准量刑决策的主体要件不同于美国辩诉交易制度下的控辩双方。准量刑决策发生在检察官与被追诉人之间，辩护律师的地位尚不够明显，值班律师基本不参与协商而只是充当见证者。美国的辩诉交易主要发生于检察官与辩护律师之间，辩护律师的"协商者"作用十分显著。

此外，我国准量刑决策的参与主体与大陆法系国家的量刑协商主体亦不相同。德、法、意等国的量刑协商是在法官监控甚至直接主持下进行的,法官当然不会轻易推翻或者不采纳这一协商所达成的量刑协议,相应地,立法者也就没必要为这一结果预设推定性的强制效力。在我国,法官并不参与准量刑决策的生成过程,只是待量刑协议生成后,在庭审时进行审查,以便决定是否予以采纳。考虑到存在量刑建议不被法官接受的隐患,为确保量刑建议所体现的司法公信力,有必要在立法中就其效力问题进行预设性规定,即"一般应当采纳"。

### (二)体现着控辩双方的量刑合意

准量刑决策是否具有"协商"性,学界对此存在较大分歧。[①] 否定说认为,就规范性依据来看,从全国人大常委会的有关《授权试点决定》,到"两高三部"的《试点办法》,及至修订后的《刑事诉讼法》,均未出现"协商"一词。尽管根据《刑事诉讼法》第173条第2款的规定,在办理认罪认罚从宽的案件中,检察机关应当就有关的事实问题和法律问题听取犯罪嫌疑人、辩护人或者值班律师的意见,但这不能被解释为暗含了"协商"之意。因为,我国对认罪认罚从宽采取的是法定从宽而非交易从宽,这是由罪刑法定原则、罪责刑相适应原则等实体法原则及检察机关主导模式所统摄的必然结果。其实,刑事诉讼法中有关"听取意见"的规定并不鲜见。如审查批捕、死刑复核中都涉及"听取辩护律师意见"的规定,但不能认为这是在与律师协商,故不应想当然地把认罪认罚从宽中的"听取意见"解释为"协商"。其实,根据法定从宽模式,犯罪嫌疑人、被告人只是通过认罪认罚来争取从宽,而非就定罪量刑进行讨价还

---

① 学界一般是在"认罪认罚从宽中的量刑建议是否具有协议性质"的论题下展开讨论的,鲜有人将之视为准量刑决策来对待。不过,将之视为"准司法"或"检察官司法"的并不罕见。

价。① 而且，被认为是认罪认罚从宽协商之"载体"的认罪认罚具结书，其性质也并非"契约"而是"单方声明"。这一具结书是规范的法律文书，具有法定性，内容并非双方商定，其中只有被追诉人一方的声明，并不存在甲方乙方，不是双方协议。具结书的主要功能是对控方的量刑建议进行固定而非达成契约。具结书只是认罪认罚的意思表示，并无违反该承诺会产生什么后果的规定。② 这也明显与"契约"不符，更不能说具有协议性。

在本书看来，否定说的观点似是而非。

第一，虽然试点探索阶段的有关文件及修改后的《刑事诉讼法》均没有出现"协议"一词，但并不能据此推断：认罪认罚从宽的准量刑决策不具有协商性或不是控辩双方合意的产物。因为，"两高三部"《2019 年指导意见》中明确指出，人民检察院在提出量刑建议前（即进行准量刑决策时）应当充分听取犯罪嫌疑人、辩护人或值班律师的意见，尽量"协商一致"。在实践中，为了做到这一点，案件承办人员与犯罪嫌疑人及其辩护人就从宽量刑的具体结果进行沟通的情况比比皆是。显然，如果犯罪嫌疑人根本不认可检察机关就认罪认罚案件预定的从宽量刑结果，就不可能在具结书中签字"认罚"，该案也就不可能成为认罪认罚从宽案件，就不可能实现繁简分流。

第二，法律要求检察机关在认罪认罚从宽案件中听取辩护方的意见，这与批捕过程、死刑复核程序中的听取辩护律师的意见大为

---

① 参见陈卫东："认罪认罚从宽制度的理论问题再探讨"，载《环球法律评论》2020 年第 2 期。

② 参见谢小剑："认罪认罚从宽制度中被追诉人反悔权研究"，载《江西社会科学》2022 年第 1 期。

不同。在后两种情形下，无论辩护律师对有关决定及裁判是否最终认同，都不影响案件的处理；但在认罪认罚从宽案件中，如果准量刑决策不能获得犯罪嫌疑人、被告人认同，就不可能按照认罪认罚从宽案件对待。所以，法律对检察机关就认罪认罚案件"听取意见"的规定，昭示着此类案件的量刑决断必须是"协商一致"的产物，实质上是体现控辩双方合意的"协议"。

第三，作为控辩双方量刑合意"载体"的具结书，虽然名称不叫"协议"，也不是甲乙双方共同签署，甚至还没有违反该协议的"违约责任"之规定，但这并不影响其作为协议之"载体"的属性。这就如同旅客购买的（电子或纸质）车票，虽然不叫协议，也没有双方的签字及违约责任等具体规定，但它实质上起的就是旅客运输合同凭证或载体的作用。

第四，在实践中，由检察机关的强势地位所决定，大多数案件中的犯罪嫌疑人、被告人的确没有与案件承办人就预定的量刑结果进行讨价还价的可能，往往是检察机关告知预定的量刑结果，由犯罪嫌疑人、被告人签字"同意"而已。但这并不能否定该具结书就是量刑协议的"载体"。因为，"协商一致"的实质并不意味着必然存在讨价还价、反复协商沟通，而只是意味着，任何一方无权强迫对方同意自己的观点。如果对方表示同意，肯定是权衡利弊后自主作出的抉择。换言之，这种"一致"不是命令、胁迫的产物，而是一种"合意"。

拿现实生活中各种合同的达成来说，既有双方经讨价还价、反复协商达成一致的一般合同，也存在不少只由一方提供格式文本，对方要么签字认同，要么放弃的格式合同。格式合同是重要的合同形式，生活中大量存在。在认罪认罚从宽的具结书中，犯罪嫌疑人、被告人大多对检察机关的量刑建议只有签署同意或不签署的自由，但即便这样，只要满足了一方（控方）所提出的意见（类似"要约"），另一方（辩方）对之签字同意（类似"承诺"），那就意味着"合意"成立了。[①] 更何况实践中，检察机关在提出或制作具结书时，的确已经就该量刑建议征求了犯罪嫌疑人意见及进行了双向沟通，在这种情况下，"合意"的性质更是显而易见。

**（三）生成准量刑决策时的特别考量**

对于并非属于认罪认罚从宽案件的量刑决策，根据"两高"发布的《关于常见犯罪的量刑指导意见（试行）》，应当采用"三步量刑方法"，即通过依次确定量刑起点、基准刑、宣告刑的方式形成最终的量刑决断。最基本的犯罪构成事实，用来确定量刑起点；其他犯罪构成事实，用以调节量刑起点生成基准刑；而量刑情节则以基准刑为基础，通过其从宽从严功能的发挥，最后形成宣告刑。

认罪认罚从宽情节是一个独立的量刑情节，且与其他从宽情节颇为不同。特点之一就是其非固定性，即在诉讼过程中会发生变化（如被追诉人签订具结书后反悔，或者审判机关对公诉机关的量刑建议不认同）。因此，在认罪认罚从宽案件中，其准量刑决策过程更加复杂，应当采用四步量刑方法形成量刑决断。

核心是，在按照上述"三步量刑方法"形成拟判刑后，再用认罪认罚从宽情节对三步之中的拟宣告刑进行调整，生成新的宣告刑，此即认罪认罚从宽中的量刑决断。值得强调的是，认罪认罚从

---

[①] 根据目前较为通行的具结书范本，与控方提出的"要约"相关的内容是某某检察院提出的××量刑建议及本案适用的××程序等告知事项，与辩方作出的"承诺"相关的内容是其签署的"已经阅读理解并认可本《认罪认罚具结书》的每一项内容"。

宽情节中不仅包含自首、坦白等"认罪"事实,而且也应当包括事后的赔礼道歉、积极赔偿损失、取得被害人一方的谅解等"认罚"事实。为了避免重复评价,对三步量刑法中的宣告刑应当重新考虑,即,按照不考虑坦白、自首、积极赔偿损失等情节的情况下生成的拟宣告刑进行调整。这种量刑决策的形成机制,要求能够明确划分各种不同的量刑结局:(1)若不认罪认罚,可能判处的刑罚。(2)如果认罪认罚,所确定的刑罚量及执行方式,即所谓"量刑建议"。(3)认罪认罚后有正当理由反悔的,按照非认罪认罚对应的刑罚量及量刑建议。(4)无正当理由反悔,甚至恶意利用上诉不加刑原则上诉的,考虑被追诉人的主观恶性及对司法资源的损耗提出的更重量刑建议。①

## 第三节 准量刑决策事实的定性评价

在准量刑决策中,与其他从宽量刑事实相比,认罪认罚从宽是一个内涵更为丰富、功能更为多样、成立条件更为严苛的量刑情节。② 这一情节作为量刑事实必然要具备"认罪"且"认罚"这两大部分,对此没有异议。存在争论的问题是,"从宽"仅仅是"认罪认罚"事实具有的功能或其引起的结果,故而不具有独立性,还是说,"从宽"也是一个相对独立的事实要素? 如果是前者,认罪认罚从宽事实就只由两部分组成;如果是后者,则是三部分。

---

① 参见王刚:"认罪认罚案件量刑建议规范化研究",载《环球法律评论》2021年第2期。
② 参见赵恒:"论量刑从宽——围绕认罪认罚从宽制度的分析",载《中国刑事法杂志》2018年第4期。

在本书看来,认罪认罚从宽事实与一般的从宽量刑情节不同。"从宽"是一个具有相对独立性的事实,故其基本构造应当是三部分:认罪事实、认罚事实和从宽处罚的预定事实。因此,对准量刑决策事实的定性评价,涉及对这三部分的分别评判及相互关系的把握。

## 一、"认罪"事实的界定

这里的"认罪"事实,指犯罪嫌疑人、被告人如实自愿供述自己的罪行,对公诉机关指控的犯罪事实没有异议。对于该"认罪"的特征,有论者概括为三个方面:一是形式多样,如自首、坦白等;二是具有阶段性,即发生在该罪的审前阶段或审判过程中;三是具有可逆性,即行为人可以在审前阶段或审判阶段推翻之前作出的有罪供述。[①]

的确,认罪形式既包括主动供述也包括被动承认,只要是对自身行为事实及其性质被评价为犯罪予以承认即可。而且,考虑到认罪认罚从宽制度旨在节约司法资源、提高诉讼效率,这里的"认罪"要求在一审判决之前作出。至于说"可逆性",则不宜被视为"认罪"的特征,因为,既然已经反悔,就不再属于"认罪"。

其实,把握该"认罪"的特征,尤其要强调"如实供述"和"自愿供述"。所谓"如实供述",在通行观点看来,只要承认被指控的主要犯罪事实就满足了认罪的事实要求。即便对个别事实情节提

---

① 参见孔令勇:"教义分析与案例解说:读解刑事诉讼中的'认罪''认罚'与'从宽'",载《法制与社会发展》2018年第1期。

出异议,或者对其行为性质提出辩解,也不影响"认罪"事实的判定。但是,由于犯罪的性质直接涉及罪名,而罪名的不同直接关系到刑事责任的大小并进而连带影响到是否"认罚",故对于所"认"之"罪",究竟是否包含罪名或者犯罪形态,有必要进一步澄清。

有论者明确认为,不应当包括对罪名及犯罪形态等的认可。[①]但也有论者指出,这里的认罪是镶嵌在认罪认罚从宽制度中的"认罪",与传统的自首、坦白等"认罪"存在区别,必须结合认罪认罚从宽这一崭新制度的整体语境进行理解。即,必须是同时满足作为"认罚"前提并进而作为这一合意型、预定化"从宽"根据的"认罪"。不难想见,即使控辩双方在犯罪事实上没有分歧,但只要在罪名、犯罪形态(如既遂或未遂)抑或共同犯罪中的身份地位等存在争议,就可能导致量刑差异,进而影响到行为人的"认罚"。既然这种情形下的"认罪"其实是与"认罚"紧紧绑定在一起的,此处的"认罪"理应包含对犯罪事实、具体罪名、犯罪形态、共同犯罪人地位等事关刑事责任有无及大小的事实因素的认可。质言之,认罪的范围包括对犯罪事实的认可、承认指控的罪名以及影响量刑轻重的其他法律性判断。[②]

在本书看来,这里的"认罪"有别于传统刑法理论中针对坦白、自首等情节设定的"认罪",应当作为"认罚"的前置性条件进行整体性解释,即包括影响刑事责任有无及大小的犯罪事实。尽管"两高三部"《2019年指导意见》第6条规定,"……虽然对行为性质提

---

① 参见陈光中、马康:"认罪认罚从宽制度若干重要问题探讨",载《法学》2016年第8期。

② 参见董坤:"认罪认罚从宽制度下'认罪'问题的实践分析",载《内蒙古社会科学(汉文版)》2017年第5期。

出辩解但表示接受司法机关认定意见的,不影响'认罪'的认定",但所谓"接受司法机关认定意见",在审查起诉阶段,当然意味着对检察机关指控罪名的认可,否则,不可能被视为接受司法机关的认定意见。而且,既然认罪认罚具结书中列明了检察机关指控的罪名,如果被追诉人承认指控的犯罪事实,但却不认可检察机关指控的罪名,就不可能签署认罪认罚具结书,不可能被视为"认罪"。所以,实务中的"认罪"标准当然包括"认可指控罪名"。

所谓"自愿",虽说仅仅是行为人主观方面的内容,但对案件的承办人员而言,是否属于"自愿供述",则是不以其主观意志为转移的客观存在,必须查明。而且,由于这是一种与行为人主观方面密切关联的事实,往往难以查明,需要特别强调和辨析。

首先,"认罪"是否意味着悔罪?有论者指出,认罪不同于坦白。后者是一个描述性的概念,是对自己犯罪事实的客观描述,并不一定表示完全认罪。而"认罪"是认罪悔过的简称,指的是在坦白基础上认识并承认自己的罪行。据此认为,该"认罪"既包含了坦白,也包含了悔罪,即诚心悔过不再实施社会危害性行为。甚至可以说,悔罪应当作为认罪认罚从宽制度适用的前提性条件之一。[①] 还有论者指出,认罪是被追诉人悔过态度的外在体现。[②] 按照此说,认罪与悔罪是表里关系,是一个整体,认罪当然意味着悔罪。

但一般认为,认罪未必悔罪,两者是不同层面的问题。悔罪当然意味着认罪,而且包含着比认罪更加丰富的内容。有研究者将悔

---

[①] 参见勉海虹、党维燕:"基于认罪认罚从宽制度下'认罪'问题的实践分析",载《青海检察》2022年第1期。
[②] 参见苗生明、周颖:"《关于适用认罪认罚从宽制度的指导意见》的理解与适用",载《人民检察》2020年第2期。

罪分解为五个依次递进的构成要素：一是承认自己的行为已经发生；二是承认该行为构成了犯罪；三是承认自己对该犯罪负有法律责任；四是表示悔过和悔恨；五是保证将来不再犯罪。[1] 从构成要素看，认罪一般仅包含前三项内容，悔罪则起码还应当把第四项内容包括在内。而且，一个人发自内心的真诚悔罪，还包括将来对自己实施类似行为的排斥，含有痛改前非的意思。因此，完整的悔罪其实包含所有五项内容。这种差异决定了认罪与悔罪不能随意相互替换。如果根据"两高三部"的《2019年指导意见》，悔罪则是"认罚"部分的核心内容。[2]

其次，如果行为人犯有数罪，仅如实供述其中的一罪或部分罪的犯罪事实，全案不视为具有"认罪"事实，不适用认罪认罚从宽制度。当然，即便如此，对如实供述的部分仍然可以提出从宽处罚的建议。

最后，对共同犯罪案件中如何判断"认罪"，争议较大。按照传统观点，既然共同犯罪是一个整体，那么，共同犯罪人只有供述"所知"的"同案犯"，而主犯还应供述"其他同案犯的共同犯罪事实"，才能称之为"认罪"。但是，认罪认罚从宽中的"认罪"是要通过具结书由行为人签字确认的，在共同犯罪案件中，往往存在部分人认罪认罚，部分人不认罪认罚的情形。这种情况下，未经"同案犯"签字认同的"犯罪事实"不可能产生因"事实清楚、没有争议"而简

---

[1] 参见李立峰："论悔罪"，载《中国刑事法杂志》2006年第3期。
[2] 尽管现行法律规范已经明确了认罪认罚从宽制度适用上悔罪的原则性地位，就认罪与悔罪的关系究竟如何，依然存在不少分歧，值得深入研究。参见程龙："论悔罪在认罪认罚从宽制度中的体系定位"，载《苏州大学学报（法学版）》2023年第2期。

化庭审环节、提高诉讼效率的功效。但是,如果对仅就"自己个人"所实施的犯罪事实予以供认而未交代同案犯犯罪事实的情形不予认定为"认罪",势必难以发挥认罪认罚从宽制度的应有功能。据此,有论者认为,在共同犯罪的认罪认罚适用中,宜将共同犯罪人的"如实供述"限定在"自己的罪行"之内。[①]

的确,认罪认罚从宽制度中的"认罪",意味着对犯罪事实的一种预先固定。法庭审理的重心随之将转移到该认罪是否自愿上。即便共同犯罪中的部分行为人对其他同案犯的所犯罪行予以交代,只要该同案犯拒不认罪,不签署具结书,就难以达到简化诉讼程序、节约司法资源的目的。为了最大限度地发挥激励功能,促使共同犯罪人认罪认罚,应当对传统诉讼模式下共同犯罪人的"认罪"标准进行改造,即降低标准,将共同犯罪人的"如实供述"限定于"自己的罪行"。当然,共同犯罪毕竟是一个整体的存在,如果不同的行为人对该共同犯罪事实的供认存在矛盾,就意味着尚不能满足"事实清楚"的要求,就不能按照认罪认罚从宽案件来审理。

## 二、"认罚"事实的判断

顾名思义,"认罚"是指愿意接受处罚。但认罪认罚从宽制度中的"认罚"并非泛泛而谈,不应当从一般意义上简单把握。

### (一)"认罚"的特征

有论者认为,在侦查阶段,"认罚"概括地表现为表示愿意接受

---

[①] 参见刘仁琦:"共同犯罪案件认罪认罚从宽制度的适用问题研究——以诉讼客体单一性原理解析",载《西南民族大学学报(人文社会科学版)》2020年第5期。

处罚;在审查起诉阶段,"认罚"则具体化为接受检察机关拟作出的起诉或不起诉决定,对起诉决定,还当然意味着认可检察机关的量刑建议,并签署认罪认罚具结书;在审判阶段,"认罚"表现为当庭确认,愿意接受刑罚处罚,并自愿签署具结书。[①]

其实,侦查阶段的所谓"认罚"不符合这一制度的设计理念。因为,侦查阶段尚不能预先决定怎样从宽处罚,故而不可能对这种从宽处罚以具结书的形式呈现且预先固化,更不能构成对国家机关和当事人的双向约束,不能起到简化诉讼程序、节省司法资源的作用。严格来说,作为认罪认罚从宽制度中的"认罚",表现为行为人对有关司法机关拟作出的刑事处置以具结书方式作出的认可。

有论者认为,对该"认罚"可从四个方面把握:一是因果性,即认罪是前因,认罚只是其结果;如果没有认罪,所谓的认罚就不能成立。二是自愿性,即认罚必须是行为人基于自觉自愿,在没有受到外力强迫的情况下主动作出的;否则,就不成立"认罚"。三是许可性,认罚意味着行为人对犯罪行为可预期的法律后果的一般性、概括性的认同、许可。四是保证性,"认罚"不能仅停留在口头上,还应当签署具结书,以书面形式对其自愿性予以确认和担保。[②]

本书认为,"认罚"是行为人对其犯罪行为所引起的法律后果的认可和书面确认。但是,这里的"认可"不能被置换成"许可"。因为,许可具有赋权、准许的含义,反映了行为人与相对方之间的一

---

[①] 参见苗生明、周颖:《〈关于适用认罪认罚从宽制度的指导意见〉的理解与适用》,载《人民检察》2020年第2期。

[②] 参见张国轩:"'认罚从宽'的认定和实现方式",载《国家检察官学院学报》2018年第5期。

种管理与被管理的关系,显然,作为犯罪嫌疑人、被告人,不可能与公诉机关是管理和被管理的关系。

### (二)"认罚"与悔罪的关系

有论者认为,"认罚"直接体现了犯罪嫌疑人、被告人的悔罪态度和悔罪表现,因此,判断是否"认罚",考察的重点是犯罪嫌疑人、被告人的悔罪态度和悔罪表现。虽然"悔罪"是主观层面的问题,但肯定会以一定的客观方式表现出来,故应当结合退赃退赔、赔偿损失、赔礼道歉等因素来考量。如果犯罪嫌疑人、被告人口头上认罪认罚,但拒不道歉、不退赔退赃,就表明其并无悔过,不具有"认罚"事实。如果犯罪嫌疑人、被告人还暗中串供,干扰证人作证,毁灭、伪造证据或者隐匿、转移财产的,则不仅不存在"认罚"事实,还应当按照"犯罪后表现恶劣"来对待。[①]

但是,认罪认罚从宽中的悔罪可以划分为完全悔罪和不完全悔罪两种类型。前者是理想型悔罪,后者是非理想型悔罪。悔罪的程度和纯度并非认罪认罚从宽的"是与非"的判断要件,只是在认罪认罚从宽的内部,区别理想型认罪认罚与非理想型认罪认罚的界限要素。把"真诚悔罪"与否作为判断"认罚"的根据,不仅与认罪认罚的实践相悖,也会大幅降低认罪认罚从宽制度的适用效果与频率,更与认罪认罚从宽的激励导向相抵触。

按照认罪认罚从宽的制度设计,行为人无论是出于真诚悔罪而认罪认罚,还是为从宽处罚幅度所触动而认罪认罚,都是对社会有益无害的。在实践中,被追诉人的认罪认罚也许并非出自真诚悔

---

① 参见苗生明、周颖:《〈关于适用认罪认罚从宽制度的指导意见〉的理解与适用》,载《人民检察》2020年第2期。

罪,而是基于利益考量作出的选择。[①]如若将"悔罪"作为"认罚"的必备甚至是核心内容,那么,创设认罪认罚从宽制度的目标,即激励行为人及早认罪认罚,从而尽可能节约司法资源、提高诉讼效率的目标将会大打折扣甚至落空。

其实,从决策思维的角度看,既然量刑决策应具有可检测性、可验证性,那么,如果主观性的事实判断能够转化为客观性的事实审查,当然也是可行的。尽管"两高三部"《2019年指导意见》强调,考察是否"认罚",重点要看犯罪嫌疑人、被告人的悔罪态度和悔罪表现,但同时又指出,悔罪与否的判断应结合退赃退赔、赔偿损失及赔礼道歉等因素来考量。仅口头认罪但坚决不道歉不退赔退赃的,就表明并无悔过,不属于"认罚"。这就等于绕了一个大圈子后又回到了起点:核心还是要看是否"认罚",要从客观方面看是否签署具结书,是否退赃退赔、赔偿损失、赔礼道歉。如果是,则属于真诚悔罪,属于认罪认罚;反之,就不属于认罪认罚。既然如此,是否真诚悔罪的问题,其实就是一个推定问题:认罚的就推定为真诚悔罪;反之,真诚悔罪就难以成立。既然如此,不如从是否"认罚"的客观方面来直接判断,这样更简洁,也更符合决策科学删繁就简的原理。

### (三)"认罚"是否包括对定罪建议的认可

定罪建议是检察机关就定罪问题提出的建议,包括被告人的行为是否构成犯罪,构成什么罪,是一罪还是数罪,是属于既遂、未遂还是中止,以及是否属于共同犯罪,在共同犯罪中是否属于主犯,等等。

---

[①] 参见张建伟:"协同型司法:认罪认罚从宽制度的诉讼类型分析",载《环球法律评论》2020年第2期。

尽管大多数研究者认为，行为人对定罪建议的认可属于认罪范畴，但也有论者指出，认罚的内容包括被追诉人对定罪建议的认可。因为，检察机关不可能脱离罪名及其法定刑的认定直接与被追诉人就量刑问题进行协商。"定罪"是决定法定刑的前提。如果在定罪问题上存在分歧，就很难与被追诉人在量刑问题上达成一致。但是，如果将"对定罪建议的认可"纳入认罪范畴，又会造成理论研究和司法实践的混乱：在认罪认罚从宽制度确立之前，人们对"认罪"早已形成共识，即仅指被追诉人对指控犯罪事实的"承认"，至于对该事实的法律性质（如具体罪名、罪的单复数、既未遂、共犯等）的异议并不影响"认罪"的成立。如今，若为了顺应认罪认罚从宽制度的改革，将定罪建议纳入"认罪"范畴，将无异于认为，在同一个刑事法律制度下，有两个不同的"认罪"概念，这在方法论与解释学上都是难以克服的逻辑缺陷。因此，"对定罪建议的认可"不应该被纳入"认罪"的内涵。①

在本书看来，将定罪建议纳入"认罚"范畴的主张不可取。认罪与认罚，虽然都是"认"，但前者是"承认"之认，后者是"认可"之认。我国的认罪认罚从宽有别于英美法系的辩诉交易，不允许在犯罪问题（有无罪及犯罪性质的判断）上进行协商，检察机关也不可能就此征求犯罪嫌疑人、被告人的意见，行为人对犯罪事实及其定性问题只能是承认或者否认。但是，关于案件的处置（怎样从宽），存在自由裁量的空间，行为人也可以放弃一定的诉讼权利换取实体利益，因此，对量刑建议是有协商余地的，可以认同也可以不认同。

基于定罪建议的这一特殊性质，不可能将其划归到"认罚"范

---

① 参见刘灿华："'认罚'的理论构建"，载《法制与社会发展》2021年第2期。

畴之中。至于说传统上学界对"认罪"的理解，显然是按照非认罪认罚从宽案件的传统思路来考量的。作为一个新生事物，既然认罪认罚从宽制度已经走向当代中国法律实践舞台的中央，就必须顺应新时代的发展变化，对"认罪"问题作出有别于传统刑法理论的二元判断。这在方法论上不构成障碍。正如传统的刑法是根据自然人犯罪设计的，但随着法人犯罪的出现，势必要对相关制度或学说进行改造一样，道理不必多言。其实，在前述有关"认罪"问题的分析中，关于共同犯罪案件中对行为人"认罪"的判断，之所以强调应当有别于非认罪认罚从宽案件中的情形，只限于如实交代本人的犯罪事实，也是基于这种考量。

**（四）"认罚"是否包括对程序性处置方式的认可**

有论者认为，尽管在认罪认罚从宽制度中，犯罪嫌疑人、被告人对程序适用具有选择权，但是，即便其不同意适用刑事案件速裁程序、简易程序的，也不影响"认罚"的认定。①

从表面来看，这种观点似乎言之有理，但仔细分析则未必。因为认罪认罚从宽的内容有其特定载体——具结书。在具结书中，但凡不属于"认罪"的内容，理论上讲就是"认罚"的部分。既然对检察机关所建议的程序性处置方式的认可不属于"认罪"，就只能将之解释为"认罚"。而且，既然检察机关在具结书中已经提出了量刑建议和程序性处置的一揽子方案，行为人不可能仅仅对其中某一部分签字"认可"，而只能是：要么签字"完全认可"，要么不予签字、"完全不认可"。在实践中，可能的情形是，在协商阶段，行为人

---

① 参见苗生明、周颖：《〈关于适用认罪认罚从宽制度的指导意见〉的理解与适用》，载《人民检察》2020年第2期。

不愿意选择简易程序和速裁程序，而坚持普通程序。如果是这样，具结书中列明采用普通程序的处置方式即可，就不会产生不认罚的问题。

不过，既然行为人对犯罪事实及实体上的量刑结论、赔偿数额等已经没有异议，若还念念不忘法庭调查、法庭辩论等环节，非坚持按普通程序审理不可，这在逻辑上令人难以置信，无异于一个臆想性"问题"。

### 三、"从宽"事实

认罪认罚从宽制度中的"从宽"，是刑事法律中众多"从宽"的一种。与其他量刑情节的"从宽"不同的是，它不仅仅是一种功能性的从宽事实，也不限于实体层面的功能性从宽，而且，它还牵涉法定量刑情节与酌定量刑情节、可以型量刑情节与应当型量刑情节等多重情节属性的判定。

#### （一）功能性事实与要件性事实的统一体

一般而言，从宽量刑情节语境下的"从宽"并非量刑情节事实的组成部分，而是该量刑情节的功能。因此，在判断自首、立功及犯罪中止等从宽量刑情节时，其构成要件事实不包含"从宽"问题。比如，犯罪中止的要件：一是发生在犯罪过程中，二是行为人自动中止犯罪或自动有效地防止犯罪结果发生，并不包括从宽处置（免除处罚或者减轻处罚）这一后续发生的功能性事实。因为，犯罪中止事实与中止犯成立要件的符合性判断并不涉及从宽功能。它们之间是时序性的前后因果联系。

但是，认罪认罚从宽案件中的"从宽"具有特殊性。它与"认罪认罚"并非简单的"结果"与"原因"关系,实质上是一种相互制约关系,是一个整体。理由在于,正因为预先确定的"从宽"方案,激励行为人选择了"认罪认罚"。明确的、可预见的"从宽"结果既是认罪认罚的结果,也同时是认罪认罚的动因所在。而且,这一"从宽"必须体现在一定的载体中,预先固化成"白纸黑字"的可视化"协议",以具结书的方式加以明确记载和呈现。无疑,该"从宽"预决事实是控辩双方协商后形成的结果。从实践情况看,认罪认罚案件的争点主要集中在"从宽"上。在认罪认罚从宽案件中,检法关系的紧张(审判机关是否改判、公诉机关是否抗诉)及控辩关系的最终走向(被追诉者是否反悔、上诉),实质上都与"从宽"问题纠缠在一起。

**(二)实体性从宽与程序性从宽的统一体**

有论者认为,认罪认罚的从宽既包括实体上的从宽,也包括程序上的从简处理。[①] 但也有论者认为,并不能简单地将程序"从简"等同于程序"从宽"。因为,如果把程序从简视为程序从宽,对一些罪行严重的被追诉人,一旦程序未能从简,就意味着未获得程序从宽,这与认罪认罚不局限于重罪和轻罪的基本精神相悖离。因此,是否属于程序从宽,要从认罪认罚本身独有的从宽优待及被追诉人是否基于认罪认罚获得了程序性利益来考量。

另外,在其看来,认罪认罚中的程序从宽包括两大类:一是基于认罪认罚从宽制度新增的独有的程序优待。比如,获得程序性的协商选择权,约见值班律师权,要求检察机关听取其意见并予以回

---

① 参见苗生明、周颖:《〈关于适用认罪认罚从宽制度的指导意见〉的理解与适用》,载《人民检察》2020年第2期。

应的权利，以及具结从宽建议的维护权等。二是与不认罪认罚的被追诉人相比能获得的更多程序性权利。比如，能够较为容易地适用轻缓强制措施，在不同审判程序交叉或者重叠时具有程序选择权，以尽快脱离程序不确定性带来的烦恼或者痛苦、摆脱诉累，等等。论者还强调指出，不应当把程序从简等同于程序从宽。程序从简着重于程序简化与提高诉讼效率，这固然为办案机关的职权便宜化提供了基础，却克减了被追诉人的程序权利，未必会使被追诉人获得程序性的从宽利益。与普通程序相比，甚至还意味着对被追诉人权利保障的更加不充分。此外，强制措施的轻缓也不同于程序从宽。因为，决定是否应当逮捕的因素是能否保证刑事诉讼的顺利进行，如果被追诉人的罪行较轻且不存在社会危险性的，即使不认罪不认罚，也不应当逮捕，这与认罪认罚的不予逮捕没有什么差别。对本来就没有社会危险性的被追诉人（无论其是否认罪认罚）适用轻缓强制措施并非从宽的体现。[1]

本书认为，认罪认罚从宽应当被视为一个整体来把握。如果行为人罪行严重，按照宽严相济原则，即使其认罪认罚，也不宜对之按照认罪认罚从宽制度给予实体从宽和程序从简，既然此时难以实现这一制度所追求的提高诉讼效率、节约司法资源的目标，那么在这种情况下，充其量只是非认罪认罚案件中的实体性从宽，与认罪认罚从宽制度中的"从宽"未必相同。反过来讲，程序从宽是认罪认罚从宽的当然内容，其核心就是程序从简和强制措施宽缓化。如果泛泛而论，程序从简的确可能对行为人的诉讼权利有所克

---

[1] 参见郭华："认罪认罚从宽制度中程序从宽的误释与重述"，载《法学杂志》2021年第5期。

减,未必对行为人有利。但是,如果行为人已经自愿、真实地认罪认罚,而且案件事实清楚,证据确实充分,那么,程序从简就不仅不构成对其权利的克减,反而有助于其及早摆脱诉累。由于认罪认罚从宽案件恰恰是也只能是在满足这些前提条件下才适用,故反对者的担忧无疑是多余的。至于各种刑事强制措施的选择适用,从理论上讲,似乎是一个非此即彼的决断,一清二楚,不存在什么问题。但现实中的情况相当复杂,往往有一个"灰色"地带,究竟是采用强硬的逮捕措施还是改用宽缓的监视居住、取保候审等,存在着行使裁量权的一个空间。在此情形下,考虑到行为人认罪认罚,积极赔偿损失并获得被害方谅解,选择适用宽缓的强制措施就是一种激励,就成为一种实实在在的"让利"。相反,如果把程序性的从宽主要界定为各种权利的获得,则会使这一程序性激励效果被"虚化"。因为论者所列举的诸多"权利",如约见值班律师权、具结从宽建议的维护权等,究竟能给当事人带来多少实在的利益,均取决于相关配套制度及其落实情况(如值班律师制度及其落实),不见得能兑现成实际利益。至于要求检察机关听取其意见并予以回应的权利其实是一种请求权。请求权固然是一种权利,隐含着某种利益,但与实际利益是有实质区别的。如果程序性的从宽主要体现为获得各种请求而非实实在在的各种利益,就很难产生真正的激励作用。

**(三)法定从宽与酌定从宽、可以从宽与应当从宽的统一**

传统上的量刑从宽情节,要么是法定从宽情节,要么是酌定从宽情节,两者界限分明。其中的法定从宽情节,要么是可以从宽,要么是应当从宽。而且,法定从宽量刑情节的从宽功能被逐一明示列举,或单一功能或多功能,没有什么争议。与此不同的是,对认罪认罚从宽情节,究竟是法定从宽还是酌定从宽,是可以从宽还是应当从宽,以及从宽功能是单一的从轻,还是也包括减轻或免除处罚,却存在截然不同的认识。

有论者认为,此处的"从宽"是指依法从宽,即参照刑法、刑事诉讼法和有关司法解释关于自首、坦白、自愿认罪、真诚悔罪、取得谅解、达成和解等规定,依法决定是否从宽以及怎么从宽等。至于该"从宽"是否具有跨档减轻或者免刑的功能,应根据不同情况判断:不具备法定减轻处罚情节的,只限于从轻处罚;但对其中犯罪情节轻微不需要判处刑罚的,可以作出不起诉决定;当然,如果认罪认罚后确实需要在法定刑以下量刑的,应当依法层报最高人民法院核准。而且,这里的"从宽"是指"一般应当"从宽。若无特殊理由,都应当从宽处罚。对可能判处三年有期徒刑以下刑罚的案件,要尽量从宽从简从快办理。此外,这里的"从宽"有例外。对犯罪性质和危害后果特别严重、犯罪手段特别残忍、社会影响特别恶劣的犯罪嫌疑人、被告人,即便认罪认罚,但如果不足以从宽的,照样不应当给予从宽。①

可以看出,该论者倾向于认为该情节属于法定情节、应当情节、多功能情节,但又有点模棱两可、闪烁其词。

与此不同,有论者明确指出,《刑事诉讼法》所规定的认罪认罚不能成为独立的法定从宽处罚情节。因为,罪刑法定原则是我国刑法的基本原则,坚持这一原则,就意味着定罪量刑的情节必须法定化即刑法典化。我国在 1997 年修订刑法时所确定的重要原则是制

---

① 参见苗生明、周颖:"《关于适用认罪认罚从宽制度的指导意见》的理解与适用",载《人民检察》2020 年第 2 期。

定"统一的刑法典",即将定罪量刑的所有内容都设计在一部刑法典中。仅根据刑事诉讼法上的"认罪认罚从宽",不能直接决定对被告人最终可以从宽到何种程度。① 亦有论者指出,如果说"认罪"部分的"坦白"或"自首"与刑法中的法定量刑情节可以对应的话,"认罚"部分却没有实体法的法定量刑情节相对应,充其量只是对应所谓的"被告人认罪态度好"等酌定量刑情节。而认罪认罚从宽情节是一个整体,在此情形下就不能认为它是一个法定的从宽量刑节。至于该量刑情节的功能,则属于法律上的"可以"从宽,操作上的"应当"从宽。②

本书认为,我国的认罪认罚从宽制度作为一个新生事物,是借鉴英美法系国家辩诉交易制度的优点并结合中国实际予以改造的产物。它突出了对犯罪治理的刑事一体化考量,顺应了当代世界合作型司法的发展态势。因此,不能囿于传统刑法理论中有关量刑情节的分类进行刻舟求剑式的判定。

刑事一体化的思考,其中一个重要方面,就是要打破实体法与程序法截然分离、画地为牢的设想。故不能想当然地认为,量刑情节只能由刑法大包大揽地规定。相反,不论是刑法的规定还是刑事诉讼法的规定,都当然是"法定"。据此,不能因为认罪认罚从宽规定在刑事诉讼法中,就否定认罪认罚从宽情节的法定性。至于该量刑情节的功能,当然只能比自首、坦白的从宽功能更加丰富而非相反。换言之,应当包括从轻和减轻功能,同时包括免除处罚功能。

---

① 参见周光权:"论刑法与认罪认罚从宽制度的衔接",载《清华法学》2019年第3期。
② 参见李怀胜:"抵牾抑或兼容:认罪认罚从宽制度的实体法定位",载《云南民族大学学报(哲学社会科学版)》2021年第2期。

如所周知，对认罪认罚从宽的，如果犯罪较轻，完全可能酌定不起诉。这种程序性出罪完全免除了行为人的刑事责任，比定罪但免除处罚的方式更加彻底。因此，按照举轻以明重的解释论逻辑，免除处罚的功能自然是在认罪认罚"从宽"的应有"射程"之内。只不过，需要根据案件实际，尤其是根据认罪认罚从宽的价值，酌情加以决定。可见，其"从宽"幅度具有酌定性。此即"法定性"与"酌定性"的统一。

那么，这一从宽情节是"应当"情节还是"可以"情节？结论是"应当"情节和"可以"情节的统一。从宏观上讲，认罪认罚从宽，只是"可以"从宽，应当存在例外，即犯罪性质严重、情节恶劣的，按照宽严相济原则当严的案件，不可以从宽。但从微观上讲是"应当"情节，即什么情况下从宽，什么情况下不予从宽，"两高三部"的《2019年指导意见》已经有明确规定，并非可以自由斟酌适用。

**（四）"从宽"与"认罚"关系之辨**

直观地考察，认罪认罚在前，从宽处罚在后，从宽是对所"认可的处罚"之"打折"。换言之，"认罚"是对刑罚"原价"的认知与接受，而"从宽"则是在该"原价"基础上的"折扣价"，是一种优待。这意味着，所认可之"罚"尚不是从宽后的结局。据此，有论者指出，如果认为"认罚"是指对从宽之后的量刑的认可，就如同商家不标明原价而直接标明折后价一样，究竟是否在打折，打折多少，消费者一无所知。要让消费者心中有数，进而决定是否接受该标价，理当是先表明原价，然后标明折扣并形成折扣价，才让人一目了然。基于这一类比，为了使被追诉人明确知道自己是否因认罪认罚而获得从宽，该"从宽"就应当是认罪认罚之后的法律效果，而非早已包含在所认可的量刑建议之中。简言之，是认罚后的从宽而非对从宽的认罚。否则,会限缩对犯罪嫌疑人、被告人的从宽范围,将本来应获得的从宽激励消弭在"认罚"之中,导致从宽激励不足。[①]

上述主张,初看起来似乎有说服力,其实却经不住推敲。

首先,认罪认罚从宽中的"从宽",是以具结书为载体被预先固定了的,体现为检察机关提出的量刑建议。一般情况下,法院采纳的从宽处罚结果也是这一结果。除此之外,再无所谓的"打折"。换言之,行为人签字认可的所谓"罚"就是这一量刑建议指涉的相关法律后果,"从宽"已经被所"认"之罚完全包容。

其次,从逻辑上讲,的确应当先判定非属于认罪认罚情况下的处罚结果,然后再根据认罪认罚的情形考虑从宽,并进而生成"从宽"后的"处罚结果"。但就具体操作而言,既然"认罪认罚"是要签字的,如果对签字后的从宽结果予以明确并再一次签字方可成为法院监督审查并一般应当采纳的控辩双方"合意"的话,就会叠床架屋、非常烦琐。所以,一般而言,在控辩双方就量刑问题进行协商的过程中,控方首先会释明如果行为人不认罪认罚时将会如何处理,再告知若认罪认罚,会是怎样的从宽结果。行为人在这种从宽优惠的激励下,也许纠结再三后,最终做出认罪认罚的选择。因此,从宽处罚前的"原价"在控辩协商过程中已显现过,只是没有以特定方式"明码标价"而已。

再次,非属于认罪认罚的情形起码包括"只认罪不认罚"及"既不认罪也不认罚"两种情形,而认罪认罚的情形则必须是既认罪又认罚,故在它们之间,并非只对应于一个固定的"折扣",更不是

---

[①] 参见程龙:"误区与正道:认罪认罚从宽的实体法定位",载《甘肃政法学院学报》2020年第1期。

简单的数字计算。①

最后，不能把我国的认罪认罚从宽混同于国外的辩诉交易，这里的关键，是不允许在罪与非罪、一罪与数罪及犯罪形态等问题上进行协商。但不可否认的是，我国的认罪认罚从宽制度借鉴了辩诉交易制度的合理成分，其核心就是通过从宽优惠，鼓励行为人在认罪的基础上认罚，从而节省司法资源，提高诉讼效率，促进社会关系的和谐稳定。这种"互惠"思维，在一定程度上隐含着在处罚问题上的"交易思维"。应当说，任何一种制度都有它可能的不利方面，认罪认罚从宽制度概莫能外。但不能因此就因噎废食，谈"交易"而色变。恰恰相反，之所以强调量刑协商或者处罚协商，就是要一改对抗式的司法模式，引入合作型的司法模式。谈合作，必然是"双赢"的、"互惠"的。只有对控辩双方而言均有利可图，才有合作的可能性，而这种利益交换需求与"交易"思维的运用水乳交融，互为表里。

## 四、认罪认罚从宽情节的整体把握

### （一）认罪认罚从宽情节的符合性判断

对于准量刑决策中涉案事实的定性评价，实质是有关事实与认罪认罚从宽量刑情节构成要件的符合性判断。与其他从宽量刑情节之定性评价不同的是，认罪认罚从宽情节是一个复合型、包容性的情节，其构成要件比传统的从宽量刑情节要复杂得多，因此，其定

---

① 当然，在具体的案件中，被追诉人不认罪认罚的情形可能是特定的，要么是既不认罪也不认罚，要么仅仅是不认罚而已。如果只"认罚"而不认罪，其实就是既不认罪也不认罚。因为，"认罚"必须建立在认罪的基础之上。

性评价也颇具特点。

认罪认罚事实总体上分成三种组合,一是"自首+认罚",二是"坦白+认罚",三是"当庭自愿认罪+认罚"。

其中,自首的核心要件是自动投案和如实供述自己的罪行;坦白的要件是,犯罪嫌疑人在侦查和审查起诉阶段如实供述自己的罪行(如为司法机关尚未掌握的同种罪行,必须是该同种罪行中的较重罪行);而当庭自愿认罪,意味着既不构成自首,也不成立坦白,但被告人当庭自愿承认被指控的犯罪。

认罚的情形包括:第一,退赃、退赔。前者是指将犯罪所得的赃款或赃物直接退还被害人或者上缴司法机关;后者是指因赃物已经被非法处置、毁损等,无法退还原物,故采取折价方式直接赔偿受害人或者上缴司法机关。第二,积极赔偿损失与取得谅解。前者指在侵犯人身权利类犯罪中,行为人积极赔偿因犯罪行为致被害人生命健康等受侵害而引发的各种经济损失,如医疗费、残疾赔偿金及抚养费等;后者指行为人因退赃退赔或积极赔偿损失或赔礼道歉、认罪悔过等取得被害人或其家属谅解的行为,或者因亲情原因,或者因行为人确实经济拮据而无力退赔、赔偿但悔罪态度诚恳等,取得被害人或其家属谅解的情形。第三,刑事和解。其构成要件包括:属于"可以和解"的法定公诉案件;[①] 因真诚悔罪获得被害人谅解;在公检法机关主持下达成和解并制作了和解协议书。

准量刑决策中涉案事实的定性评价涉及两大方面因素,一是肯

---

① 一是因民间纠纷引起的刑法分则第四章、第五章犯罪,且可能判处的刑罚在三年有期徒刑以下;二是除渎职罪之外的可能判处七年以下有期徒刑的过失犯罪案件;三是非属于五年内曾故意犯罪的情形。

定因素，另一是否定因素，二者不可偏废。

否定因素意味着，只要存在该因素，就不能将该事实评价为认罪认罚从宽量刑情节；肯定因素意味着，只有具备所有的肯定因素时，该事实才能被作为认罪认罚从宽量刑事实对待。否定要素包括：犯罪事实不清、证据并非确实充分的；犯罪嫌疑人、被告人因受到强迫而认罪认罚的；虽然认罪认罚但所犯之罪性质恶劣、手段残忍、社会危害性严重、群众反映强烈的；认罪认罚之后反悔的；有能力赔偿而拒不赔偿，甚至转移财产、订立攻守同盟的；在一审之后才认罪认罚的。肯定因素是指与前述构成要件相符的事实，必须全部具备，否则，认罪认罚从宽就不能成立。比如，必须签署具结书（符合法律规定的未成年人案件等除外）；根据不同的认罪类型，自首、坦白或者当庭自愿认罪，三者必居其一；根据认罚的要求，必须有实际表现而非仅仅停留在口头上。比如，存在退赃退赔、积极赔偿损失的真挚努力等。

对认罪认罚从宽案件的事实评价，要特别注意禁止重复评价问题。认罪认罚从宽情节虽然是一个独立的量刑情节，但它本身是由复合事实构成的情节。不仅排列组合多样，而且在每一部分内部，也存在不少交叉、包容的内容，稍有不慎，就可能导致重复评价。比如，既然认罪，必然是自首、坦白或当庭自愿认罪，三者必居其一，不可能在认罪的同时，又把这三种情形分别予以评价。再如，既然认罚，肯定要有退赃退赔、积极赔偿损失等表现，这些表现一般也是判断行为人是否真诚悔罪的根据，更是能否获得被害人或其家属谅解的重要原因。因此，如果行为人因真诚悔罪并获得被害人谅解，在公检法机关主持下最终达成和解协议，从而构成认罪认罚从宽的，就不应当再对退赃退赔、积极赔偿损失、真诚悔过、获得被害人谅解等认罚情形重复评价。①

需要强调的是,定性评价是对整个认罪认罚从宽量刑情节的总体把握,应当关注实质问题,避免陷于无谓的争论之中。

认罪认罚从宽量刑情节固然是由三个部分构成的,没有局部就没有整体,从这个意义上讲,分别就认罪事实、认罚事实以及预先固定的从宽合意进行分析是有必要的。但是,不应当过分陷入某种事实究竟应划归哪一部分等无谓争论。比如,真诚悔过究竟是认罪还是认罚,对罪名定性的认同究竟是认罪还是认罚,以及认罪认罚从宽量刑情节是法定量刑情节还是酌定量刑情节,等等。② 认罪认罚既然是一个整体,不论某一事实归属于哪一部分,只要它属于认罪认罚从宽情节的构成要件事实即可。而且,不论认罪认罚从宽情节是法定量刑情节还是司法解释规定的量刑情节(抑或酌定量刑情节),只要这一情节应当对案件的量刑产生实质性影响即可。

尤其要关注的是,对某一事实是否属于认罪认罚从宽量刑情节的判断,关键在于对"认罪 + 认罚"的自愿性、明智性及真实性的审查。

自愿性是认罪认罚从宽制度适用的前提。在对抗型司法中,为了保障控辩双方的平等对抗,国家赋予了被追诉方辩护权,并确立

---

① 认罪认罚从宽与刑事和解有可能形成重合或交叉,需要防止重复评价;但有时,它们之间也可能没什么交集,需要分别评价。认罪认罚从宽的,未必能够满足刑事和解的条件。比如,不在和解的案件范围之列,或者与被害人不能达成谅解。同样,达成和解的,也未必符合认罪认罚从宽的条件。比如,被告人真诚悔罪,并向被害人赔礼道歉、赔偿损失,取得了被害人谅解并签订了刑事和解协议,但是被告人不认可司法机关对其犯罪事实的定性,不认可司法机关的量刑建议。这时候不至于引发重复评价的问题。

② 应当说,还是有部分学者在频频纠缠于此类问题的界分,在本书看来大可不必。

了无罪推定原则及直接言辞原则、证人出庭原则、非法证据排除原则等。这些制度设计是国家赋予被追诉人的权利，但其实施有赖于被追诉人的主动行使。可是，被追诉人作为理性人，拥有"放弃权利的权利"。如果为了在实体上获得更大的从宽处遇并在程序上及早摆脱不必要的讼累，其有可能选择认罪认罚，放弃这些保障性权利。显然，这种选择事关重大，必须由犯罪嫌疑人、被告人本人亲自作出，必须确保其选择是自愿的。这是程序正义的基本要求。如果在刑讯逼供等非自愿的情形下适用所谓的"认罪认罚"，那就从根本上失去了正当性。

认罪认罚的"自愿性"包含意识因素与意志因素两个方面。前者是指犯罪嫌疑人、被告人认识到自己的行为已然构成了犯罪，并且对认罪认罚可能带来的一系列法律后果了然于胸。比如，在程序法层面，包括法庭审理将受到限缩、程序权利将受到减损等；在实体法层面，包括对案件基本事实、犯罪性质、罪名、犯罪形态等具有清晰的认识。[①] 后者是指犯罪嫌疑人、被告人在意识明确的前提下，基于自愿，向司法机关认罪认罚、追求从宽法律效果。

由于对"自愿性"的判断所针对的是行为人主观层面，故必须借助客观方面的内容，做到慎之又慎。具体而言，应从三个方面加以把握：其一，在审前阶段，侦查、检察机关是否充分履行了权利告知义务，被告人是否了解其所认之罪的性质以及认罪认罚的法律后果；其二，被告人是否获得了有效的法律帮助，有关律师是否为其

---

[①] 关于犯罪嫌疑人、被告人对案件事实的认知程度，认罪认罚从宽制度应当有别于一般的自首、坦白。只有这样，才能保障认罪认罚的准确性和稳定性，才能与具结书所载明的内容相一致。参见王迎龙："认罪认罚从宽制度基本原则的教义学分析"，载《湖北社会科学》2020年第7期。

提供了有效的法律咨询以及在程序选择、量刑协商等方面的法律帮助;其三,被告人的认罪认罚是否受到了有关机关或者人员的威胁、引诱和欺骗。

明智性是自愿性的基础。明智性意味着通达事理、判断正确。认罪认罚从宽的明智性意味着:其一,对选择适用认罪认罚从宽制度领悟恰当;其二,对其主动认罪认罚带来的利弊得失有清晰认知。根据明智性的要求,行为人认罪认罚,或者是基于真诚悔过,或者是基于对指控的证据材料的充分知悉,不再有侥幸心理,欲尽快摆脱诉累。正是基于明智的判断,确保了被追诉人认罪认罚的自愿性。

比较而言,对被追诉人认罪认罚明智性的保障比自愿性更易被忽视。因为,认罪认罚的明智性比自愿性要求更高。为确保明智性:第一,必须对犯罪嫌疑人、被告人的认知能力和精神状态是否正常进行审查。第二,必须对犯罪嫌疑人、被告人是否知悉其享有的诉讼权利和认罪认罚的法律规定进行审查。第三,办案人员,尤其是辩护律师或值班律师,应结合案情充分释明选择认罪认罚的利弊得失,尤其要结合对控方证据材料的审查判断进行充分说明。第四,必须保障被追诉人对全案的认识和把握。为此,必须强化律师法律服务的有效供给,强化追诉机关就案件事实、证据对被追诉人应尽的告知义务,并强化其在法律适用方面承担的释法说理责任。

当然,明智性不仅体现为对认罪认罚本身的明智性,还包括认罪认罚的时机选择等方面。《2019年指导意见》明确规定:"在刑罚评价上,主动认罪优于被动认罪,早认罪优于晚认罪,彻底认罪优于不彻底认罪,稳定认罪优于不稳定认罪。"因此,若定罪证据充分且不存在证据效力问题,辩护律师或值班律师应建议被追诉人尽早认罪、彻底认罪并稳定认罪,从而争取最大的从宽优惠。

真实性是适用认罪认罚从宽的基础与底线。在认罪认罚从宽案件中,犯罪嫌疑人、被告人既然已经认罪认罚,控辩双方对刑事责任问题已达成合意,传统模式下基于控辩对抗生成的案件事实发现机制及相关诉讼程序将失去用武之地。此时,若缺乏专门针对该类案件真实性的保障机制,就很有可能产生冤假错案。比如,不排除因犯罪嫌疑人、被告人的认识错误或替他人顶罪等原因而虚假"认罪",或因证明标准的瑕疵及案外因素的干涉,导致对案件事实把握失真。可见,即便犯罪嫌疑人、被告人具有认罪认罚的自愿性,也并不意味着案件就一定符合客观事实。

所有的刑事案件,当然也包括认罪认罚案件,都必须以客观事实为依据。符合客观事实,这是公正司法的最基本要求。尽管认罪认罚从宽案件允许控辩双方就从宽问题协商沟通,但必须以查明的案件事实为基础。事实本身不允许被"协商",这是办理认罪认罚从宽案件必须坚守的底线。因此,对于认罪认罚案件仍应当坚持犯罪事实清楚,证据确实、充分的证明标准,并排除合理怀疑。为此,应当对认罪认罚的基础事实进行实质性审查。这包括:犯罪事实是否存在;犯罪行为是否确实系被告人所为;控方的指控是否存在法律适用错误;控方的量刑建议是否适当。对犯罪构成要件事实是否存在以及行为是否确实系被告人所为,审查判断者必须形成内心确信,达到排除合理怀疑的程度。

应当指出,虽然法律规范既强调认罪认罚应符合自愿性,也强调案件处理要坚持法定证明标准、符合真实性,但总体来看,由于理性人一般不会自陷于罪,且一般情况下被追诉人自愿供述的犯罪同事实真相之间相一致,故实践中对自愿性的审查判断可能会更加强调,对真实性的把关则易被忽视,所以尤其要紧绷对真实性严加审查判断的这根弦。

**(二)定性评价实例分析**

[案例10.严某入房盗窃案]2018年某日下午,严某踹门进入金某搭建在杭州萧山区某镇某村的苗木地内的一处平房,窃得电视机2台、冰箱1台、水泵1只及塑料桶4只等物,鉴定结论为货值共计人民币1198元。当地公安机关破获此案后,移送检察机关审查起诉,并在起诉意见书中标明严某自愿认罪认罚,建议适用认罪认罚速裁程序。办案部门的承办检察官接收案卷材料后,制作了有关告知文书,对犯罪嫌疑人进行认罪认罚从宽的权利义务告知及案卷材料初查。初查情况表明,此案事实清楚、证据确实充分,侦查机关是按照"入户盗窃"认定犯罪嫌疑人构成盗窃罪的,犯罪嫌疑人严某自愿认罪认罚。但承办检察官对案发现场勘查后却发现,该平房处在一片苗木地的中心,虽然与外界相对隔离,且房子内摆放有床、衣柜、桌椅、厨具等生活用具,却不能被界定为"供他人家庭生活"的场所——"户"。因为,据被害人金某介绍,该平房仅供被害人在农忙时偶尔过夜使用,且长期供不同的、流动性很强的员工居住,起的是"临时工棚"作用。换言之,案发时,该平房尽管具有供他人家庭适用的功能,但实际上并未处于这种状态。基于此,认为对此案行为人不能以"入户盗窃"定罪。考虑到整个案件情节显著轻微、危害不大,虽然严某本人"认罪认罚",但不应当按照认罪认罚从宽案件定性,而是按照法定不起诉处理。故终止了速裁程序,建议侦查机关对严某给予行政处罚。

对于此案是否属于认罪认罚从宽案件,定性评价的关键在于,即便犯罪嫌疑人已经认罪认罚且其供述的案件事实与实际相符,但只要该盗窃行为不符合盗窃罪的构成要件(入户盗窃),就不能以

"认罪认罚"案件对待。相反，应认定为无罪，作出不起诉处理。尤其是，"入户盗窃"作为特殊盗窃情形之一，不再像一般盗窃罪那样强调"数额较大"这一要件，故有必要进行更加严格的解释。此案中，是否属于"入户盗窃"的判断，核心在于该平房是否应当被定性为"户"，即实际上处于供他人用于家庭生活的状态，而非单纯考虑该平房是否具有这种功能。

[案例11. 王某组装气枪案] 王某在网上多次购买精密管、弹簧、直喷阀、压力表等零件，先后在家组装枪状物，并根据零件的适配性进行更换调试以提高精准度及射程。组装完成2支后，藏匿于家中，后被公安机关查获。经鉴定，这2支枪系以压缩气体为动力的枪支，对人体有致伤力。基于此，侦查机关以非法制造枪支罪移送检察院审查起诉，但王某辩称其并非制造枪支而是非法持有枪支。

由于非法制造枪支罪与非法持有枪支罪的构成要件及法定刑差异较大，检察机关进行了多方查证。事实表明，王某在入伍期间掌握了枪械知识。尽管他没有制造零件，但其组装、调试行为是将不具备枪支专用功能的材料加工成枪支的"制造行为"，而非单纯的非法持有枪支。经过对王某释法说理，并为其申请值班律师提供法律帮助，王某最终表示认罪认罚。

据此，检察机关最终提出有期徒刑3年，缓刑3年6个月的量刑建议，并被法院采纳。

此案表明，即便犯罪嫌疑人一开始并不认同侦查机关对案件的定性结论，并对自己的行为性质进行辩解，但经过检察机关的释法说理，只要最终对检察机关的定罪结论及量刑建议自愿认同的，亦满足认罪认罚从宽的适用条件。

不过,假如此案中的王某如实供述了购买零件并组装调试成枪状物的事实,但一直对检察机关的定性结论(非法制造枪支罪)不予认同,坚称其行为属于非法持有枪支罪,那就不可能成立认罪认罚。因为,尽管抽象地讲,两罪都存在判处3年有期徒刑的可能,而且基于行为人的犯罪动机、一贯表现等,都可以考虑适用缓刑,但此案若被定性为非法持有枪支,根据行为人的实际情况,不可能被顶格判处有期徒刑3年。在此情形下,所谓的"认罪认罚"就没有了事实上和法律上的根据,就丧失了正当性。

### (三)职务犯罪案件认罪认罚从宽的审查判断

随着国家监察体制改革的不断推进及刑事诉讼法的修改,职务犯罪的认罪认罚从宽成为一个涉及《监察法》与《刑事诉讼法》"法法衔接"的重大问题。根据有关法律规定,除由检察机关立案侦查的职务犯罪之外,① 其余的贪腐、渎职类犯罪均由监察机关依据《监察法》负责调查,并按特定程序就认罪认罚从宽问题进行审查判断,这使得相关职务犯罪的认罪认罚从宽审查具有以下特点。

第一,强调被调查人认罪认罚行为的主动性。在非职务犯罪案件的认罪认罚从宽案件办理中,被追诉人的认罪既可以是主动的,也可以是被动的。但在监察机关办理的职务犯罪案件中,只有当被调查人、涉案人员在尚未与监察机关办案人员进行语言交流之前主动投案的,才能成立认罪认罚从宽。对拒不交代、欺瞒组织的,不仅不能构成认罪认罚从宽,还应当从严惩处。这体现了对此类职务犯

---

① 此类职务犯罪共14种,主要涉及司法工作人员利用职权实施的非法拘禁、刑讯逼供、非法搜查等侵犯公民权利、损害司法公正的犯罪。此类职务犯罪的认罪认罚从宽问题与其他非职务犯罪的认罪认罚从宽问题没有区别,并非此处特别关注的问题。

罪者"正向激励、反向惩罚"的监察处置理念。

第二，被调查人认罪认罚后获得从宽处罚条件的复合型。即，被调查人认罪认罚后获得从宽处罚的条件是，除主动认罪认罚之外，还必须具有下列情形之一：自动投案，真诚悔罪悔过的；积极配合调查工作，如实供述监察机关还未掌握的违法犯罪行为的；积极退赃，减少损失的；具有重大立功表现或者案件涉及国家重大利益等情形的。

第三，集体研究并报批准的程序要求。对职务犯罪人的从宽处置属于监察工作中的重要事项，实行集体负责制，必须报经领导人员集体研究决定。而且，地方纪检监察机关应当向同级党委请示汇报并向上级纪委监委报告。通过这一科学民主的决策机制，凝聚智慧，确保办案质量。这充分体现了监察机关办理此类职务犯罪案件并提出从宽处罚建议时所持的审慎立场。

第四，从宽处罚建议的强拘束力。司法机关对监察机关的从宽建议，不宜简单地视为仅供参考的建议，或视为某种求刑权，而是应当充分尊重监察机关的这一决定。这是由该建议的提出者的权责地位所决定的，也是由该建议赖以形成的条件及程序的严格性所决定的。[①]

## 第四节　准量刑决策事实的定量分析

在一般量刑决策中，定量分析是既可能从宽也可能从严的双向

---

[①] 参见赵恒："职务犯罪案件认罪认罚从宽制度研究"，载《比较法研究》2022年第2期。

度分析;准量刑决策则不同,对涉案事实的认罪认罚性质一旦确定,核心就演化成为如何从宽及从宽多少的单向度分析。不过,认罪认罚从宽事实的复合性及所承载价值的多元化特点,决定了其定量分析问题尤为复杂。

## 一、影响定量评价的因素

根据"两高三部"《2019年指导意见》第9条之规定,[1] 有论者将影响认罪认罚从宽的定量评价因素概括为8种,即:认罪认罚的诉讼阶段、对查明案件事实的价值和意义、有无悔罪表现、罪行的轻重、认罪的主动性、认罪的彻底性、认罪的稳定性以及人身危险性。该论者同时指出,这一规定虽然较为全面地涵盖了认罪认罚从宽的参考因素,避免了实践中参考因素单一的不足,但也有缺点:一是遗漏了"悔罪程度"这一重要因素。因为,有无悔罪表现并不包含悔罪程度,而不同的悔罪程度表征着教育改造的难度及预防必要性的大小,应当是一个重要的参考因素。二是这些因素之间缺乏明确的主线,在各从宽因素出现不一致的排列组合时,如何从宽就会成为棘手问题。比如,甲在侦查阶段认罪,但后续阶段不稳定;乙在审查起诉阶段才认罪,但后续阶段一直很稳定。那么,在甲乙二人罪行

---

[1] 2019年"两高三部"发布的《关于适用认罪认罚从宽制度的指导意见》第9条第1款规定:"办理认罪认罚案件,应当区别认罪认罚的不同诉讼阶段、对查明案件事实的价值和意义、是否确有悔罪表现,以及罪行严重程度等,综合考量确定从宽的限度和幅度。在刑罚评价上,主动认罪优于被动认罪,早认罪优于晚认罪,彻底认罪优于不彻底认罪,稳定认罪优于不稳定认罪。"第3款规定:"对罪行较轻、人身危险性较小的,特别是初犯、偶犯,从宽幅度可以大一些;罪行较重、人身危险性较大的,以及累犯、再犯,从宽幅度应当从严把握。"

相当的情况下,如何决定两者的从宽幅度?①

有论者认为,影响认罪认罚从宽幅度的因素包括:被害人的谅解、再犯可能性、简化程序的选择、退赃退赔的数额、家庭因素、累犯情节。②对此,有论者予以反驳道,基于罪刑相适应原则,罪行轻重固然是影响认罪认罚从宽量刑的因素,但被害人的谅解、退赃退赔的数额、家庭因素及累犯情节,既不能反映罪行的轻重,也不能被认罪认罚本身所涵盖或表征,而且《关于常见犯罪的量刑指导意见(试行)》已经明确规定了被害人的谅解、退赃退赔的数额、累犯等情节的从宽或从严幅度,再将这些情节作为裁量认罪认罚从宽幅度的因素,就有重复评价之嫌。③

在本书看来,第一,根据"两高"在 2021 年发布的《关于常见犯罪的量刑指导意见(试行)》,④尽管认罪认罚从宽情节是一个独

---

① 参见刘伟琦:"认罪认罚阶梯式从宽量刑精准化研究——兼评《关于适用认罪认罚从宽制度的指导意见》",载《北方法学》2020 年第 1 期。

② 参见周新:"认罪认罚案件中量刑从宽的实践性反思",载《法学》2019 年第 6 期。

③ 参见刘伟琦:"认罪认罚阶梯式从宽量刑精准化研究——兼评《关于适用认罪认罚从宽制度的指导意见》",载《北方法学》2020 年第 1 期。

④ 2021 年"两高"《关于常见犯罪的量刑指导意见(试行)》"三、常见量刑情节的适用"规定:"量刑时应当充分考虑各种法定和酌定量刑情节,根据案件的全部犯罪事实以及量刑情节的不同情形,依法确定量刑情节的适用及其调节比例。对黑恶势力犯罪、严重暴力犯罪、毒品犯罪、性侵未成年人犯罪等危害严重的犯罪,在确定从宽的幅度时,应当从严掌握;对犯罪情节较轻的犯罪,应当充分体现从宽。具体确定各个量刑情节的调节比例时,应当综合平衡调节幅度与实际增减刑罚量的关系,确保罪责刑相适应。"(十四)对于被告人认罪认罚的,综合考虑犯罪的性质、罪行的轻重、认罪认罚的阶段、程度、价值、悔罪表现等情况,可以减少基准刑的 30% 以下;具有自首、重大坦白、退赃退赔、赔偿谅解、刑事和解等情节的,可以减少基准刑的 60% 以下,犯罪较轻的,可以减少基准刑的 60% 以上或者依法免除处罚。认罪认罚与自首、坦白、当庭自愿认罪、退赃退赔、赔偿谅解、刑事和解、羁押期间表现好等量刑情节不作重复评价。"

立的从宽量刑情节,但自首、坦白、当庭自愿认罪、被害人的谅解、退赃退赔的数额、刑事和解及羁押期间表现好等,当然是包含在认罪认罚从宽的定量因素之中的,否则就无需特别强调,在适用了认罪认罚从宽量刑情节之后,这些情节不应当被重复评价。

第二,作为一个从宽量刑情节,考量其从宽的影响因素时,必须既考虑积极因素,也考虑消极因素。比如,黑恶势力犯罪、严重暴力犯罪、毒品犯罪、性侵未成年人犯罪等危害严重的犯罪,作为"从严掌握从宽幅度"的因素,显然对从宽量刑的幅度会产生重要影响,不可忽视。

第三,与《2019年指导意见》第9条不同的是,在"两高"于2021年发布的《关于常见犯罪的量刑指导意见(试行)》中,并没有将认罪的主动性、彻底性、稳定性作为独立的从宽影响因素对待,但却提出了认罪认罚的"程度"要素。原因在于,自首、坦白就是认罪主动性的表现,无需再叠床架屋地增加"认罪的主动性";认罪的稳定性与认罪的反复性是相对而言的,但既然行为人时供时翻,那就只能以最终认罪之时为其认罪的时间节点,并在"认罪认罚的阶段"中体现出来,没必要额外考量。至于构成自首、坦白或当庭自愿的认罪,尽管起码要对主要犯罪事实如实交代,但不同的"供认犯罪事实",其程度毕竟有别,故有必要将认罪的"程度"作为一个要素单独考量。

第四,在"两高"发布的《关于常见犯罪的量刑指导意见(试行)》中,既没有对"悔罪程度"特别强调,也没有抽象论及"人身危险性",而是代之以赔偿谅解、刑事和解等更加直观的指标。

第五,即便在"两高"发布的《关于常见犯罪的量刑指导意见(试行)》中,这些从宽因素之间也并非泾渭分明,而是相互交织在一起。比如,犯罪性质、坦白及悔罪等因素,似乎是并列的。但同时规定,对于坦白因素,要综合考虑如实供述罪行的阶段、程度、罪行轻重以及悔罪表现等情况,确定其从宽影响力。

所有这些考量,对我们就影响定量评价因素的位阶关系及排列组合进行深入探讨,具有重要启示。

## 二、影响定量评价因素的位阶关系及排列组合

### (一)位阶关系

1. 第一位阶因素:犯罪性质、罪行轻重

量刑从宽评价的核心问题是要具体落实刑事责任。而刑事责任的落实,实质是罪责刑相适应原则在具体案件中的实现。如前所述,"努力让人民群众在每一个司法案件中感受到公平正义"是认罪认罚从宽中定量评价所追求的目标所系,而"重罪重罚、轻罪轻判"更是宽严相济的核心要义。基于此,必须把犯罪性质、罪行轻重的考量放在首位。对黑恶势力犯罪、严重暴力犯罪、毒品犯罪、性侵未成年人犯罪等,尽管也应当通过适度从宽,鼓励其积极认罪认罚,但从宽的幅度必须严格控制,不能与社会公众的公平正义感相背离。否则,不可能产生良好的社会效果,而是适得其反。同时,犯罪性质、犯罪的程度越是严重,从宽量刑情节所起的作用就越应当递减,而非简单地、无差别地对基准刑乘以某种固定不变的系数;犯罪性质、犯罪的程度越是轻微,从宽量刑情节所起的作用就越应当放大,直至减轻处罚、免除处罚。在实践中,由于认罪认罚从宽案件往往伴随着实体从宽和程序从简(选择适用简易程序、速裁程序或普通程序的简易化适用),且绝大多数是轻罪,故所谓"犯罪性质、罪行轻重"因素的考量,主要应着眼于两个方面:对重罪而言,强调的是对从宽评价的严格限

制；就轻罪而论，则要尽可能地充分进行从宽评价。

再者，对量刑公正不能仅局限于从个案来把握。总体而论，犯罪案件之间的从宽量刑评价应当协调统一，否则就会导致量刑偏差，难以让人感受到公平正义。比如，从纵向关系上看，刑事案件可能形成上下游关系。上游犯罪（盗窃、抢劫、毒品犯罪等）所得的赃物通过下游犯罪（掩隐犯罪等）转移或藏匿。显然，上游犯罪的危害性远远重于下游犯罪，不能因为上游犯罪的行为人系认罪认罚，其从宽量刑评价的结果较下游的掩隐犯罪（尽管没有认罪认罚从宽）更轻，否则就会形成"量刑倒挂"。[①] 从横向关系来看，共同犯罪人之间，有的因认罪认罚带来更大从宽评价，有的则不符合认罪认罚从宽的条件。但是，作为共同犯罪人，由各自在共同犯罪中的不同作用所决定，对主犯的处罚当然应更重，对从犯、胁从犯的处罚则应当更轻。即便主犯因认罪认罚而从宽，从犯没有因认罪认罚而从宽，但主犯的量刑从宽评价结果无论如何也不应当比从犯更轻。否则，也会形成"量刑倒挂"，违背公平正义。

2. 第二位阶因素：认罪认罚的阶段、程度及价值

准确把握公正与效率的辩正关系，既是当代司法高质量发展的核心问题，也是判定认罪认罚从宽定量分析因素的根据所在。在两者关系上，公正固然永远处在第一位，是基础性的，但"迟来的正义非正义"，故这里的"公正"决不是理想主义层面的公正，而是现实主义的司法层面的公正。换言之，必须考虑司法实践中公正赖以实现的人财物力资源及时间的有限性。这是倡导"公正优先、兼顾效率"观的实质所在。之所以将"认罪认罚的阶段、程度及价值"视为仅次于"犯

---

[①] 参见庄绪龙："上下游犯罪'量刑倒挂'困境与'法益恢复'方案"，载《法学家》2022年第1期。

罪性质、罪行轻重"因素的第二位阶因素，核心理由就在于，由于犯罪人往往具有反侦查意识，加之专门机关在犯罪侦破手段、能力上的局限性，并不是任何案件都能在最短时间内破获，所有破获的案件也未必已经达到证据确实充分的程度。因此，鼓励行为人及早、主动、彻底、稳定地认罪，就具有非常重要的价值。其实，如果案件不能被及时侦破，或者证据达不到确实充分的程度，认罪认罚从宽制度所追求的所有价值目标都会落空。所以，这里的认罪阶段、程度，都是从某个层面对该认罪认罚办案价值的揭示或体现。即便认罪阶段较晚、认罪的程度并不彻底，对一些案件的办理也可能具有极高的认知价值。

此外，认罪认罚的阶段、程度及价值还有实现案件繁简分流、节省司法资源、提高诉讼效率的意义。如果说传统的自首、坦白制度早已体现了对办案价值的高度重视的话，认罪认罚从宽制度与自首、坦白相比，更加凸显了程序价值的重要性。认罪认罚从宽情节的从宽力度之所以在总体上要高于单一的自首或坦白情节，就在于它是"自首与认罚"或"坦白与认罚"的复合体，其价值远高于单一的自首或坦白。可以说，认罪认罚从宽的第二大功利因素，体现的就是"价值为王"的立法导向。

基于此，对某个因素，如自首、坦白、认罚等，如果其办案价值及资源节约价值极为有限，就不应当被赋予较大的从宽影响力，比如，对"技术性"自首、坦白或认罚等就是如此。[①] 根据"两高"发布

---

[①] 技术性认罪认罚带有一定的"表演性"。被追诉人虽然表面接受定罪与处罚，但是内心对此并不认同。在个别情况下也表现为，被追诉人虽然在法律层面对定罪与处罚真心接受，但在道德层面或自己的行为准则层面，并不认为自己有错，也不愿意在以后有所改变。参见闫召华："虚假的忏悔：技术性认罪认罚的隐忧及其应对"，载《法治与社会发展》2020年第3期。

的《关于常见犯罪的量刑指导意见(试行)》,恶意利用自首规避法律制裁的,属于不足以从宽处罚的情形。在这种情形下,"自首+认罚"的认罪认罚从宽也难以成立。

3. 第三位阶因素:退赃退赔、赔偿谅解、刑事和解

在认罪认罚从宽的定量评价中,核心是围绕"认罪"与"认罚"展开的。无论"认罪"还是"认罚",都反映的是行为人与国家及其代表机关之间的关系,即,是向国家专门机关"认罪",是接受国家专门机关提出的处罚决定。而退赃退赔、赔偿谅解及刑事和解等,反映的是行为人与被害人之间的关系。这些因素不能在定量评价中喧宾夺主,凌驾于前述两类因素的从宽影响力之上,更不可能发挥基础性作用。将这些因素作为重要的功利性因素加以考量,主要理由在于,刑事犯罪的追诉是国家治理的重要组成部分,必须尽可能地调动一切积极因素,服务于社会的和谐稳定与长治久安。而退赃退赔情况,以及是否获得被害人一方谅解及是否达成刑事和解,对于化解社会矛盾,对于犯罪人的教育改造,均具有重要意义。

当然,退赃退赔的,未必获得被害人一方的谅解;即便获得被害人一方谅解的,也未必具备达成刑事和解的其他条件。这些因素之间具有相对独立性。在大多数情况下,又存在包容性。只要达成刑事和解,就意味着获得了被害人一方的谅解,而要获得被害人一方的谅解,行为人就必须尽可能地退赃退赔、积极赔偿。为避免出现重复评价,在评价这些因素时应当注意两个方面。一是,只要把被害人谅解作为从宽因素进行评价的,就不再把行为人的退赃退赔或赔偿损失等列为独立因素予以评价;二是,根据刑事和解因素进行从宽评价的,就不再将被害人谅解、行为人退赃退赔或赔偿损失等列为独立因素予以评价。

## 4. 第四位阶因素：悔罪表现

认罪者未必悔罪，认罚者也未必悔罪。而且，准确判断行为人是否出于真诚悔罪而认罪认罚，并非轻而易举之事。所以，根据刑事诉讼法，认罪认罚的成立并不以是否真诚悔罪为条件。但在有关司法解释看来，"悔罪态度"如何，是影响认罪认罚从宽的重要因素。根据《2019年指导意见》的规定，这里的"认罚"就是指犯罪嫌疑人、被告人真诚悔罪，愿意接受处罚。犯罪嫌疑人、被告人的悔罪态度和悔罪表现，就是"认罚"考察的重点。应结合退赃退赔、赔偿损失、赔礼道歉等因素来考量。根据"两高"《关于常见犯罪的量刑指导意见（试行）》，对于被告人认罪认罚的，综合考虑犯罪的性质、罪行的轻重、认罪认罚的阶段、程度、价值、悔罪表现等因素，一般可以减少基准刑的30%以下。

在本书看来，若行为人的确基于真诚悔罪而认罪认罚的，无论出于教育改造的理由还是从预防犯罪的必要性考虑，都有必要给予充分鼓励。但不应当把"悔罪态度"的影响作用置于前三类因素之上。相反，应当将之主要作为考量是否适用缓刑的因素对待。

主要理由在于，对行为人是否属于真诚悔罪而认罪认罚的准确判断往往需要较长时间，缓刑考验期正好为进一步考察"行为人的悔罪态度是否真诚"提供了一个重要"窗口"。何况，缓刑的适用必须以行为人"有悔罪表现""没有再犯罪的危险"等为条件。如果把"悔罪态度""人身危险性小"等作为影响宣告刑的从宽因素，在宣告缓刑时又再次考虑，可能有重复评价之嫌。①

---

① 也许有人会反诘道，缓刑是刑罚的附条件暂缓执行，本质上是行刑领域的问题，而宣告刑的确定则属于量刑。在量刑中考虑"悔罪态度"与在行刑问题上考虑"悔罪态度"，视角不同，不属于重复评价。但这样的理解不能成立。因为，（转下页）

其实，将"有悔罪表现"主要作为适用缓刑的因素予以考量，并非是对悔罪表现因素不重视。因为，是否能够适用缓刑，是行为人在认罪认罚的后果中极为看重的"从宽"内容，对激励行为人作出认罪认罚的决定有着独特价值。[①] 尽管在学术界和实务部门，"判三缓四"和两年实刑相比，究竟孰重孰轻，尚存在不同看法，但对涉案的犯罪嫌疑人、被告人而言，结论是不言而喻的：缓刑当然轻，在依法不可能获取"不起诉"或"免刑"的情况下，那将是最为理想的"从宽"结局。

### （二）排列组合

1. 关于"单一变量阶梯式从宽模式"

究竟如何为认罪认罚的从宽影响力赋值，早在认罪认罚从宽制度试点时，就有过一些积极探索。影响力最大的是"321阶梯式从宽模式"，即：对在侦查、审查起诉、审判阶段开始认罪认罚的行为人进行从宽量刑时，分别给予减少基准刑30%、20%、10%的幅度从宽量刑。主要根据是，认罪认罚从宽的裁量必须遵循罪责刑相适应原则，该原则的基本含义是既注重刑罚与已然犯罪行为相适应，又注重刑罚与犯罪人的人身危险性相适应。由于行为人分别在侦查、审查起诉、审判阶段开始认罪认罚，表明其人身危险性在呈阶梯式

---

（接上页）正如同立功情节，量刑阶段要考虑，行刑阶段（如决定是否减刑、假释时）也要考虑。但这只能是分别在不同阶段出现的立功。如果把在量刑阶段已经发挥了从宽作用的"立功"情节再作为"有立功表现的"而减刑，那无疑是对同一个情节的重复评价。

① 刑罚执行方式是被告人极为看重的，有时比刑期还看得重。因为，这不仅涉及自由不自由，能否和家人团聚，到了年关还涉及能否在家过年，甚至还涉及会不会被单位开除等一系列实际利益。参见刘哲：《认罪认罚50讲》，清华大学出版社2021年版，第147页。

递增，因此，采取阶梯式从宽量刑，契合罪责刑相适应原则的要求。而且，认罪认罚从宽制度得以实施的心理基础是趋利避害的人之天性。按照阶梯式从宽量刑机制对其裁量刑罚，可以激发行为人基于趋利避害心理选择在较早的诉讼阶段认罪认罚，从而提高办案效率、节约司法资源，最大限度地实现合理配置司法资源、缓解案多人少的矛盾。这是阶梯式从宽量刑机制的实践价值所在。

对于具体的从宽比例，倡导者认为应当参考自首和坦白的从宽幅度加以确定。首先，认罪认罚阶梯式从宽量刑的最高幅度应当低于基准刑的 40%。因为，认罪认罚的行为人是在司法机关已经控制且掌握了其罪行的情况下所作出的"如实供述"，而自首是在行为人尚未被司法机关控制的状态下所作出的"如实供述"，或者虽已被控制但如实供述司法机关未掌握的罪行。所以，对认罪认罚的行为人，从宽幅度理应小于自首的从宽幅度。而自首情节的从宽，根据《关于常见犯罪的量刑指导意见（试行）》，一般"可以减少基准刑的 40% 以下"。其次，认罪认罚情节与坦白情节相比，都可能是被动归案后如实供述自己的罪行，即认罪；不同之处是，认罪认罚还有认罚情节，坦白则仅有认罪情节。据此，认罪认罚的从宽幅度理应高于坦白的从宽幅度。而对于坦白情节，根据《关于常见犯罪的量刑指导意见（试行）》，"如实供述自己罪行的，可以减少基准刑的 20% 以下"。基于此，为了激励行为人尽早认罪认罚，宜将侦查、审查起诉、审判阶段认罪认罚的从宽幅度分别设定为可以减少基准刑的 30%、20%、10%。这一阶梯式从宽量刑机制的设计理念是，认罪认罚越早的，征表人身危险性以及教育改造难度较小的，从宽的幅度越大。[①]

---

[①] 参见刘伟琦："认罪认罚的'321'阶梯式从宽量刑机制"，载《湖北社会科学》2018 年第 12 期。

此模式基于不同诉讼阶段的认罪认罚赋予不同的递减量，无疑是成立的。再者，此模式的处理方式简洁明快，便于操作，也是其明显优势。故在认罪认罚从宽制度的试点阶段，影响力颇大。

但是，这一模式存在明显缺陷。第一，变量过于单一，没有将其他一些非常重要的变量加以充分考虑。比如，犯罪性质、罪行轻重、对办案的价值等。第二，过度评价"不同诉讼阶段"这一因素对量刑从宽的意义，将之视为最重要甚至是唯一的因素。其实，如上所述，决定认罪认罚从宽的因素是多元的，而且，它们之间具有位阶关系，"不同的诉讼阶段"固然是影响从宽幅度的重要因素，但它既不是最重要的也不是唯一因素。第三，人为地将认罪认罚从宽中的"认罪"与"自首"切割对立，认为"认罪"是指行为人在司法机关已经控制且掌握了其罪行的情况下所作出的"如实供述"，不包含自首在内。显然，这与司法解释不符，也与理论界的基本共识相悖。第四，由于人为地把自首这一最为突出的"认罪"排除在外，其设定的从宽量刑幅度最大比例仅为30%，严重削弱了认罪认罚从宽应有的激励功能。第五，将不同诉讼阶段认罪认罚的从宽幅度的级差确定为10%，即依次为10%、20%和30%，难以适应认罪认罚从宽案件的复杂情况。而且，该级差的具体设定也缺乏应有说服力。实践情况表明，认罪认罚从宽的因素众多且复杂。作为一个包容性、复合型的量刑情节，其从宽功能的跨度相当大，有时候可能直接影响到对行为人的减轻处罚或免除处罚，不能一刀切地以10%的比例递减从宽。

除"321阶梯式从宽模式"外，还有一种极为近似的阶梯式递减模式，可简称为"421阶梯式从宽模式"，即，根据认罪认罚发生在侦查阶段、起诉阶段或审判阶段的不同，对之分别给予40%、20%、

10%的递减从宽量刑。与前一种模式不同的是,侦查阶段认罪认罚的从宽比例提高到40%,其余则相同。其理由是,认罪认罚与自首都应属于高级别的从宽情节,自首可以减轻基准刑的40%。虽然认罪认罚中的认罪有别于自首,但认罪认罚从宽要签署具结书,其产生的法律约束力,不可能出现于自首、坦白等情节之中。故量刑从宽也需要直接体现这一特殊法律效力,将影响量刑从宽的幅度提高到与自首相同的级别。这一模式的弊端也是显而易见的:考虑因素单一,人为地将自首与认罪认罚剥离,10%或20%的级差之设定缺乏应有的说服力,难以适应认罪认罚从宽案件的复杂情况。

2. 关于"三类三级阶梯式从宽模式"

鉴于前述单一变量递减模式的弊端,论者又结合"两高三部"《关于适用认罪认罚从宽制度的指导意见》提出了"三类三级阶梯式从宽模式"。[①] 其要旨如下:

首先,将认罪认罚区分为三大类:一是自首型认罪认罚,即具有自首情节的认罪认罚。二是坦白型认罪认罚,即具有坦白情节的认罪认罚。两者的共同点是行为人均具有不同的悔罪心理。不同点是,前者属于主动归案,悔罪态度更为积极诚恳,教育改造的难度小;后者系被动归案,悔罪态度不积极,教育改造难度较小。三是功利性认罪认罚,即行为人并没有真诚悔罪,而是在司法机关出示了证据之后,为了获得从宽处罚而选择认罪认罚,并退赃退赔、赔偿损失及赔礼道歉的情形。与前两者相比,在此情形下对行为人的教育改造难度明显加大。

---

① 参见刘伟琦:"认罪认罚阶梯式从宽量刑精准化研究",载《北方法学》2020年第1期。

其次，根据这三类认罪认罚的不同办案价值再细化为三级。属于第一级办案价值的包括三种情形：①在侦查阶段认罪认罚且后续无翻供的；②案件事实和证据存疑，经认罪后，能排除合理怀疑的；③因认罪供述避免特别严重后果发生的。属于第二级办案价值的也有三种情形：①在审查起诉阶段认罪认罚且后续无翻供的；②在侦查阶段认罪认罚后翻供、审查起诉阶段又能如实供述的；③如实供述司法机关尚未掌握的较重罪行的。属于第三级办案价值的共两种情形：①在审判阶段认罪认罚且选择速裁程序的；②在侦查或审查起诉阶段认罪后翻供、审判阶段又如实供述且选择速裁程序的。

最后，依次对这"三类三级"情形进行赋值。对自首型认罪认罚：具有一级办案价值的，减少基准刑的70%以下，犯罪较轻的，可以减少基准刑的70%以上或者免刑；具有二级办案价值的，减少基准刑的60%以下，犯罪较轻的，可以减少基准刑的60%以上或者免刑；具有三级办案价值的，减少基准刑的50%以下，犯罪较轻的，可以减少基准刑的50%以上或者免刑。对坦白型认罪认罚：具有一级办案价值的，可以减少基准刑的50%以下；具有二级办案价值的，可以减少基准刑的40%以下；具有三级办案价值的，可以减少基准刑的30%以下。对功利型认罪认罚：具有一级办案价值的，可以减少基准刑的20%以下；具有二级办案价值的，可以减少基准刑的10%以下；具有三级办案价值的，可以减少基准刑的5%以下。

建构这一模式的核心理由是，其一，认罪认罚从宽裁量幅度的设定应当契合"预防犯罪"这一刑罚正当性目的。自首型、坦白型及功利型三大不同类型的认罪认罚，反映了行为人有无悔罪以及悔罪的诚恳程度的不同。同时，根据反映教育改善难易度的不同划分三大类型的认罪认罚，也契合量刑公正的要求。因为，量刑公正除了应遵循罪责刑相适应原则外,还应遵循量刑个别化原则。这意味着,在进行刑罚裁量时,应当与行为人的人身危险性大小相适应,而教育改善的难易度就是衡量人身危险性及预防必要性的重要指标。其二,根据认罪认罚为司法机关提供的办案价值的大小考虑从宽幅度,可以激发行为人为司法机关提供帮助,提高办理刑事案件的效率。"两高三部"发布的《关于适用认罪认罚从宽制度的指导意见》把"认罪认罚的不同诉讼阶段"和"对查明案件事实的价值和意义"均视为认罪认罚案件中决定从宽量刑的主要参考因素,道理即在于此。

本书认为,从总体上讲,这一模式较前述"单一变量阶梯式从宽模式"有更大合理性。第一,它不是把认罪认罚的阶段作为唯一因素或最主要因素,而是综合考量了多种因素。第二,它不是把自首与认罪认罚并列,而是把自首作为认罪的类型之一。第三,它充分考虑了认罪认罚的办案价值,并将之作为影响从宽的重要因素。第四,对从宽影响力的设定,不限于10%的级差,而是根据不同类型分别设定,并且从宽的幅度可以从5%以下到70%以上,甚至免除处罚。

但是,这一模式也存在不足。一是没有能够始终将罪行的轻重作为影响从宽评价的最基础因素,只是在具有一级办案价值的因素中加以考量。二是误把教育改善的难易度作为最主要的参考因素,进而以是否真诚悔罪及悔罪程度大小作为决定从宽影响力的主要标准。

3."以罪行轻重为基础,以办案价值为主导,以促进社会矛盾化解为重要目标,以强化缓刑适用为原则"赋值模式之倡导

第一,将罪行轻重作为影响认罪认罚从宽的最基础因素。这是因为,罪责刑相适应原则是量刑从宽评价的最基本原则。这里的罪

行轻重是指行为的危害性及危害后果的轻重,而不是行为人人身危险性的大小,更不是改造的难易程度。故不应当把坦白、自首及非属于坦白自首的认罪认罚作为最基本的从宽分类,而是应当根据罪行轻重因素,把认罪认罚从宽区分为三大类型:轻罪(应处3年以下有期徒刑的被告人所犯之罪)、一般犯罪(应处3年以上5年以下有期徒刑的被告人所犯之罪)和重罪(应处5年以上有期徒刑的被告人所犯之罪)的认罪认罚从宽。① 这意味着,同样的认罪认罚情节,对犯轻罪者,从宽力度应当最大,没有上限,可以直至免除处罚;对犯一般罪者,从宽力度居中,应当有从宽的上限和下限。对犯重罪者,从宽力度应当严格控制,主要限于办案价值因素的从宽。

第二,根据认罪认罚对办案的价值,依次将轻罪、一般犯罪及重罪中的认罪认罚分为第一级价值的认罪认罚(①因认罪供述避免特别严重后果发生的;②如实供述司法机关尚未掌握的较重罪行的;③案件事实和证据存疑,经认罪后,能排除合理怀疑的)、第二级价值的认罪认罚(①在侦查阶段认罪认罚后翻供但审查起诉阶段又能如实供述的;②在审查起诉阶段认罪认罚且后续无翻供的)和第三级价值的认罪认罚(①在审判阶段认罪认罚且选择速裁程序的;②在侦查或审查起诉阶段认罪后翻供,审判阶段又如实供述且

---

① 2022年,被判处五年有期徒刑以上的被告人仅占8.3%,判处有期徒刑三年以下的超过85.5%。参见贾宇:"加强中国特色社会主义刑法学研究 为推进中国式现代化提供有力法治保障——在中国刑法学研究会2023年全国年会上的工作报告"。也就是说,被判处三年以上五年以下有期徒刑的被告人约占6.2%。而且,这种统计口径意味着,随着轻罪化时代的到来,重罪的比重急速减少,故重罪门槛被大幅下调。在轻罪占比的"蚕食"之下,一般罪的"体量"也已经大为缩减,成为犯罪中的"小众"。为简洁起见,可以从程度上大致划分如下:轻罪(3年以下有期徒刑)、一般罪(3年以上5年以下有期徒刑)和重罪(5年以上有期徒刑)。

选择速裁程序的）。

为了体现犯罪轻重的"变压器"功能及办案价值因素的从宽主导作用，对犯轻罪并有一级办案价值的认罪认罚因素，适用"两高"《关于常见犯罪的量刑指导意见（试行）》中的"最大"从宽比例（60%以上，但未必免刑）；对犯重罪者并有一级办案价值认罪认罚因素的，适用其"最小"从宽比例（30%以下，且对罪行性质严重、恶劣的犯罪应从严掌握）；对犯一般罪且具有一级办案价值认罪认罚从宽因素的，则取其中间值（30%以上60%以下）；依次类推。

具体而言，第一，对犯轻罪者具有一级办案价值认罪认罚因素的，可以减少基准刑的60%以上；对犯一般罪者具有一级办案价值认罪认罚因素的，可以减少基准刑的30%以上60%以下；对犯重罪者具有一级办案价值认罪认罚因素的，可以减少基准刑的30%以下，但对抢劫、强奸等严重危害社会治安犯罪的，应当从严掌握。

第二，对犯轻罪者具有二级办案价值认罪认罚因素的，可以减少基准刑的30%以上60%以下；对犯一般罪者具有二级办案价值认罪认罚因素的，可以减少基准刑的30%以下；对犯重罪者具有二级办案价值认罪认罚因素的，可以减少基准刑的15%以下，但对抢劫、强奸等严重危害社会治安犯罪的，应当从严掌握。

第三，对犯轻罪者具有三级办案价值认罪认罚因素的，可以减少基准刑的30%以下；对犯一般罪者具有三级办案价值认罪认罚因素的，可以减少基准刑的15%以下；对犯重罪者具有三级办案价值认罪认罚因素的，可以减少基准刑的5%以下，但对抢劫、强奸等严重危害社会治安犯罪的，应当从严掌握。

第四，在上述从宽基础上，根据退赃退赔、积极赔偿损失及与被害方达成谅解的情况，进一步"加码"从宽力度：

犯轻罪并有一级办案价值从宽因素且与被害方达成谅解或和解的,免除处罚;犯轻罪并有二级办案价值从宽因素且与被害方达成谅解或和解的,减少基准刑的60%以上,并适用缓刑;犯轻罪并有三级办案价值从宽因素且与被害方达成谅解或和解的,减少基准刑的30%以上60%以下,适用缓刑。

犯一般罪并有一级办案价值从宽因素且与被害方达成谅解或和解的,减少基准刑的60%以上,符合缓刑适用条件的,适用缓刑;犯一般罪并有二级办案价值从宽因素且与被害方达成谅解或和解的,减少基准刑的30%以上60%以下,符合缓刑适用条件的,适用缓刑;犯一般罪并有三级办案价值从宽因素且与被害方达成谅解或和解的,减少基准刑的30%以下,符合缓刑适用条件的,适用缓刑。

犯重罪并有一级办案价值从宽因素且与被害方达成谅解的,减少基准刑的30%以上60%以下,但对抢劫、强奸等严重危害社会治安犯罪的,应当从严掌握;犯重罪并有二级办案价值从宽因素且与被害方达成谅解的,减少基准刑的30%以下,但对抢劫、强奸等严重危害社会治安犯罪的,应当从严掌握;犯重罪并有三级办案价值从宽因素且与被害方达成谅解的,减少基准刑的15%以下,但对抢劫、强奸等严重危害社会治安犯罪的,应当从严掌握。

4.若干说明

首先,对轻罪、一般罪及重罪因素的考量,类似于认罪认罚从宽因素的"变压器":同样的一个认罪认罚从宽因素,如果作用于轻罪者,从宽力度应被充分放大;如果作用于重罪者,从宽力度则必然锐减。惟有如此这般地"轻轻重重",方能确保宽严相济政策的贯彻落实。

其次,"两高"发布的《关于常见犯罪的量刑指导意见(试行)》

对认罪认罚从宽的比例有较为明确的规定,但依然有必要进一步细化。而强调办案价值的主导作用,就要体现在对该从宽比例的选择适用上。要旨是,对一级办案价值的认罪认罚从宽,适用于轻罪时,取最大值(即60%以上,但未必免除处罚,以便为其他从宽因素的考量留下空间);适用于重罪时,则相反,取最小值。而对于一般犯罪,则介于前两者之间。

再次,从促进社会和谐稳定,发挥刑法社会治理功能的角度看,能否与被害方达成和解或谅解,意义重大,应当通过加大从宽力度进行激励。而欲与被害方达成和解或谅解,需要被告人在退赃退赔、赔偿损失、赔礼道歉等方面积极努力,这也是其真诚悔改的客观表现所在。因此,只要积极退赃退赔、赔偿损失、赔礼道歉的,即便被害方不予谅解,也应当给予更大力度的从宽;如果因此达成谅解或者和解的,只要满足缓刑的条件,就尽可能地适用缓刑。

复次,之所以没有把自首、坦白、当庭自愿认罪作为划分认罪认罚从宽类型的独立根据,主要原因在于,自首型认罪认罚,当然是仅存在于侦查或调查阶段或者之前,当庭自愿认罪则仅存在于审判阶段,只有坦白型认罪认罚才可能出现于侦查、起诉及审判等三个不同阶段,三者并不存在诉讼阶段的完全对应性、可比性。质言之,仅在侦查阶段,坦白型认罪认罚与自首型认罪认罚具有可比性;在审判阶段,坦白型认罪认罚与当庭自愿认罪认罚具有可比性;在起诉阶段,坦白型认罪认罚是一种独有的认罪认罚从宽类型,没有共存的其他类型与之并列。而且,自首、坦白、当庭自愿认罪认罚的从宽幅度,实质上取决于各自的办案价值和促进社会和谐稳定方面的价值,通过这两个方面的指标考量,就足以实现区别对待的目的。

最后,抽象地讲,被判处轻罪(处3年以下有期徒刑之罪)的被告人,似乎不可能具有一级办案价值(①因认罪供述避免特别严重后果发生的;②如实供述司法机关尚未掌握的较重罪行的)的评价因素,但也未必尽然。在一些共同犯罪案件中,从犯、胁从犯的应判刑可能为 3 年以下有期徒刑,但如果该共同犯罪的总体性质并不轻,那么,其供述行为完全有可能避免特别严重后果的发生,或者供述的是司法机关尚未掌握的较重罪行。此外,抽象地讲,判处 5 年以下有期徒刑之罪的被告人所触犯之罪已不属于轻罪,似乎不可能与被害方达成和解,但也未必尽然。因为,除渎职类犯罪之外的过失犯罪,即便应判刑在 5 年以下,也可能与被害方达成和解。再者,应判处 3 年以上有期徒刑之罪的被告人,抽象地讲,似乎没有适用缓刑的余地。但是,一旦因其具有认罪认罚的一级或二级办案价值从宽因素,再加之具有退赃退赔、积极赔偿损失等情节的,对之加大从宽力度后,就有可能使其拟宣告刑减轻到 3 年有期徒刑以下,进而就可能具备适用缓刑的条件。在此情形下,如果同时与被害方达成了谅解,当然就应当尽可能地适用缓刑。

## 三、定量评价"明显不当"的判断问题

根据我国《刑事诉讼法》第 201 条第 2 款规定,对于认罪认罚案件,人民法院经审理认为量刑建议"明显不当"而人民检察院不调整量刑建议或者调整量刑建议后仍然"明显不当"的,应当依法作出判决。

这里的"明显不当"包括认罪认罚从宽事实的定性分析不当和定量分析不当两大方面。

定性分析方面的"明显不当"包括:被告人的行为不构成犯罪

或者不应当追究其刑事责任的；被告人违背意愿认罪认罚的；被告人否认指控的犯罪事实的；起诉指控的罪名与审理认定的罪名不一致的；等等。其核心是对认罪认罚从宽事实的真实性、自愿性、明智性及合法性进行审查判断。其难点在于两方面：一是如何防范冤假错案的发生；另一是如何确保不枉不纵。既然认罪认罚从宽只是"可以"从宽，就应当防止因对犯罪性质、危害后果、犯罪手段及社会影响的把握不准，一律从宽处理的倾向。

定量分析方面的"明显不当"，核心就是量刑建议的"畸重或畸轻"，也包括缓刑适用的不当（应当适用缓刑而未适用或者相反）。实践中，有的司法机关对量刑建议"明显不当"的尺度把握较为严苛：如果量刑建议与拟宣告刑之间的偏差率高于20%的，则认为属于"明显不当"。至于刑罚量的把控，则因拟宣告刑的刑种及刑期之不同而有异：对拟宣告刑在1年以下有期徒刑或者拘役的，量刑建议偏差值控制在1个月以内；拟宣告刑在1—3年有期徒刑的，量刑建议的差异值控制在1—3个月；拟宣告刑在3年以上有期徒刑的，量刑建议的偏差值则控制在3—6个月。有的司法机关对量刑建议"明显不当"的尺度把握则较为宽松：当量刑建议的偏差率超过50%的，才构成"明显不当"。

本书认为，应当将是否超过拟判刑的30%作为"明显不当"与否的衡量标准。理由有三：

第一，根据"两高"《关于常见犯罪的量刑指导意见（试行）》的规定，适用量刑情节对基准刑进行调节后，综合考虑全案情况，独任审判员或合议庭可以在20%的幅度内对调节结果进行调整，确定宣告刑。当调节后的结果仍不符合罪责刑相适应原则的，应当提交审判委员会讨论，依法确定宣告刑。这是因为，案件情况千差万别，为了保障调节结果与被告人的罪责相适应,必须要留有余地。可见,即便量刑建议结果与一般情况下的量刑情节调节结果相差20%左右,也不宜认定为"明显不当"。考虑到具体案件中,影响量刑的因素非常广泛,法检两家办案人员之间由于诉讼角色、职业能力、办案经验、司法观念等方面的不同,对同一案件的量刑存在一定的认识分歧在所难免,有关认罪认罚从宽制度下的量刑建议天然具有"容错性",因此,以20%的比例作为"明显不当"的标准过于严苛。

第二,民法典中"显示公平"的判断标准可资参照。在民法典中,"显失公平"与否是判断某一法律行为是否可以被撤销的根据之一。拿合同来说,按照有关民事司法解释,只有超过一般交易金额30%以上的才构成"显失公平"。这里的"显"就是"明显"之意,与刑事诉讼法中的"明显不当"相同,都应当是站在一般人立场上,根据生活经验和感受作出的判断。因此,以30%为标准进行"明显不当"与否的判定,可以说是基于法秩序统一性原理的基本要求。

第三,在我国的量刑实践中,30%的比例也是解决没有明文规定的量刑情节对基准刑调节比例问题的重要参考指标。[①]这意味着,是否超过30%这一比例,在刑事司法实践中是判断该调节比例是否过当的一条重要"红线"。

被追诉人在认罪认罚之后,其最关心的莫过于量刑问题。而在具备一定条件时,能否争取到一个"缓刑"宣告,则尤为被其看重。实践中,被追诉人认罪认罚后因一审没有判处缓刑转而上诉的情形

---

① 比如,对于量刑指导意见和实施细则没有规定的量刑情节,可以根据案件的具体情况加以适用,但比例一般不超过30%。参见南英主编:《量刑规范化实务手册》,法律出版社2014年版,第33页。

并不罕见。这足以说明,是否能够恰当适用缓刑是决定认罪认罚从宽效果的重要因素。从这个意义上讲,适用缓刑是否妥当,其影响较之宣告刑的畸重畸轻有过之而无不及。

不过,宣告刑的畸重畸轻之判断,主要的关注点在于是否超过某一比例(如 30%);缓刑的适用主要是把握适用条件。① 对于存在消极条件的,即,属于累犯或犯罪集团的首要分子的情形,绝对不可适用缓刑;对不具备积极条件之一的(如宣告刑在 3 年有期徒刑以上的,或者具有再犯罪危险的,或者宣告缓刑对所居住的社区存在重大不良影响的),也绝对不可适用缓刑。相反,如果既不存在消极条件,又同时完全具备积极要件,在认罪认罚情况下,就要尽可能适用缓刑。能适用而不适用,则属于量刑建议"明显不当"。

### 四、定量评价的具体判断

[案例 12. 刘某零包贩毒案]:刘某系零包贩毒的累犯,曾因第三次贩卖毒品 0.1 克被法院判处有期徒刑 10 个月,又因第四次贩卖毒品 0.09 克被指控。在起诉阶段,因刘某认罪认罚,检察官提出了有期徒刑 8 个月的量刑建议。一审法官审查后认为,既然涉案毒品数量相差不大,那么应判处的刑罚起码不能轻于对其第三次贩毒的处罚,故检察官提出的 8 个月有期徒刑量刑建议属于"明显不当",

---

① 从这一角度看,缓刑的妥当适用与否似乎是一个定性分析问题。不过,本书之所以将之安排在"定量分析"一节中讨论,是因为"定性评价"一节关注的核心是"该事实是否属于认罪认罚从宽事实"这一"是与否"的定性判断。而缓刑的适用与否属于认罪认罚之后"怎样从宽"的判断。虽然同样属于认罪认罚且应判处 3 年以下有期徒刑之罪的被告人,但是否适用缓刑,还得进行精细化分析,故属于实现该量刑情节功能的"定量"评价。

遂判处被告人有期徒刑 10 个月。

被告人对此不服，提起上诉。经二审法院审理后改判为有期徒刑 8 个月。①

的确，被告人第四次的贩毒数量与第三次极为接近，一般来说，为了做到"同案同判"，其判处的刑罚也应当接近。从这个意义上讲，一审法官的主张并非毫无道理。但关键问题是，此案属于认罪认罚从宽案件。对于此类案件，只有当量刑建议"明显不当"（且检察机关不愿调整或调整后仍明显不当）时，法院才应当改判，否则就是不当的。

那么，该量刑建议是否"明显不当"呢？回答是否定的。因为，即便按照一审法官的理解，此案本来应处 10 个月有期徒刑（这是宣告刑，不是基准刑，但为了简便起见在此视为基准刑），而且刘某属于累犯，还应当从重处罚。根据量刑指导意见，对累犯应增加基准刑的 10%—40%（且不得低于 3 个月），那么，对刘某的最高处刑为 14 个月。因为按最高值计算，即：10 个月 ×（1+40%）=14 个月。但这是尚未考虑认罪认罚从宽的情形。根据量刑指导意见，认罪认罚的，可以减少基准刑的 30% 以下。由于此案罪行较轻，可以考虑适用 30% 的幅度，最终结果即：14 个月 ×（1−30%）=9.8 个月。可是，无论法官拟定的精确值是 10 个月还是 9.8 个月，与检察机关提出的量刑建议相比，偏差值仅为 20% 或 18%，该检察机关的量刑建议不宜被视为"明显不当"。故二审法院对此案的改判是值得肯定的。

---

① 参见孙长永、田文军："认罪认罚案件量刑建议机制实证研究——以 A 市两级法院适用认罪认罚从宽制度审结的案件为样本"，载《西南政法大学学报》2021 年第 5 期。

[案例13.李某盗窃案]：被告人李某犯盗窃罪，自愿认罪认罚，检察官建议判处有期徒刑6个月。在审判阶段，被告人的家属代缴罚金1000元，法官拟判处拘役5个月并建议检察官调整量刑建议，检察官拒绝调整。① 那么，在这种情况下，法官是否有权进行改判？

从检察官拒绝调整的原因来看，该"拒绝"是站不住脚的。很明显，不能以"影响其业绩考核"为由不接受法官的合理建议。但是，就认罪认罚从宽制度的贯彻落实而言，在此情况下，法官无权改判。因为，只有当检察机关的量刑建议"明显不当"时，才能提出调整要求；而且，只有在检察机关不调整或者调整后仍然"明显不当"时，才能够改判。所谓"明显不当"，决不是指与法官的裁量结果不一致，而是说，这种不一致已经达到"明显"的程度。如前所述，从法秩序统一的角度来看，这一标准以超过30%为宜。此案中，即便法官认为判处拘役5个月才是适当的，但作为同质性的剥夺自由刑，相差一个月的刑期，还未达到30%的程度（仅为20%），不属于"明显不当"，故不应当要求改正，更不应当径行改判。否则，就与立法者对检察机关量刑建议的容错性考量不相符合。

[案例14.海某危险驾驶案]：海某系某物业公司经理，2015年因酒驾被暂扣机动车驾驶证6个月，罚款1000元。2018年8月9日，因醉驾（血液乙醇浓度191mg/100ml）被公安机关以危险驾驶罪移送检察机关审查起诉。鉴于海某认罪认罚，检察机关提出了拘役2

---

① 据介绍，此案检察官拒绝调整的原因是，被告人在侦查阶段已经被批准逮捕，如果对其只判处拘役，将导致其不符合逮捕的刑罚要件，严重影响检察官的业绩考核结果。参见孙长永、田文军："认罪认罚案件量刑建议机制实证研究——以A市两级法院适用认罪认罚从宽制度审结的案件为样本"，载《西南政法大学学报》2021年第5期。

个月,并处罚金 3000 元的量刑建议,并建议适用速裁程序。在审判中,海某对检察机关的指控内容没有异议。但审判员在审理后却当庭宣判:判处海某拘役 2 个月,缓刑 3 个月,并处罚金 5000 元。

检察机关认为,海某醉酒程度较重,根据"两高"有关办理"醉驾"刑事案件的意见,对曾因酒驾受过行政处罚而又醉驾的,应当从重处罚,因此,对海某不应当适用缓刑,故提出抗诉。①

本书认为,此案虽然发生在"两高三部"《关于适用认罪认罚从宽制度的指导意见》实施之前,并不受"法院认为量刑建议明显不当的,应当先通知检察机关调整量刑建议而不得直接改判"的约束,但是此案中,被告人海某将公共安全视为儿戏,且屡教不改,人身危险性颇大,的确不应当适用缓刑。检察机关对其未适用缓刑的量刑建议,不仅不属于"明显不当",而且有理有据,应充分肯定。相反,该一审法院对之判处缓刑 3 个月的裁判无疑经不住考问,不仅没起到审判监督的应有功能,反而给公正司法带来了负面影响。

[案例 15. 丁某盗窃案]:丁某因盗窃行为,分别于 2016 年 2 月被判处有期徒刑 7 个月、2017 年 9 月被判处拘役 5 个月、2018 年 5 月被判处有期徒刑 9 个月,2018 年 10 月 13 日刑满释放。2019 年 1 月 10 日夜,丁某来到上海市嘉定区汇华小区某停车位处,从田某停放于该处但未锁车门的轿车内窃得人民币纪念钞 20 张,共计 1000 元。

丁某被抓获后如实供述了这一盗窃事实。嘉定区检察院以丁某犯盗窃罪,向法院提起公诉。检察院认为丁某系累犯,应从重处罚。同时,结合丁某认罪认罚的情形,提出了对丁某判处有期徒刑

---

① 参见陈国庆主编、最高人民检察院第一检察厅组织编写:《认罪认罚从宽制度司法适用指南》,中国检察出版社 2020 年版,第 278—279 页。

7个月,并处罚金1000元的量刑建议。

嘉定区法院经审理后认为,丁某的行为已构成盗窃罪,但对其本次所犯盗窃罪不应判处有期徒刑以上刑罚,公诉机关的量刑建议不当,建议公诉机关更改量刑建议。而公诉机关认为其量刑建议适当,不同意更改。最终,嘉定区法院依照刑法规定,对丁某判处拘役6个月,并处罚金1000元;责令被告人丁某退赔被害人田某1000元。

一审宣判后,嘉定区检察院提出抗诉。其认为本案系认罪认罚从宽案件,检察机关的量刑建议并无明显不当,一审法院的"不予采纳"有违刑事诉讼法规定;而且,原判未认定丁某构成累犯,系适用法律错误,量刑明显不当。上海市人民检察院第二分院支持嘉定区检察院抗诉。上海市第二中级人民法院经审理认为,本案中原公诉机关的量刑建议并无明显不当,一审法院未予采纳确有不妥。但是,鉴于一审法院的量刑也无明显不当,且此次一审法院对丁某判处的是拘役,丁某不构成累犯,原判适用法律并无不当。故裁定驳回抗诉,维持原判。

在学术界,对此案的二审法院"裁定驳回抗诉,维持原判"的决定是否适当,存在不同见解。一种意见认为,既然认罪认罚从宽案件中检察机关的量刑建议并无明显不当,一审法院却不予采纳,当然就应当纠正而不能维持原判。另一种意见认为,尽管检察机关的量刑建议并无明显不当,一审法院未予采纳确有不妥,但是如果原判决不具有应当改判和发回重审的情形,二审法院当然就应驳回抗诉,维持原判。[①]

---

① 参见沈言、夏菁:"认罪认罚案件中对检察机关量刑建议的审查",载《人民司法(案例)》2020年第2期。

在本书看来,二审法院的"裁定驳回抗诉,维持原判"明显不当。

首先,既然二审法院认为"本案中原公诉机关的量刑建议并无明显不当,一审法院未予采纳确有不妥",那么,对原审法院的判决就应当改判,就应当支持检察机关的抗诉。如果一方面认为一审改变量刑建议不妥,又对一审的这种改变听之任之,那就是二审裁判的无端缺位。

其次,二审法院所谓"鉴于一审法院的量刑也无明显不当,且此次一审法院对丁某判处的是拘役,丁某不构成累犯,原判适用法律并无不当"的说辞不能成立。作为对认罪认罚从宽案件的审理,一审法院的量刑是否妥当,必须根据认罪认罚从宽制度来考量。既然认为检察机关的量刑建议并非"明显不当",那么,根据认罪认罚从宽制度,法院就应当采纳这一建议,而非任意改变,否则就属于不当裁判。

最后,"丁某是否构成累犯"是决定本案裁判走向的重要事实,必须依法认真判断。此案的关键点是,如果认为丁某应判有期徒刑以上刑罚,丁某构成累犯无疑,对累犯应当体现从重处罚的精神。反之,如果认为对丁某仅应判处拘役,则不可能构成累犯。不过,与传统的非属于认罪认罚从宽的案件不同,丁某是否应判处有期徒刑以上刑罚,不应无视认罪认罚从宽制度:在检察机关已经建议对丁某判处有期徒刑7个月的情况下,除非认为这一量刑建议明显不当,否则就不应当否定。

尤其令人困惑的是,丁某因盗窃犯罪,分别于2016年2月、2017年9月、2018年5月被判处有期徒刑2次、被判处拘役1次,2018年10月13日才刑满释放,且释放后还不到三个月,就又实施盗窃犯罪（且不说此人还因数次盗窃行为，分别于 2014 年 7 月和 2015 年 8 月被处行政拘留），[①] 足见其犯罪恶习颇深，教育改造难度甚大。在此情况下，为什么非要改变检察机关并非明显不当的量刑建议，并通过将检察机关建议的 7 个月有期徒刑改为 6 个月拘役，将这一屡教不改的犯罪人排除在累犯之外？如果原审法院对之不能作出令人信服的解释，二审法院又以自相矛盾的说辞加以维持的话，对我们的司法公信力无疑会带来消极影响。

---

[①] 参见沈言、夏菁："认罪认罚案件中对检察机关量刑建议的审查"，载《人民司法（案例）》2020 年第 2 期。

# 主要参考文献

## 一、著作

〔德〕汉斯·海因里希·耶赛克、托马斯·魏根特:《德国刑法教科书(总论)》,徐久生译,中国法制出版社2001年版。

〔德〕汉斯-约格·阿尔布莱希特:《重罪量刑——关于刑量确立与刑量阐释的比较性理论与实证研究》,熊琦、魏武等译校,法律出版社2017年版。

〔德〕克劳斯·罗克辛:《德国刑法学总论》,王世洲译,法律出版社2005年版。

〔意〕皮罗·克拉玛德雷:《程序与民主》,翟小波、刘刚译,高等教育出版社2005年版。

白建军:《罪刑均衡实证研究》,法律出版社2004年版。

陈子平:《刑法总论》,中国人民大学出版社2008年版。

樊凤林主编:《刑罚通论》,中国政法大学出版社1994年第1版。

高隆昌:《社会度量学原理》,西南交通大学出版社2000年版。

高铭暄、马克昌主编:《刑法学》(第3版),北京大学出版社,高等教育出版社2007年版。

高铭暄、马克昌主编:《刑法学》,北京大学出版社、高等教育出版社2022年版。

高铭暄主编:《刑法专论》(上编),高等教育出版社2002年版。

季理华:《累犯制度研究》,中国人民公安大学出版社2010年版。

蒋明:《量刑情节研究》,中国方正出版社2004年版。

劳佳琦:《累犯制度:规范与事实之间》,中国人民公安大学出版社、群众出版社2018年版。

马克昌主编:《刑罚通论》,武汉大学出版社1999年版。
南英主编:《量刑规范化实务手册》,法律出版社2014年版。
邱兴隆、许章润:《刑罚学》,中国政法大学出版社1999年版。
石经海:《量刑的个别化原理》,法律出版社2021年版。
苏彩霞:《累犯制度比较研究》,中国人民公安大学出版社2002年版。
孙伟平:《事实与价值》,中国社会科学出版社2000年版。
田立文:《立功制度研究》,中国人民公安大学出版社2014年版。
王瑞君:《量刑情节的规范识别和适用研究》,知识产权出版社2016年版。
魏萍:《社会决策中信息表征的理论与实验》,兰州大学出版社2014年版。
喻伟主编:《量刑通论》,武汉大学出版社1993年版。
臧冬斌:《量刑的合理性与量刑方法的科学性》,中国人民公安大学出版社
　2008年版。
翟中东:《刑罚个别化研究》,中国人民公安大学出版社2001年版。
张明楷:《刑法学》(上·下),法律出版社2021年版。
张明楷:《责任刑与预防刑》,北京大学出版社2015年版。
张苏:《量刑根据与责任主义》,中国政法大学出版社2012年版。
赵廷光:《量刑公正实证研究》,武汉大学出版社2005年版。
赵学军:《抢劫罪量刑经验研究》,法律出版社2019年版。

## 二、期刊论文

艾佳慧:"中国法院绩效考评制度研究",载《法制与社会发展》2008年第
　5期。
包献荣:"刑事司法绩效考核的困境与出路",载《社会科学家》2015年第
　4期。
蔡智玉:"贪污受贿案件定罪量刑中的重复评价问题",载《人民司法》2019
　年第4期。
陈灿平、苗兰兰:"性贿赂的定位与作为酌定量刑情节的性贿赂",载天津
　市社会科学界学术年会论文集《天津学术文库(下)》,天津人民出版社
　2017年版。
陈瑞华:"脱缰的野马——从许霆案看法院的自由裁量权",载《中外法学》

2009年第1期。

陈实:"论认罪认罚案件量刑从宽的刑事一体化实现",载《法学家》2021年第5期。

陈兴良、莫开勤:"论量刑情节",载《法律科学》1995年第2期。

董邦俊、丁祥雄:"论自首制度的本质",载《中国地质大学学报(社会科学版)》2003年第4期。

杜邈:"酌定量刑情节若干问题研究",载《河南省政法管理干部学院学报》2006年第2期。

敦宁:"量刑情节适用的基本原则",载《河北大学学报(哲学社会科学版)》2012年第6期。

付子堂:"社会学视野中的法律功能问题",载《郑州大学学报》1999年第5期。

高一朗:"论信息与决策",载《厦门科技》2010年第3期。

顾永忠:"试论量刑与量刑程序涉及的关系",载《人民检察》2009年第15期。

侯国云:"数罪并罚具体方法的错误与矫正",载《中国政法大学学报》2008年第4期。

贾建平:"从立功的本质看帮助犯罪分子立功的认定",载《辽宁警专学报》2009年第2期。

姜涛、刁永超:"从明确性原则的视角论刑法中兜底条款适用的法教义学建构",载《山西师大学报(社会科学版)》2022年第1期。

姜涛、吴文伟:"量刑法定化:罪刑法定原则内涵的应有拓展",载《西南政法大学学报》2013年第3期。

劳佳琦:"量刑的法外因素与量刑规范化改革",载《中国刑事法杂志》2022年第2期。

黎其武、徐玮:"量刑情节适用的若干问题研究",载《中国刑事法杂志》2005年第3期。

李婕、马皑、罗大华:"案件无关情绪和案件相关情绪对法官量刑决策影响的实验研究",载《心理科学》2015年第1期。

李兰英:"量刑的技术与情感",载《政法论坛》2009年第3期。

李梁:"刑法中的明确性原则:一个比较法的研究",载《法学评论》2017年第 5 期。

李强、李革明:"'毒品未流入社会'不宜作为酌定从轻量刑情节",载《人民检察》2015 年第 12 期。

李维维、杨群、张庆林、曾建敏:"法律基本原则与普通公民的量刑决策",载《杭州师范大学学报(自然科学版)》2014 年第 3 期。

李拥军、傅爱竹:"'规训'的司法与'被缚'的法官———对法官绩效考核制度困境与误区的深层解读",载《法律科学》2014 年第 6 期。

林亚刚、袁雪:"酌定量刑情节若干问题研究",载《法学评论》2008 年第 6 期。

刘光显:"简论索贿的几个问题",载《求实》1999 年第 10 期。

刘为军、郭泽强:"禁止重复评价原则研究",载《山东公安专科学校学报》2003 年第 2 期。

陆诗忠:"对我国刑罚目的的再追问",载《甘肃政法大学学报》2021 年第 4 期。

麻文峰、王少嵩:"将犯罪嫌疑人(被告人)审前羁押表现纳入法定量刑情节的构想",载《中国检察官》2010 年第 10 期。

邱兴隆:"有利被告论探究",载《中国法学》2004 年第 6 期。

商凤廷:"渎职罪中'造成恶劣社会影响'的司法认定",载《国家检察官学院学报》2016 年第 4 期。

邵栋豪:"变体构成要件与量刑情节的关系",载《中国刑事法杂志》2013 年第 1 期。

石金平、游涛:"量刑重复评价相关问题研究",载《中国刑事法杂志》2010 年第 3 期。

石经海:"量刑思维规律下的量刑方法构建",载《法律科学》2010 年第 2 期。

苏永生:"'酌定从重处罚情节'之否定:一个罪刑法定主义的当然逻辑",载《政法论坛》2016 年第 6 期。

孙锐:"'认罪认罚从宽'的内涵厘定与框架完善",载《法学杂志》2021 年第 3 期。

王晨:"量刑情节论",载《法学评论》1991 年第 3 期。

王东胜:"决策思维活动的哲学认识论基础初探",载《成人高教学刊》2010

年第 6 期。

王利荣、马党库:"'毒品未流入社会'的从轻依据",载《法律适用》2016 年第 12 期。

王瑞君:"刑事被害人谅解不应成为酌定量刑情节",载《法学》2012 年第 7 期。

王思维:"论未成年人不应构成毒品再犯",载《青少年犯罪问题》2017 年第 4 期。

王震:"论量刑步骤——基于责任主义原理对《量刑指导意见》的反思",载《广西政法管理干部学院学报》2015 年第 2 期。

魏东、罗志红:"论罚金刑易科制度的正当根据与制度设计",载《贵州民族学院学报(哲学社会科学版)》2003 年第 6 期。

吴情树:"处断刑的引入:量刑程序设置的实体要求",载《刑事法评论》2009 年第 2 期。

吴雨豪:"论集体量刑倾向对自由裁量权的塑造",载《法制与社会发展》2024 年第 1 期。

伍柳村、左振声:"民愤能否作为量刑的依据",载《法学研究》1989 年第 4 期。

奚根宝:"渎职罪非物质性损害结果认定的困境与对策",载《江西警察学院学报》2015 年第 4 期。

熊秋红:"中国量刑改革:理论、规范与经验",载《法学家》2011 年第 5 期。

熊亚文:"刑法上禁止重复评价原则之界定",载《黔南民族师范学院学报》2014 年第 1 期。

徐阳:"'舆情再审':司法决策的困境与出路",载《中国法学》2012 年第 2 期。

徐贞庆:"认罪认罚案件中量刑建议的精准化",载《人民检察》2019 年第 17 期。

阴建峰、袁方:"司法改革背景下法官绩效考核制度的回溯、困局与路径抉择",载《河南社会科学》2021 年第 3 期。

游伟、陆建红:"论刑法上的'从重处罚'",载《法律科学》2000 年第 6 期。

游伟、王恩海:"刑罚个别化思想与我国刑法的发展",载《华东刑事司法评论》2006年。

俞振德、余光升:"羁押表现量刑化的理论与实践",载《华东政法学院学报》2007年第2期。

曾文科:"论中止犯的减免处罚根据",载《烟台大学学报(哲学社会科学版)》2019年第1期。

张金龙、于逸生:"限制加重原则应予废除",载《河北法学》1993年第2期。

张明楷:"犯罪常态与量刑起点",载《法学评论》2015年第2期。

张明楷:"结果与量刑——结果责任、双重评价、间接处罚之禁止",载《清华大学学报(哲学社会科学版)》2004年第6期。

张明楷:"论影响责任刑的情节",载《清华法学》2015年第2期。

张明楷:"数罪并罚的新问题",载《法学评论》2016年第2期。

张明楷:"刑罚裁量与人权保障",载《云南大学学报(法学版)》2005年第2期。

张少林:"浅谈被害人谅解行为制度的建构",载《江西公安专科学校学报》2009年第1期。

张天虹:"论量刑事实的归纳、评价与运用",载《法治研究》2011年第5期。

张武举、牛克乾:"欧美轻轻重重的刑事政策概述及借鉴",载《法律适用》2012年第6期。

张永江:"论未遂犯的处罚根据",载《河北法学》2006年第10期。

张远煌:"犯罪预防观念之演进与当代犯罪预防政策之确立",载《河南警察学院学报》2013年第1期。

赵廷光:"论定罪剩余的犯罪构成事实转化为量刑情节",载《湖北警官学院学报》2005年第1期。

赵铱月:"科学决策中的思维方法",载《云南行政学院学报》2004年第3期。

赵志华:"立功制度的法律适用",载《国家检察官学院学报》2003年第4期。

郑昌济、郑楚光:"刑罚量化的决策分析",载《中南政法学院学报》1989年第1期。

郑丽萍:"构建我国犯罪论体系之思考",载《中国刑事法杂志》2007年第1期。

周光权:"论刑法与认罪认罚从宽制度的衔接",载《清华法学》2019年第

3 期。

周力娜:"透视量刑规范化过程中的微观成像——反思形式主义遮掩下的改革进路",载《法律适用》2013 年第 2 期。

周旺生:"法的功能和法的作用辨异",载《政法论坛》2006 年第 5 期。

朱顺:"案例指导制度的中国特色问题",载《安徽师范大学学报(人文社会科学版)》2015 年第 6 期。

竺乾威:"从理性到有限理性",载《决策探索》1994 年第 6 期。

竺乾威:"渐进决策理论及其运用",载《决策研究》1995 年第 11 期。

**三、博士学位论文**

巴卓:《数罪并罚制度适用研究》,吉林大学博士学位论文(2019 年)。

崔仕绣:《我国量刑规范化改革研究:障碍及其克服》,中南财经政法大学博士学位论文(2020 年)。

房丽:《数罪并罚限制加重原则之解构》,吉林大学博士学位论文(2012 年)。

冯晓聪:《量刑的生命在于经验》,西南政法大学博士学位论文(2017 年)。

胡志军:《刑罚功能新论》,山东大学博士学位论文(2011 年)。

张爱球:《论现代社会中的诉讼功能》,南京师范大学博士学位论文(2004 年)。

**四、报纸**

〔德〕弗兰茨·施特伦:"德国量刑理论的基本问题与最新进展",陈学勇、罗灿编译,载《人民法院报》2014 年 6 月 6 日。

刘兵:"被害方谅解能否成为量刑情节",载《检察日报》2008 年 8 月 5 日。

钱应学:"洛杉矶高等法院访问记",载《人民法院报》2005 年 1 月 28 日。

岳瑞文:"本案是否构成'交通肇事后逃逸'",载《人民法院报》2010 年 2 月 4 日。

# 后　　记

本书是在作者主持的教育部人文社科规划基金一般项目《量刑决策中的事实评价与赋值机理》（17YJA820001）的结项成果基础上修改完成的。

记得在第一次承担该类项目时，因过于拖沓，最后不得不夜以继日、加班加点地完成，可谓窘态毕现。故在此课题立项之初，就暗自提醒自己，要吸取前车之鉴，尽量抓紧时间早日完成。但课题的难度还是出乎本人预料，以致彷徨踟蹰、迟迟难以下笔。后来又越发觉得，应当借此机会，努力完成一部著作。于是，一方面撰写论文，一方面按照著作体例思考问题，修正原本以论文形式结项的计划。经过数度寒暑，总算在断断续续防控新冠疫情的漫长时光中，完成了终稿。

结项书稿得以如期完成并顺利通过鉴定，离不开教育部人文社科基金委的充分信任和大力支持。后来，又在各位朋友及评审专家的鼓励下，有幸列入"兰州大学人文社会科学类高水平著作出版资助计划"，从而极大地解除了出版经费的后顾之忧。在此，要特别感谢兰州大学社科处领导及同仁们的热忱帮助，尤其要感谢兰州大学法学院各位领导及同事（特别是主管科研的迟方旭副院长和沈怡楠老师）一如既往的鼎力支持。

# 后　记

尤其值得欣慰的是，本结项成果得以在商务印书馆立项出版。在此，谨向各位评审专家及商务印书馆的编辑表达诚挚谢意。

最后，课题的如期结项和书稿的顺利出版，与硕士生周贺义、尹婉钰、章烁宇、曾庆杨、郑国佳及黄德向等同学的辛劳及奔忙密不可分，在此一并致谢。

作者　谨识

2024年·兰州